权威·前沿·原创

皮书系列为
"十二五""十三五"国家重点图书出版规划项目

政治文化蓝皮书
BLUE BOOK OF
POLITICAL CULTURE

中国政治文化报告
（2017）

ANNUAL REPORT ON POLITICAL CULTURE IN CHINA
(2017)

主　　编／邢元敏　魏大鹏　龚　克
副 主 编／史卫民　朱光磊　王新生
　　　　　阎孟伟　田　华
执行主编／史卫民　田　华

社会科学文献出版社
SOCIAL SCIENCES ACADEMIC PRESS（CHINA）

图书在版编目（CIP）数据

中国政治文化报告. 2017 / 邢元敏，魏大鹏，龚克
主编. -- 北京：社会科学文献出版社，2017.8
（政治文化蓝皮书）
ISBN 978 - 7 - 5201 - 0878 - 2

Ⅰ.①中⋯ Ⅱ.①邢⋯ ②魏⋯ ③龚⋯ Ⅲ.①政治文
化 - 研究报告 - 中国 - 2017 Ⅳ.①D6

中国版本图书馆 CIP 数据核字（2017）第 114797 号

政治文化蓝皮书
中国政治文化报告（2017）

主　　编 / 邢元敏　魏大鹏　龚　克
副主编 / 史卫民　朱光磊　王新生　阎孟伟　田　华
执行主编 / 史卫民　田　华

出 版 人 / 谢寿光
项目统筹 / 王　绯
责任编辑 / 黄金平

出　　版 / 社会科学文献出版社·社会政法分社（010）59367156
　　　　　　地址：北京市北三环中路甲 29 号院华龙大厦　邮编：100029
　　　　　　网址：www. ssap. com. cn
发　　行 / 市场营销中心（010）59367081　59367018
印　　装 / 北京季蜂印刷有限公司

规　　格 / 开本：787mm × 1092mm　1/16
　　　　　　印张：24.5　字数：371 千字
版　　次 / 2017 年 8 月第 1 版　2017 年 8 月第 1 次印刷
书　　号 / ISBN 978 - 7 - 5201 - 0878 - 2
定　　价 / 118.00 元

皮书序列号 / PSN B - 2017 - 616 - 1/1

政治文化蓝皮书编委会

龚　克　南开大学校长，南开大学当代中国
　　　　问题研究院院长、教授
阎孟伟　南开大学当代中国问题研究院常务
　　　　副院长、南开大学哲学院教授
魏大鹏　天津市政协副主席，南开大学党委
　　　　书记、教授

编　　务　于　涛　南开大学哲学院讲师

　　本书各篇报告，均在南开大学当代中国问题研究院学
术委员会主任陈晏清教授的参与下，由编委会成员多次研
究和讨论后，最终定稿。

摘　要

　　为全面了解中国当前的政治文化情况，需要对公民的政治认识、政治态度、政治参与行为等进行大规模的问卷调查，2012 年已经有过这样的调查，并在 2013 年和 2014 年出版了相关的研究成果。在这样的研究基础上，南开大学当代中国问题研究院又于 2016 年进行了新的问卷调查，本书主要反映的就是 2016 年问卷调查所显示的政治认同和危机压力情况。

　　2016 年问卷调查显示，中国公民的身份认同、发展认同、政党认同、政策认同、体制认同、文化认同的得分都处于较高或高水平，政治危机压力、经济危机压力、社会危机压力、文化危机压力、生态危机压力、国际性危机压力的得分都处于中等或较低水平，反映出的是"较高认同和中等危机压力"的基本形态。

　　影响政治文化的权利认知、利益认知、政治沟通认知、政治参与行为、公民满意度五个重要因素，得分也处于中等水平或较高水平，并且显示出这五个因素的认识水平，与中国公民的政治认同和危机压力有密切的关系。

　　2016 年的问卷调查涉及不同公民群体的政治认同和危机压力情况，显示男性公民的政治认同水平高于女性公民，危机压力低于女性公民；少数民族公民的政治认同水平高于汉族公民，但是少数民族和汉族公民在危机压力方面的差异不显著；农村户籍公民的政治认同水平高于城镇户籍公民，但是不同户籍公民在危机压力方面的差异不显著；学历高低并未造成公民政治认同和危机压力的重大差异，但是从老、中、青的年龄区分看，大致是年龄越大政治认同水平越高、危机压力越低；公民中的共产党员的政治认同水平高于共青团员和群众，危机压力低于共青团员和群众，共青团员与群众之间的差异不显著；不同职业的公民、不同区域的公民、不同单位性质的公民以及不同收入的公民，则无论是在政治认同上，还是在危机压力上，都有显著的差异。

Abstract

For a comprehensive understanding of Chinese citizen's political culture, it is necessary to carry out large-scale survey on subjects such as political cognitions, political attitudes and political participation. The first survey of such topic was completed in 2012, and the results were published in 2013 and 2014. Based on the founding, Institute of Issues in Contemporary China of Nankai University conducted a new survey in 2016. The subject of this book is to reveal the Chinese citizens' political identification and crisis pressure.

Accordingto the survey in 2016, all scores of Chinese citizens' national identification, development identification, party identification, policy identification, institutional identification and cultural identification are rather high, however, scored rather medium or lower on political crisis pressure, economical crisis pressure, social crisis pressure, cultural crisis pressure, ecological crisis pressure and international crisis pressure. The results reflect a general picture of "higher identification and medium crisis pressure".

The survey also shows thatrights, benefits, political communication, political participation and satisfaction are the key factors influencing the political culture of Chinese citizens. All scores are medium or higher, and identification levels of these five factors are closely related to political identification and crisis pressure.

This survey covered different citizen groups. The data reveals that male citizens' level of political identification is higher than female's, crisis pressure is lower than female's. The level of ethnic minorities' political identification is significantly higher than Han Chinese's, but the crisis pressure between the two groups is not significant. Rural residents' political identification level is higher than urban residents', while the difference on crisis pressure between the two groups is not significant. The education backgrounds do not cause a significant difference to both political identification and crisis pressure. However, the age factor plays a more significant role. According to the data from elderly, middle-aged and young people, older citizens have a higher level of political identification and lower level of crisis pressure. In addition, the group of CPC member scores higher on political identification and lower on crisis pressure than the Communist Youth League members and litigants (people) without political affiliation, while the difference between Communist Youth League members and the politically unaffiliated is not significant. The survey also finds out that the difference is significant among groups with different professions, regions, types of organization and income level in both political identification and crisis pressure.

目 录

Ⅰ　总报告

Ⅱ　数据分析篇

皮书数据库阅读**使用指南**

CONTENTS

I   General Reports

II   Data Analysis

总 报 告

B.1
中国公民的政治认同与危机压力

南开大学当代中国问题研究院

摘 要: 2016 年下半年,南开大学当代中国问题研究院进行了一次全国性的"中国公民政治文化"问卷调查。调查结果显示,中国公民的身份认同、发展认同、政党认同、政策认同、体制认同、文化认同的得分都处于较高或高水平,政治危机压力、经济危机压力、社会危机压力、文化危机压力、生态危机压力、国际性危机压力的得分都处于中等或较低水平,反映出的是"较高认同和中等危机压力"的基本形态。

对 2016 年问卷调查显示的政治认同总分和危机压力总分进行统计分析,可以看出两者之间具有显著的负向相关。政治认同各指标与危机压力各指标之间,也都显示出显著的负向相关。也就是说,民众的危机压力感越强,政治认同水平会越低;反之,民众的政治认同水平越高,危机压力感会越

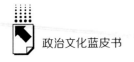

弱。调查反映的中国民众当前较高的政治认同水平和中等程度的危机压力水平，既可能成为一段时间的"常态"，也可能受某些因素的影响，发生一定的变化。

关键词：　政治文化调查　政治认同　危机压力

2016年下半年，南开大学当代中国问题研究院进行了一次全国性的"中国公民政治文化"问卷调查，可以用调查涉及的相关问题，对当前中国公民的政治认同和危机压力状况作出基本评估，并对依据调查结果形成的各种指数作出综合性的说明。

一　中国政治文化的评估指标体系

以指数反映事物的变动方向和变动程度，尤其是分析各种因素对变动的影响并综合说明所涉事物的发展趋势，已经是国内外学术界常用的"量化研究"方法。在中国现代化的进程中，不仅需要用经济指数说明中国经济的发展变化情况，用社会指数说明中国社会的发展进步状况，也需要用政治指数来说明中国政治的基本状况和发展趋势。

反映中国政治形态和政治文化基本面貌的中国政治指数，需要综合考虑政治环境、政治制度、政治行为、政治态度等对政治的影响，形成一套完整的指标体系，并以问卷调查的方式对各指标进行定期的测量，以分析数据说明指标的变化情况。为使中国政治指数与中国经济指数、社会指数等一样成为衡量中国国情尤其是中国政治形态的重要指数，南开大学当代中国问题研究院设计的"中国政治指数"，主要由三类指数构成。

第一类是中国政治总指数。以政治认同和危机压力作为衡量政治形态和政治文化的重要指标，已经是政治学研究中的重要方法。为综合反映中国的政治形态和政治文化现状，既需要注意公民的体制认同、政党认同、身份认同、文化认同、政策认同和发展认同状况，也需要注意公民所感受的政治危机压力、经济危机压力、社会危机压力、文化危机压力、生态危机压力以及来自国外的国际性危机压力（包括可能发生的战争带来的压力），因为各种不同的认同和压力，都是影响政治走向的基本要素。由此需要设定两种重要的指数，一种是政治认同指数，主要反映公民的认同水平；另一种是危机压力指数，重点反映公民的压力感受程度。政治认同指数与危机压力指数的综合得分，即构成了中国政治总指数。中国政治总指数的指标构成情况见表1。

表1　中国政治总指数评估指标体系

一级指标		二级指标		三级指标	
指标名称	分值	指标名称	分值	指标名称	分值
中国政治总指数	5.00	政治认同	5.00	体制认同	5.00
				政党认同	5.00
				身份认同	5.00
				文化认同	5.00
				政策认同	5.00
				发展认同	5.00
		危机压力	5.00	政治危机压力	5.00
				经济危机压力	5.00
				社会危机压力	5.00
				文化危机压力	5.00
				生态危机压力	5.00
				国际性危机压力	5.00

第二类是政治影响因素指数。权利认知、利益认知、政治沟通认知、政治参与行为、公民满意度，是影响政治形态和政治文化的五个重要因素。这五个因素可以构成支撑中国政治指数的另一指数体系，重点揭示的是这些因素对中国政治现状的影响程度。由这五个因素组成的政治影响因素指数的指标构成情况见表2。

表 2   中国政治影响因素指数评估指标体系

一级指标		二级指标		三级指标	
指标名称	分值	指标名称	分值	指标名称	分值
政治影响因素指数	5.00	权利认知	5.00	权利重要性认知	5.00
				权利保障评价	5.00
		利益认知	5.00	公民利益取向	5.00
				利益保障评价	5.00
		政治沟通认知	5.00	政治沟通重要性认知	5.00
				政治沟通现状评价	5.00
		政治参与行为	5.00	政治参与认知	5.00
				实际政治参与	5.00
		公民满意度	5.00	个人生活满意度	5.00
				公共服务满意度	5.00

第三类是中国民主指数。中国民主指数作为中国政治指数的表象性指数，拟由以下指数构成：（1）协商民主指数（主要反映协商的民主形态在中国的现实状态）；（2）选举民主指数（主要反映选举的民主形态在中国的现实状态）；（3）自治民主指数（主要反映自治的民主形态在中国的现实状态）；（4）社会民主指数（主要反映人民团体、社会组织、公共服务参与的民主形态在中国的现实状态）；（5）政策民主指数（主要反映政策的民主形态在中国的现实状态）。中国民主指数均设定客观状况和主观状况两种指标。客观状况作为一级指标，一般包含两个二级指标：一是认知指标（包括重要性认知、权利认知和信心认知，以及内容、程序、过程认知和综合评价等三级指标）；二是行为指标（包括各种实际的民主参与行为）。主观状况则按参与意愿、参与效能和参与满意度三项指标测算各项指标的得分（每一个民主指数的具体评估指标，将在相应的调查中作出明确的规定）。

中国政治总指数和政治影响因素指数的调查数据，来自"中国公民政治文化"问卷调查；中国民主指数的调查数据，则来自与各种民主形态有关的问卷调查。南开大学当代中国问题研究院将展开周期性的全国问卷调查，使反映中国政治形态和政治文化基本样态的中国政治指数能够不断获得必要的数据支持。

二 2016年"中国公民政治文化" 问卷调查被试基本情况

2016年7月至10月进行的全国性"中国公民政治文化"问卷调查，将全国划分为都会区、东北地区、东部沿海地区、中部地区、西部地区五大区域，以国家统计局发布的2015年各省、自治区、直辖市GDP经济数据为依据，抽取排序为奇数（1、3、5、…、31）的16个省份作为调查省份（都会区为北京市和天津市，东北地区为辽宁省和吉林省，东部沿海地区为广东省、河北省、山东省和福建省，中部地区为湖北省、河南省和山西省，西部地区为内蒙古自治区、宁夏回族自治区、甘肃省、云南省和青海省），每个省份以随机抽样的方式发放410份以上的问卷，16个省份共计回收了有效问卷6581份。

本次问卷调查按性别、民族、年龄、学历、政治面貌、户籍、职业、单位性质、收入、所在区域等，对被试公民的群体进行划分，希望了解不同公民群体对政治文化一些重大问题的看法是否存在差异。

在本次问卷调查涉及的6581名被试中，男性被试3296人，占50.08%；女性被试3285人，占49.92%。

本次调查涉及的6581名被试中，少数民族被试619人，占9.41%；汉族被试5962人，占90.59%。

本次调查有2名被试的年龄信息缺失，在有年龄信息的6579名被试中，青年被试（18~45岁）3719人，有效百分比为56.53%；中年被试（46~60岁）2217人，有效百分比为33.70%；老年被试（61岁及以上）643人，有效百分比为9.77%。

本次调查有3名被试的学历信息缺失，在有学历信息的6578名被试中，初中及以下学历被试2899人，有效百分比为44.07%；高中（含中专）学

历被试 2144 人, 有效百分比为 32.59%; 大专及以上 (含本科、研究生) 学历被试 1535 人, 有效百分比为 23.34%。

本次调查涉及的 6581 名被试中, 中共党员 596 人, 占 9.06%; 共青团员 1063 人, 占 16.15%; 民主党派和群众 4922 人, 占 74.79%。

本次调查有 2 名被试的户籍信息缺失, 在有户籍信息的 6579 名被试中, 城镇户口被试 3049 人, 有效百分比为 46.34%; 农村户口被试 3530 人, 有效百分比为 53.66%。

本次调查有 1 名被试的职业信息缺失, 在有职业信息的 6580 名被试中, 务农人员被试 1805 人, 有效百分比为 27.43%; 工商企业职工被试 674 人, 有效百分比为 10.24%; 个体经营和自由职业者被试 1201 人, 有效百分比为 18.25%; 专业技术人员被试 411 人, 有效百分比为 6.25%; 公务员被试 119 人, 有效百分比为 1.81%; 在校学生被试 758 人, 有效百分比为 11.52%; 退休人员被试 648 人, 有效百分比为 9.85%; 其他职业人员被试 964 人, 有效百分比为 14.65%。

本次调查有 3 名被试的单位信息缺失, 在有单位信息的 6578 名被试中, 国家机关被试 162 人, 有效百分比为 2.46%; 国有企事业单位被试 814 人, 有效百分比为 12.38%; 民营私营合资单位被试 1439 人, 有效百分比为 21.88%; 基层群众组织及社会团体被试 339 人, 有效百分比为 5.15%; 其他性质单位被试 3824 人, 有效百分比为 58.13%。

在本次调查涉及的 6581 名被试中, 按月可支配平均收入划定的标准, 低收入 (500 元及以下) 被试 1420 人, 占 21.58%; 较低收入 (501~1500 元) 被试 1421 人, 占 21.59%; 中低收入 (1501~2500 元) 被试 1406 人, 占 21.37%; 中高收入 (2501~3500 元) 被试 1176 人, 占 17.87%; 较高收入 (3501~5000 元) 被试 832 人, 占 12.64%; 高收入 (5001 元及以上) 被试 326 人, 占 4.95%。

本次调查的 6581 名被试按五大区域划分, 都会区 821 人, 占 12.48%; 东北地区 846 人, 占 12.85%; 东部沿海地区 1707 人, 占 25.94%; 西部地区 1961 人, 占 29.80%; 中部地区 1246 人, 占 18.93%。

三 中国公民的政治认同

在"中国公民政治文化"问卷调查中，以体制认同、政党认同、身份认同、文化认同、政策认同、发展认同 6 个指标测试中国公民的"政治认同"程度，并采用李克特 5 点计分方式为 6 个指标赋分，选项"1"代表"非常不同意"，选项"2"代表"不太同意"，选项"3"代表"不确定"，选项"4"代表"比较同意"，选项"5"代表"非常同意"。根据调查结果，可以将六种认同及政治认同总分的情况分述于下。

（一）体制认同

本次问卷调查以三道题目了解被试在体制认同方面的看法，并根据问卷调查设定的指标体系，为被试的体制认同赋分。

第一道题目询问被试是否同意"改革开放以来，中国的政治体制有力地推动了中国的发展"。调查结果显示，在做出有效选择的 6581 名被试中，113 人选择"非常不同意"，占 1.72%；185 人选择"不太同意"，占 2.81%；801 人选择"不确定"，占 12.17%；3190 人选择"比较同意"，占 48.47%；2292 人选择"非常同意"，占 34.83%（见表3）。从选择的情况看，83.30% 的被试对"改革开放以来，中国的政治体制有力地推动了中国的发展"的说法，持的是赞同态度。

表3 是否同意"改革开放以来，中国的政治体制有力地推动了中国的发展"

项目	选项	频率	百分比	有效百分比	累积百分比
有效	（1）非常不同意	113	1.72	1.72	1.72
	（2）不太同意	185	2.81	2.81	4.53
	（3）不确定	801	12.17	12.17	16.70
	（4）比较同意	3190	48.47	48.47	65.17
	（5）非常同意	2292	34.83	34.83	100.00
	合计	6581	100.00	100.00	

第二道题目询问被试是否同意"中国当前急需进行政治体制改革"。调查结果显示，在做出有效选择的6581名被试中，183人选择"非常不同意"，占2.78%；388人选择"不太同意"，占5.90%；1489人选择"不确定"，占22.63%；2817人选择"比较同意"，占42.80%；1704人选择"非常同意"，占25.89%（见表4）。从选择的情况看，68.69%的被试对"中国当前急需进行政治体制改革"持的是肯定态度，只有8.68%的被试持否定态度，22.63%的被试持的是不确定的态度。

表4　是否同意"中国当前急需进行政治体制改革"

项目	选项	频率	百分比	有效百分比	累积百分比
有效	(1)非常不同意	183	2.78	2.78	2.78
	(2)不太同意	388	5.90	5.90	8.68
	(3)不确定	1489	22.63	22.63	31.31
	(4)比较同意	2817	42.80	42.80	74.11
	(5)非常同意	1704	25.89	25.89	100.00
	合计	6581	100.00	100.00	

第三道题目询问被试是否同意"中国改革开放以来的发展，充分体现了中国社会主义制度优越性"的说法。调查结果显示，在做出有效选择的6581名被试中，99人选择"非常不同意"，占1.50%；287人选择"不太同意"，占4.36%；1114人选择"不确定"，占16.93%；2980人选择"比较同意"，占45.28%；2101人选择"非常同意"，占31.93%（见表5）。从选择的情况看，77.21%的被试对"中国改革开放以来的发展，充分体现了中国社会主义制度优越性"的说法，持的是赞同态度。

表5　是否同意"中国改革开放以来的发展，充分体现了中国社会主义制度优越性"

项目	选项	频率	百分比	有效百分比	累积百分比
有效	(1)非常不同意	99	1.50	1.50	1.50
	(2)不太同意	287	4.36	4.36	5.87

项目	选项	频率	百分比	有效百分比	累积百分比
有效	（3）不确定	1114	16.93	16.93	22.79
	（4）比较同意	2980	45.28	45.28	68.07
	（5）非常同意	2101	31.93	31.93	100.00
	合计	6581	100.00	100.00	

以三道题目测试的全体被试的体制认同总体得分在 1.00~5.00 分之间，均值为 3.44，标准差为 0.49（见表 6）。三道题目分别测试的是体制有效性、政改急迫性和制度优越性三个指标，从得分情况可以看出，民众最认可的是现有体制对发展的保证作用（体制有效性的得分达到 4.12 分），其次才是对制度优越性的认同（4.02 分）；由于调查反映出民众有较强的政治体制改革愿望，起了拉低体制认同总分的作用（反向计分的政改急迫性只得了 2.17 分）。

表6　体制认同各项目得分情况

项目	N	极小值	极大值	均值	标准差
体制有效性	6581	1.00	5.00	4.1188	0.85027
政改急迫性[a]	6581	1.00	5.00	2.1687	0.97107
制度优越性	6581	1.00	5.00	4.0176	0.89340
体制认同总分	6581	1.00	5.00	3.4350	0.49368
有效的 N（列表状态）	6581				

a. 反向计分已转化。

问卷调查希望进一步了解民众对制度改革的具体看法，在问卷中专门设计了"您认为中国的制度改革应着重于以下哪些方面"的问题，请受访人在列出的 10 个选项中选择 3 项，并根据选项的重要性排序：（1）完善基本经济制度；（2）加快转变政府职能；（3）健全城乡一体化体制机制；（4）加强社会主义民主政治制度建设；（5）推进法治中国建设；（6）强化权力运行制约和监督体系；（7）推进文化机制体制创新；（8）加快生态文

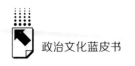

明制度建设;(9)创新社会治理体系;(10)加强和改善党对全面深化改革的领导。

全体被试对制度改革着重点的看法(见表7),按第一选择由高到低进行排序,排在第一位的是"完善基本经济制度"(36.83%),排在第二位的是"健全城乡一体化体制机制"(19.94%),排在第三位的是"推进法治中国建设"(11.27%),排在第四位的是"加快转变政府职能"(10.67%),排在第五位的是"加强社会主义民主政治制度建设"(5.88%),排在第六位的是"强化权力运行制约和监督体系"(3.74%),排在第七位的是"加强和改善党对全面深化改革的领导"(3.28%),排在第八位的是"加快生态文明制度建设"(3.18%),排在第九位的是"推进文化机制体制创新"(3.01%),排在末位的是"创新社会治理体系"(2.20%)。

表7 全体被试对制度改革着重点的选择

选项	第一选择		第二选择		第三选择		总提及	
	频率	百分比	频率	百分比	频率	百分比	频率	百分比
完善经济制度	2424	36.83	708	10.77	403	6.15	3535	17.94
转变政府职能	702	10.67	939	14.29	577	8.81	2218	11.25
健全城乡一体化	1312	19.94	1170	17.80	647	9.87	3129	15.88
加强民主制度建设	387	5.88	762	11.59	666	10.16	1815	9.21
推进法治建设	742	11.27	1080	16.43	718	10.96	2540	12.89
强化权力监督	246	3.74	459	6.98	656	10.01	1361	6.91
文化机制创新	198	3.01	499	7.59	546	8.33	1243	6.31
加快生态建设	209	3.18	447	6.80	1002	15.29	1658	8.41
创新社会治理	145	2.20	319	4.85	559	8.53	1023	5.19
加强党的领导	216	3.28	190	2.90	779	11.89	1185	6.01
合计	6581	100.00	6573	100.00	6553	100.00	19707	100.00

注:因选项字数较多,列在表中时做了简化,下同。

全体被试的总提及频率（各因素在 3 个选项中的选择频率，下同）由高到低的排序，第一是"完善基本经济制度"（17.94%），第二是"健全城乡一体化体制机制"（15.88%），第三是"推进法治中国建设"（12.89%），第四是"加快转变政府职能"（11.25%），第五是"加强社会主义民主政治制度建设"（9.21%），第六是"加快生态文明制度建设"（8.41%），第七是"强化权力运行制约和监督体系"（6.91%），第八是"推进文化机制体制创新"（6.31%），第九是"加强和改善党对全面深化改革的领导"（6.01%），第十是"创新社会治理体系"（5.19%，总提及频率第六至第九位排序与第一选择不同）。

调查涉及的十项改革，五项（加快转变政府职能、加强社会主义民主政治制度建设、推进法治中国建设、强化权力运行制约和监督体系、加强和改善党对全面深化改革的领导）主要涉及的是政治体制改革，五项（完善基本经济制度、健全城乡一体化体制机制、推进文化机制体制创新、加快生态文明制度建设、创新社会治理体系）主要涉及的是经济、社会和文化体制改革。从全体被试的总提及频率看，对政治体制改革的总体提及频率（46.27%），略低于对经济、社会和文化体制改革的总体提及频率（53.73%）。

（二）政党认同

本次问卷调查以三道题目了解被试在政党认同方面的看法，并根据问卷调查设定的指标体系，为被试的政党认同赋分。

第一道题目询问被试是否同意"坚持中国共产党的领导，对中国的发展极为重要"。调查结果显示，在做出有效选择的 6578 名被试中，89 人选择"非常不同意"，占 1.35%；126 人选择"不太同意"，占 1.92%；609人选择"不确定"，占 9.26%；3170 人选择"比较同意"，占 48.19%；2584 人选择"非常同意"，占 39.28%（见表 8）。从选择的情况看，87.47%的被试对"坚持中国共产党的领导，对中国的发展极为重要"持的是赞同态度。

表8　是否同意"坚持中国共产党的领导，对中国的发展极为重要"

项目	选项	频率	百分比	有效百分比	累积百分比
有效	（1）非常不同意	89	1.35	1.35	1.35
	（2）不太同意	126	1.91	1.92	3.27
	（3）不确定	609	9.25	9.26	12.53
	（4）比较同意	3170	48.17	48.19	60.72
	（5）非常同意	2584	39.27	39.28	100.00
	合计	6578	99.95	100.00	
缺失	系统	3	0.05		
总计		6581	100.00		

　　第二道题目询问被试是否同意"中国的政治协商和多党合作制度，对改革开放以来中国的发展极为重要"。调查结果显示，在做出有效选择的6576名被试中，285人选择"非常不同意"，占4.33%；433人选择"不太同意"，占6.59%；1410人选择"不确定"，占21.44%；2795人选择"比较同意"，占42.50%；1653人选择"非常同意"，占25.14%（见表9）。从选择的情况看，67.64%的被试对"中国的政治协商和多党合作制度，对改革开放以来中国的发展极为重要"持的是赞同态度，10.92%的被试持的是否定态度，21.44%的被试持的是"不确定"的态度。

表9　是否同意"中国的政治协商和多党合作制度，
对改革开放以来中国的发展极为重要"

项目	选项	频率	百分比	有效百分比	累积百分比
有效	（1）非常不同意	285	4.33	4.33	4.33
	（2）不太同意	433	6.57	6.59	10.92
	（3）不确定	1410	21.43	21.44	32.36
	（4）比较同意	2795	42.47	42.50	74.86
	（5）非常同意	1653	25.12	25.14	100.00
	合计	6576	99.92	100.00	
缺失	用户	4	0.06		
	系统	1	0.02		
	合计	5	0.08		
总计		6581	100.00		

第三道题目询问被试是否同意"采用多党竞争制度更有利于中国发展"。调查结果显示，在做出有效选择的 6577 名被试中，718 人选择"非常不同意"，占 10.92%；1005 人选择"不太同意"，占 15.28%；1777 人选择"不确定"，占 27.02%；2166 人选择"比较同意"，占 32.93%；911 人选择"非常同意"，占 13.85%（见表 10）。从选择的情况看，46.78% 的被试对"采用多党竞争制度更有利于中国发展"持的是肯定态度，26.20% 的被试持的是否定态度，27.02% 的被试持的是不确定的态度。

表 10　是否同意"采用多党竞争制度更有利于中国发展"

项目	选项	频率	百分比	有效百分比	累积百分比
有效	(1)非常不同意	718	10.91	10.92	10.92
	(2)不太同意	1005	15.27	15.28	26.20
	(3)不确定	1777	27.00	27.02	53.22
	(4)比较同意	2166	32.91	32.93	86.15
	(5)非常同意	911	13.84	13.85	100.00
	合计	6577	99.93	100.00	
缺失	用户	1	0.02		
	系统	3	0.05		
	合计	4	0.07		
总计		6581	100.00		

以三道题目测试的全体被试的政党认同总体得分在 1.00~5.00 分之间，均值为 3.59，标准差为 0.57（见表 11）。三道题目分别测试的是共产党领导重要性、政党制度重要性、对多党竞争的态度三个指标，从得分情况可以看出，民众最认可的是中国共产党的领导对发展的保证作用（共产党领导重要性的得分达到 4.22 分），并且比较认可政治协商与多党合作制度（政党制度重要性的得分为 3.78 分），但是有不少人对多党竞争感兴趣，拉低了政党认同的总分（反向计分的对多党竞争的态度只得了 2.76 分）。

表11 政党认同各项目得分情况

项目	N	极小值	极大值	均值	标准差
共产党领导重要性	6578	1.00	5.00	4.2213	0.79680
政党制度重要性	6576	1.00	5.00	3.7752	1.03386
对多党竞争的态度[a]	6577	1.00	5.00	2.7648	1.19069
政党认同总分	6569	1.33	5.00	3.5877	0.57406
有效的N(列表状态)	6569				

a. 反向计分已转化。

问卷调查希望进一步了解民众对中国共产党有哪些期盼，在问卷中专门设计了"您认为为了使中国更好地发展，中国共产党应该做哪些事情"的问题，请受访人在列出的6个选项中选择3项，并根据选项的重要性排序：（1）保持党的先进性、纯洁性；（2）坚持反腐败；（3）坚持改革开放的基本方针和路线；（4）推动党内民主；（5）提高党的执政能力；（6）注重政策的科学化、民主化、法治化。

全体被试对中国共产党应做事情的看法（见表12），按第一选择由高到低进行排序，排在第一位的是"保持党的先进性、纯洁性"（43.80%），排在第二位的是"坚持反腐败"（24.73%），排在第三位的是"坚持改革开放的基本方针和路线"（13.88%），排在第四位的是"提高党的执政能力"（8.07%），排在第五位的是"注重政策的科学化、民主化、法治化"（5.00%），排在末位的是"推动党内民主"（4.52%）。

表12 被试对中国共产党应做事情的选择

选项	第一选择		第二选择		第三选择		总提及	
	频率	百分比	频率	百分比	频率	百分比	频率	百分比
保持先进性	2881	43.80	953	14.52	577	8.87	4411	22.45
坚持反腐败	1627	24.73	2028	30.90	946	14.54	4601	23.42
坚持改革开放	913	13.88	1417	21.59	1068	16.42	3398	17.29
推动党内民主	297	4.52	693	10.56	858	13.19	1848	9.41
提高执政能力	531	8.07	1026	15.63	1368	21.03	2925	14.89
注重政策质量	329	5.00	447	6.80	1689	25.95	2465	12.54
合　计	6578	100.00	6564	100.00	6506	100.00	19648	100.00

全体被试的总提及频率由高到低的排序，第一是"坚持反腐败"（23.42%），第二是"保持党的先进性、纯洁性"（22.45%），第三是"坚持改革开放的基本方针和路线"（17.29%），第四是"提高党的执政能力"（14.89%），第五是"注重政策的科学化、民主化、法治化"（12.54%），提及频率最低的是"推动党内民主"（9.41%，总提及频率第一至第二位排序与第一选择不同）。

问卷调查列出的6个选项，实际上涉及了中国共产党的四个发展方向。第一个发展方向带有较强的意识形态特征，强调"保持党的先进性、纯洁性"，总提及频率排序第二位，显示民众较为重视这一方向的发展。第二个发展方向带有较强的行为特征，包括"坚持反腐败"和"提高党的执政能力"两项内容，总提及频率排序第一位和第四位，显示民众更看重的是这一方向的发展。第三个发展方向带有较强的政策特征，包括"坚持改革开放的基本方针和路线"和"注重政策的科学化、民主化、法治化"两项内容，总提及频率排序第三位和第五位，显示民众也比较重视这一方向的发展。第四个是具有民主特征的发展方向，要求"推动党内民主"，调查结果显示民众对这一发展方向的兴趣最低。也就是说，民众对中国共产党的期盼，主要集中在党的行为、意识形态和政策走向三个发展方向上，而不是集中在党内民主的发展方向上。

（三）身份认同

本次问卷调查以四道题目了解被试在身份认同方面的看法，并根据问卷调查设定的指标体系，为被试的身份认同赋分。

第一道题目询问被试是否同意"作为中国人，我很自豪"。调查结果显示，在做出有效选择的6579名被试中，94人选择"非常不同意"，占1.42%；105人选择"不太同意"，占1.60%；536人选择"不确定"，占8.15%；2105人选择"比较同意"，占32.00%；3739人选择"非常同意"，占56.83%（见表13）。从选择的情况看，88.83%的被试对"作为中国人，我很自豪"持的是赞同态度。

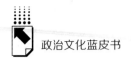

表 13　是否同意"作为中国人，我很自豪"

项目	选项	频率	百分比	有效百分比	累积百分比
有效	(1)非常不同意	94	1.42	1.42	1.42
	(2)不太同意	105	1.60	1.60	3.02
	(3)不确定	536	8.14	8.15	11.17
	(4)比较同意	2105	31.99	32.00	43.17
	(5)非常同意	3739	56.82	56.83	100.00
	合计	6579	99.97	100.00	
缺失	用户	1	0.015		
	系统	1	0.015		
	合计	2	0.03		
总计		6581	100.00		

第二道题目询问被试是否同意"到哪里我都会郑重地说明自己是中国人"。调查结果显示，在做出有效选择的 6579 名被试中，78 人选择"非常不同意"，占 1.19%；115 人选择"不太同意"，占 1.75%；459 人选择"不确定"，占 6.98%；1984 人选择"比较同意"，占 30.15%；3943 人选择"非常同意"，占 59.93%。从选择的情况看，90.08%的被试赞同"到哪里我都会郑重地说明自己是中国人"。

表 14　是否同意"到哪里我都会郑重地说明自己是中国人"

项目	选项	频率	百分比	有效百分比	累积百分比
有效	(1)非常不同意	78	1.19	1.19	1.19
	(2)不太同意	115	1.75	1.75	2.94
	(3)不确定	459	6.97	6.98	9.92
	(4)比较同意	1984	30.15	30.15	40.07
	(5)非常同意	3943	59.91	59.93	100.00
	合计	6579	99.97	100.00	
缺失	用户	2	0.03		
总计		6581	100.00		

第三道题目询问被试是否同意"公民的身份对个人来说是无所谓的"。调查结果显示，在做出有效选择的 6578 名被试中，2016 人选择"非常不同意"，占 30.65%；1575 人选择"不太同意"，占 23.94%；1045 人选择

"不确定"，占 15.89%；1304 人选择"比较同意"，占 19.82%；638 人选择"非常同意"，占 9.70%（见表 15）。从选择的情况看，29.52% 的被试对"公民的身份对个人来说是无所谓的"持的是赞同态度，54.59% 的被试持的是否定态度，15.89% 的被试持的是不确定的态度。

表 15 是否同意"公民的身份对个人来说是无所谓的"

项目	选项	频率	百分比	有效百分比	累积百分比
有效	(1) 非常不同意	2016	30.63	30.65	30.65
	(2) 不太同意	1575	23.93	23.94	54.59
	(3) 不确定	1045	15.88	15.89	70.48
	(4) 比较同意	1304	19.82	19.82	90.30
	(5) 非常同意	638	9.69	9.70	100.00
	合计	6578	99.95	100.00	
缺失	用户	2	0.03		
	系统	1	0.02		
	合计	3	0.05		
总计		6581	100.00		

第四道题目询问被试是否同意"个人的民族身份不应该被忽视"。调查结果显示，在做出有效选择的 6578 名被试中，209 人选择"非常不同意"，占 3.18%；345 人选择"不太同意"，占 5.25%；906 人选择"不确定"，占 13.77%；2774 人选择"比较同意"，占 42.17%；2344 人选择"非常同意"，占 35.63%（见表 16）。从选择的情况看，77.80% 的被试赞同"个人的民族身份不应该被忽视"。

表 16 是否同意"个人的民族身份不应该被忽视"

项目	选项	频率	百分比	有效百分比	累积百分比
有效	(1) 非常不同意	209	3.18	3.18	3.18
	(2) 不太同意	345	5.23	5.25	8.43
	(3) 不确定	906	13.77	13.77	22.20
	(4) 比较同意	2774	42.15	42.17	64.37
	(5) 非常同意	2344	35.62	35.63	100.00
	合计	6578	99.95	100.00	

续表

项目	选项		频率	百分比	有效百分比	累积百分比
缺失	用户		1	0.02		
	系统		2	0.03		
		合计	3	0.05		
总计			6581	100.00		

以四道题目测试的全体被试的身份认同总体得分在 1.00～5.00 分之间，均值为 4.09，标准差为 0.65（见表 17）。四道题目分别测试的是中国人自豪感、国民身份认知、公民身份认知、民族身份认知四个指标，从得分情况可以看出，民众不仅具有高度的国民身份（即中国人身份）认同和自豪感（两项指标的得分分别为 4.46 分和 4.41 分），亦高度重视多民族国家中的民族身份（4.02 分），并且多数人认可公民身份的重要性（反向计分的公民身份认知的得分为 3.46 分），使得身份认同呈现出了高水平的态势。

表 17　身份认同各项目得分情况

项目	N	极小值	极大值	均值	标准差
中国人自豪感	6579	1.00	5.00	4.4121	0.82008
国民身份认知	6579	1.00	5.00	4.4590	0.79693
公民身份认知[a]	6578	1.00	5.00	3.4602	1.35649
民族身份认知	6578	1.00	5.00	4.0184	0.99480
身份认同总分	6571	1.00	5.00	4.0880	0.65032
有效的 N（列表状态）	6571				

a. 反向计分已转化。

（四）文化认同

本次问卷调查以三道题目了解被试在文化认同方面的看法，并根据问卷调查设定的指标体系，为被试的文化认同赋分。

第一道题目询问被试是否同意"中国传统文化对您个人具有很大的影响"。调查结果显示，在做出有效选择的 6579 名被试中，123 人选择"非常不同意"，占 1.87%；422 人选择"不太同意"，占 6.41%；1153 人选择

"不确定",占 17.53%;2821 人选择"比较同意",占 42.88%;2060 人选择"非常同意",占 31.31%(见表 18)。从选择的情况看,74.19% 的被试认同"中国传统文化对您个人具有很大的影响"。

表 18 是否同意"中国传统文化对您个人具有很大的影响"

项目	选项	频率	百分比	有效百分比	累积百分比
有效	(1)非常不同意	123	1.87	1.87	1.87
	(2)不太同意	422	6.41	6.41	8.28
	(3)不确定	1153	17.52	17.53	25.81
	(4)比较同意	2821	42.87	42.88	68.69
	(5)非常同意	2060	31.30	31.31	100.00
	合计	6579	99.97	100.00	
缺失	系统	2	0.03		
总计		6581	100.00		

第二道题目询问被试是否同意"在全球化影响下,文化的多元性比文化的本土性更重要"的说法。调查结果显示,在做出有效选择的 6576 名被试中,259 人选择"非常不同意",占 3.94%;775 人选择"不太同意",占 11.79%;1744 人选择"不确定",占 26.52%;2570 人选择"比较同意",占 39.08%;1228 人选择"非常同意",占 18.67%(见表 19)。从选择的情况看,57.75% 的被试对"在全球化影响下,文化的多元性比文化的本土性更重要"持的是肯定态度,15.73% 的被试持的是否定态度,26.52% 的被试持的是不确定的态度。

表 19 是否同意"在全球化影响下,文化的多元性比文化的本土性更重要"

项目	选项	频率	百分比	有效百分比	累积百分比
有效	(1)非常不同意	259	3.93	3.94	3.94
	(2)不太同意	775	11.78	11.79	15.73
	(3)不确定	1744	26.50	26.52	42.25
	(4)比较同意	2570	39.05	39.08	81.33
	(5)非常同意	1228	18.66	18.67	100.00
	合计	6576	99.92	100.00	

续表

项目	选项	频率	百分比	有效百分比	累积百分比
缺失	用户	3	0.05		
	系统	2	0.03		
	合计	5	0.08		
总计		6581	100.00		

第三道题目询问被试是否认同"党和政府强调的社会主义核心价值观"。调查结果显示，在做出有效选择的6581名被试中，96人选择"非常不同意"，占1.46%；194人选择"不太同意"，占2.95%；1174人选择"不确定"，占17.84%；3012人选择"比较同意"，占45.76%；2105人选择"非常同意"，占31.99%（见表20）。从选择的情况看，77.75%的被试认同"党和政府强调的社会主义核心价值观"。

表20　是否认同"党和政府强调的社会主义核心价值观"

项目	选项	频率	百分比	有效百分比	累积百分比
有效	（1）非常不同意	96	1.46	1.46	1.46
	（2）不太同意	194	2.95	2.95	4.41
	（3）不确定	1174	17.84	17.84	22.25
	（4）比较同意	3012	45.76	45.76	68.01
	（5）非常同意	2105	31.99	31.99	100.00
	合计	6581	100.00	100.00	

以三道题目测试的全体被试的文化认同总体得分在1.00~5.00分之间，均值为3.47，标准差为0.55（见表21）。三道题目分别测试的是文化传统性、文化多元性、核心价值观三个指标，从得分情况可以看出，中国民众既高度认同社会主义核心价值观（核心价值观的得分为4.04分），也比较认可传统文化对现代社会的影响（文化传统性的得分为3.95分），但有较多的人认可文化的多元性，使得文化认同的总分并不是很高（反向计分的文化多元性的得分为2.43分）。

表 21　文化认同各项目得分情况

项目	N	极小值	极大值	均值	标准差
文化传统性	6579	1.00	5.00	3.9535	0.95456
文化多元性[a]	6576	1.00	5.00	2.4323	1.04455
核心价值观	6581	1.00	5.00	4.0387	0.86375
文化认同总分	6575	1.00	5.00	3.4749	0.55296
有效的 N(列表状态)	6569				

a. 反向计分已转化。

　　问卷调查希望进一步了解民众对文化的看法，在问卷中专门设计了"您认为在全球化和信息化的背景下，发展中国文化应着重于以下哪些方面"的问题，请受访人在列出的6个选项中选择3项，并根据选项的重要性排序：（1）多种文化融合的中国现代文化；（2）发扬光大中国传统文化；（3）以"中国梦"为代表的文化；（4）以马克思主义主导中国文化发展；（5）注重中国传统文化与马克思主义的结合；（6）用西方文化改造中国文化。

　　全体被试对中国文化发展的看法（见表22），按第一选择由高到低进行排序，排在第一位的是"多种文化融合的中国现代文化"（34.58%），排在第二位的是"发扬光大中国传统文化"（26.88%），排在第三位的是"以'中国梦'为代表的文化"（23.56%），排在第四位的是"以马克思主义主导中国文化发展"（7.36%），排在第五位的是"注重中国传统文化与马克思主义的结合"（6.16%），排在末位的是"用西方文化改造中国文化"（1.46%）。

表 22　被试对中国文化发展的看法

选项	第一选择		第二选择		第三选择		总提及	
	频率	百分比	频率	百分比	频率	百分比	频率	百分比
多种文化融合	2275	34.58	967	14.73	879	13.51	4121	20.98
发扬传统文化	1768	26.88	2025	30.84	996	15.31	4789	24.37
"中国梦"文化	1550	23.56	1704	25.95	1151	17.70	4405	22.42

续表

选项	第一选择		第二选择		第三选择		总提及	
	频率	百分比	频率	百分比	频率	百分比	频率	百分比
马克思主义主导	484	7.36	997	15.18	1341	20.62	2822	14.36
马克思主义结合传统	405	6.16	716	10.90	1415	21.76	2536	12.91
西方文化改造中国	96	1.46	157	2.40	722	11.10	975	4.96
合　计	6578	100.00	6566	100.00	6504	100.00	19648	100.00

全体被试的总提及频率由高到低的排序，第一是"发扬光大中国传统文化"（24.37%），第二是"以'中国梦'为代表的文化"（22.42%），第三是"多种文化融合的中国现代文化"（20.98%），第四是"以马克思主义主导中国文化发展"（14.36%），第五是"注重中国传统文化与马克思主义的结合"（12.91%），提及频率最低的是"用西方文化改造中国文化"（4.96%，总提及频率第一至第三位排序与第一选择不同）。

从被试的总提及频率可以看出，与文化认同有关的选择题，对测试题起了重要的印证作用。在多项选择中，中国民众最为关注的是文化的传统性以及以"中国梦"为代表的当代文化价值观，并认可现代文化的多元性，同时也没有忽视马克思主义对中国文化发展的重要性，但是对于用西方文化来改造中国文化显然不是很看重。

（五）政策认同

本次问卷调查以三道题目了解被试在政策认同方面的看法，并根据问卷调查设定的指标体系，为被试的政策认同赋分。

第一道题目询问被试是否同意"党和政府的政策，比较符合改革开放以来中国发展实际"的说法。调查结果显示，在做出有效选择的6581名被试中，66人选择"非常不同意"，占1.00%；201人选择"不太同意"，占3.06%；940人选择"不确定"，占14.28%；3605人选择"比较同意"，占54.78%；1769人选择"非常同意"，占26.88%（见表23）。从选择的情况看，81.66%的被试认同"党和政府的政策，比较符合改革开放以来中国发展实际"的说法。

表23 是否同意"党和政府的政策，比较符合改革开放以来中国发展实际"

项目	选项	频率	百分比	有效百分比	累积百分比
有效	（1）非常不同意	66	1.00	1.00	1.00
	（2）不太同意	201	3.06	3.06	4.06
	（3）不确定	940	14.28	14.28	18.34
	（4）比较同意	3605	54.78	54.78	73.12
	（5）非常同意	1769	26.88	26.88	100.00
	合　计	6581	100.00	100.00	

　　第二道题目询问被试是否认同"改革开放以来，党和政府的政策曾有严重失误"的说法。调查结果显示，在做出有效选择的6580名被试中，635人选择"非常不同意"，占9.65%；1159人选择"不太同意"，占17.61%；2319人选择"不确定"，占35.25%；1793人选择"比较同意"，占27.25%；674人选择"非常同意"，占10.24%（见表24）。从选择的情况看，27.26%的被试对"改革开放以来，党和政府的政策曾有严重失误"持的是否定态度，37.49%的被试持的是肯定态度，35.25%的被试持的是不确定的态度。

表24 是否认同"改革开放以来，党和政府的政策曾有严重失误"

项目	选项	频率	百分比	有效百分比	累积百分比
有效	（1）非常不同意	635	9.65	9.65	9.65
	（2）不太同意	1159	17.61	17.61	27.26
	（3）不确定	2319	35.24	35.25	62.51
	（4）比较同意	1793	27.25	27.25	89.76
	（5）非常同意	674	10.24	10.24	100.00
	合计	6580	99.99	100.00	
缺失	系统	1	0.01		
	总计	6581	100.00		

　　第三道题目询问被试是否同意"中央的重大决策能够在全国全面执行"。调查结果显示，在做出有效选择的6578名被试中，167人选择"非常不同意"，占2.54%；532人选择"不太同意"，占8.09%；1484人选择"不确定"，占22.56%；2867人选择"比较同意"，占43.58%；1528人选

择"非常同意",占23.23%(见表25)。从选择的情况看,66.81%的被试认为"中央的重大决策能够在全国全面执行",10.63%的被试不认为"中央的重大决策能够在全国全面执行",22.56%的被试持的是不确定的态度。

表25　是否同意"中央的重大决策能够在全国全面执行"

项目	选项	频率	百分比	有效百分比	累积百分比
有效	(1)非常不同意	167	2.54	2.54	2.54
	(2)不太同意	532	8.08	8.09	10.63
	(3)不确定	1484	22.55	22.56	33.19
	(4)比较同意	2867	43.56	43.58	76.77
	(5)非常同意	1528	23.22	23.23	100.00
	合计	6578	99.95	100.00	
缺失	系统	3	0.05		
总计		6581	100.00		

以三道题目测试的全体被试的政策认同总体得分在1.00~5.00分之间,均值为3.57,标准差为0.63(见表26)。三道题目分别测试的是政策实用性、政策失误、政策有效性三个指标,从得分情况可以看出,中国民众认同度最高的是政策实用性(4.03分),对政策有效性的认同度则稍低一些(3.77分),加之有不少人认为中国曾出现过重大的决策失误(反向计分的政策失误的得分为2.89分),拉低了全体被试的政策认同总分。

表26　政策认同各项目得分情况

项目	N	极小值	极大值	均值	标准差
政策实用性	6581	1.00	5.00	4.0348	0.78927
政策失误[a]	6580	1.00	5.00	2.8918	1.11034
政策有效性	6578	1.00	5.00	3.7688	0.97804
政策认同总分	6577	1.00	5.00	3.5655	0.63046
有效的 N(列表状态)	6577				

a. 反向计分已转化。

（六）发展认同

本次问卷调查以四道题目了解被试在发展认同方面的看法，并根据问卷调查设定的指标体系，为被试的发展认同赋分。

第一道题目询问被试是否同意"改革开放是中国发展的正确选择"。调查结果显示，在做出有效选择的 6578 名被试中，98 人选择"非常不同意"，占 1.49%；201 人选择"不太同意"，占 3.06%；879 人选择"不确定"，占 13.36%；2959 人选择"比较同意"，占 44.98%；2441 人选择"非常同意"，占 37.11%（见表 27）。从选择的情况看，82.09% 的被试赞同"改革开放是中国发展的正确选择"。

表 27　是否同意"改革开放是中国发展的正确选择"

项目	选项	频率	百分比	有效百分比	累积百分比
有效	（1）非常不同意	98	1.49	1.49	1.49
	（2）不太同意	201	3.05	3.06	4.55
	（3）不确定	879	13.36	13.36	17.91
	（4）比较同意	2959	44.96	44.98	62.89
	（5）非常同意	2441	37.09	37.11	100.00
	合计	6578	99.95	100.00	
缺失	用户	1	0.02		
	系统	2	0.03		
	合计	3	0.05		
总计		6581	100.00		

第二道题目询问被试是否同意"国家的发展与我关系不大"的说法。调查结果显示，在做出有效选择的 6580 名被试中，2220 人选择"非常不同意"，占 33.74%；1809 人选择"不太同意"，占 27.49%；970 人选择"不确定"，占 14.74%；1151 人选择"比较同意"，占 17.50%；430 人选择"非常同意"，占 6.53%（见表 28）。从选择的情况看，61.23% 的被试对"国家的发展与我关系不大"持的是否定态度，24.03% 的被试持的是肯定态度，14.74% 的被试持的是不确定的态度。

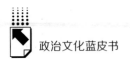
表28　是否同意"国家的发展与我关系不大"

项目	选项	频率	百分比	有效百分比	累积百分比
有效	(1)非常不同意	2220	33.73	33.74	33.74
	(2)不太同意	1809	27.49	27.49	61.23
	(3)不确定	970	14.74	14.74	75.97
	(4)比较同意	1151	17.49	17.50	93.47
	(5)非常同意	430	6.53	6.53	100.00
	合计	6580	99.98	100.00	
缺失	用户	1	0.02		
总计		6581	100.00		

第三道题目询问被试是否同意"中国的政治体制改革应该一步到位，而不是慢慢来"的说法。调查结果显示，在做出有效选择的6580名被试中，764人选择"非常不同意"，占11.61%；1419人选择"不太同意"，占21.57%；1513人选择"不确定"，占22.99%；2019人选择"比较同意"，占30.68%；865人选择"非常同意"，占13.15%（见表29）。从选择的情况看，33.18%的被试对"中国的政治体制改革应该一步到位，而不是慢慢来"的说法持的是否定态度，43.83%的被试持的是肯定态度，22.99%的被试持的是不确定的态度。

表29　是否同意"中国的政治体制改革应该一步到位，而不是慢慢来"

项目	选项	频率	百分比	有效百分比	累积百分比
有效	(1)非常不同意	764	11.61	11.61	11.61
	(2)不太同意	1419	21.56	21.57	33.18
	(3)不确定	1513	22.99	22.99	56.17
	(4)比较同意	2019	30.68	30.68	86.85
	(5)非常同意	865	13.14	13.15	100.00
	合计	6580	99.98	100.00	
缺失	系统	1	0.02		
总计		6581	100.00		

第四道题目询问被试是否同意"中国在全球化背景下已经找到了适合本国发展的道路"。调查结果显示，在做出有效选择的6578名被试中，131人选择"非常不同意"，占1.99%；377人选择"不太同意"，占5.73%；1473人选择"不确定"，占22.40%；3011人选择"比较同意"，占45.77%；1586人选择"非常同意"，占24.11%（见表30）。从选择的情况看，69.88%的被试对"中国在全球化背景下已经找到了适合本国发展的道路"持的是肯定态度，7.72%的被试持的是否定态度，22.40%的被试持的是不确定的态度。

表30　是否同意"中国在全球化背景下已经找到了适合本国发展的道路"

项目	选项	频率	百分比	有效百分比	累积百分比
有效	(1)非常不同意	131	1.99	1.99	1.99
	(2)不太同意	377	5.73	5.73	7.72
	(3)不确定	1473	22.38	22.40	30.12
	(4)比较同意	3011	45.75	45.77	75.89
	(5)非常同意	1586	24.10	24.11	100.00
	合计	6578	99.95	100.00	
缺失	系统	3	0.05		
总计		6581	100.00		

以四道题目测试的全体被试的发展认同总体得分在1.00～5.00分之间，均值为3.62，标准差为0.65（见表31）。四道题目分别测试的是发展方向、发展与个人关系、渐进式改革、中国发展道路四个指标，从得分情况可以看出，在发展问题上中国民众给予最高度肯定的是改革开放对于发展的重要意义（发展方向的得分达到4.13分），其次是对于中国已经找到了适合自己发展的道路给予一定的肯定（中国发展道路的得分为3.84分），再次是比较重视国家发展与个人的关系（反向计分的发展与个人关系的得分为3.64分），但是对激进变革的较积极态度（反向计分的渐进式改革的得分为2.88分），从整体上拉低了发展认同总分。

表 31　发展认同各项目得分情况

项目	N	极小值	极大值	均值	标准差
发展方向	6578	1.00	5.00	4.1317	0.86244
发展与个人关系[a]	6580	1.00	5.00	3.6441	1.28305
渐进式改革[b]	6580	1.00	5.00	2.8781	1.22398
中国发展道路	6578	1.00	5.00	3.8428	0.92138
发展认同总分	6573	1.25	5.00	3.6246	0.64642
有效的 N(列表状态)	6573				

a & b. 反向计分已转化。

（七）政治认同的描述统计及相关分析

调查结果显示，全体被试政治认同的总体得分在 1.83～4.90 分之间，均值为 3.63，标准差为 0.39。在六种认同中，身份认同得分最高（4.09分），第二是发展认同（3.62分），第三是政党认同（3.59分），第四是政策认同（3.57分），第五是文化认同（3.47分），体制认同得分最低（3.44分，见表 32 和图 1）。

表 32　中国公民政治认同的总体描述统计

项目	N	极小值	极大值	均值	标准差
政治认同总分	6544	1.83	4.90	3.6302	0.38810
体制认同	6581	1.00	5.00	3.4350	0.49368
政党认同	6569	1.33	5.00	3.5877	0.57406
身份认同	6571	1.00	5.00	4.0880	0.65032
文化认同	6575	1.00	5.00	3.4749	0.55296
政策认同	6577	1.00	5.00	3.5655	0.63046
发展认同	6573	1.25	5.00	3.6246	0.64642
有效的 N(列表状态)	6544				

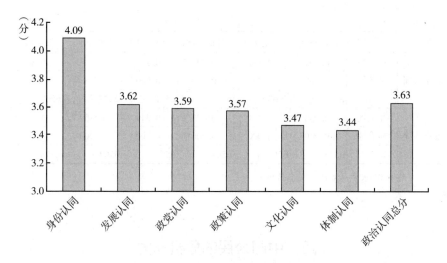

图1 中国公民的政治认同得分情况

对六种认同之间的相关性进行检验,可以看出各种认同两两之间都具有显著的正向相关关系(见表33)。也就是说,六种认同中某一种认同水平的高低,都会影响另五种认同。

表33 各种认同之间的相关

指标	项目	体制认同	政党认同	身份认同	文化认同	政策认同	发展认同
体制认同	相关性	1	0.289 **	0.250 **	0.177 **	0.309 **	0.238 **
	显著性		0.000	0.000	0.000	0.000	0.000
	N	6581	6569	6571	6575	6577	6573
政党认同	相关性	0.289 **	1	0.347 **	0.275 **	0.301 **	0.341 **
	显著性	0.000		0.000	0.000	0.000	0.000
	N	6569	6569	6560	6563	6565	6561
身份认同	相关性	0.250 **	0.347 **	1	0.362 **	0.328 **	0.470 **
	显著性	0.000	0.000		0.000	0.000	0.000
	N	6571	6560	6571	6566	6567	6564
文化认同	相关性	0.177 **	0.275 **	0.362 **	1	0.241 **	0.349 **
	显著性	0.000	0.000	0.000		0.000	0.000
	N	6575	6563	6566	6575	6571	6567

指标	项目	体制认同	政党认同	身份认同	文化认同	政策认同	发展认同
政策认同	相关性	0.309**	0.301**	0.328**	0.241**	1	0.369**
	显著性	0.000	0.000	0.000	0.000		0.000
	N	6577	6565	6567	6571	6577	6569
发展认同	相关性	0.238**	0.341**	0.470**	0.349**	0.369**	1
	显著性	0.000	0.000	0.000	0.000	0.000	
	N	6573	6561	6564	6567	6569	6573

**. 在0.01水平（双侧）上显著相关。

四　中国公民的危机压力

在"中国公民政治文化"问卷调查中，以政治危机压力、经济危机压力、社会危机压力、文化危机压力、生态危机压力、国际性危机压力6个指标测试中国公民的"危机压力感受"程度，同样采用李克特5点计分方式为6个指标赋分。根据调查结果，可以将六种危机压力以及危机压力总分的情况分述于下。

（一）政治危机压力

本次问卷调查以三道题目了解被试的政治危机压力程度，并根据问卷调查设定的指标体系，为被试的政治危机压力赋分。

第一道题目询问被试是否同意"未来几年中国可能出现严重的政治危机"。调查结果显示，在做出有效选择的6581名被试中，743人选择"非常不同意"，占11.29%；1230人选择"不太同意"，占18.69%；2373人选择"不确定"，占36.06%；1887人选择"比较同意"，占28.67%；348人选择"非常同意"，占5.29%（见表34）。从选择的情况看，29.98%的被试不同意"未来几年中国可能出现严重的政治危机"，33.96%的被试同意"未来几年中国可能出现严重的政治危机"，36.06%的被试持的是不确定的态度。

表34　是否同意"未来几年中国可能出现严重的政治危机"

项目	选项	频率	百分比	有效百分比	累积百分比
有效	(1)非常不同意	743	11.29	11.29	11.29
	(2)不太同意	1230	18.69	18.69	29.98
	(3)不确定	2373	36.06	36.06	66.04
	(4)比较同意	1887	28.67	28.67	94.71
	(5)非常同意	348	5.29	5.29	100.00
	合计	6581	100.00	100.00	

　　第二道题目询问被试是否同意"中国可能面临严重的民族冲突"。调查结果显示，在做出有效选择的6581名被试中，1013人选择"非常不同意"，占15.39%；1432人选择"不太同意"，占21.76%；2321人选择"不确定"，占35.27%；1429人选择"比较同意"，占21.71%；386人选择"非常同意"，占5.87%（见表35）。从选择的情况看，37.15%的被试不同意"中国可能面临严重的民族冲突"，27.58%的被试同意"中国可能面临严重的民族冲突"，35.27%的被试持的是不确定的态度。

表35　是否同意"中国可能面临严重的民族冲突"

项目	选项	频率	百分比	有效百分比	累积百分比
有效	(1)非常不同意	1013	15.39	15.39	15.39
	(2)不太同意	1432	21.76	21.76	37.15
	(3)不确定	2321	35.27	35.27	72.42
	(4)比较同意	1429	21.71	21.71	94.13
	(5)非常同意	386	5.87	5.87	100.00
	合计	6581	100.00	100.00	

　　第三道题目询问被试是否同意"反腐不坚决，政治危机不可避免"的说法。调查结果显示，在做出有效选择的6578名被试中，301人选择"非常不同意"，占4.58%；555人选择"不太同意"，占8.43%；1597人选择"不确定"，占24.28%；2558人选择"比较同意"，占38.89%；1567人选

择"非常同意",占23.82%(见表36)。从选择的情况看,62.71%的被试同意"反腐不坚决,政治危机不可避免",只有13.01%的被试不同意"反腐不坚决,政治危机不可避免",持不确定态度的被试占24.28%。

表36　是否同意"反腐不坚决,政治危机不可避免"

项目	选项	频率	百分比	有效百分比	累积百分比
有效	(1)非常不同意	301	4.57	4.58	4.58
	(2)不太同意	555	8.43	8.43	13.01
	(3)不确定	1597	24.27	24.28	37.29
	(4)比较同意	2558	38.87	38.89	76.18
	(5)非常同意	1567	23.81	23.82	100.00
	合计	6578	99.95	100.00	
缺失	用户	1	0.02		
	系统	2	0.03		
	合计	3	0.05		
总计		6581	100.00		

以三道题目测试的全体被试的政治危机压力总体得分在1.00~5.00分之间,均值为2.70,标准差为0.70(见表37)。三道题目分别测试的是政治危机可能性、民族冲突可能性、腐败是否带来危机三个指标,从得分情况看,政治危机可能性的得分最高(2.98分),民族冲突可能性的得分次之(2.81分),反向计分的腐败是否带来政治危机的得分最低(2.31分)。

表37　政治危机压力各项目得分情况表

项目	N	极小值	极大值	均值	标准差
政治危机可能性	6581	1.00	5.00	2.9798	1.06608
民族冲突可能性	6581	1.00	5.00	2.8090	1.11748
腐败是否带来危机[a]	6578	1.00	5.00	2.3106	1.06491
政治危机压力总分	6578	1.00	5.00	2.6995	0.70124
有效的N(列表状态)	6578				

a. 反向计分已转化。

问卷调查希望进一步了解民众对政治危机的具体看法，在问卷中专门设计了"您认为哪些因素可能引发中国的政治危机"的问题，请受访人在列出的 8 个选项中选择 3 项，并根据选项的重要性排序：（1）党和政府出现重大政策失误；（2）国外势力的渗透与颠覆活动；（3）经济危机；（4）民族问题激化；（5）社会矛盾激化；（6）宗教问题激化；（7）政治腐败愈演愈烈；（8）意识形态冲突。

全体被试对可能引发政治危机因素的看法（见表 38），按第一选择由高到低进行排序，排在第一位的是"党和政府出现重大政策失误"（39.50%），排在第二位的是"经济危机"（22.13%），排在第三位的是"国外势力的渗透与颠覆活动"（11.58%），排在第四位的是"政治腐败愈演愈烈"（10.07%），排在第五位的是"社会矛盾激化"（8.65%），排在第六位的是"民族问题激化"（5.09%），排在第七位的是"宗教问题激化"（1.66%），排在末位的是"意识形态冲突"（1.32%）。

表 38　被试对可能引发政治危机因素的看法

选项	第一选择		第二选择		第三选择		总提及	
	频率	百分比	频率	百分比	频率	百分比	频率	百分比
重大政策失误	2598	39.50	785	11.95	571	8.74	3954	20.09
国外势力颠覆	762	11.58	1164	17.72	887	13.58	2813	14.29
经济危机	1456	22.13	1462	22.26	772	11.82	3690	18.75
民族问题激化	335	5.09	607	9.24	731	11.19	1673	8.50
社会矛盾激化	569	8.65	1232	18.75	933	14.28	2734	13.89
宗教问题激化	109	1.66	238	3.62	467	7.15	814	4.14
政治腐败严重	662	10.07	953	14.51	1519	23.26	3134	15.93
意识形态冲突	87	1.32	128	1.95	652	9.98	867	4.41
合计	6578	100.00	6569	100.00	6532	100.00	19679	100.00

全体被试的总提及频率由高到低的排序，第一是"党和政府出现重大政策失误"（20.09%），第二是"经济危机"（18.75%），第三是"政治腐败愈演愈烈"（15.93%），第四是"国外势力的渗透与颠覆活动"（14.29%），第五是"社会矛盾激化"（13.89%），第六是"民族问题激化"（8.50%），第

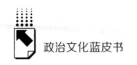

七是"意识形态冲突"（4.41%），提及频率最低的是"宗教问题激化"（4.14%，总提及频率第三和第四位排序与第一选择不同）。

这样的调查结果显示，中国民众感受的政治危机压力并不是很强，并且对于可能引发政治危机的因素有较明确的看法，就是不太担心民族问题、意识形态问题和宗教问题引发的冲突（在问卷调查涉及的8个可能引发政治危机的因素中，这三个因素的总提及频率排序第六至第八位），最担心的应是决策失误带来的危机（第一选择和总提及频率均排序第一位），比较担心的则是经济危机、政治腐败、国外势力颠覆和社会矛盾激化（这四个因素的总提及频率排序为第二至第五位）。

（二）经济危机压力

本次问卷调查以三道题目了解被试的经济危机压力程度，并根据问卷调查设定的指标体系，为被试的经济危机压力赋分。

第一道题目询问被试是否同意"未来几年中国可能出现严重的经济危机"。调查结果显示，在做出有效选择的6578名被试中，580人选择"非常不同意"，占8.82%；1061人选择"不太同意"，占16.13%；2343人选择"不确定"，占35.62%；2251人选择"比较同意"，占34.22%；343人选择"非常同意"，占5.21%（见表39）。从选择的情况看，24.95%的被试不同意"未来几年中国可能出现严重的经济危机"，39.43%的被试同意"未来几年中国可能出现严重的经济危机"，持不确定态度的被试占35.62%。

表39 是否同意"未来几年中国可能出现严重的经济危机"

项目	选项	频率	百分比	有效百分比	累积百分比
有效	（1）非常不同意	580	8.81	8.82	8.82
	（2）不太同意	1061	16.12	16.13	24.95
	（3）不确定	2343	35.61	35.62	60.57
	（4）比较同意	2251	34.20	34.22	94.79
	（5）非常同意	343	5.21	5.21	100.00
	合计	6578	99.95	100.00	

续表

项目	选项	频率	百分比	有效百分比	累积百分比
缺失	用户	2	0.03		
	系统	1	0.02		
	合计	3	0.05		
总计		6581	100.00		

第二道题目询问被试是否同意"我对国家的经济发展前景非常有信心"。调查结果显示，在做出有效选择的 6568 名被试中，71 人选择"非常不同意"，占 1.08%；223 人选择"不太同意"，占 3.40%；1178 人选择"不确定"，占 17.93%；3464 人选择"比较同意"，占 52.74%；1632 人选择"非常同意"，占 24.85%（见表 40）。从选择的情况看，77.59% 的被试同意"我对国家的经济发展前景非常有信心"，只有 4.48% 的被试不同意"我对国家的经济发展前景非常有信心"，17.93% 的被试持不确定的态度。

表 40　是否同意"我对国家的经济发展前景非常有信心"

项目	选项	频率	百分比	有效百分比	累积百分比
有效	（1）非常不同意	71	1.08	1.08	1.08
	（2）不太同意	223	3.39	3.40	4.48
	（3）不确定	1178	17.90	17.93	22.41
	（4）比较同意	3464	52.63	52.74	75.15
	（5）非常同意	1632	24.80	24.85	100.00
	合计	6568	99.80	100.00	
缺失	用户	13	0.20		
总计		6581	100.00		

第三道题目询问被试是否同意"我对个人经济状况的改善非常有信心"。调查结果显示，在做出有效选择的 6576 名被试中，138 人选择"非常不同意"，占 2.10%；421 人选择"不太同意"，占 6.40%；1282 人选择"不确定"，占 19.50%；3156 人选择"比较同意"，占 47.99%；1579 人选择"非常同意"，占 24.01%（见表 41）。从选择的情况看，72.00% 的被试同意"我对

个人经济状况的改善非常有信心"，只有8.50%的被试不同意"我对个人经济状况的改善非常有信心"，19.50%的被试持不确定的态度。

表41　是否同意"我对个人经济状况的改善非常有信心"

项目	选项	频率	百分比	有效百分比	累积百分比
有效	(1)非常不同意	138	2.10	2.10	2.10
	(2)不太同意	421	6.40	6.40	8.50
	(3)不确定	1282	19.48	19.50	28.00
	(4)比较同意	3156	47.96	47.99	75.99
	(5)非常同意	1579	23.98	24.01	100.00
	合计	6576	99.92	100.00	
缺失	系统	5	0.08		
总计		6581	100.00		

以三道题目测试的全体被试的经济危机压力总体得分在1.00~5.00分之间，均值为2.43，标准差为0.62（见表42）。三道题目分别测试的是经济危机可能性、国家经济发展信心和个人经济发展信心三个指标，从得分情况看，经济危机可能性的得分最高（3.11分），反向计分的个人经济发展信心的得分次之（2.15分），反向计分的国家经济发展信心的得分最低（2.03分）。

表42　经济危机压力各项目得分情况表

项目	N	极小值	极大值	均值	标准差
经济危机可能性	6578	1.00	5.00	3.1088	1.02619
国家经济发展信心[a]	6568	1.00	5.00	2.0312	0.81244
个人经济发展信心[b]	6576	1.00	5.00	2.1458	0.92676
经济危机压力总分	6560	1.00	5.00	2.4282	0.62227
有效的N(列表状态)	6560				

a & b. 反向计分已转化。

问卷调查希望进一步了解民众对经济危机的具体看法，在问卷中专门设计了"您认为哪些因素可能引发中国的经济危机"的问题，请受访人在列出的7个选项中选择3项，并根据选项的重要性排序：（1）房市、股市崩盘；（2）党和政府出现重大经济决策失误；（3）城乡居民收入差距过大；（4）国际金融危机；（5）庞大的政府债务；（6）物价快速上涨；（7）中国经济发展急剧减速。

全体被试对可能引发经济危机因素的看法（见表43），按第一选择由高到低进行排序，排在第一位的是"房市、股市崩盘"（31.89%），排在第二位的是"城乡居民收入差距过大"（23.74%），排在第三位的是"党和政府出现重大经济决策失误"（17.10%），排在第四位的是"物价快速上涨"（8.96%），排在第五位的是"国际金融危机"（7.39%），排在第六位的是"中国经济发展急剧减速"（5.69%），排在末位的是"庞大的政府债务"（5.23%）。

表43　被试对可能引发经济危机因素的看法

选项	第一选择		第二选择		第三选择		总提及	
	频率	百分比	频率	百分比	频率	百分比	频率	百分比
房市股市崩盘	2097	31.89	616	9.38	513	7.88	3226	16.42
经济决策失误	1124	17.10	1030	15.69	824	12.65	2978	15.15
收入差距过大	1561	23.74	1396	21.27	700	10.75	3657	18.61
国际金融危机	486	7.39	953	14.52	942	14.47	2381	12.12
政府债务	344	5.23	825	12.57	638	9.80	1807	9.19
物价快速上涨	589	8.96	1008	15.36	1714	26.32	3311	16.85
经济增速剧减	374	5.69	736	11.21	1181	18.13	2291	11.66
合计	6575	100.00	6564	100.00	6512	100.00	19651	100.00

全体被试的总提及频率由高到低的排序，第一是"城乡居民收入差距过大"（18.61%），第二是"物价快速上涨"（16.85%），第三是"房市、股市崩盘"（16.42%），第四是"党和政府出现重大经济决策失误"（15.15%），第五是"国际金融危机"（12.12%），第六是"中国经济发展急剧减速"（11.66%），提及频率最低的是"庞大的政府债务"（9.19%，总提及频率第一至第四位排序与第一选择不同）。

这样的调查结果显示，尽管中国民众对经济发展有较强的信心，但是对于影响经济发展的收入差距问题和物价问题，还是具有较强的敏感性（在问卷调查涉及的7个可能引发经济危机的因素中，这两个因素的总提及频率排序第一位和第二位），并希望尽量避免党和政府出现重大的经济决策失误（这一因素的总提及频率排序第四位）；中国经济运行中可能出现的房市、股市崩盘和国际金融危机的影响以及经济增速放缓，总提及频率排序第三位、第五位和第六位，表明民众对这些问题还是有一定程度的担心。民众最不担心的是政府债务问题，总提及频率排在末位。

（三）社会危机压力

本次问卷调查以三道题目了解被试的社会危机压力程度，并根据问卷调查设定的指标体系，为被试的社会危机压力赋分。

第一道题目询问被试是否同意"未来几年，中国可能因为社会矛盾加剧，引发社会危机"。调查结果显示，在做出有效选择的6579名被试中，581人选择"非常不同意"，占8.83%；1080人选择"不太同意"，占16.42%；2427人选择"不确定"，占36.89%；1821人选择"比较同意"，占27.68%；670人选择"非常同意"，占10.18%（见表44）。从选择的情况看，25.25%的被试不同意"未来几年，中国可能因为社会矛盾加剧，引发社会危机"，37.86%的被试同意"未来几年，中国可能因为社会矛盾加剧，引发社会危机"，36.89%的被试持不确定的态度。

表44 是否同意"未来几年，中国可能因为社会矛盾加剧，引发社会危机"

项目	选项	频率	百分比	有效百分比	累积百分比
有效	（1）非常不同意	581	8.83	8.83	8.83
	（2）不太同意	1080	16.41	16.42	25.25
	（3）不确定	2427	36.88	36.89	62.14
	（4）比较同意	1821	27.67	27.68	89.82
	（5）非常同意	670	10.18	10.18	100.00
	合计	6579	99.97	100.00	
缺失	系统	2	0.03		
总计		6581	100.00		

第二道题目询问被试是否同意"中国的社会冲突已经影响了公民的正常生活"。调查结果显示，在做出有效选择的 6576 名被试中，788 人选择"非常不同意"，占 11.98%；1437 人选择"不太同意"，占 21.85%；1849 人选择"不确定"，占 28.12%；1927 人选择"比较同意"，占 29.30%；575 人选择"非常同意"，占 8.75%（见表 45）。从选择的情况看，33.83% 的被试不同意"中国的社会冲突已经影响了公民的正常生活"，38.05% 的被试同意"中国的社会冲突已经影响了公民的正常生活"，28.12% 的被试持不确定的态度。

表 45　是否同意"中国的社会冲突已经影响了公民的正常生活"

项目	选项	频率	百分比	有效百分比	累积百分比
有效	(1)非常不同意	788	11.97	11.98	11.98
	(2)不太同意	1437	21.84	21.85	33.83
	(3)不确定	1849	28.10	28.12	61.95
	(4)比较同意	1927	29.28	29.30	91.25
	(5)非常同意	575	8.73	8.75	100.00
	合计	6576	99.92	100.00	
缺失	系统	5	0.08		
总计		6581	100.00		

第三道题目询问被试是否同意"中国当前的社会建设，能够舒缓社会矛盾"的说法。调查结果显示，在做出有效选择的 6575 名被试中，144 人选择"非常不同意"，占 2.19%；462 人选择"不太同意"，占 7.03%；1846 人选择"不确定"，占 28.08%；3053 人选择"比较同意"，占 46.43%；1070 人选择"非常同意"，占 16.27%（见表 46）。从选择的情况看，62.70% 的被试同意"中国当前的社会建设，能够舒缓社会矛盾"，只有 9.22% 的被试不同意"中国当前的社会建设，能够舒缓社会矛盾"，28.08% 的被试持不确定的态度。

表46 是否同意"中国当前的社会建设,能够舒缓社会矛盾"

项目	选项	频率	百分比	有效百分比	累积百分比
有效	(1)非常不同意	144	2.19	2.19	2.19
	(2)不太同意	462	7.02	7.03	9.22
	(3)不确定	1846	28.05	28.08	37.30
	(4)比较同意	3053	46.39	46.43	83.73
	(5)非常同意	1070	16.26	16.27	100.00
	合计	6575	99.91	100.00	
缺失	用户	4	0.06		
	系统	2	0.03		
	合计	6	0.09		
总计		6581	100.00		

以三道题目测试的全体被试的社会危机压力总体得分在1.00~5.00分之间,均值为2.82,标准差为0.71(见表47)。三道题目分别测试的是社会危机可能性、社会冲突影响生活、社会建设信心三个指标,从得分情况看,社会危机可能性的得分最高(3.14分),社会冲突影响生活的得分次之(3.01分),反向计分的社会建设信心的得分最低(2.32分)。

表47 社会危机压力各项目得分情况表

项目	N	极小值	极大值	均值	标准差
社会危机可能性	6579	1.00	5.00	3.1397	1.08730
社会冲突影响生活	6576	1.00	5.00	3.0097	1.15790
社会建设信心[a]	6575	1.00	5.00	2.3243	0.90369
社会危机压力总分	6568	1.00	5.00	2.8237	0.70506
有效的N(列表状态)	6568				

a. 反向计分已转化。

问卷调查希望进一步了解民众对社会危机的具体看法,在问卷中专门设计了"根据中国的现实情况,您认为以下哪些因素可能引发社会危机"的问题,请受访人在列出的10个选项中选择3项,并根据选项的重要性排序:(1)城乡差距;(2)干群矛盾;(3)公民社会地位不平等;(4)民族矛盾；（5）贫富差距；（6）区域差距；（7）司法不公；（8）收入分配不公；（9）土地问题；（10）宗教冲突。

全体被试对可能引发社会危机因素的看法（见表48），按第一选择由高到低进行排序，排在第一位的是"城乡差距"（34.42%），排在第二位的是"公民社会地位不平等"（19.15%），排在第三位的是"贫富差距"（16.82%），排在第四位的是"干群矛盾"（8.37%），排在第五位的是"司法不公"（6.75%），排在第六位的是"收入分配不公"（4.85%），排在第七位的是"民族矛盾"（4.48%），排在第八位的是"土地问题"（2.41%），排在第九位的是"区域差距"（2.19%），排在末位的是"宗教冲突"（0.56%）。

表48　被试对可能引发社会危机因素的看法

选项	第一选择		第二选择		第三选择		总提及	
	频率	百分比	频率	百分比	频率	百分比	频率	百分比
城乡差距	2265	34.42	561	8.53	440	6.73	3266	16.58
干群矛盾	551	8.37	681	10.36	514	7.86	1746	8.87
公民社会地位不平等	1260	19.15	1087	16.53	604	9.24	2951	14.98
民族矛盾	295	4.48	521	7.92	564	8.62	1380	7.01
贫富差距	1107	16.82	1798	27.35	770	11.77	3675	18.66
区域差距	144	2.19	330	5.02	678	10.37	1152	5.85
司法不公	444	6.75	714	10.86	763	11.67	1921	9.75
收入分配不公	319	4.85	519	7.89	1369	20.94	2207	11.21
土地问题	159	2.41	281	4.27	570	8.72	1010	5.13
宗教冲突	37	0.56	83	1.27	267	4.08	387	1.96
合计	6581	100.00	6575	100.00	6539	100.00	19695	100.00

全体被试的总提及频率由高到低的排序，第一是"贫富差距"（18.66%），第二是"城乡差距"（16.58%），第三是"公民社会地位不平等"（14.98%），第四是"收入分配不公"（11.21%），第五是"司法不公"（9.75%），第六是"干群矛盾"（8.87%），第七是"民族矛盾"（7.01%），第八是"区域差距"（5.85%），第九是"土地问题"（5.13%），提及频率最低的是"宗教冲突"（1.96%，总提及频率第一至第四位和第六至第九位排序与第一选择不同）。

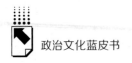

从调查结果看，民众对社会差距反映的结构性问题敏感性较强（贫富差距和城乡差距两个因素，总提及频率排序第一位和第二位），对侧重于社会公平待遇层面的因素关注度亦较高（公民社会地位不平等、收入分配不公、司法不公和干群矛盾四个因素的总提及频率排序为第三至第六位），对民族矛盾、区域差距、土地问题和宗教冲突，民众则没有表现出较强的敏感性（这四个因素的总提及频率排在后四位）。

（四）文化危机压力

本次问卷调查以四道题目了解被试的文化危机压力程度，并根据问卷调查设定的指标体系，为被试的文化危机压力赋分。

第一道题目询问被试是否同意"中国文化正面临严重危机"。调查结果显示，在做出有效选择的 6577 名被试中，585 人选择"非常不同意"，占8.89%；1203 人选择"不太同意"，占 18.29%；2081 人选择"不确定"，占 31.64%；2257 人选择"比较同意"，占 34.32%；451 人选择"非常同意"，占 6.86%（见表 49）。从选择的情况看，27.18%的被试不同意"中国文化正面临严重危机"，41.18%的被试同意"中国文化正面临严重危机"，31.64%的被试持不确定的态度。

表 49　是否同意"中国文化正面临严重危机"

项目	选项	频率	百分比	有效百分比	累积百分比
有效	(1)非常不同意	585	8.89	8.89	8.89
	(2)不太同意	1203	18.28	18.29	27.18
	(3)不确定	2081	31.62	31.64	58.82
	(4)比较同意	2257	34.30	34.32	93.14
	(5)非常同意	451	6.85	6.86	100.00
	合计	6577	99.94	100.00	
缺失	用户	2	0.03		
	系统	2	0.03		
	合计	4	0.06		
总计		6581	100.00		

第二道题目询问被试是否同意"中国可能出现极端民族主义思潮"。调查结果显示，在做出有效选择的 6580 名被试中，778 人选择"非常不同意"，占 11.82%；1365 人选择"不太同意"，占 20.74%；2531 人选择"不确定"，占 38.47%；1528 人选择"比较同意"，占 23.22%；378 人选择"非常同意"，占 5.75%（见表 50）。从选择的情况看，32.56% 的被试不同意"中国可能出现极端民族主义思潮"，28.97% 的被试同意"中国可能出现极端民族主义思潮"，38.47% 的被试持不确定的态度。

表50　是否同意"中国可能出现极端民族主义思潮"

项目	选项	频率	百分比	有效百分比	累积百分比
有效	(1)非常不同意	778	11.82	11.82	11.82
	(2)不太同意	1365	20.74	20.74	32.56
	(3)不确定	2531	38.46	38.47	71.03
	(4)比较同意	1528	23.22	23.22	94.25
	(5)非常同意	378	5.74	5.75	100.00
	合计	6580	99.98	100.00	
缺失	用户	1	0.02		
总计		6581	100.00		

第三道题目询问被试是否同意"群众运动是最有效的反腐败形式"的说法。调查结果显示，在做出有效选择的 6578 名被试中，525 人选择"非常不同意"，占 7.98%；1048 人选择"不太同意"，占 15.93%；1947 人选择"不确定"，占 29.60%；2118 人选择"比较同意"，占 32.20%；940 人选择"非常同意"，占 14.29%（见表 51）。从选择的情况看，只有 23.91% 的被试不同意"群众运动是最有效的反腐败形式"，46.49% 的被试同意"群众运动是最有效的反腐败形式"，29.60% 的被试持不确定的态度。

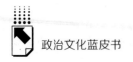
表51　是否同意"群众运动是最有效的反腐败形式"

项目	选项	频率	百分比	有效百分比	累积百分比
有效	（1）非常不同意	525	7.98	7.98	7.98
	（2）不太同意	1048	15.92	15.93	23.91
	（3）不确定	1947	29.59	29.60	53.51
	（4）比较同意	2118	32.18	32.20	85.71
	（5）非常同意	940	14.28	14.29	100.00
	合计	6578	99.95	100.00	
缺失	用户	1	0.02		
	系统	2	0.03		
	合计	3	0.05		
总计		6581	100.00		

第四道题目询问被试是否同意"社会主义核心价值观对公民起了重要的教育和引导作用"。调查结果显示，在做出有效选择的6580名被试中，118人选择"非常不同意"，占1.79%；303人选择"不太同意"，占4.61%；1173人选择"不确定"，占17.83%；3519人选择"比较同意"，占53.48%；1467人选择"非常同意"，占22.29%（见表52）。从选择的情况看，75.77%的被试同意"社会主义核心价值观对公民起了重要的教育和引导作用"，只有6.40%的被试不同意"社会主义核心价值观对公民起了重要的教育和引导作用"，17.83%的被试持不确定的态度。

表52　是否同意"社会主义核心价值观对公民起了重要的教育和引导作用"

项目	选项	频率	百分比	有效百分比	累积百分比
有效	（1）非常不同意	118	1.79	1.79	1.79
	（2）不太同意	303	4.60	4.61	6.40
	（3）不确定	1173	17.82	17.83	24.23
	（4）比较同意	3519	53.48	53.48	77.71
	（5）非常同意	1467	22.29	22.29	100.00
	合计	6580	99.98	100.00	
缺失	系统	1	0.02		
总计		6581	100.00		

以四道题目测试的全体被试的文化危机压力总体得分在 1.00 ~ 5.00 分之间，均值为 2.85，标准差为 0.64（见表 53）。四道题目分别测试的是文化危机可能性、极端民族主义、民粹主义、价值观教化四个指标，从得分情况看，反映"民粹主义"的指标（"群众运动是最有效的反腐败形式"带有较强的民粹主义指向）得分最高（3.29 分），文化危机可能性的得分次之（3.12 分），极端民族主义的得分再次之（2.90 分），反向计分的价值观教化的得分最低（2.10 分）。

表 53　文化危机压力各项目得分情况表

项目	N	极小值	极大值	均值	标准差
文化危机可能性	6577	1.00	5.00	3.1195	1.06866
极端民族主义	6580	1.00	5.00	2.9032	1.06452
民粹主义	6578	1.00	5.00	3.2888	1.13530
价值观教化[a]	6580	1.00	5.00	2.1012	0.85830
文化危机压力总分	6574	1.00	5.00	2.8530	0.63747
有效的 N（列表状态）	6574				

a. 反向计分已转化。

（五）生态危机压力

本次问卷调查以三道题目了解被试的生态危机压力程度，并根据问卷调查设定的指标体系，为被试的生态危机压力赋分。

第一道题目询问被试是否同意"未来几年中国可能出现全面的生态环境危机"。调查结果显示，在做出有效选择的 6579 名被试中，317 人选择"非常不同意"，占 4.82%；829 人选择"不太同意"，占 12.60%；1925 人选择"不确定"，占 29.26%；2419 人选择"比较同意"，占 36.77%；1089 人选择"非常同意"，占 16.55%（见表 54）。从选择的情况看，17.42% 的被试不同意"未来几年中国可能出现全面的环境危机"，53.32% 的被试同意"未来几年中国可能出现全面的环境危机"，29.26% 的被试持不确定的态度。

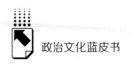

表54 是否同意"未来几年中国可能出现全面的生态环境危机"

项目	选项	频率	百分比	有效百分比	累积百分比
有效	(1)非常不同意	317	4.82	4.82	4.82
	(2)不太同意	829	12.60	12.60	17.42
	(3)不确定	1925	29.25	29.26	46.68
	(4)比较同意	2419	36.76	36.77	83.45
	(5)非常同意	1089	16.54	16.55	100.00
	合计	6579	99.97	100.00	
缺失	系统	2	0.03		
总计		6581	100.00		

第二道题目询问被试是否同意"目前中国的环境恶化已经影响了我们的健康和生活质量"。调查结果显示，在做出有效选择的6580名被试中，274人选择"非常不同意"，占4.16%；696人选择"不太同意"，占10.58%；1242人选择"不确定"，占18.88%；2804人选择"比较同意"，占42.61%；1564人选择"非常同意"，占23.77%（见表55）。从选择的情况看，14.74%的被试不同意"目前中国的环境恶化已经影响了我们的健康和生活质量"，66.38%的被试同意"目前中国的环境恶化已经影响了我们的健康和生活质量"，18.88%的被试持不确定的态度。

表55 是否同意"目前中国的环境恶化已经影响了我们的健康和生活质量"

项目	选项	频率	百分比	有效百分比	累积百分比
有效	(1)非常不同意	274	4.16	4.16	4.16
	(2)不太同意	696	10.58	10.58	14.74
	(3)不确定	1242	18.87	18.88	33.62
	(4)比较同意	2804	42.61	42.61	76.23
	(5)非常同意	1564	23.76	23.77	100.00
	合计	6580	99.98	100.00	
缺失	系统	1	0.02		
总计		6581	100.00		

　　第三道题目询问被试是否同意"中国的环境恶化只是暂时的、局部的，今后的环境会越来越好"的说法。调查结果显示，在做出有效选择的6577名被试中，355人选择"非常不同意"，占5.40%；956人选择"不太同意"，占14.54%；1606人选择"不确定"，占24.42%；2416人选择"比较同意"，占36.73%；1244人选择"非常同意"，占18.91%（见表56）。从选择的情况看，55.64%的被试同意"中国的环境恶化只是暂时的、局部的，今后的环境会越来越好"，19.94%的被试不同意"中国的环境恶化只是暂时的、局部的，今后的环境会越来越好"，24.42%的被试持不确定的态度。

表56　是否同意"中国的环境恶化只是暂时的、局部的，今后的环境会越来越好"

项目	选项	频率	百分比	有效百分比	累积百分比
有效	（1）非常不同意	355	5.39	5.40	5.40
	（2）不太同意	956	14.53	14.54	19.94
	（3）不确定	1606	24.41	24.42	44.36
	（4）比较同意	2416	36.71	36.73	81.09
	（5）非常同意	1244	18.90	18.91	100.00
	合计	6577	99.94	100.00	
缺失	用户	4	0.06		
总计		6581	100.00		

　　以三道题目测试的全体被试的生态危机压力总体得分在1.00～5.00分之间，均值为3.23，标准差为0.74（见表57）。三道题目分别测试的是环境危机可能性、环境恶化影响生活、环境恶化暂时性三个指标，从得分情况看，环境恶化影响生活的得分最高（3.71分），环境危机可能性的得分次之（3.48分），反向计分的环境恶化暂时性的得分最低（2.51分）。

表57　生态危机压力各项目得分情况表

项目	N	极小值	极大值	均值	标准差
环境危机可能性	6579	1.00	5.00	3.4764	1.05914
环境恶化影响生活	6580	1.00	5.00	3.7125	1.06856

续表

项目	N	极小值	极大值	均值	标准差
环境恶化暂时性[a]	6577	1.00	5.00	2.5077	1.11489
生态危机压力总分	6574	1.00	5.00	3.2323	0.73884
有效的 N(列表状态)	6574				

a. 反向计分已转化。

（六）国际性危机压力

本次问卷调查以三道题目了解被试的国际性危机压力程度，并根据问卷调查设定的指标体系，为被试的国际性危机压力赋分。

第一道题目询问被试是否同意"未来几年中国可能面临战争威胁"。调查结果显示，在做出有效选择的6580名被试中，686人选择"非常不同意"，占10.43%；1168人选择"不太同意"，占17.75%；2550人选择"不确定"，占38.75%；1717人选择"比较同意"，占26.09%；459人选择"非常同意"，占6.98%（见表58）。从选择的情况看，28.18%的被试不同意"未来几年中国可能面临战争威胁"，33.07%的被试同意"未来几年中国可能面临战争威胁"，38.75%的被试持不确定的态度。

表58　是否同意"未来几年中国可能面临战争威胁"

项目	选项	频率	百分比	有效百分比	累积百分比
有效	(1)非常不同意	686	10.42	10.43	10.43
	(2)不太同意	1168	17.75	17.75	28.18
	(3)不确定	2550	38.75	38.75	66.93
	(4)比较同意	1717	26.09	26.09	93.02
	(5)非常同意	459	6.97	6.98	100.00
	合计	6580	99.98	100.00	
缺失	系统	1	0.02		
总计		6581	100.00		

第二道题目询问被试是否同意"国外势力的各种颠覆活动是威胁中国发展的主要危险"。调查结果显示，在做出有效选择的 6573 名被试中，533人选择"非常不同意"，占 8.11%；1099 人选择"不太同意"，占 16.72%；2090 人选择"不确定"，占 31.80%；2154 人选择"比较同意"，占32.77%；697 人选择"非常同意"，占 10.60%（见表 59）。从选择的情况看，43.37% 的被试同意"国外势力的各种颠覆活动是威胁中国发展的主要危险"，24.83% 的被试不同意"国外势力的各种颠覆活动是威胁中国发展的主要危险"，31.80% 的被试持不确定的态度。

表 59　是否同意"国外势力的各种颠覆活动是威胁中国发展的主要危险"

项目	选项	频率	百分比	有效百分比	累积百分比
有效	（1）非常不同意	533	8.10	8.11	8.11
	（2）不太同意	1099	16.70	16.72	24.83
	（3）不确定	2090	31.76	31.80	56.63
	（4）比较同意	2154	32.73	32.77	89.40
	（5）非常同意	697	10.59	10.60	100.00
	合计	6573	99.88	100.00	
缺失	用户	6	0.09		
	系统	2	0.03		
	合计	8	0.12		
总计		6581	100.00		

第三道题目询问被试是否同意"国际金融危机阻碍了中国经济的发展"的说法。调查结果显示，在做出有效选择的 6576 名被试中，372 人选择"非常不同意"，占 5.66%；913 人选择"不太同意"，占 13.88%；2260 人选择"不确定"，占 34.37%；2390 人选择"比较同意"，占 36.34%；641人选择"非常同意"，占 9.75%（见表 69）。从选择的情况看，19.54% 的被试不同意"国际金融危机阻碍了中国经济的发展"，46.09% 的被试同意"国际金融危机阻碍了中国经济的发展"，34.37% 的被试持不确定的态度。

表60　是否同意"国际金融危机阻碍了中国经济的发展"

项目	选项	频率	百分比	有效百分比	累积百分比
有效	(1)非常不同意	372	5.65	5.66	5.66
	(2)不太同意	913	13.87	13.88	19.54
	(3)不确定	2260	34.34	34.37	53.91
	(4)比较同意	2390	36.32	36.34	90.25
	(5)非常同意	641	9.74	9.75	100.00
	合计	6576	99.92	100.00	
缺失	用户	4	0.06		
	系统	1	0.02		
	合计	5	0.08		
总计		6581	100.00		

以三道题目测试的全体被试的国际性危机压力总体得分在 1.00～5.00
分之间，均值为 3.04，标准差为 0.48（见表 61）。三道题目分别测试的是
战争危机可能性、颠覆危险、金融危机影响三个指标，从得分情况看，金融
危机影响的得分最高（3.31 分），战争危机可能性的得分次之（3.01 分），
反向计分的颠覆危险的得分最低（2.79 分）。

表61　国际性危机压力各项目得分情况表

项目	N	极小值	极大值	均值	标准差
战争危机可能性	6580	1.00	5.00	3.0144	1.06511
颠覆危险[a]	6573	1.00	5.00	2.7896	1.09514
金融危机影响	6576	1.00	5.00	3.3064	1.01229
国际性危机压力总分	6567	1.00	5.00	3.0362	0.48450
有效的 N(列表状态)	6567				

a. 反向计分已转化。

问卷调查希望进一步了解民众对国际性危机压力的具体看法，在问卷中
专门设计了"您认为对于来自国际尤其是西方国家的压力，中国的态度应
该是什么"的问题，请受访人在列出的 8 个选项中选择 3 项，并根据选项的
重要性排序：（1）创造有利于中国的国际话语权体系；（2）大力宣扬"中

国梦"和"中国模式";（3）加入西方阵营；（4）建立新的社会主义阵营；
（5）韬光养晦，做好自己的事情；（6）虚心听取来自国外的各种意见；
（7）针锋相对，给予有力的反击；（8）在世界范围内争取更多的朋友。

全体被试对中国应对国际性危机压力的做法（见表62），按第一选择由
高到低进行排序，排在第一位的是"创造有利于中国的国际话语权体系"
（44.34%），排在第二位的是"大力宣扬'中国梦'和'中国模式'"
（17.43%），排在第三位的是"韬光养晦，做好自己的事情"（11.16%），
排在第四位的是"针锋相对，给予有力的反击"（7.72%），排在第五位的
是"建立新的社会主义阵营"（7.20%），排在第六位的是"加入西方阵营"
（5.70%），排在第七位的是"在世界范围内争取更多的朋友"（3.24%），
排在末位的是"虚心听取来自国外的各种意见"（3.21%）。

表62　被试对于应付国际性危机压力做法的选择

选项	第一选择		第二选择		第三选择		总提及	
	频率	百分比	频率	百分比	频率	百分比	频率	百分比
中国话语体系	2917	44.34	887	13.53	490	7.52	4294	21.85
宣扬中国梦	1147	17.43	1652	25.19	905	13.90	3704	18.85
加入西方阵营	375	5.70	437	6.66	265	4.07	1077	5.48
建社会主义阵营	474	7.20	900	13.72	1051	16.14	2425	12.34
韬光养晦	734	11.16	955	14.56	570	8.75	2259	11.50
听取国外意见	211	3.21	534	8.14	790	12.13	1535	7.81
针锋相对	508	7.72	761	11.60	855	13.13	2124	10.81
争取更多朋友	213	3.24	432	6.60	1587	24.36	2232	11.36
合计	6579	100.00	6558	100.00	6513	100.00	19650	100.00

全体被试的总提及频率由高到低的排序，第一是"创造有利于中国的国
际话语权体系"（21.85%），第二是"大力宣扬'中国梦'和'中国模式'"
（18.85%），第三是"建立新的社会主义阵营"（12.34%），第四是"韬光养
晦，做好自己的事情"（11.50%），第五是"在世界范围内争取更多的朋友"
（11.36%），第六是"针锋相对，给予有力的反击"（10.81%），第七是"虚
心听取来自国外的各种意见"（7.81%），提及频率最低的是"加入西方阵营"

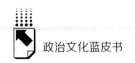

（5.48%，总提及频率第三至第八位排序与第一选择不同）。

从调查结果看，在中国应对国际性危机压力的做法上，民众并没有形成"一边倒"的意见（只是问卷调查涉及的应对国际性危机压力的 8 种做法，"加入西方阵营"总提及频率排序第八位，显示出了较明显的倾向性），既有不少人倾向于采用对抗手段（"创造有利于中国的国际话语权体系"、"大力宣扬'中国梦'和'中国模式'"、"建立新的社会主义阵营"和"针锋相对，给予有力的反击"四种带有明显对抗性特征的做法，总提及频率排序第一、第二、第三和第六位），也有不少人倾向于采用合作手段（"韬光养晦，做好自己的事情"、"在世界范围内争取更多的朋友"和"虚心听取来自国外的各种意见"三种带有合作性特征的做法，总提及频率排序第四、第五和第七位）。

（七）危机压力的描述统计及相关分析

调查结果显示，全体被试的危机压力的总体得分在 1.22 ~ 4.19 分之间，均值为 2.84，标准差为 0.41，压力强度总体处于中等水平。在六种危机压力中，全体被试的生态危机压力得分最高（3.23 分），第二是国际性危机压力（3.04 分），第三是文化危机压力（2.85 分），第四是社会危机压力（2.82 分），第五是政治危机压力（2.70 分），经济危机压力得分最低（2.43 分，见表 63 和图 2）。

表 63 中国公民的危机压力总体描述统计

项目	N	极小值	极大值	均值	标准差
危机压力总分	6518	1.22	4.19	2.8439	0.41464
政治危机压力	6578	1.00	5.00	2.6995	0.70124
经济危机压力	6560	1.00	5.00	2.4282	0.62227
社会危机压力	6568	1.00	5.00	2.8237	0.70506
文化危机压力	6574	1.00	5.00	2.8530	0.63747
生态危机压力	6574	1.00	5.00	3.2323	0.73884
国际性危机压力	6567	1.00	5.00	3.0362	0.48450
有效的 N(列表状态)	6518				

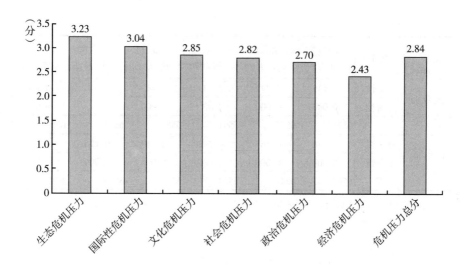

图2　中国公民的危机压力得分情况

对六种危机压力得分之间的相关性进行检验，可以看出各种压力得分两两之间都具有显著的正向相关关系（见表64）。也就是说，六种危机压力中某一种压力的强弱，都会影响另五种压力，并且会影响全体民众的危机压力总水平。

表64　各种危机压力之间的相关

指标	项目	政治危机压力	经济危机压力	社会危机压力	文化危机压力	生态危机压力	国际性危机压力
政治危机压力	相关性	1	0.351 **	0.445 **	0.433 **	0.135 **	0.178 **
	显著性		0.000	0.000	0.000	0.000	0.000
	N	6578	6557	6565	6571	6571	6564
经济危机压力	相关性	0.351 **	1	0.377 **	0.385 **	0.272 **	0.163 **
	显著性	0.000		0.000	0.000	0.000	0.000
	N	6557	6560	6547	6553	6553	6547
社会危机压力	相关性	0.445 **	0.377 **	1	0.455 **	0.245 **	0.198 **
	显著性	0.000	0.000		0.000	0.000	0.000
	N	6565	6547	6568	6561	6561	6554
文化危机压力	相关性	0.433 **	0.385 **	0.455 **	1	0.242 **	0.219 **
	显著性	0.000	0.000	0.000		0.000	0.000
	N	6571	6553	6561	6574	6567	6561

续表

指标	项目	政治危机压力	经济危机压力	社会危机压力	文化危机压力	生态危机压力	国际性危机压力
生态危机压力	相关性	0.135 **	0.272 **	0.245 **	0.242 **	1	0.126 **
	显著性	0.000	0.000	0.000	0.000		0.000
	N	6571	6553	6561	6567	6574	6560
国际性危机压力	相关性	0.178 **	0.163 **	0.198 **	0.219 **	0.126 **	1
	显著性	0.000	0.000	0.000	0.000	0.000	
	N	6564	6547	6554	6561	6560	6567

**. 在 0.01 水平（双侧）上显著相关。

五　政治认同与危机压力的关系及中国政治指数

对 2016 年问卷调查显示的政治认同总分和危机压力总分进行统计分析，可以看出两者之间具有显著的负向相关。政治认同各指标与危机压力各指标之间，也都显示出显著的负向相关（见表 65）。也就是说，民众的危机压力越大，政治认同水平越低；反之，民众的政治认同水平越高，危机压力越小。调查反映的中国民众当前较高的政治认同水平和中等程度的危机压力，既可能成为一段时间的"常态"，也可能受某些因素的影响，发生一定的变化。

表 65　政治认同与危机压力各指标之间的相关

项目	政治危机压力	经济危机压力	社会危机压力	文化危机压力	生态危机压力	国际性危机压力	危机压力总分
体制认同	-0.174 **	-0.253 **	-0.194 **	-0.210 **	-0.117 **	-0.043 **	-0.266 **
政党认同	-0.267 **	-0.269 **	-0.236 **	-0.243 **	-0.084 **	-0.025 **	-0.303 **
身份认同	-0.328 **	-0.340 **	-0.280 **	-0.304 **	-0.040 **	-0.089 **	-0.363 **
文化认同	-0.251 **	-0.243 **	-0.227 **	-0.206 **	-0.053 **	-0.027 **	-0.270 **
政策认同	-0.293 **	-0.412 **	-0.327 **	-0.339 **	-0.195 **	-0.131 **	-0.449 **
发展认同	-0.403 **	-0.360 **	-0.368 **	-0.374 **	-0.122 **	-0.097 **	-0.458 **
认同总分	-0.447 **	-0.483 **	-0.422 **	-0.434 **	-0.158 **	-0.110 **	-0.546 **

**. 在 0.01 水平（双侧）上显著相关。

*. 在 0.05 水平（双侧）上显著相关。

　　按照中国政治指数指标体系计算的政治认同指数，得分在 1.83 ~ 4.90 分之间，均值为 3.63，标准差为 0.39；危机压力指数（危机压力总分的反向计分）得分在 1.81 ~ 4.78 分之间，均值为 3.16，标准差为 0.41；基于这两个指数的政治总指数，得分在 2.22 ~ 4.69 分之间，均值为 3.39，标准差为 0.35（见表 66）。尽管政治认同指数的得分处于较高得分（3.01 ~ 4.00 分）的上段，但是危机压力指数和政治总指数都处于较高得分的下段，显示在中国政治的良性发展方面，还需要做出更多的努力。

表 66　中国政治指数描述统计

项目	N	极小值	极大值	均值	标准差
政治认同指数	6544	1.83	4.90	3.6302	0.38810
危机压力指数[a]	6518	1.81	4.78	3.1561	0.41464
政治总指数	6482	2.22	4.69	3.3942	0.35312
有效的 N（列表状态）	6482				

　　a. 反向计分已转化。

（本报告由史卫民、田华执笔）

B.2
影响政治文化的五个重要因素

南开大学当代中国问题研究院

摘　要：　2016 年的"中国公民政治文化"问卷调查显示，影响政治形态和政治文化的权利认知、利益认知、政治沟通认知、政治参与行为、公民满意度五个重要因素，得分都处于中等水平或较高水平。对各种政治影响因素之间的相关性进行检验，可以看出各种因素两两之间都具有显著的正向相关，每一个因素得分的高低，都会影响另外四个因素。

五个因素的认识水平，与中国公民的政治认同和危机压力有密切的关系。在看待中国政治的总体面貌时，确实需要重点考虑权利认知、利益认知、政治沟通认知、政治参与行为、公民满意度五个因素的影响，因为在相关问题上处理不当，都可能带来极为不利的政治后果。

关键词：　权利认知　利益认知　政治沟通认知　政治参与行为　公民满意度

南开大学当代中国问题研究院 2016 年进行的"中国公民政治文化"问卷调查，包含了对权利认知、利益认知、政治沟通认知、政治参与行为、公民满意度五个政治影响因素指数的调查，可依据调查结果作综合性的说明。

一　权利认知

本次问卷调查设定的权利认知指数，由"权利重要性认知"和"权利保障评价"两个指标组成。

"权利重要性认知"的测试由5道题组成（题目后的括号内文字，标示的是相应的指标简称，下同）：（1）作为中国公民，我有非常强的权利意识（"权利意识"）；（2）我认为宪法对公民基本权利的规定是非常重要的（"权利重要性"）；（3）中国的稳定和发展，需要扩大公民权利（"扩大公民权"）；（4）我对公民的具体权利不是很了解（"不了解权利"）；（5）我认为公民权利与个人发展的关系不是很大（"权利不重要"）。

调查结果显示，在"权利重要性认知"方面，得分最高的是"权利重要性"（4.19分），第二是"扩大公民权"（4.04分），第三是"权利意识"（3.86分），第四是反向计分的"权利不重要"（3.02分），得分最低的是反向计分的"不了解权利"（2.49分，见表1）。

表1　权利重要性认知各项目得分情况

项目	N	极小值	极大值	均值	标准差
权利意识	6580	1.00	5.00	3.8611	0.94611
权利重要性	6580	1.00	5.00	4.1930	0.85726
扩大公民权	6579	1.00	5.00	4.0430	0.87348
不了解权利a	6580	1.00	5.00	2.4910	1.07342
权利不重要b	6580	1.00	5.00	3.0201	1.27705
有效的N(列表状态)	6575				

a & b. 反向计分已转化。

"权利保障评价"的测试也由5道题组成：（1）作为中国公民，我的基本权利得到了很好的保障（"权利有效保障"）；（2）在保障公民基本权利方面，中国政府还有改进的空间（"保障尚需改进"）；（3）我认为中国政府有效改善了中国的人权状况（"中国人权改善"）；（4）侵犯公民权利的人，大多没有得到法律的制裁（"侵权未受制裁"）；（5）我认为西方国家不应该对中国的人权状况指手画脚（"不应指责中国"）。

调查结果显示，在"权利保障评价"方面，得分最高的是"不应指责中国"（4.10分），第二是"中国人权改善"（3.86分），第三是"权利有效保障"（3.78 分），第四是反向计分的"侵权未受制裁"（2.59 分），得分最低的是"保障尚需改进"（1.93 分，见表2）。

表2　权利保障评价各项目得分情况

项目	N	极小值	极大值	均值	标准差
权利有效保障	6581	1.00	5.00	3.7786	0.94406
保障尚需改进[a]	6579	1.00	5.00	1.9328	0.85621
中国人权改善	6580	1.00	5.00	3.8625	0.89028
侵权未受制裁[b]	6581	1.00	5.00	2.5859	1.13045
不应指责中国	6578	1.00	5.00	4.0959	0.95532
有效的 N（列表状态）	6575				

a & b. 反向计分已转化。

全体被试的"权利重要性认知"得分在 1.60～5.00 分之间，均值为3.52，标准差为0.59；"权利保障评价"得分在 1.20～5.00 分之间，均值为3.25，标准差为0.43；权利认知的总体得分在 1.90～4.60 分之间，均值为3.39，标准差为0.41（见表3）。

表3　权利认知各指标得分情况

项目	N	极小值	极大值	均值	标准差
权利重要性认知	6575	1.60	5.00	3.5215	0.58700
权利保障评价	6575	1.20	5.00	3.2513	0.42955
权利认知总分	6570	1.90	4.60	3.3863	0.40624
有效的 N（列表状态）	6570				

对权利认知各指标之间的相关性进行检验，可以看出各指标两两之间都具有显著的正向相关关系（见表4）。也就是说，"权利重要性认知"和"权利保障评价"的得分高低，都会对权利认知总分带来相应的影响。

表 4　权利认知各指标之间的相关

指标	项目	权利重要性认知	权利保障评价	权利认知总分
权利重要性认知	Pearson 相关性	1	0.260 **	0.860 **
	显著性（双侧）		0.000	0.000
	N	6575	6570	6570
权利保障评价	Pearson 相关性	0.260 **	1	0.716 **
	显著性（双侧）	0.000		0.000
	N	6570	6575	6570
权利认知总分	Pearson 相关性	0.860 **	0.716 **	1
	显著性（双侧）	0.000	0.000	
	N	6570	6570	6570

**. 在 0.01 水平（双侧）上显著相关。

对权利认知各指标与政治认同和危机压力各指标的得分进行统计分析（见表 5），可以发现权利认知各指标与政治认同各指标之间的相关均达到显著水平，并且呈现的都是正向相关关系；权利认知各指标与危机压力各指标之间的相关均达到显著水平，呈现的都是负向相关关系。也就是说，权利重要性认知水平越高，各种认同的水平越高，各种危机压力的强度越低；反之，权利重要性认知水平越低，各种认同的水平也会越低，各种危机的压力则会增强。同样，对权利保障的评价越高，各种认同的水平越高，各种危机压力的强度越低；反之，权利保障的评价越低，各种认同的水平也会降低，各种危机的压力则会增强。由于全体被试的"权利重要性认知"得分不是很高，"权利保障评价"的得分低于"权利重要性认知"，在一定程度上影响了各种认同和危机压力的得分，使各种认同基本维持在与权利认知总分相同的较高水平上，各种危机压力则基本维持在中等强度的水平上，较少见到较低强度的危机压力。

表5 权利认知与政治认同、危机压力之间的相关

政治认同指标	项目	权利重要性认知	权利保障评价	权利认知总分	危机压力指标	权利重要性认知	权利保障评价	权利认知总分
体制认同	相关性	0.167**	0.225**	0.240**	政治危机压力	-0.338**	-0.207**	-0.354**
	显著性	0.000	0.000	0.000		0.000	0.000	0.000
	N	6575	6575	6570		6572	6572	6567
政党认同	相关性	0.253**	0.214**	0.296**	经济危机压力	-0.298**	-0.329**	-0.389**
	显著性	0.000	0.000	0.000		0.000	0.000	0.000
	N	6563	6563	6558		6554	6554	6549
身份认同	相关性	0.373**	0.208**	0.379**	社会危机压力	-0.288**	-0.286**	-0.360**
	显著性	0.000	0.000	0.000		0.000	0.000	0.000
	N	6565	6565	6560		6562	6562	6557
文化认同	相关性	0.251**	0.146**	0.258**	文化危机压力	-0.295**	-0.271**	-0.357**
	显著性	0.000	0.000	0.000		0.000	0.000	0.000
	N	6569	6569	6564		6568	6568	6563
政策认同	相关性	0.296**	0.361**	0.405**	生态危机压力	-0.064**	-0.191**	-0.147**
	显著性	0.000	0.000	0.000		0.000	0.000	0.000
	N	6571	6571	6566		6568	6568	6563
发展认同	相关性	0.373**	0.244**	0.398**	国际性危机压力	-0.100**	-0.120**	-0.136**
	显著性	0.000	0.000	0.000		0.000	0.000	0.000
	N	6567	6567	6562		6561	6561	6556
政治认同总分	相关性	0.444**	0.359**	0.511**	危机压力总分	-0.365**	-0.371**	-0.461**
	显著性	0.000	0.000	0.000		0.000	0.000	0.000
	N	6538	6538	6533		6512	6512	6507

**. 在0.01水平（双侧）上显著相关。
*. 在0.05水平（双侧）上显著相关。

二 利益认知

本次问卷调查设定的利益认知指数，由"公民利益取向"和"利益保障评价"两个指标组成。

"公民利益取向"的测试由5道题组成：（1）我只关心国家利益（"只关心国家利益"）；（2）我认为在所有的利益中，个人利益是最重要的

（"个人利益最重要"）；（3）我的个人利益与国家利益相比，算不了什么（"忽视个人利益"）；（4）在国家利益和个人利益冲突时，我优先考虑国家利益（"优先考虑国家利益"）；（5）有共同利益的人应该组织起来维护自身利益（"公民共同维护利益"）。

调查结果显示，在"公民利益取向"方面，得分最高的是"公民共同维护利益"（3.76 分），第二是"个人利益最重要"（3.02 分），第三是反向计分的"只关心国家利益"（2.60 分），第四是反向计分的"忽视个人利益"（2.27 分），得分最低的是反向计分的"优先考虑国家利益"（2.02 分，见表6）。

表6　公民利益取向各项目得分情况

项目	N	极小值	极大值	均值	标准差
只关心国家利益[a]	6581	1.00	5.00	2.6020	1.09674
个人利益最重要	6578	1.00	5.00	3.0192	1.19928
忽视个人利益[b]	6575	1.00	5.00	2.2672	1.01401
优先考虑国家利益[c]	6579	1.00	5.00	2.0245	0.91415
公民共同维护利益	6581	1.00	5.00	3.7607	0.99894
有效的 N（列表状态）	6570				

a、b & c. 反向计分已转化。

"利益保障评价"的测试也由 5 道题组成：（1）在处理各方利益关系方面，党和政府是公正的（"公正利益关系"）；（2）我的个人利益经常被忽视（"个人利益被忽视"）；（3）公民个人利益受损能够得到合理补偿（"利益受损补偿"）；（4）公民争取权益的努力能够得到政府的正面回应（"政府回应利益需求"）；（5）中国还缺乏有效的公民利益表达途径（"缺乏利益表达途径"）。

调查结果显示，在"利益保障评价"方面，得分最高的是"公正利益关系"（3.75 分），第二是"政府回应利益需求"（3.64 分），第三是"利益受损补偿"（3.59 分），第四是反向计分的"个人利益被忽视"（2.63 分），得分最低的是反向计分的"缺乏利益表达途径"（2.18 分，见表7）。

表7　利益保障评价各项目得分情况

项目	N	极小值	极大值	均值	标准差
公正利益关系	6581	1.00	5.00	3.7499	0.92994
个人利益被忽视[a]	6579	1.00	5.00	2.6265	1.10662
利益受损补偿	6578	1.00	5.00	3.5898	0.99271
政府回应利益需求	6581	1.00	5.00	3.6403	0.96926
缺乏利益表达途径[b]	6581	1.00	5.00	2.1760	0.90677
有效的 N	6576				

a & b. 反向计分已转化。

全体被试的"公民利益取向"得分在1.00~5.00分之间，均值为2.73，标准差为0.52；"利益保障评价"得分在1.00~5.00分之间，均值为3.16，标准差为0.54；利益认知的总体得分在1.30~4.20分之间，均值为2.95，标准差为0.32（见表8）。

表8　利益认知各指标得分情况

项目	N	极小值	极大值	均值	标准差
公民利益取向	6570	1.00	5.00	2.7345	0.52357
利益保障评价	6576	1.00	5.00	3.1564	0.54073
利益认知总分	6565	1.30	4.20	2.9456	0.32236
有效的 N(列表状态)	6565				

对利益认知各指标之间的相关性进行检验，可以看出"公民利益取向"和"利益保障评价"都与利益认知总分有显著的正向相关关系（见表9），两项指标的得分高低都会对利益认知总分带来相应的影响。但是"公民利益取向"与"利益保障评价"之间具有显著的负向相关关系，显示民众的利益取向越强，对利益保障的评价会越低；民众的利益保障评价越高，利益取向会越弱。调查反映出的较高"利益保障评价"得分和中等的"公民利益取向"得分，体现的应是评价高、取向弱的基本关系。

表 9   利益认知各指标之间的相关

指标	项目	公民利益取向	利益保障评价	利益认知总分
公民利益取向	Pearson 相关性	1	− 0.265 **	0.590 **
	显著性(双侧)		0.000	0.000
	N	6570	6565	6565
利益保障评价	Pearson 相关性	− 0.265 **	1	0.622 **
	显著性(双侧)	.000		.000
	N	6565	6576	6565
利益认知总分	Pearson 相关性	0.590 **	0.622 **	1
	显著性(双侧)	0.000	0.000	
	N	6565	6565	6565

**. 在 0.01 水平（双侧）上显著相关。

对利益认知各指标与政治认同、危机压力各指标的得分进行统计分析（见表 10），可以发现利益认知各指标与政治认同、危机压力各指标之间的相关大多达到显著水平，并表现为"公民利益取向"与各种认同及政治认同总分为负向相关关系，与各种危机压力及危机压力总分为正向相关关系；"利益保障评价"与各种认同及政治认同总分为正向相关关系，与各种危机压力及危机压力总分为负向相关关系；利益认知总分与体制认同、政策认同和政治危机压力为正向相关关系，与政党认同、身份认同、文化认同、发展认同、政治认同总分以及经济危机压力、社会危机压力、生态危机压力、国际性危机压力、危机压力总分为负向相关关系，利益认知总分与文化危机压力之间的相关未达到显著水平。也就是说，民众的利益取向越强，各种危机的压力越大，各种认同的得分会越低，恰是中等水平的"公民利益取向"得分，使得各种危机压力的得分也基本保持在中等水平，并且使各种认同的得分能够达到较高水平或高水平。民众对利益保障的评价越高，各种认同的得分越高，各种危机压力的得分越低；调查所显示的"利益保障评价"得分（3.16 分）低于六种认同的得分和政治认同总分，表明这一因素对拉低认同得分和提高危机压力得分起了一定的作用。

表10 利益认知与政治认同、危机压力之间的相关

政治认同指标	项目	公民利益取向	利益保障评价	利益认知总分	危机压力指标	公民利益取向	利益保障评价	利益认知总分
体制认同	相关性	-0.137**	0.192**	0.050**	政治危机压力	0.190**	-0.121**	0.051**
	显著性	0.000	0.000	0.000		0.000	0.000	0.000
	N	6570	6576	6565		6567	6573	6562
政党认同	相关性	-0.223**	0.168**	-0.040**	经济危机压力	0.246**	-0.309**	-0.062**
	显著性	0.000	0.000	0.001		0.000	0.000	0.000
	N	6558	6564	6553		6549	6555	6544
身份认同	相关性	-0.235**	0.163**	-0.053**	社会危机压力	0.197**	-0.221**	-0.027*
	显著性	0.000	0.000	0.000		0.000	0.000	0.028
	N	6560	6566	6555		6557	6563	6552
文化认同	相关性	-0.182**	0.094**	-0.069**	文化危机压力	0.224**	-0.219**	-0.004
	显著性	0.000	0.000	0.000		0.000	0.000	0.758
	N	6564	6570	6559		6563	6569	6558
政策认同	相关性	-0.253**	0.324**	0.066**	生态危机压力	0.084**	-0.234**	-0.130**
	显著性	0.000	0.000	0.000		0.000	0.000	0.000
	N	6566	6572	6561		6563	6569	6558
发展认同	相关性	-0.250**	0.152**	-0.073**	国际性危机压力	0.044**	-0.116**	-0.063**
	显著性	0.000	0.000	0.000		0.000	0.000	0.000
	N	6562	6568	6557		6556	6562	6551
政治认同总分	相关性	-0.331**	0.281**	-0.032*	危机压力总分	0.264**	-0.325**	-0.062**
	显著性	0.000	0.000	0.010		0.000	0.000	0.000
	N	6533	6539	6528		6507	6513	6502

**. 在0.01水平（双侧）上显著相关。

*. 在0.05水平（双侧）上显著相关。

三 政治沟通认知

本次问卷调查设定的政治沟通认知指标，由"政治沟通重要性认知"和"政治沟通现状评价"两个指标组成。

"政治沟通重要性认知"的测试由5道题组成：（1）政府与百姓的有效沟通，可以起到化解矛盾的作用（"沟通化解矛盾"）；（2）民众享有充分的知情权，才能进行有效的沟通（"知情才能沟通"）；（3）政府和民众沟通不畅严重影响了民众对政府的信任（"沟通不足影响信任"）；（4）政策合理性的提高有赖于政府与百姓的有效沟通（"沟通使政策合理"）；（5）政府与百姓的沟通与我的日常生活没有什么关系（"沟通不重要"）。

调查结果显示，在"政治沟通重要性认知"方面，得分最高的是"知情才能沟通"（4.09 分），第二是"沟通化解矛盾"（4.02 分），第三是"沟通使政策合理"（4.00 分），第四是反向计分的"沟通不重要"（3.07 分），得分最低的是反向计分的"沟通不足影响信任"（2.01 分，见表 11）。

表 11　政治沟通重要性认知各项目得分情况

项目	N	极小值	极大值	均值	标准差
沟通化解矛盾	6581	1.00	5.00	4.0242	0.83294
知情才能沟通	6581	1.00	5.00	4.0948	0.84667
沟通不足影响信任[a]	6579	1.00	5.00	2.0078	0.90155
沟通使政策合理	6580	1.00	5.00	4.0036	0.85398
沟通不重要[b]	6578	1.00	5.00	3.0669	1.28017
有效的 N（列表状态）	6575				

a & b. 反向计分已转化。

"政治沟通现状评价"的测试也由 5 道题组成：（1）政府为民众提供了多种沟通渠道（"有多种沟通渠道"）；（2）中国民众普遍不相信政府发布的信息（"不信政府信息"）；（3）政府与民众之间的交流限制太多（"沟通限制太多"）；（4）民众能有效利用各种渠道向政府表达自己的意见（"能够有效沟通"）；（5）政府对民众反映的问题能够做出积极回应（"政府积极回应"）。

调查结果显示，在"政治沟通现状评价"方面，得分最高的是"有多种沟通渠道"（3.65 分），第二是"政府积极回应"（3.55 分），第三是"能够有效沟通"（3.52 分），第四是反向计分的"不信政府信息"（2.74 分），得分最低的是反向计分的"沟通限制太多"（2.31 分，见表 12）。

表12　政治沟通现状评价各项目得分情况

项目	N	极小值	极大值	均值	标准差
有多种沟通渠道	6581	1.00	5.00	3.6461	0.96903
不信政府信息[a]	6581	1.00	5.00	2.7368	1.14298
沟通限制太多[b]	6577	1.00	5.00	2.3079	0.95341
能够有效沟通	6580	1.00	5.00	3.5236	1.00805
政府积极回应	6580	1.00	5.00	3.5459	1.04476
有效的N(列表状态)	6577				

a & b. 反向计分已转化。

全体被试的"政治沟通重要性认知"得分在1.60~5.00分之间，均值为3.44，标准差为0.46；"政治沟通现状评价"得分在1.00~5.00分之间，均值为3.15，标准差为0.59；政治沟通认知的总体得分在1.90~4.80分之间，均值为3.30，标准差为0.40（见表13）。

表13　政治沟通认知各指标得分情况

项目	N	极小值	极大值	均值	标准差
政治沟通重要性认知	6575	1.60	5.00	3.4395	0.46483
政治沟通现状评价	6577	1.00	5.00	3.1522	0.58660
政治沟通认知总分	6571	1.90	4.80	3.2959	0.39723
有效的N(列表状态)	6571				

对政治沟通认知各指标之间的相关性进行检验，可以看出各指标两两之间都具有显著的正向相关关系（见表14）。也就是说，"政治沟通重要性认知"和"政治沟通现状评价"的得分高低，都会对政治沟通认知总分带来相应的影响。

表14　政治沟通各指标之间的相关

指标	项目	政治沟通重要性认知	政治沟通现状评价	政治沟通认知总分
政治沟通重要性认知	Pearson 相关性	1	0.130 **	0.681 **
	显著性(双侧)		0.000	0.000
	N	6575	6571	6571

指标	项目	政治沟通重要性认知	政治沟通现状评价	政治沟通认知总分
政治沟通现状评价	Pearson 相关性	0.130 **	1	0.815 **
	显著性（双侧）	0.000		0.000
	N	6571	6577	6571
政治沟通认知总分	Pearson 相关性	0.681 **	0.815 **	1
	显著性（双侧）	0.000	0.000	
	N	6571	6571	6571

**. 在 0.01 水平（双侧）上显著相关。

对政治沟通认知各指标与政治认同和危机压力各指标的得分进行统计分析（见表15），可以发现政治沟通认知各指标与政治认同各指标之间的相关均达到显著水平，并且呈现的都是正向相关关系；政治沟通认知各指标与危机压力各指标之间的相关均达到显著水平，呈现的都是负向相关关系。也就是说，政治沟通重要性认知水平越高，各种认同的水平越高，各种危机压力的强度越低；反之，政治沟通重要性认知水平越低，各种认同的水平也会走低，各种危机的压力则会增强。同样，对政治沟通现状的评价越高，各种认同的水平越高，各种危机压力的强度也会越低；反之，对政治沟通现状的评价越低，各种认同的水平也会降低，各种危机的压力也会增强。由于全体被试的"政治沟通重要性认知"得分不是很高，"政治沟通现状评价"的得分更低于"政治沟通重要性认知"，在一定程度上影响了各种认同和危机压力的得分，使各种认同基本维持在与政治沟通认知总分相同的较高水平上，各种危机压力则基本维持在中等强度的水平上。

表15 政治沟通与政治认同、危机压力之间的相关

政治认同指标	项目	政治沟通重要性认知	政治沟通现状评价	政治沟通认知总分	危机压力指标	政治沟通重要性认知	政治沟通现状评价	政治沟通认知总分
体制认同	相关性	0.185 **	0.164 **	0.230 **	政治危机压力	− 0.347 **	− 0.071 **	− 0.255 **
	显著性	0.000	0.000	0.000		0.000	0.000	0.000
	N	6575	6577	6571		6572	6574	6568

续表

政治认同指标	项目	政治沟通重要性认知	政治沟通现状评价	政治沟通认知总分	危机压力指标	政治沟通重要性认知	政治沟通现状评价	政治沟通认知总分
政党认同	相关性	0.257 **	0.132 **	0.247 **	经济危机压力	- 0.278 **	- 0.275 **	- 0.366 **
	显著性	0.000	0.000	0.000		0.000	0.000	0.000
	N	6563	6565	6559		6554	6556	6550
身份认同	相关性	0.361 **	0.114 **	0.295 **	社会危机压力	- 0.314 **	- 0.155 **	- 0.298 **
	显著性	0.000	0.000	0.000		0.000	0.000	0.000
	N	6565	6567	6561		6562	6564	6558
文化认同	相关性	0.260 **	0.062 **	0.197 **	文化危机压力	- 0.319 **	- 0.181 **	- 0.319 **
	显著性	0.000	0.000	0.000		0.000	0.000	0.000
	N	6569	6571	6565		6568	6570	6564
政策认同	相关性	0.260 **	0.302 **	0.376 **	生态危机压力	- 0.071 **	- 0.223 **	- 0.207 **
	显著性	0.000	0.000	0.000		0.000	0.000	0.000
	N	6572	6573	6568		6568	6570	6564
发展认同	相关性	0.423 **	0.098 **	0.320 **	国际性危机压力	- 0.093 **	- 0.096 **	- 0.125 **
	显著性	0.000	0.000	0.000		0.000	0.000	0.000
	N	6567	6569	6563		6561	6563	6557
政治认同总分	相关性	0.453 **	0.224 **	0.430 **	危机压力总分	- 0.378 **	- 0.264 **	- 0.416 **
	显著性	0.000	0.000	0.000		0.000	0.000	0.000
	N	6539	6540	6535		6512	6514	6508

**. 在 0.01 水平（双侧）上显著相关。

*. 在 0.05 水平（双侧）上显著相关。

四　政治参与行为

本次问卷调查设定的政治参与行为指数，由"政治参与认知"和"实际政治参与"两个指标组成。

"政治参与认知"的测试由 5 道题组成：（1）中国的发展，离不开公民广泛的政治参与（"发展需要参与"）；（2）公民广泛的政治参与可能影响政治稳定（"参与影响稳定"）；（3）网民在互联网上经常发表不负责任的意见，是造成国民思想混乱的一个重要因素（"网络引起混乱"）；（4）中国政府为公民的政治参与提供了多种有效的途径（"有多种参与途径"）；（5）我有较强的政治参与愿望，但不知道怎样进行有效的参与（"不知道怎样参与"）。

调查结果显示，在"政治参与认知"方面，得分最高的是"发展需要参与"（3.98 分），第二是"有多种参与途径"（3.64 分），第三是反向计分的"参与影响稳定"（2.55 分），第四是反向计分的"网络引起混乱"（2.37分），得分最低的是反向计分的"不知道怎样参与"（2.30 分，见表 16）。

表 16　政治参与认知各项目得分情况

项目	N	极小值	极大值	均值	标准差
发展需要参与	6581	1.00	5.00	3.9752	0.86162
参与影响稳定[a]	6581	1.00	5.00	2.5549	1.14956
网络引起混乱[b]	6580	1.00	5.00	2.3728	1.02711
有多种参与途径	6581	1.00	5.00	3.6411	0.92633
不知道怎样参与[c]	6581	1.00	5.00	2.2986	0.93921
有效的 N（列表状态）	6580				

a、b & c. 反向计分已转化。

"实际政治参与"的测试也由 5 道题组成：（1）我从未参加过任何选举（"选举参与"）；（2）各种政策讨论我都会积极参加（"政策参与"）；（3）我是基层群众自治的积极参与者（"自治参与"）；（4）我从不在互联网上发表个人意见（"网络参与"）；（5）我不参加各种社会团体的任何活动（"社团参与"）。

调查结果显示，在"实际政治参与"方面，得分最高的是"自治参与"（3.39 分），第二是"政策参与"（3.35 分），第三是反向计分的"社团参与"（2.62 分），第四是反向计分的"选举参与"（2.59 分），得分最低的是反向计分的"网络参与"（2.24 分，见表 17）。

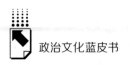

表 17　实际政治参与各项目得分情况

项目	N	极小值	极大值	均值	标准差
选举参与[a]	6580	1.00	5.00	2.5909	1.29485
政策参与	6580	1.00	5.00	3.3459	1.12027
自治参与	6579	1.00	5.00	3.3899	1.10356
网络参与[b]	6578	1.00	5.00	2.2411	1.05840
社团参与[c]	6578	1.00	5.00	2.6195	1.14593
有效的 N（列表状态）	6571				

a、b & c. 反向计分已转化。

全体被试的"政治参与认知"得分在 1.40 ～ 5.00 分之间，均值为 2.97，标准差为 0.42；"实际政治参与"得分在 1.00 ～ 5.00 分之间，均值为 2.84，标准差为 0.63；政治参与行为的总体得分在 1.50 ～ 4.80 分之间，均值为 2.90，标准差为 0.39（见表 18）。

表 18　政治参与行为各指标得分情况

项目	N	极小值	极大值	均值	标准差
政治参与认知	6580	1.40	5.00	2.9685	0.42046
实际政治参与	6571	1.00	5.00	2.8376	0.62866
政治参与行为总分	6570	1.50	4.80	2.9031	0.39247
有效的 N（列表状态）	6570				

对政治参与行为各指标之间的相关性进行检验，可以看出各指标两两之间都具有显著的正向相关关系（见表 19），表明"政治参与认知"和"实际政治参与"的得分高低，都会对政治参与行为总分带来相应的影响。尤其需要注意的是，低于认知水平的"实际政治参与"得分，对政治参与行为总分起了重要的拉低作用。

表 19　政治参与行为各指标之间的相关

指标	项目	政治参与认知	实际政治参与	政治参与行为总分
政治参与认知	Pearson 相关性	1	0.083**	0.602**
	显著性（双侧）		0.000	0.000
	N	6580	6570	6570
实际政治参与	Pearson 相关性	0.083**	1	0.846**
	显著性（双侧）	0.000		0.000
	N	6570	6571	6570
政治参与行为总分	Pearson 相关性	0.602**	0.846**	1
	显著性（双侧）	0.000	0.000	
	N	6570	6570	6570

**. 在 0.01 水平（双侧）上显著相关。

对政治参与行为各指标与政治认同、危机压力各指标的得分进行统计分析（见表 20），可以发现政治参与行为各指标与政治认同、危机压力各指标之间的相关大多达到显著水平，并表现为"政治参与认知"与各种认同及政治认同总分为正向相关关系，与各种危机压力及危机压力总分为负向相关关系；"实际政治参与"与政党认同、发展认同及政治认同总分为正向相关关系，与经济危机压力、社会危机压力、文化危机压力、生态危机压力及危机压力总分为负向相关关系，与体制认同、身份认同、文化认同、政策认同以及政治危机压力、国际性危机压力之间的相关未达到显著水平；政治参与行为总分则与各种认同及政治认同总分为正向相关关系，与各种危机压力及危机压力总分为负向相关关系。也就是说，民众政治参与认知的水平越高，各种认同的得分越高，各种危机压力的得分越低，问卷调查所反映的中国民众中等水平的政治参与认知，所起的应是拉低认同得分和抬高危机压力得分的作用。高水平的民众实际政治参与，可以起到提升政治认同总体水平和压低危机压力总体水平的作用，调查所反映的中等水平的实际政治参与，显然与这样的要求存在不小的差距。

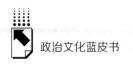

表20 政治参与行为与政治认同、危机压力之间的相关

政治认同指标	项目	政治参与认知	实际政治参与	政治参与行为总分	危机压力指标	政治参与认知	实际政治参与	政治参与行为总分
体制认同	相关性	0.101**	-0.011	0.045**	政治危机压力	-0.204**	0.016	-0.096**
	显著性	0.000	0.369	0.000		0.000	0.202	0.000
	N	6580	6571	6570		6577	6568	6567
政党认同	相关性	0.153**	0.048**	0.120**	经济危机压力	-0.177**	-0.068**	-0.150**
	显著性	0.000	0.000	0.000		0.000	0.000	0.000
	N	6568	6559	6558		6559	6550	6549
身份认同	相关性	0.152**	0.023	0.099**	社会危机压力	-0.231**	-0.040**	-0.155**
	显著性	0.000	0.062	0.000		0.000	0.001	0.000
	N	6570	6561	6560		6567	6558	6557
文化认同	相关性	0.130**	0.004	0.072**	文化危机压力	-0.256**	-0.044**	-0.172**
	显著性	0.000	0.771	0.000		0.000	0.000	0.000
	N	6574	6565	6564		6573	6564	6563
政策认同	相关性	0.186**	0.011	0.108**	生态危机压力	-0.182**	-0.029*	-0.121**
	显著性	0.000	0.378	0.000		0.000	0.017	0.000
	N	6576	6567	6566		6573	6564	6563
发展认同	相关性	0.182**	0.044**	0.132**	国际性危机压力	-0.101**	0.017	-0.040**
	显著性	0.000	0.000	0.000		0.000	0.157	0.001
	N	6572	6563	6562		6566	6558	6557
政治认同总分	相关性	0.233**	0.032**	0.150**	危机压力总分	-0.307**	-0.040**	-0.196**
	显著性	0.000	0.009	0.000		0.000	0.001	0.000
	N	6543	6534	6533		6517	6509	6508

**. 在0.01水平（双侧）上显著相关。

*. 在0.05水平（双侧）上显著相关。

五　公民满意度

本次问卷调查设定的公民满意度指数，由"个人生活满意度"和"公共服务满意度"两个指标组成。

"个人生活满意度"的测试由5道题组成：（1）我对自己当前的生活水平非常满意（"满意生活水平"）；（2）我的收入水平无法让我过体面的生活（"不满意收入水平"）；（3）与五年前相比，我的生活状况有了明显地改善（"生活状况改善"）；（4）近两年的物价上涨使我的生活水平有所下降（"物价影响生活"）；（5）我有信心通过个人努力不断提高自己的生活水平（"改善生活信心"）。

调查结果显示，在"个人生活满意度"方面，得分最高的是"改善生活信心"（3.94分），第二是"生活状况改善"（3.79分），第三是"满意生活水平"（3.52分），第四是反向计分的"不满意收入水平"（2.64分），得分最低的是反向计分的"物价影响生活"（2.32分，见表21）。

表21　个人生活满意度各项目得分情况

项目	N	极小值	极大值	均值	标准差
满意生活水平	6581	1.00	5.00	3.5169	1.07255
不满意收入水平[a]	6581	1.00	5.00	2.6380	1.11931
生活状况改善	6578	1.00	5.00	3.7942	0.92482
物价影响生活[b]	6581	1.00	5.00	2.3179	1.01441
改善生活信心	6581	1.00	5.00	3.9404	0.88027
有效的 N(列表状态)	6578				

a & b. 反向计分已转化。

"公共服务满意度"的测试也由5道题组成：（1）我对政府提供的公共服务非常满意（"满意政府服务"）；（2）与五年前相比，政府的公共服务水平有明显提高（"服务水平提高"）；（3）政府提供的公共服务对我帮助不大（"服务帮助不大"）；（4）城乡之间的公共服务水平差距过大（"城乡服务差距大"）；（5）建设"服务型政府"只是一个口号，缺乏实际内容（"形式大于内容"）。

调查结果显示，在"公共服务满意度"方面，得分最高的是"服务水平提高"（3.95分），第二是"满意政府服务"（3.72分），第三是反向计分的"服务帮助不大"（2.78分），第四是反向计分的"形式大于内容"（2.42分），得分最低的是反向计分的"城乡服务差距大"（2.21分，见表22）。

表 22　公共服务满意度各项目得分情况

项目	N	极小值	极大值	均值	标准差
满意政府服务	6581	1.00	5.00	3.7234	0.93665
服务水平提高	6580	1.00	5.00	3.9482	0.87624
服务帮助不大[a]	6580	1.00	5.00	2.7787	1.10670
城乡服务差距大[b]	6577	1.00	5.00	2.2078	0.91477
形式大于内容[c]	6581	1.00	5.00	2.4173	1.05042
有效的 N（列表状态）	6575				

　　a、b & c. 反向计分已转化。

　　全体被试的"个人生活满意度"得分在 1.00~5.00 分之间，均值为 3.24，标准差为 0.54；"公共服务满意度"得分在 1.00~5.00 分之间，均值为 3.02，标准差为 0.55；公民满意度的总体得分在 1.30~5.00 分之间，均值为 3.13，标准差为 0.45（见表23）。

表 23　公民满意度各指标得分情况

项目	N	极小值	极大值	均值	标准差
个人生活满意度	6578	1.00	5.00	3.2414	0.53769
公共服务满意度	6575	1.00	5.00	3.0151	0.55233
公民满意度总分	6573	1.30	5.00	3.1282	0.44571
有效的 N（列表状态）	6573				

　　对公民满意度各指标之间的相关性进行检验，可以看出各指标两两之间都具有显著的正向相关关系（见表24），表明"个人生活满意度"和"公共服务满意度"的得分高低，都会对公民满意度总分带来相应的影响。需要注意的是，低于个人生活满意度水平的"公共服务满意度"得分，对公民满意度总分起了重要的拉低作用。

表 24　公民满意度各指标之间的相关

指标	项目	个人生活满意度	公共服务满意度	公民满意度总分
个人生活满意度	Pearson 相关性	1	0. 337 **	0. 812 **
	显著性（双侧）		0. 000	0. 000
	N	6578	6573	6573
公共服务满意度	Pearson 相关性	0. 337 **	1	0. 823 **
	显著性（双侧）	0. 000		0. 000
	N	6573	6575	6573
公民满意度总分	Pearson 相关性	0. 812 **	0. 823 **	1
	显著性（双侧）	0. 000	0. 000	
	N	6573	6573	6573

**．在 0. 01 水平（双侧）上显著相关。

对公民满意度各指标与政治认同和危机压力各指标的得分进行统计分析（见表 25），可以发现公民满意度各指标与政治认同各指标之间的相关均达到显著水平，并且呈现的都是正向相关关系；公民满意度各指标与危机压力各指标之间的相关均达到显著水平，呈现的都是负向相关关系。也就是说，个人生活满意度和公共服务满意度越高，各种认同的水平越高，各种危机压力的强度越低；反之，个人生活满意度和公共服务满意度越低，各种认同的水平也会走低，各种危机的压力则会增强。由于个人生活满意度和公共服务满意度都处于较高水平，使得各种认同能够维持在较高水平上，并在一定程度上抑制了危机压力，使各种危机不至于达到较强的水平。

表 25　公民满意度与政治认同、危机压力之间的相关

政治认同指标	项目	个人生活满意度	公共服务满意度	公民满意度总分	危机压力指标	个人生活满意度	公共服务满意度	公民满意度总分
体制认同	相关性	0. 151 **	0. 187 **	0. 207 **	政治危机压力	− 0. 111 **	− 0. 208 **	− 0. 196 **
	显著性	0. 000	0. 000	0. 000		0. 000	0. 000	0. 000
	N	6578	6575	6573		6575	6572	6570

续表

政治认同指标	项目	个人生活满意度	公共服务满意度	公民满意度总分	危机压力指标	个人生活满意度	公共服务满意度	公民满意度总分
政党认同	相关性	0.141 **	0.167 **	0.189 **	经济危机压力	-0.307 **	-0.302 **	-0.372 **
	显著性	0.000	0.000	0.000		0.000	0.000	0.000
	N	6566	6563	6561		6557	6554	6552
身份认同	相关性	0.145 **	0.205 **	0.214 **	社会危机压力	-0.202 **	-0.289 **	-0.301 **
	显著性	0.000	0.000	0.000		0.000	0.000	0.000
	N	6568	6565	6563		6566	6563	6562
文化认同	相关性	0.085 **	0.149 **	0.143 **	文化危机压力	-0.205 **	-0.288 **	-0.302 **
	显著性	0.000	0.000	0.000		0.000	0.000	0.000
	N	6572	6569	6567		6571	6568	6566
政策认同	相关性	0.234 **	0.270 **	0.309 **	生态危机压力	-0.192 **	-0.244 **	-0.267 **
	显著性	0.000	0.000	0.000		0.000	0.000	0.000
	N	6574	6571	6569		6571	6568	6566
发展认同	相关性	0.169 **	0.266 **	0.267 **	国际性危机压力	-0.052 **	-0.147 **	-0.123 **
	显著性	0.000	0.000	0.000		0.000	0.000	0.000
	N	6570	6567	6565		6564	6561	6559
政治认同总分	相关性	0.238 **	0.320 **	0.342 **	危机压力总分	-0.287 **	-0.392 **	-0.416 **
	显著性	0.000	0.000	0.000		0.000	0.000	0.000
	N	6541	6538	6536		6516	6513	6512

**. 在 0.01 水平（双侧）上显著相关。

*. 在 0.05 水平（双侧）上显著相关。

六　政治影响因素与政治总指数的关系

2016 年问卷调查涉及的政治影响因素指数，得分最高的是权利认知指数（3.39 分），第二是政治沟通认知指数（3.30 分），第三是公民满意度指数（3.13 分），第四是利益认知指数（2.95 分），得分最低的是政治参与行为指数（2.90 分）。以五个指数为基础的政治影响因素总指数，得分在 2.10 ~ 4.32 分之间，均值为 3.13，标准差为 0.25（见表 26 和图 1）。

表 26　政治影响因素指数的得分情况

项目	N	极小值	极大值	均值	标准差
权利认知指数	6570	1.90	4.60	3.3863	0.40624
利益认知指数	6565	1.30	4.20	2.9456	0.32236
政治沟通认知指数	6571	1.90	4.80	3.2959	0.39723
政治参与行为指数	6570	1.50	4.80	2.9031	0.39247
公民满意度指数	6573	1.30	5.00	3.1282	0.44571
政治影响因素总指数	6529	2.10	4.32	3.1319	0.25469
有效的 N（列表状态）	6529				

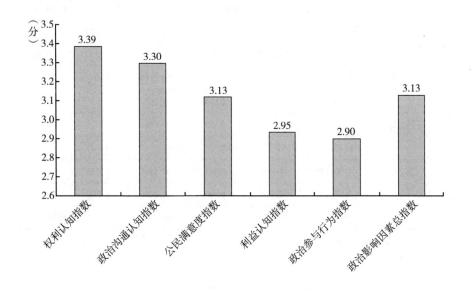

图 1　政治影响因素指数得分情况

对各种政治影响因素指数之间的相关性进行检验，可以看出各种指数两两之间都具有显著的正向相关关系（见表 27）。也就是说，每一指数得分的高低，都影响另四个指数，并且直接关系着政治影响因素总指数的高低。

表 27　政治影响因素指数之间的相关

指标	项目	权利认知指数	利益认知指数	政治沟通认知指数	政治参与行为指数	公民满意度指数	政治影响因素总指数
权利认知指数	相关性	1	0.038**	0.516**	0.205**	0.412**	0.698**
	显著性		0.002	0.000	0.000	0.000	0.000
	N	6570	6555	6560	6560	6562	6529
利益认知指数	相关性	0.038**	1	0.165**	0.046**	0.140**	0.381**
	显著性	0.002		0.000	0.000	0.000	0.000
	N	6555	6565	6555	6556	6557	6529
政治沟通认知指数	相关性	0.516**	0.165**	1	0.279**	0.490**	0.777**
	显著性	0.000	0.000		0.000	0.000	0.000
	N	6560	6555	6571	6560	6563	6529
政治参与行为指数	相关性	0.205**	0.046**	0.279**	1	0.273**	0.568**
	显著性	0.000	0.000	0.000		0.000	0.000
	N	6560	6556	6560	6570	6563	6529
公民满意度指数	相关性	0.412**	0.140**	0.490**	0.273**	1	0.753**
	显著性	0.000	0.000	0.000	0.000		0.000
	N	6562	6557	6563	6563	6573	6529
政治影响因素总指数	相关性	0.698**	0.381**	0.777**	0.568**	0.753**	1
	显著性	0.000	0.000	0.000	0.000	0.000	
	N	6529	6529	6529	6529	6529	6529

**. 在 0.01 水平（双侧）上显著相关。

　　如本书总报告第一篇所示，2016 年调查显示的政治认同指数为 3.63，危机压力指数为 3.16，政治总指数为 3.39。对政治影响因素指数与政治认同指数、危机压力指数和政治总指数的相关性进行检验（见表 28），可以看出权利认知指数与政治认同指数、危机压力指数和政治总指数有显著的正向相关关系，显示公民的权利认知对于提升政治认同水平、降低危机压力和促进良好的政治形态和政治文化确实有重要的作用。利益认知指数与政治认同指数有显著的负向相关关系，与危机压力指数有显著的正向相关关系，与政治总指数的相关性未达到显著水平，显示公民的利益认知既可能起到拉低政治认同水平的作用，也可能起到增强危机压力的作用。政治沟通认知指数与政治认同指数、危机压力指数和政治总指数都有显著的正向相关关系，表明政府与公民之间的沟通，对于提升公民的政治认同水平和降低整个社会的危机压力并形成良好的政治环境，确实有着不可忽视的影响。政治参与行为指数与政治认同指数、危机压力指数和政治总指数都有显著的正向相关关系，显示公民的政治参与也能起到提升政治认同水平、降低危机压力以及创造良好的政治关系的作用，由此需要全面提升公民的政治参与水平。公民满意度指数与政治认同指数、危机压力指数和政治总指数都有显著的正向相关关系，表明公民满意与否确实是影响政治形态和政治文化的一个要素，需要引起高度的重视。最后需要说明的是，政治影响因素总指数与政治认同指数、危机压力指数和政治总指数都具有显著的正向相关关系，表明在看待中国政治的总体面貌时，确实需要重点考虑权利认知、利益认知、政治沟通认知、政治参与行为、公民满意度五个因素的影响，因为在相关问题上处理不当，都可能带来极为不利的政治后果。

表 28 政治影响因素指数与政治指数的相关

指标	项目	政治认同指数	危机压力指数	政治总指数
权利认知指数	Pearson 相关性	0.511 **	0.461 **	0.552 **
	显著性（双侧）	0.000	0.000	0.000
	N	6533	6507	6471
利益认知指数	Pearson 相关性	− 0.032 *	0.062 **	0.018
	显著性（双侧）	0.010	0.000	0.149
	N	6528	6502	6466
政治沟通认知指数	Pearson 相关性	0.430 **	0.416 **	0.482 **
	显著性（双侧）	0.000	0.000	0.000
	N	6535	6508	6473
政治参与行为指数	Pearson 相关性	0.150 **	0.196 **	0.198 **
	显著性（双侧）	0.000	0.000	0.000
	N	6533	6508	6472

续表

指标	项目	政治认同指数	危机压力指数	政治总指数
公民满意度指数	Pearson 相关性	0.342**	0.416**	0.433**
	显著性（双侧）	0.000	0.000	0.000
	N	6536	6512	6476
政治影响因素总指数	Pearson 相关性	0.456**	0.499**	0.544**
	显著性（双侧）	0.000	0.000	0.000
	N	6493	6469	6434

**. 在 0.01 水平（双侧）上显著相关。

*. 在 0.05 水平（双侧）上显著相关。

（本报告由田华、史卫民执笔）

数据分析篇

Data Analysis

B.3

不同性别公民的政治认同与危机压力比较

史卫民　田华

摘　要：　2016 年的"中国公民政治文化"问卷调查显示，在政治认同总体得分方面，不同性别被试存在显著的差异，男性被试的得分显著高于女性被试；但是在六种认同中，得分差异达到显著水平的只有政党认同和发展认同。

2016 年的"中国公民政治文化"问卷调查还显示，在危机压力总体得分方面，不同性别被试存在显著的差异，男性被试的得分显著低于女性被试；但是在六种危机压力中，得分差异达到显著水平的只有政治危机压力和社会危机压力。

关键词：　政治认同　危机压力　性别因素　差异性

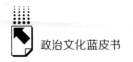

南开大学当代中国问题研究院 2016 年的"中国公民政治文化"问卷调查，涉及 6581 名被试，其中男性被试 3296 人，占 50.08%；女性被试 3285人，占 49.92%。根据问卷调查的数据，可以比较不同性别被试所显示的政治认同与危机压力情况。

一　不同性别公民的政治认同比较

调查结果显示，男性被试政治认同的总体得分在 1.83 ~ 4.90 分之间，均值为 3.64，标准差为 0.40。在六种认同中，男性被试的体制认同得分在 1.00 ~ 5.00 分之间，均值为 3.44，标准差为 0.51；政党认同得分在 1.33 ~ 5.00 分之间，均值为 3.61，标准差为 0.59；身份认同得分在 1.00 ~ 5.00 分之间，均值为 4.08，标准差为 0.65；文化认同得分在 1.00 ~ 5.00 分之间，均值为 3.48，标准差为 0.56；政策认同得分在 1.00 ~ 5.00 分之间，均值为 3.58，标准差为 0.65；发展认同得分在 1.50 ~ 5.00 分之间，均值为 3.64，标准差为 0.65。

女性被试政治认同的总体得分在 2.33 ~ 4.89 分之间，均值为 3.62，标准差为 0.38。在六种认同中，女性被试的体制认同得分在 1.33 ~ 5.00 分之间，均值为 3.43，标准差为 0.48；政党认同得分在 1.33 ~ 5.00 分之间，均值为 3.57，标准差为 0.55；身份认同得分在 1.25 ~ 5.00 分之间，均值为 4.09，标准差为 0.65；文化认同得分在 1.33 ~ 5.00 分之间，均值为 3.47，标准差为 0.55；政策认同得分在 1.33 ~ 5.00 分之间，均值为 3.56，标准差为 0.61；发展认同得分在 1.25 ~ 5.00 分之间，均值为 3.61，标准差为 0.64。

对不同性别被试政治认同各指标得分的差异性进行方差分析（见表 1 -1、表 1 - 2 和图 1），可以发现在政党认同方面，不同性别被试之间的得分差异显著，$F = 9.201$，$p < 0.01$，男性被试（$M = 3.61$，$SD = 0.59$）的得分显著高于女性被试（$M = 3.57$，$SD = 0.55$）；在发展认同方面，不同性别被试之间的得分差异显著，$F = 5.865$，$p < 0.05$，男性被试（$M = 3.64$，$SD =$

0.65）的得分显著高于女性被试（$M = 3.61$，$SD = 0.64$）；在政治认同总分上，不同性别被试之间的得分差异显著，$F = 4.763$，$p < 0.05$，男性被试（$M = 3.64$，$SD = 0.40$）的得分显著高于女性被试（$M = 3.62$，$SD = 0.38$）；在体制认同、身份认同、文化认同和政策认同方面，不同性别被试之间的得分差异均不显著。

表1–1　不同性别被试政治认同得分的差异比较

项目		N	均值	标准差	标准误	95% 置信区间		极小值	极大值
						下限	上限		
体制认同	男性	3296	3.4390	0.51028	0.00889	3.4216	3.4564	1.00	5.00
	女性	3285	3.4311	0.47650	0.00831	3.4147	3.4474	1.33	5.00
	总数	6581	3.4350	0.49368	0.00609	3.4231	3.4470	1.00	5.00
政党认同	男性	3289	3.6091	0.59345	0.01035	3.5888	3.6294	1.33	5.00
	女性	3280	3.5662	0.55319	0.00966	3.5472	3.5851	1.33	5.00
	总数	6569	3.5877	0.57406	0.00708	3.5738	3.6015	1.33	5.00
身份认同	男性	3291	4.0839	0.65433	0.01141	4.0615	4.1062	1.00	5.00
	女性	3280	4.0921	0.64634	0.01129	4.0700	4.1143	1.25	5.00
	总数	6571	4.0880	0.65032	0.00802	4.0723	4.1037	1.00	5.00
文化认同	男性	3294	3.4820	0.55993	0.00976	3.4629	3.5011	1.00	5.00
	女性	3281	3.4678	0.54586	0.00953	3.4492	3.4865	1.33	5.00
	总数	6575	3.4749	0.55296	0.00682	3.4616	3.4883	1.00	5.00
政策认同	男性	3294	3.5756	0.64923	0.01131	3.5534	3.5978	1.00	5.00
	女性	3283	3.5554	0.61097	0.01066	3.5345	3.5763	1.33	5.00
	总数	6577	3.5655	0.63046	0.00777	3.5503	3.5807	1.00	5.00
发展认同	男性	3291	3.6439	0.65471	0.01141	3.6215	3.6663	1.50	5.00
	女性	3282	3.6053	0.63752	0.01113	3.5835	3.6271	1.25	5.00
	总数	6573	3.6246	0.64642	0.00797	3.6090	3.6402	1.25	5.00
政治认同总分	男性	3276	3.6406	0.39878	0.00697	3.6269	3.6543	1.83	4.90
	女性	3268	3.6197	0.37685	0.00659	3.6067	3.6326	2.33	4.89
	总数	6544	3.6302	0.38810	0.00480	3.6208	3.6396	1.83	4.90

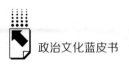

表1-2 不同性别被试政治认同得分的方差分析结果

项目		平方和	df	均方	F	显著性
体制认同	组间	0.104	1	0.104	0.428	0.513
	组内	1603.598	6579	0.244		
	总数	1603.702	6580			
政党认同	组间	3.028	1	3.028	9.201	0.002
	组内	2161.411	6567	0.329		
	总数	2164.440	6568			
身份认同	组间	0.113	1	0.113	0.267	0.606
	组内	2778.439	6569	0.423		
	总数	2778.551	6570			
文化认同	组间	0.329	1	0.329	1.075	0.300
	组内	2009.733	6573	0.306		
	总数	2010.062	6574			
政策认同	组间	0.671	1	0.671	1.689	0.194
	组内	2613.134	6575	0.397		
	总数	2613.806	6576			
发展认同	组间	2.449	1	2.449	5.865	0.015
	组内	2743.753	6571	0.418		
	总数	2746.202	6572			
政治认同总分	组间	0.717	1	0.717	4.763	0.029
	组内	984.798	6542	0.151		
	总数	985.515	6543			

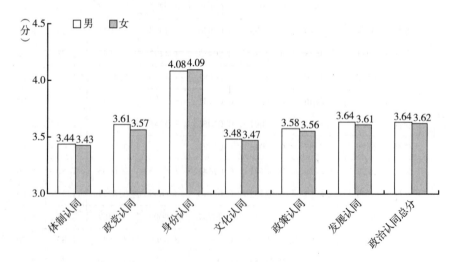

图1 不同性别被试的政治认同得分比较

二 不同性别公民的危机压力比较

调查结果显示，男性被试危机压力的总体得分在 1.22 ~ 4.19 分之间，均值为 2.83，标准差为 0.43。在六种危机压力中，男性被试的政治危机压力得分在 1.00 ~ 5.00 分之间，均值为 2.68，标准差为 0.71；经济危机压力得分在 1.00 ~ 5.00 分之间，均值为 2.42，标准差为 0.63；社会危机压力得分在 1.00 ~ 5.00 分之间，均值为 2.80，标准差为 0.72；文化危机压力得分在 1.00 ~ 5.00 分之间，均值为 2.85，标准差为 0.64；生态危机压力得分在 1.00 ~ 5.00 分之间，均值为 3.22，标准差为 0.74；国际性危机压力得分在 1.00 ~ 5.00 分之间，均值为 3.04，标准差为 0.50。

女性被试危机压力的总体得分在 1.28 ~ 4.14 分之间，均值为 2.85，标准差为 0.40。在六种危机压力中，女性被试的政治危机压力得分在 1.00 ~ 4.67 分之间，均值为 2.72，标准差为 0.69；经济危机压力得分在 1.00 ~ 5.00 分之间，均值为 2.44，标准差为 0.61；社会危机压力得分在 1.00 ~ 5.00 分之间，均值为 2.85，标准差为 0.69；文化危机压力得分在 1.00 ~ 4.75 分之间，均值为 2.86，标准差为 0.63；生态危机压力得分在 1.00 ~ 5.00 分之间，均值为 3.25，标准差为 0.74；国际性危机压力得分在 1.00 ~ 4.67 分之间，均值为 3.03，标准差为 0.47。

对不同性别被试危机压力各指标的得分差异性进行方差分析（见表 2 - 1、表 2 - 2 和图 2），可以发现在政治危机压力方面，不同性别被试之间的得分差异显著，$F = 5.789$，$p < 0.05$，男性被试（$M = 2.68$，$SD = 0.71$）的得分显著低于女性被试（$M = 2.72$，$SD = 0.69$）；在社会危机压力方面，不同性别被试之间的得分差异显著，$F = 7.508$，$p < 0.01$，男性被试（$M = 2.80$，$SD = 0.72$）的得分显著低于女性被试（$M = 2.85$，$SD = 0.69$）；在危机压力总分上，不同性别被试之间的得分差异显著，$F = 4.513$，$p < 0.05$，男性被试（$M = 2.83$，$SD = 0.43$）的得分显著低于女性被试（$M = 2.85$，$SD = 0.40$）；在经济危机压力、文化危机压力、

生态危机压力和国际性危机压力方面，不同性别被试之间的得分差异均不显著。

表 2 - 1　不同性别被试危机压力得分的差异比较

项目		N	均值	标准差	标准误	95% 置信区间		极小值	极大值
						下限	上限		
政治危机压力	男性	3296	2.6787	0.71146	0.01239	2.6544	2.7030	1.00	5.00
	女性	3282	2.7203	0.69030	0.01205	2.6967	2.7439	1.00	4.67
	总数	6578	2.6995	0.70124	0.00865	2.6825	2.7164	1.00	5.00
经济危机压力	男性	3284	2.4163	0.63028	0.01100	2.3947	2.4378	1.00	5.00
	女性	3276	2.4402	0.61399	0.01073	2.4191	2.4612	1.00	5.00
	总数	6560	2.4282	0.62227	0.00768	2.4131	2.4433	1.00	5.00
社会危机压力	男性	3293	2.8000	0.72311	0.01260	2.7753	2.8247	1.00	5.00
	女性	3275	2.8476	0.68571	0.01198	2.8241	2.8711	1.00	5.00
	总数	6568	2.8237	0.70506	0.00870	2.8067	2.8408	1.00	5.00
文化危机压力	男性	3291	2.8480	0.64123	0.01118	2.8261	2.8699	1.00	5.00
	女性	3283	2.8581	0.63373	0.01106	2.8364	2.8797	1.00	4.75
	总数	6574	2.8530	0.63747	0.00786	2.8376	2.8684	1.00	5.00
生态危机压力	男性	3294	3.2177	0.73843	0.01287	3.1924	3.2429	1.00	5.00
	女性	3280	3.2470	0.73907	0.01290	3.2216	3.2723	1.00	5.00
	总数	6574	3.2323	0.73884	0.00911	3.2144	3.2501	1.00	5.00
国际性危机压力	男性	3291	3.0424	0.49556	0.00864	3.0255	3.0594	1.00	5.00
	女性	3276	3.0299	0.47311	0.00827	3.0137	3.0461	1.00	4.67
	总数	6567	3.0362	0.48450	0.00598	3.0245	3.0479	1.00	5.00
危机压力总分	男性	3270	2.8330	0.42506	0.00743	2.8185	2.8476	1.22	4.19
	女性	3248	2.8549	0.40365	0.00708	2.8410	2.8687	1.28	4.14
	总数	6518	2.8439	0.41464	0.00514	2.8338	2.8540	1.22	4.19

表 2 - 2　不同性别被试危机压力得分的方差分析结果

项目		平方和	df	均方	F	显著性
政治危机压力	组间	2.845	1	2.845	5.789	0.016
	组内	3231.307	6576	0.491		
	总数	3234.151	6577			

续表

项目		平方和	df	均方	F	显著性
经济危机压力	组间	0.938	1	0.938	2.422	0.120
	组内	2538.801	6558	0.387		
	总数	2539.738	6559			
社会危机压力	组间	3.729	1	3.729	7.508	0.006
	组内	3260.778	6566	0.497		
	总数	3264.507	6567			
文化危机压力	组间	0.166	1	0.166	0.409	0.522
	组内	2670.876	6572	0.406		
	总数	2671.043	6573			
生态危机压力	组间	1.409	1	1.409	2.582	0.108
	组内	3586.679	6572	0.546		
	总数	3588.088	6573			
国际性危机压力	组间	0.258	1	0.258	1.097	0.295
	组内	1541.030	6565	0.235		
	总数	1541.287	6566			
危机压力总分	组间	0.775	1	0.775	4.513	0.034
	组内	1119.678	6516	0.172		
	总数	1120.453	6517			

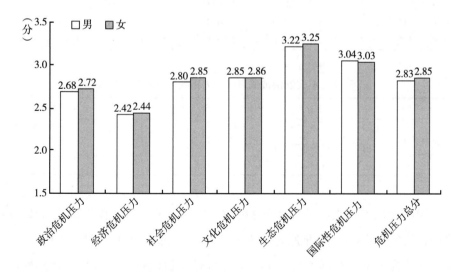

图2 不同性别被试的危机压力得分比较

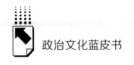
三　不同性别公民政治指数的比较

2016 年问卷调查显示的政治认同总分，即政治认同指数，男性被试的政治认同指数（3.64）显著高于女性被试的政治认同指数（3.62，见表 1 - 1 和表 1 - 2）。

2016 年问卷调查显示的危机压力指数（危机压力总分的反向计分），男性被试的得分在 1.81 ~ 4.78 分之间，均值为 3.17，标准差为 0.43；女性被试的得分在 1.86 ~ 4.72 分之间，均值为 3.15，标准差为 0.40。对不同性别被试危机压力指数的差异性进行方差分析（见表 3 - 1、表 3 - 2），显示不同性别被试之间的得分差异显著，$F = 4.513$，$p < 0.05$，男性被试（$M = 3.17$，$SD = 0.43$）的得分显著高于女性被试（$M = 3.15$，$SD = 0.40$）。

表 3 - 1　不同性别被试危机压力指数的差异比较

项目		N	均值	标准差	标准误	95% 置信区间		极小值	极大值
						下限	上限		
危机压力指数	男性	3270	3.1670	0.42506	0.00743	3.1524	3.1815	1.81	4.78
	女性	3248	3.1451	0.40365	0.00708	3.1313	3.1590	1.86	4.72
	总数	6518	3.1561	0.41464	0.00514	3.1460	3.1662	1.81	4.78

表 3 - 2　不同性别被试危机压力指数的方差分析结果

项目		平方和	df	均方	F	显著性
危机压力指数	组间	0.775	1	0.775	4.513	0.034
	组内	1119.678	6516	0.172		
	总数	1120.453	6517			

2016 年问卷调查显示的政治总指数，男性被试的得分在 2.22 ~ 4.67 分之间，均值为 3.40，标准差为 0.36；女性被试的得分在 2.54 ~ 4.69 分之间，均值为 3.38，标准差为 0.34。对不同性别被试政治总指数的差异性进行方差分析（见表 4 - 1、表 4 - 2 和图 3），显示不同性别被试之间的得分差

异显著，$F = 5.883$，$p < 0.05$，男性被试（$M = 3.40$，$SD = 0.36$）的得分显著高于女性被试（$M = 3.38$，$SD = 0.34$）。

表 4－1　不同性别被试政治总指数的差异比较

项目		N	均值	标准差	标准误	95% 置信区间		极小值	极大值
						下限	上限		
政治总指数	男性	3250	3.4048	0.36361	0.00638	3.3923	3.4173	2.22	4.67
	女性	3232	3.3836	0.34197	0.00602	3.3718	3.3954	2.54	4.69
	总数	6482	3.3942	0.35312	0.00439	3.3856	3.4028	2.22	4.69

表 4－2　不同性别被试政治总指数的方差分析结果

项目		平方和	df	均方	F	显著性
政治总指数	组间	0.733	1	0.733	5.883	0.015
	组内	807.390	6480	0.125		
	总数	808.123	6481			

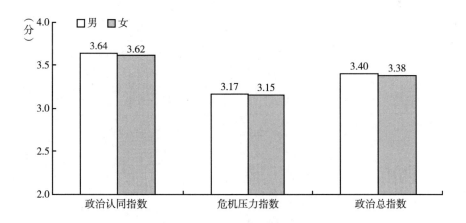

图 3　不同性别被试的政治指数比较

通过本报告的数据分析，可以对不同性别被试在政治认同、危机压力以及政治指数方面所反映出来的差异，做一个简单的小结。

在政治认同总体得分方面，不同性别被试存在显著的差异，男性被试的得分（3.64 分）显著高于女性被试（3.62 分）。尽管在六种认同中，五种

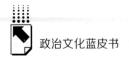
认同的得分男性被试高于女性被试（只有身份认同的得分女性被试高于男性被试），但是得分差异达到显著水平的只有政党认同和发展认同。

在危机压力总体得分方面，不同性别被试存在显著的差异，男性被试的得分（2.83分）显著低于女性被试（2.85分）。尽管在六种危机压力中，五种危机压力的得分男性被试低于女性被试（只有国际性危机压力的得分男性被试高于女性被试），但是得分差异达到显著水平的只有政治危机压力和社会危机压力。

对政治指数进行比较，可以看出男性被试在政治认同指数（男性被试3.64，女性被试3.62）、危机压力指数（男性被试3.17，女性被试3.15）和政治总指数（男性被试3.40，女性被试3.38）上都显著地高于女性被试。在观察和分析中国基本政治状况时，显然应该注意到公民性别带来的差异性特征。

B.4
汉族与少数民族公民的政治认同
与危机压力比较

田 华　朱光磊

摘　要：　2016 年的"中国公民政治文化"问卷调查显示，在政治
认同总体得分方面，汉族与少数民族被试之间存在显著的差
异，少数民族被试的得分显著高于汉族被试；但是在六种认
同中，得分差异达到显著水平的只有身份认同和发展认同。

2016 年的"中国公民政治文化"问卷调查还显示，在危
机压力方面，尽管危机压力总分和四种危机压力的得分汉族
被试低于少数民族被试（只有社会危机压力和文化危机压力
的得分汉族被试高于少数民族被试），但是得分差异均未达到
显著水平。

关键词：　政治认同　危机压力　民族因素　差异性

南开大学当代中国问题研究院 2016 年"中国公民政治文化"问卷调查
涉及的 6581 名被试中，汉族被试 5962 人，占 90.59%；少数民族被试 619
人，占 9.41%。根据问卷调查的数据，可以比较汉族和少数民族被试所显
示的政治认同和危机压力情况。

一　汉族与少数民族被试的政治认同比较

调查结果显示，汉族被试政治认同的总体得分在 1.83～4.90 分之间，

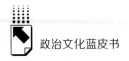

均值为3.63，标准差为0.39。在六种认同中，汉族被试的体制认同得分在1.00～5.00分之间，均值3.43，标准差为0.49；政党认同得分在1.33～5.00分之间，均值为3.59，标准差为0.57；身份认同得分在1.00～5.00分之间，均值为4.08，标准差为0.65；文化认同得分在1.00～5.00分之间，均值为3.47，标准差为0.55；政策认同得分在1.00～5.00分之间，均值为3.57，标准差为0.63；发展认同得分在1.25～5.00分之间，均值为3.62，标准差为0.64。

少数民族被试政治认同的总体得分在2.33～4.64分之间，均值为3.66，标准差为0.40。在六种认同中，少数民族被试的体制认同得分在1.33～5.00分之间，均值为3.45，标准差为0.52；政党认同得分在1.67～5.00分之间，均值为3.61，标准差为0.59；身份认同得分在1.75～5.00分之间，均值为4.16，标准差为0.68；文化认同得分在1.33～5.00分之间，均值为3.48，标准差为0.59；政策认同得分在1.33～5.00分之间，均值为3.55，标准差为0.63；发展认同得分在1.50～5.00分之间，均值为3.69，标准差为0.67。

对汉族与少数民族被试政治认同各指标的得分差异性进行方差分析（见表1-1、表1-2和图1），可以发现在身份认同方面，汉族与少数民族被试之间的得分差异显著，$F = 8.180$，$p < 0.01$，汉族被试（$M = 4.08$，$SD = 0.65$）的得分显著低于少数民族被试（$M = 4.16$，$SD = 0.68$）；在发展认同方面，汉族与少数民族被试之间的得分差异显著，$F = 7.546$，$p < 0.01$，汉族被试（$M = 3.62$，$SD = 0.64$）的得分显著低于少数民族被试（$M = 3.69$，$SD = 0.67$）；在政治认同总分上，汉族与少数民族被试之间的得分差异显著，$F = 3.954$，$p < 0.05$，汉族被试（$M = 3.63$，$SD = 0.39$）的得分显著低于少数民族被试（$M = 3.66$，$SD = 0.40$）；在体制认同、政党认同、文化认同和政策认同方面，汉族与少数民族被试之间的得分差异均不显著。

表 1-1 汉族与少数民族被试政治认同得分的差异比较

项目		N	均值	标准差	标准误	95% 置信区间		极小值	极大值
						下限	上限		
体制认同	汉族	5962	3.4332	0.49038	0.00635	3.4207	3.4456	1.00	5.00
	少数民族	619	3.4529	0.52455	0.02108	3.4115	3.4943	1.33	5.00
	总数	6581	3.4350	0.49368	0.00609	3.4231	3.4470	1.00	5.00
政党认同	汉族	5954	3.5850	0.57262	0.00742	3.5704	3.5995	1.33	5.00
	少数民族	615	3.6136	0.58766	0.02370	3.5670	3.6601	1.67	5.00
	总数	6569	3.5877	0.57406	0.00708	3.5738	3.6015	1.33	5.00
身份认同	汉族	5954	4.0806	0.64727	0.00839	4.0642	4.0971	1.00	5.00
	少数民族	617	4.1592	0.67545	0.02719	4.1058	4.2126	1.75	5.00
	总数	6571	4.0880	0.65032	0.00802	4.0723	4.1037	1.00	5.00
文化认同	汉族	5956	3.4745	0.54932	0.00712	3.4606	3.4885	1.00	5.00
	少数民族	619	3.4787	0.58727	0.02360	3.4324	3.5251	1.33	5.00
	总数	6575	3.4749	0.55296	0.00682	3.4616	3.4883	1.00	5.00
政策认同	汉族	5959	3.5675	0.63075	0.00817	3.5515	3.5836	1.00	5.00
	少数民族	618	3.5458	0.62783	0.02525	3.4963	3.5954	1.33	5.00
	总数	6577	3.5655	0.63046	0.00777	3.5503	3.5807	1.00	5.00
发展认同	汉族	5955	3.6175	0.64400	0.00835	3.6012	3.6339	1.25	5.00
	少数民族	618	3.6926	0.66604	0.02679	3.6399	3.7452	1.50	5.00
	总数	6573	3.6246	0.64642	0.00797	3.6090	3.6402	1.25	5.00
政治认同总分	汉族	5931	3.6271	0.38655	0.00502	3.6172	3.6369	1.83	4.90
	少数民族	613	3.6598	0.40186	0.01623	3.6279	3.6917	2.33	4.64
	总数	6544	3.6302	0.38810	0.00480	3.6208	3.6396	1.83	4.90

表 1-2 汉族与少数民族被试政治认同得分的方差分析结果

项目		平方和	df	均方	F	显著性
体制认同	组间	0.217	1	0.217	0.892	0.345
	组内	1603.484	6579	0.244		
	总数	1603.702	6580			
政党认同	组间	0.455	1	0.455	1.380	0.240
	组内	2163.985	6567	0.330		
	总数	2164.440	6568			

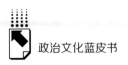

续表

项目		平方和	df	均方	F	显著性
身份认同	组间	3.456	1	3.456	8.180	0.004
	组内	2775.096	6569	0.422		
	总数	2778.551	6570			
文化认同	组间	0.010	1	0.010	0.032	0.857
	组内	2010.052	6573	0.306		
	总数	2010.062	6574			
政策认同	组间	0.264	1	0.264	0.663	0.415
	组内	2613.542	6575	0.397		
	总数	2613.806	6576			
发展认同	组间	3.150	1	3.150	7.546	0.006
	组内	2743.052	6571	0.417		
	总数	2746.202	6572			
政治认同总分	组间	0.595	1	0.595	3.954	0.047
	组内	984.919	6542	0.151		
	总数	985.515	6543			

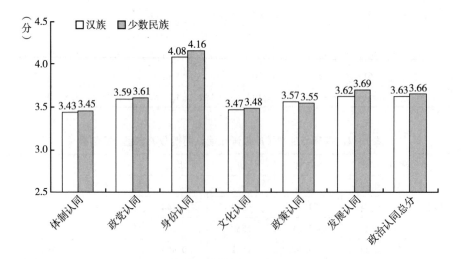

图1 汉族与少数民族被试的政治认同得分比较

二 汉族与少数民族被试的危机压力比较

调查结果显示，汉族被试危机压力的总体得分在 1.22 ~ 4.19 分之间，均值为 2.84，标准差为 0.42。在六种危机压力中，汉族被试的政治危机压力得分在 1.00 ~ 5.00 分之间，均值为 2.70，标准差为 0.70；经济危机压力得分在 1.00 ~ 5.00 分之间，均值为 2.42，标准差为 0.62；社会危机压力得分在 1.00 ~ 5.00 分之间，均值为 2.83，标准差为 0.71；文化危机压力得分在 1.00 ~ 5.00 分之间，均值为 2.85，标准差为 0.64；生态危机压力得分在 1.00 ~ 5.00 分之间，均值为 3.23，标准差为 0.74；国际性危机压力得分在 1.00 ~ 5.00 分之间，均值为 3.03，标准差为 0.48。

少数民族被试危机压力的总体得分在 1.46 ~ 3.86 分之间，均值为 2.86，标准差为 0.37。在六种危机压力中，少数民族被试的政治危机压力得分在 1.00 ~ 4.67 分之间，均值为 2.74，标准差为 0.67；经济危机压力得分在 1.00 ~ 5.00 分之间，均值为 2.46，标准差为 0.60；社会危机压力得分在 1.00 ~ 5.00 分之间，均值为 2.80，标准差为 0.69；文化危机压力得分在 1.00 ~ 4.25 分之间，均值为 2.85，标准差为 0.60；生态危机压力得分在 1.00 ~ 5.00 分之间，均值为 3.28，标准差为 0.73；国际性危机压力得分在 1.33 ~ 4.67 分之间，均值为 3.06，标准差为 0.49。

对汉族与少数民族被试危机压力各指标得分的差异性进行方差分析（见表 2 - 1、表 2 - 2 和图 2），可以发现无论是六种危机压力，还是危机压力总分，汉族与少数民族被试之间的得分差异均不显著。

表 2 - 1　汉族与少数民族被试危机压力得分的差异比较

项目		N	均值	标准差	标准误	95% 置信区间		极小值	极大值
						下限	上限		
政治危机压力	汉族	5959	2.6950	0.70403	0.00912	2.6771	2.7129	1.00	5.00
	少数民族	619	2.7421	0.67289	0.02705	2.6889	2.7952	1.00	4.67
	总数	6578	2.6995	0.70124	0.00865	2.6825	2.7164	1.00	5.00

续表

项目		N	均值	标准差	标准误	95%置信区间		极小值	极大值
						下限	上限		
经济危机压力	汉族	5942	2.4249	0.62481	0.00811	2.4090	2.4408	1.00	5.00
	少数民族	618	2.4601	0.59677	0.02401	2.4129	2.5072	1.00	5.00
	总数	6560	2.4282	0.62227	0.00768	2.4131	2.4433	1.00	5.00
社会危机压力	汉族	5950	2.8266	0.70704	0.00917	2.8086	2.8446	1.00	5.00
	少数民族	618	2.7961	0.68568	0.02758	2.7420	2.8503	1.00	5.00
	总数	6568	2.8237	0.70506	0.00870	2.8067	2.8408	1.00	5.00
文化危机压力	汉族	5955	2.8537	0.64086	0.00830	2.8374	2.8699	1.00	5.00
	少数民族	619	2.8469	0.60431	0.02429	2.7992	2.8946	1.00	4.25
	总数	6574	2.8530	0.63747	0.00786	2.8376	2.8684	1.00	5.00
生态危机压力	汉族	5955	3.2271	0.73971	0.00959	3.2083	3.2459	1.00	5.00
	少数民族	619	3.2822	0.72907	0.02930	3.2246	3.3397	1.00	5.00
	总数	6574	3.2323	0.73884	0.00911	3.2144	3.2501	1.00	5.00
国际性危机压力	汉族	5952	3.0335	0.48370	0.00627	3.0213	3.0458	1.00	5.00
	少数民族	615	3.0618	0.49186	0.01983	3.0228	3.1007	1.33	4.67
	总数	6567	3.0362	0.48450	0.00598	3.0245	3.0479	1.00	5.00
危机压力总分	汉族	5905	2.8418	0.41872	0.00545	2.8311	2.8525	1.22	4.19
	少数民族	613	2.8642	0.37275	0.01506	2.8347	2.8938	1.46	3.86
	总数	6518	2.8439	0.41464	0.00514	2.8338	2.8540	1.22	4.19

表 2-2 汉族与少数民族被试危机压力得分的方差分析结果

项目		平方和	df	均方	F	显著性
政治危机压力	组间	1.240	1	1.240	2.523	0.112
	组内	3232.911	6576	0.492		
	总数	3234.151	6577			
经济危机压力	组间	0.694	1	0.694	1.792	0.181
	组内	2539.045	6558	0.387		
	总数	2539.738	6559			
社会危机压力	组间	0.521	1	0.521	1.047	0.306
	组内	3263.986	6566	0.497		
	总数	3264.507	6567			

项目		平方和	df	均方	F	显著性
文化危机压力	组间	0.025	1	0.025	0.062	0.803
	组内	2671.017	6572	0.406		
	总数	2671.043	6573			
生态危机压力	组间	1.701	1	1.701	3.118	0.077
	组内	3586.387	6572	0.546		
	总数	3588.088	6573			
国际性危机压力	组间	0.445	1	0.445	1.894	0.169
	组内	1540.843	6565	0.235		
	总数	1541.287	6566			
危机压力总分	组间	0.279	1	0.279	1.626	0.202
	组内	1120.174	6516	0.172		
	总数	1120.453	6517			

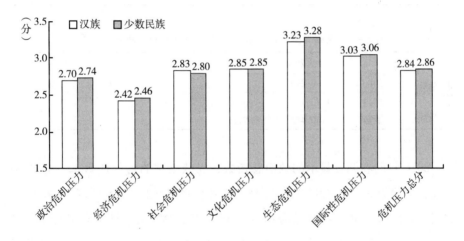

图 2　汉族与少数民族被试危机压力的得分比较

三　汉族与少数民族被试的政治指数比较

2016 年问卷调查显示的政治认同总分，即政治认同指数，少数民族被试的政治认同指数（3.66）显著高于汉族被试的政治认同指数（3.63，见表 1-1、表 1-2）。

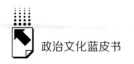

2016 年问卷调查显示的危机压力指数（危机压力总分的反向计分），汉族被试的得分在 1.81~4.78 分之间，均值为 3.16，标准差为 0.42；少数民族被试的得分在 2.14~4.54 分之间，均值为 3.14，标准差为 0.37。对汉族与少数民族被试危机压力指数的差异性进行方差分析（见表 3-1、表 3-2），显示汉族与少数民族被试之间的得分差异未达到显著水平。

表 3-1　汉族与少数民族被试危机压力指数的差异比较

项目		N	均值	标准差	标准误	95% 置信区间		极小值	极大值
						下限	上限		
危机压力指数	汉族	5905	3.1582	0.41872	0.00545	3.1475	3.1689	1.81	4.78
	少数民族	613	3.1358	0.37275	0.01506	3.1062	3.1653	2.14	4.54
	总数	6518	3.1561	0.41464	0.00514	3.1460	3.1662	1.81	4.78

表 3-2　汉族与少数民族被试危机压力指数的方差分析结果

项目		平方和	df	均方	F	显著性
危机压力指数	组间	0.279	1	0.279	1.626	0.202
	组内	1120.174	6516	0.172		
	总数	1120.453	6517			

2016 年问卷调查显示的政治总指数，汉族被试的得分在 2.22~4.69 分之间，均值为 3.39，标准差为 0.35；少数民族被试的得分在 2.62~4.42 分之间，均值为 3.40，标准差为 0.34。对汉族与少数民族被试政治总指数的差异性进行方差分析（见表 4-1、表 4-2 和图 3），显示汉族与少数民族被试之间的得分差异未达到显著水平。

表 4-1　汉族与少数民族被试政治总指数的差异比较

项目		N	均值	标准差	标准误	95% 置信区间		极小值	极大值
						下限	上限		
政治总指数	汉族	5875	3.3938	0.35436	0.00462	3.3848	3.4029	2.22	4.69
	少数民族	607	3.3980	0.34114	0.01385	3.3708	3.4252	2.62	4.42
	总数	6482	3.3942	0.35312	0.00439	3.3856	3.4028	2.22	4.69

表 4 – 2　汉族与少数民族被试政治总指数的方差分析结果

项目		平方和	df	均方	F	显著性
政治 总指数	组间	0. 009	1	0. 009	0. 075	0. 784
	组内	808. 113	6480	0. 125		
	总数	808. 123	6481			

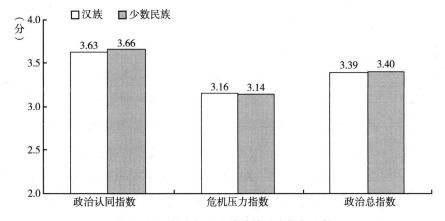

图 3　汉族与少数民族被试的政治指数比较

通过本报告的数据分析，可以对汉族与少数民族被试在政治认同、危机压力以及政治指数方面所反映出来的差异，做一个简单的小结。

在政治认同总体得分方面，汉族与少数民族被试之间存在显著的差异，少数民族被试的得分（3.66 分）显著高于汉族被试（3.63 分）。尽管在六种认同中，五种认同的得分少数民族被试高于汉族被试（只有政策认同的得分汉族被试高于少数民族被试），但是得分差异显著的只有身份认同和发展认同。

在危机压力方面，尽管危机压力总分和四种危机压力的得分汉族被试低于少数民族被试（只有社会危机压力和文化危机压力的得分汉族被试高于少数民族被试），但是得分差异均未达到显著水平。

对政治指数进行比较，可以看出少数民族被试的政治认同指数（3.66）显著高于汉族被试（3.63），但是在危机压力指数（少数民族被试 3.14，汉族被试 3.16）和政治总指数（少数民族被试 3.40，汉族被试 3.39）上，汉族被试与少数民族被试之间的得分差异都没有达到显著水平。

B.5
不同年龄公民的政治认同
与危机压力比较

史卫民　王新生

摘　要： 2016 年的"中国公民政治文化"问卷调查显示，六种认同以及政治认同总分，都是老年被试的得分最高，并且老年被试的得分大都显著高于中年被试和青年被试；中年被试尽管五种认同和政治认同总分的得分高于青年被试（只有身份认同的得分低于青年被试），但是得分差异显著的只有政党认同、文化认同和政策认同。由此显示，年龄的增长对政治认同水平的提高应有一定的帮助作用。

2016 年的"中国公民政治文化"问卷调查还显示，六种危机压力以及危机压力总分，都是老年被试的得分最低，并且老年被试的得分大都显著低于中年被试和青年被试；中年被试只是生态危机压力的得分显著低于青年被试，其他危机压力得分与危机压力总分，中年被试与青年被试之间的差异都没有达到显著水平。由此显示的基本特征是老年人应具有更强的抗危机心理。

关键词： 政治认同　危机压力　年龄因素　差异性

南开大学当代中国问题研究院 2016 年"中国公民政治文化"问卷调查涉及的 6581 名被试中，有 2 名被试的年龄信息缺失，在有年龄信息的 6579

名被试中，青年被试（18～45岁）3719人，有效百分比为56.53%；中年被试（46～60岁）2217人，有效百分比为33.70%；老年被试（61岁及以上）643人，有效百分比为9.77%。根据问卷调查的数据，可以比较三个年龄段被试所显示的政治认同和危机压力情况。

一　不同年龄公民的政治认同比较

不同年龄被试的六种认同得分和政治认同总分情况，可根据问卷调查的结果，分述于下。

（一）不同年龄被试的体制认同比较

调查结果显示，在体制认同方面，青年被试的得分在1.33～5.00分之间，均值为3.42，标准差为0.51；中年被试的得分在1.00～5.00分之间，均值为3.44，标准差为0.48；老年被试的得分在1.00～5.00分之间，均值为3.49，标准差为0.45。

对不同年龄被试体制认同得分的差异性进行方差分析（见表1-1、表1-2、表1-3和图1），显示三个年龄段被试的体制认同得分之间差异显著，$F = 5.971$，$p < 0.01$，老年被试（$M = 3.49$，$SD = 0.45$）的得分显著高于中年被试（$M = 3.44$，$SD = 0.48$）和青年被试（$M = 3.42$，$SD = 0.51$），中年被试与青年被试之间的得分差异不显著。

表1-1　不同年龄被试体制认同得分的差异比较

项目		N	均值	标准差	标准误	95%置信区间		极小值	极大值
						下限	上限		
体制认同	青年	3719	3.4205	0.50643	0.00830	3.4042	3.4367	1.33	5.00
	中年	2217	3.4431	0.48429	0.01029	3.4229	3.4633	1.00	5.00
	老年	643	3.4904	0.44501	0.01755	3.4559	3.5249	1.00	5.00
	总数	6579	3.4349	0.49370	0.00609	3.4230	3.4469	1.00	5.00

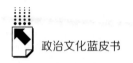
表1-2　不同年龄被试体制认同得分的方差分析结果

项目		平方和	df	均方	F	显著性
体制认同	组间	2.906	2	1.453	5.971	0.003
	组内	1600.423	6576	0.243		
	总数	1603.329	6578			

表1-3　不同年龄被试体制认同得分的多重比较

因变量	(I)年龄段	(J)年龄段	均值差(I-J)	标准误	显著性	95%置信区间	
						下限	上限
体制认同	青年	中年	-0.02264	0.01324	0.087	-0.0486	0.0033
		老年	-0.06996*	0.02107	0.001	-0.1113	-0.0287
	中年	青年	0.02264	0.01324	0.087	-0.0033	0.0486
		老年	-0.04732*	0.02210	0.032	-0.0906	-0.0040
	老年	青年	0.06996*	0.02107	0.001	0.0287	0.1113
		中年	0.04732*	0.02210	0.032	0.0040	0.0906

*. 均值差的显著性水平为0.05。

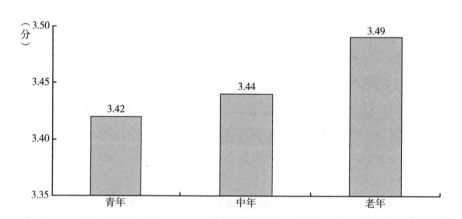

图1　不同年龄被试的体制认同得分比较

（二）不同年龄被试的政党认同比较

调查结果显示，在政党认同方面，青年被试的得分在1.33~5.00分之间，均值为3.56，标准差为0.57；中年被试的得分在1.33~5.00分之间，均值为 3.60，标准差为 0.57；老年被试的得分在 1.33 ~ 5.00 分之间，均值为 3.72，标准差为 0.58。

对不同年龄被试政党认同得分的差异性进行方差分析（见表 2 - 1、表 2 - 2、表 2 - 3 和图 2），显示三个年龄段被试的政党认同得分之间差异显著，$F = 21.264$，$p < 0.001$，老年被试（$M = 3.72$，$SD = 0.58$）的得分显著高于中年被试（$M = 3.60$，$SD = 0.57$）和青年被试（$M = 3.56$，$SD = 0.57$），中年被试的得分显著高于青年被试。

表 2 - 1　不同年龄被试政党认同得分的差异比较

项目		N	均值	标准差	标准误	95% 置信区间		极小值	极大值
						下限	上限		
政党认同	青年	3711	3.5602	0.56932	0.00935	3.5419	3.5785	1.33	5.00
	中年	2213	3.5953	0.57379	0.01220	3.5714	3.6192	1.33	5.00
	老年	643	3.7185	0.58427	0.02304	3.6733	3.7638	1.33	5.00
	总数	6567	3.5875	0.57407	0.00708	3.5736	3.6014	1.33	5.00

表 2 - 2　不同年龄被试政党认同得分的方差分析结果

项目		平方和	df	均方	F	显著性
政党认同	组间	13.930	2	6.965	21.264	0.000
	组内	2149.947	6564	0.328		
	总数	2163.877	6566			

表 2 - 3　不同年龄被试政党认同得分的多重比较

因变量	(I)年龄段	(J)年龄段	均值差(I - J)	标准误	显著性	95% 置信区间	
						下限	上限
政党认同	青年	中年	- 0.03504 *	0.01537	0.023	- 0.0652	- 0.0049
		老年	- 0.15828 *	0.02445	0.000	- 0.2062	- 0.1104
	中年	青年	0.03504 *	0.01537	0.023	0.0049	0.0652
		老年	- 0.12324 *	0.02564	0.000	- 0.1735	- 0.0730
	老年	青年	0.15828 *	0.02445	0.000	0.1104	0.2062
		中年	0.12324 *	0.02564	0.000	0.0730	0.1735

*. 均值差的显著性水平为 0.05。

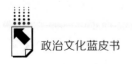
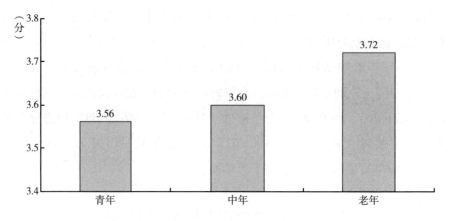

图2 不同年龄被试的政党认同得分比较

（三）不同年龄被试的身份认同比较

调查结果显示，在身份认同方面，青年被试的得分在1.00~5.00分之间，均值为4.10，标准差为0.66；中年被试的得分在1.00~5.00分之间，均值为4.06，标准差为0.65；老年被试的得分在2.00~5.00分之间，均值为4.15，标准差为0.60。

对不同年龄被试身份认同得分的差异性进行方差分析（见表3-1、表3-2、表3-3和图3），显示三个年龄段被试的身份认同得分之间差异显著，$F = 6.087$，$p < 0.01$，中年被试（$M = 4.06$，$SD = 0.65$）的得分显著低于老年被试（$M = 4.15$，$SD = 0.60$）和青年被试（$M = 4.10$，$SD = 0.66$），青年被试与老年被试之间的得分差异不显著。

表3-1 不同年龄被试身份认同得分的差异比较

项目		N	均值	标准差	标准误	95%置信区间		极小值	极大值
						下限	上限		
身份认同	青年	3716	4.0967	0.65885	0.01081	4.0756	4.1179	1.00	5.00
	中年	2211	4.0555	0.64831	0.01379	4.0285	4.0826	1.00	5.00
	老年	642	4.1507	0.60061	0.02370	4.1042	4.1972	2.00	5.00
	总数	6569	4.0881	0.65034	0.00802	4.0724	4.1039	1.00	5.00

表 3 - 2 不同年龄被试身份认同得分的方差分析结果

项目		平方和	df	均方	F	显著性
身份认同	组间	5.141	2	2.570	6.087	0.002
	组内	2772.700	6566	0.422		
	总数	2777.841	6568			

表 3 - 3 不同年龄被试身份认同得分的多重比较

因变量	(I)年龄段	(J)年龄段	均值差(I－J)	标准误	显著性	95%置信区间	
						下限	上限
身份认同	青年	中年	0.04123 *	0.01745	0.018	0.0070	0.0754
		老年	－ 0.05396	0.02777	0.052	－ 0.1084	0.0005
	中年	青年	－ 0.04123 *	0.01745	0.018	－ 0.0754	－ 0.0070
		老年	－ 0.09518 *	0.02913	0.001	－ 0.1523	－ 0.0381
	老年	青年	0.05396	0.02777	0.052	－ 0.0005	0.1084
		中年	0.09518 *	0.02913	0.001	0.0381	0.1523

＊. 均值差的显著性水平为 0.05。

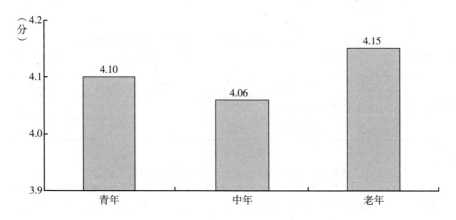

图 3 不同年龄被试的身份认同得分比较

（四）不同年龄被试的文化认同比较

调查结果显示，在文化认同方面，青年被试的得分在 1.00～5.00 分之间，均值为 3.45，标准差为 0.56；中年被试的得分在 1.33～5.00 分之间，均值为3.48，标准差为0.54；老年被试的得分在1.33~5.00分之间，均值为3.60，标准差为0.56。

对不同年龄被试文化认同得分的差异性进行方差分析（见表4-1、表4-2、表4-3和图4），显示三个年龄段被试的文化认同得分之间差异显著，$F = 20.211$，$p < 0.001$，老年被试（$M = 3.60$，$SD = 0.56$）的得分显著高于中年被试（$M = 3.48$，$SD = 0.54$）和青年被试（$M = 3.45$，$SD = 0.56$），中年被试的得分显著高于青年被试。

表4-1 不同年龄被试文化认同得分的差异比较

项目		N	均值	标准差	标准误	95% 置信区间		极小值	极大值
						下限	上限		
文化认同	青年	3717	3.4496	0.55642	0.00913	3.4318	3.4675	1.00	5.00
	中年	2214	3.4812	0.53882	0.01145	3.4587	3.5036	1.33	5.00
	老年	642	3.5987	0.56479	0.02229	3.5549	3.6424	1.33	5.00
	总数	6573	3.4748	0.55300	0.00682	3.4615	3.4882	1.00	5.00

表4-2 不同年龄被试文化认同得分的方差分析结果

项目		平方和	df	均方	F	显著性
文化认同	组间	12.290	2	6.145	20.211	0.000
	组内	1997.460	6570	0.304		
	总数	2009.750	6572			

表4-3 不同年龄被试文化认同得分的多重比较

因变量	(I)年龄段	(J)年龄段	均值差(I-J)	标准误	显著性	95% 置信区间	
						下限	上限
文化认同	青年	中年	-0.03153*	0.01480	0.033	-0.0606	-0.0025
		老年	-0.14900*	0.02357	0.000	-0.1952	-0.1028
	中年	青年	0.03153*	0.01480	0.033	0.0025	0.0606
		老年	-0.11747*	0.02472	0.000	-0.1659	-0.0690
	老年	青年	0.14900*	0.02357	0.000	0.1028	0.1952
		中年	0.11747*	0.02472	0.000	0.0690	0.1659

*. 均值差的显著性水平为0.05。

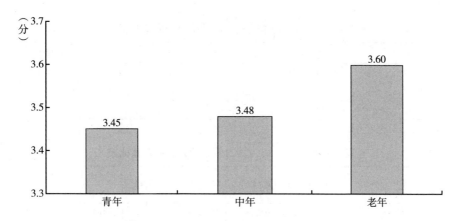

图4 不同年龄被试的文化认同得分比较

（五）不同年龄被试的政策认同比较

调查结果显示，在政策认同方面，青年被试的得分在 1.00～5.00 分之间，均值为 3.54，标准差为 0.63；中年被试的得分在 1.33～5.00 分之间，均值为 3.58，标准差为 0.63；老年被试的得分在 1.33～5.00 分之间，均值为 3.69，标准差为 0.63。

对不同年龄被试政策认同得分的差异性进行方差分析（见表 5-1、表 5-2、表 5-3 和图 5），显示三个年龄段被试的政策认同得分之间差异显著，$F = 17.646$，$p < 0.001$，老年被试（$M = 3.69$，$SD = 0.63$）的得分显著高于中年被试（$M = 3.58$，$SD = 0.63$）和青年被试（$M = 3.54$，$SD = 0.63$），中年被试的得分显著高于青年被试。

表5-1 不同年龄被试政策认同得分的差异比较

项目		N	均值	标准差	标准误	95% 置信区间		极小值	极大值
						下限	上限		
政策认同	青年	3717	3.5363	0.62922	0.01032	3.5160	3.5565	1.00	5.00
	中年	2215	3.5774	0.62847	0.01335	3.5512	3.6036	1.33	5.00
	老年	643	3.6931	0.62885	0.02480	3.6444	3.7418	1.33	5.00
	总数	6575	3.5655	0.63052	0.00778	3.5502	3.5807	1.00	5.00

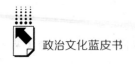
表5-2　不同年龄被试政策认同得分的方差分析结果

项目		平方和	df	均方	F	显著性
政策认同	组间	13.960	2	6.980	17.646	0.000
	组内	2599.603	6572	0.396		
	总数	2613.563	6574			

表5-3　不同年龄被试政策认同得分的多重比较

因变量	(I)年龄段	(J)年龄段	均值差(I-J)	标准误	显著性	95%置信区间	
						下限	上限
政策认同	青年	中年	-0.04115*	0.01688	0.015	-0.0742	-0.0081
		老年	-0.15683*	0.02686	0.000	-0.2095	-0.1042
	中年	青年	0.04115*	0.01688	0.015	0.0081	0.0742
		老年	-0.11568*	0.02817	0.000	-0.1709	-0.0604
	老年	青年	0.15683*	0.02686	0.000	0.1042	0.2095
		中年	0.11568*	0.02817	0.000	0.0604	0.1709

*. 均值差的显著性水平为0.05。

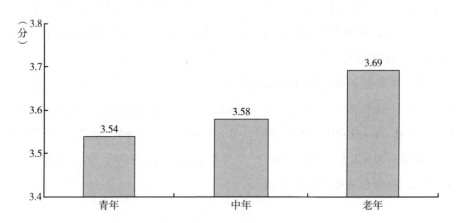

图5　不同年龄被试的政策认同得分比较

（六）不同年龄被试的发展认同比较

调查结果显示，在发展认同方面，青年被试的得分在1.25~5.00分之间，均值为3.61，标准差为0.64；中年被试的得分在1.50~5.00分之间，均值为 3.62，标准差为 0.66；老年被试的得分在 2.25~5.00 分之间，均值为 3.74，标准差为 0.62。

对不同年龄被试发展认同得分的差异性进行方差分析（见表 6-1、表 6-2、表 6-3 和图 6），显示三个年龄段被试的发展认同得分之间差异显著，$F = 12.316$，$p < 0.001$，老年被试（$M = 3.74$，$SD = 0.62$）的得分显著高于中年被试（$M = 3.62$，$SD = 0.66$）和青年被试（$M = 3.61$，$SD = 0.64$），中年被试与青年被试之间的得分差异不显著。

表 6-1 不同年龄被试发展认同得分的差异比较

项目		N	均值	标准差	标准误	95% 置信区间		极小值	极大值
						下限	上限		
发展认同	青年	3713	3.6080	0.64026	0.01051	3.5874	3.6286	1.25	5.00
	中年	2215	3.6178	0.66075	0.01404	3.5903	3.6454	1.50	5.00
	老年	643	3.7438	0.62008	0.02445	3.6958	3.7918	2.25	5.00
	总数	6571	3.6246	0.64643	0.00797	3.6090	3.6402	1.25	5.00

表 6-2 不同年龄被试发展认同得分的方差分析结果

项目		平方和	df	均方	F	显著性
发展认同	组间	10.258	2	5.129	12.316	0.000
	组内	2735.163	6568	0.416		
	总数	2745.421	6570			

表 6-3 不同年龄被试发展认同得分的多重比较

因变量	(I)年龄段	(J)年龄段	均值差(I-J)	标准误	显著性	95% 置信区间	
						下限	上限
发展认同	青年	中年	-0.00983	0.01733	0.570	-0.0438	0.0241
		老年	-0.13578 *	0.02756	0.000	-0.1898	-0.0817
	中年	青年	0.00983	0.01733	0.570	-0.0241	0.0438
		老年	-0.12595 *	0.02891	0.000	-0.1826	-0.0693
	老年	青年	0.13578 *	0.02756	0.000	0.0817	0.1898
		中年	0.12595 *	0.02891	0.000	0.0693	0.1826

*. 均值差的显著性水平为 0.05。

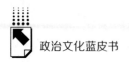
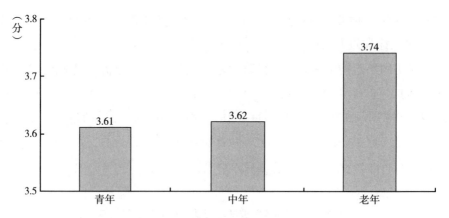

图6 不同年龄被试的发展认同得分比较

（七）不同年龄被试政治认同总分比较

调查结果显示，在政治认同总分方面，青年被试的得分在 2.31～4.90 分之间，均值为 3.61，标准差为 0.39；中年被试的得分在 1.83～4.83 分之间，均值为 3.63，标准差为 0.39；老年被试的得分在 2.69～4.74 分之间，均值为 3.73，标准差为 0.37。

对不同年龄被试政治认同总分的差异性进行方差分析（见表7-1、表 7-2、表7-3和图7），显示三个年龄段被试的政治认同总分之间差异显著，$F = 26.400$，$p < 0.001$，老年被试（$M = 3.73$，$SD = 0.37$）的得分显著高于中年被试（$M = 3.63$，$SD = 0.39$）和青年被试（$M = 3.61$，$SD = 0.39$），中年被试与青年被试之间的得分差异不显著。

表7-1 不同年龄被试政治认同总分的差异比较

项目		N	均值	标准差	标准误	95%置信区间		极小值	极大值
						下限	上限		
政治认同总分	青年	3700	3.6123	0.38652	0.00635	3.5999	3.6248	2.31	4.90
	中年	2201	3.6301	0.39232	0.00836	3.6138	3.6465	1.83	4.83
	老年	641	3.7325	0.36687	0.01449	3.7041	3.7610	2.69	4.74
	总数	6542	3.6301	0.38811	0.00480	3.6207	3.6395	1.83	4.90

表7-2 不同年龄被试政治认同总分的方差分析结果

项目		平方和	df	均方	F	显著性
政治认同总分	组间	7.892	2	3.946	26.400	0.000
	组内	977.365	6539	0.149		
	总数	985.257	6541			

表7-3 不同年龄被试政治认同总分的多重比较

因变量	(I)年龄段	(J)年龄段	均值差(I-J)	标准误	显著性	95%置信区间	
						下限	上限
政治认同总分	青年	中年	-0.01780	0.01041	0.087	-0.0382	0.0026
		老年	-0.12019*	0.01654	0.000	-0.1526	-0.0878
	中年	青年	0.01780	0.01041	0.087	-0.0026	0.0382
		老年	-0.10239*	0.01735	0.000	-0.1364	-0.0684
	老年	青年	0.12019*	0.01654	0.000	0.0878	0.1526
		中年	0.10239*	0.01735	0.000	0.0684	0.1364

*. 均值差的显著性水平为0.05。

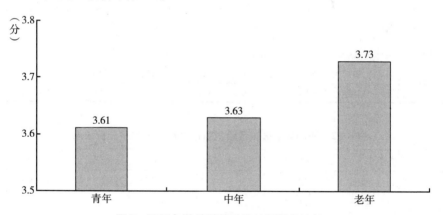

图7 不同年龄被试的政治认同总分比较

二 不同年龄公民的危机压力比较

不同年龄被试的六种危机压力得分情况和危机压力总分，也可根据问卷调查的结果分述于下。

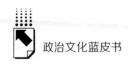

（一）不同年龄被试的政治危机压力比较

调查结果显示，在政治危机压力方面，青年被试的得分在 1.00～5.00 分之间，均值为 2.71，标准差为 0.70；中年被试的得分在 1.00～4.67 分之间，均值为 2.72，标准差为 0.71；老年被试的得分在 1.00～5.00 分之间，均值为 2.57，标准差为 0.68。

对不同年龄被试政治危机压力得分的差异性进行方差分析（见表 8-1、表 8-2、表 8-3 和图 8），显示三个年龄段被试的政治危机压力得分之间差异显著，$F = 12.355$，$p < 0.001$，老年被试（$M = 2.57$，$SD = 0.68$）的得分显著低于中年被试（$M = 2.72$，$SD = 0.71$）和青年被试（$M = 2.71$，$SD = 0.70$），中年被试与青年被试之间的得分差异不显著。

表 8-1　不同年龄被试政治危机压力得分的差异比较

项目		N	均值	标准差	标准误	95% 置信区间		极小值	极大值
						下限	上限		
政治危机压力	青年	3718	2.7103	0.69767	0.01144	2.6879	2.7328	1.00	5.00
	中年	2215	2.7190	0.70974	0.01508	2.6895	2.7486	1.00	4.67
	老年	643	2.5697	0.68011	0.02682	2.5171	2.6224	1.00	5.00
	总数	6576	2.6995	0.70128	0.00865	2.6826	2.7165	1.00	5.00

表 8-2　不同年龄被试政治危机压力得分的方差分析结果

项目		平方和	df	均方	F	显著性
政治危机压力	组间	12.110	2	6.055	12.355	0.000
	组内	3221.461	6573	0.490		
	总数	3233.572	6575			

表 8-3　不同年龄被试政治危机压力得分的多重比较

因变量	(I)年龄段	(J)年龄段	均值差(I-J)	标准误	显著性	95% 置信区间	
						下限	上限
政治危机压力	青年	中年	-0.00871	0.01879	0.643	-0.0455	0.0281
		老年	0.14060 *	0.02990	0.000	0.0820	0.1992

因变量	(I)年龄段	(J)年龄段	均值差(I−J)	标准误	显著性	95%置信区间	
						下限	上限
政治危机压力	中年	青年	0.00871	0.01879	0.643	−0.0281	0.0455
		老年	0.14931 *	0.03136	0.000	0.0878	0.2108
	老年	青年	−0.14060 *	0.02990	0.000	−0.1992	−0.0820
		中年	−0.14931 *	0.03136	0.000	−0.2108	−0.0878

﹡. 均值差的显著性水平为0.05。

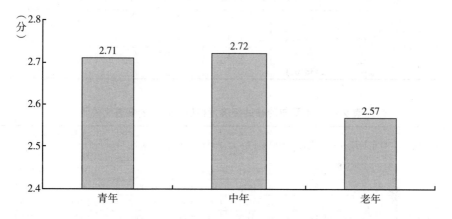

图8 不同年龄被试的政治危机压力得分比较

（二）不同年龄被试的经济危机压力比较

调查结果显示，在经济危机压力方面，青年被试的得分在1.00~5.00分之间，均值为2.44，标准差为0.62；中年被试的得分在1.00~5.00分之间，均值为2.44，标准差为0.63；老年被试的得分在1.00~4.00分之间，均值为2.30，标准差为0.58。

对不同年龄被试经济危机压力得分的差异性进行方差分析（见表9－1、表9－2、表9－3和图9），显示三个年龄段被试的经济危机压力得分之间差异显著，$F = 15.684$，$p < 0.001$，老年被试（$M = 2.30$，$SD = 0.58$）的得分显著低于中年被试（$M = 2.44$，$SD = 0.63$）和青年被试（$M = 2.44$，$SD = 0.62$），中年被试与青年被试之间的得分差异不显著。

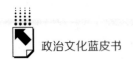
表9-1 不同年龄被试经济危机压力得分的差异比较

项目		N	均值	标准差	标准误	95%置信区间		极小值	极大值
						下限	上限		
经济 危机 压力	青年	3700	2.4442	0.62088	0.01021	2.4242	2.4642	1.00	5.00
	中年	2215	2.4388	0.63058	0.01340	2.4126	2.4651	1.00	5.00
	老年	643	2.2981	0.58492	0.02307	2.2528	2.3434	1.00	4.00
	总数	6558	2.4281	0.62215	0.00768	2.4130	2.4431	1.00	5.00

表9-2 不同年龄被试经济危机压力得分的方差分析结果

项目		平方和	df	均方	F	显著性
经济危机 压力	组间	12.088	2	6.044	15.684	0.000
	组内	2525.933	6555	0.385		
	总数	2538.021	6557			

表9-3 不同年龄被试经济危机压力得分的多重比较

因变量	(I)年龄段	(J)年龄段	均值差(I-J)	标准误	显著性	95%置信区间	
						下限	上限
经济危机 压力	青年	中年	0.00541	0.01668	0.746	-0.0273	0.0381
		老年	0.14615 *	0.02652	0.000	0.0942	0.1981
	中年	青年	-0.00541	0.01668	0.746	-0.0381	0.0273
		老年	0.14074 *	0.02781	0.000	0.0862	0.1953
	老年	青年	-0.14615 *	0.02652	0.000	-0.1981	-0.0942
		中年	-0.14074 *	0.02781	0.000	-0.1953	-0.0862

*. 均值差的显著性水平为0.05。

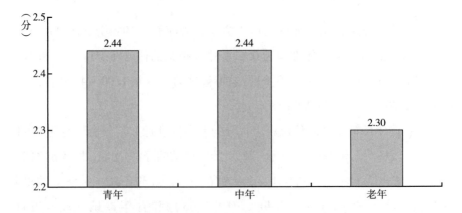

图9 不同年龄被试的经济危机压力得分比较

（三）不同年龄被试的社会危机压力比较

调查结果显示，在社会危机压力方面，青年被试的得分在 1.00 ~ 5.00 分之间，均值为 2.84，标准差为 0.70；中年被试的得分在 1.00 ~ 5.00 之间，均值为 2.84，标准差为 0.71；老年被试的得分在 1.00 ~ 4.67 分之间，均值为 2.68，标准差为 0.70。

对不同年龄被试社会危机压力得分的差异性进行方差分析（见表 10 - 1、表 10 - 2、表 10 - 3 和图 10），显示三个年龄段被试的社会危机压力得分之间差异显著，$F = 14.975$，$p < 0.001$，老年被试（$M = 2.68$，$SD = 0.70$）的得分显著低于中年被试（$M = 2.84$，$SD = 0.71$）和青年被试（$M = 2.84$，$SD = 0.70$），青年被试与中年被试之间的得分差异不显著。

表 10 - 1　不同年龄被试社会危机压力得分的差异比较

项目		N	均值	标准差	标准误	95% 置信区间		极小值	极大值
						下限	上限		
社会危机压力	青年	3710	2.8399	0.70140	0.01152	2.8173	2.8625	1.00	5.00
	中年	2213	2.8388	0.70897	0.01507	2.8093	2.8684	1.00	5.00
	老年	643	2.6796	0.69762	0.02751	2.6256	2.7337	1.00	4.67
	总数	6566	2.8238	0.70509	0.00870	2.8068	2.8409	1.00	5.00

表 10 - 2　不同年龄被试社会危机压力得分的方差分析结果

项目		平方和	df	均方	F	显著性
社会危机压力	组间	14.826	2	7.413	14.975	0.000
	组内	3248.971	6563	0.495		
	总数	3263.797	6565			

表 10 - 3　不同年龄被试社会危机压力得分的多重比较

因变量	(I)年龄段	(J)年龄段	均值差(I - J)	标准误	显著性	95% 置信区间	
						下限	上限
社会危机压力	青年	中年	0.00106	0.01890	0.955	- 0.0360	0.0381
		老年	0.16027 *	0.03006	0.000	0.1013	0.2192

续表

因变量	(I)年龄段	(J)年龄段	均值差(I-J)	标准误	显著性	95% 置信区间	
						下限	上限
社会危机压力	中年	青年	- 0.00106	0.01890	0.955	- 0.0381	0.0360
		老年	0.15920 *	0.03152	0.000	0.0974	0.2210
	老年	青年	- 0.16027 *	0.03006	0.000	- 0.2192	- 0.1013
		中年	- 0.15920 *	0.03152	0.000	- 0.2210	- 0.0974

∗. 均值差的显著性水平为 0.05。

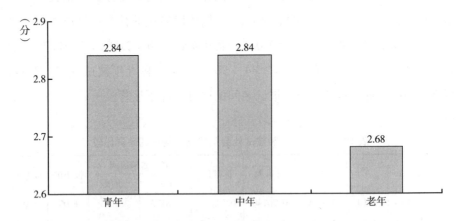

图 10　不同年龄被试的社会危机压力得分比较

（四）不同年龄被试的文化危机压力比较

调查结果显示，在文化危机压力方面，青年被试的得分在 1.00 ~ 4.75 分之间，均值为 2.86，标准差为 0.63；中年被试的得分在 1.00 ~ 4.75 分之间，均值为 2.87，标准差为 0.65；老年被试的得分在 1.00 ~ 5.00 分之间，均值为 2.75，标准差为 0.62。

对不同年龄被试文化危机压力得分的差异性进行方差分析（见表 11 - 1、11 - 2、表 11 - 3 和图 11），显示三个年龄段被试的文化危机压力得分之间差异显著，$F = 8.814$，$p < 0.001$，老年被试（$M = 2.75$，$SD = 0.62$）的得分显著低于中年被试（$M = 2.87$，$SD = 0.65$）和青年被试（$M = 2.86$，$SD = 0.63$），青年被试与中年被试之间的得分差异不显著。

表 11 - 1   不同年龄被试文化危机压力得分的差异比较

项目		N	均值	标准差	标准误	95% 置信区间		极小值	极大值
						下限	上限		
文化危机压力	青年	3715	2.8593	0.63307	0.01039	2.8389	2.8797	1.00	4.75
	中年	2215	2.8713	0.64845	0.01378	2.8443	2.8984	1.00	4.75
	老年	642	2.7543	0.61704	0.02435	2.7065	2.8021	1.00	5.00
	总数	6572	2.8531	0.63752	0.00786	2.8377	2.8685	1.00	5.00

表 11 - 2   不同年龄被试文化危机压力得分的方差分析结果

项目		平方和	df	均方	F	显著性
文化危机压力	组间	7.147	2	3.574	8.814	0.000
	组内	2663.510	6569	0.405		
	总数	2670.657	6571			

表 11 - 3   不同年龄被试文化危机压力得分的多重比较

因变量	(I)年龄段	(J)年龄段	均值差(I - J)	标准误	显著性	95% 置信区间	
						下限	上限
文化危机压力	青年	中年	- 0.01205	0.01709	0.481	- 0.0456	0.0215
		老年	0.10500 *	0.02722	0.000	0.0517	0.1584
	中年	青年	0.01205	0.01709	0.481	- 0.0215	0.0456
		老年	0.11705 *	0.02854	0.000	0.0611	0.1730
	老年	青年	- 0.10500 *	0.02722	0.000	- 0.1584	- 0.0517
		中年	- 0.11705 *	0.02854	0.000	- 0.1730	- 0.0611

＊．均值差的显著性水平为 0.05。

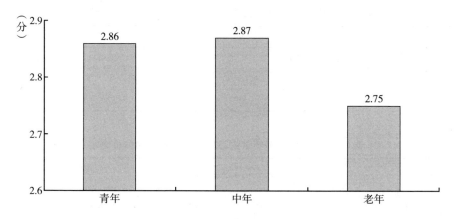

图 11   不同年龄被试的文化危机压力得分比较

（五）不同年龄被试的生态危机压力比较

调查结果显示，在生态危机压力方面，青年被试的得分在 1.00~5.00 分之间，均值为 3.28，标准差为 0.75；中年被试的得分在 1.00~5.00 分之间，均值为 3.21，标准差为 0.72；老年被试的得分在 1.00~4.67 分之间，均值为 3.05，标准差为 0.73。

对不同年龄被试生态危机压力得分的差异性进行方差分析（见表 12 -1、表 12 -2、表 12 -3 和图 12），显示三个年龄段被试的生态危机压力得分之间差异显著，$F = 27.042$，$p < 0.001$，老年被试（$M = 3.05$，$SD = 0.73$）的得分显著低于中年被试（$M = 3.21$，$SD = 0.72$）和青年被试（$M = 3.28$，$SD = 0.75$），中年被试的得分显著低于青年被试。

表 12 -1　不同年龄被试生态危机压力得分的差异比较

项目		N	均值	标准差	标准误	95% 置信区间		极小值	极大值
						下限	上限		
生态危机压力	青年	3716	3.2765	0.74593	0.01224	3.2525	3.3005	1.00	5.00
	中年	2214	3.2106	0.72077	0.01532	3.1806	3.2407	1.00	5.00
	老年	642	3.0514	0.72993	0.02881	2.9948	3.1080	1.00	4.67
	总数	6572	3.2323	0.73890	0.00911	3.2144	3.2502	1.00	5.00

表 12 -2　不同年龄被试生态危机压力得分的方差分析结果

项目		平方和	df	均方	F	显著性
生态危机压力	组间	29.296	2	14.648	27.042	0.000
	组内	3558.284	6569	0.542		
	总数	3587.580	6571			

表 12 -3　不同年龄被试生态危机压力得分的多重比较

因变量	(I) 年龄段	(J) 年龄段	均值差(I - J)	标准误	显著性	95% 置信区间	
						下限	上限
生态危机压力	青年	中年	0.06583 *	0.01976	0.001	0.0271	0.1046
		老年	0.22506 *	0.03146	0.000	0.1634	0.2867

因变量	(I)年龄段	(J)年龄段	均值差(I-J)	标准误	显著性	95%置信区间	
						下限	上限
生态危机压力	中年	青年	-0.06583*	0.01976	0.001	-0.1046	-0.0271
		老年	0.15923*	0.03299	0.000	0.0946	0.2239
	老年	青年	-0.22506*	0.03146	0.000	-0.2867	-0.1634
		中年	-0.15923*	0.03299	0.000	-0.2239	-0.0946

*. 均值差的显著性水平为0.05。

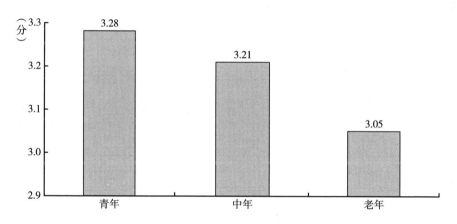

图12　不同年龄被试的生态危机压力得分比较

（六）不同年龄被试的国际性危机压力比较

调查结果显示，在国际性危机压力方面，青年被试的得分在 1.00 ~ 5.00 分之间，均值为3.03，标准差为0.48；中年被试的得分在 1.00 ~ 4.67 分之间，均值为3.04，标准差为0.48；老年被试的得分在 1.00 ~ 4.33 分之间，均值为3.02，标准差为0.50。

对不同年龄被试国际性危机压力得分的差异性进行方差分析（见表13 - 1、表13 - 2、表13 - 3和图13），显示老年被试（$M = 3.02$，$SD = 0.50$）、中年被试（$M = 3.04$，$SD = 0.48$）和青年被试（$M = 3.03$，$SD = 0.48$）之间的得分差异不显著。

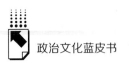

表 13 - 1　不同年龄被试国际性危机压力得分的差异比较

项目		N	均值	标准差	标准误	95% 置信区间		极小值	极大值
						下限	上限		
国际性危机压力	青年	3710	3.0345	0.48091	0.00790	3.0190	3.0500	1.00	5.00
	中年	2213	3.0441	0.48466	0.01030	3.0239	3.0643	1.00	4.67
	老年	642	3.0202	0.50352	0.01987	2.9812	3.0593	1.00	4.33
	总数	6565	3.0364	0.48440	0.00598	3.0246	3.0481	1.00	5.00

表 13 - 2　不同年龄被试国际性危机压力得分的方差分析结果

项目		平方和	df	均方	F	显著性
国际性危机压力	组间	0.313	2	0.157	0.667	0.513
	组内	1539.899	6562	0.235		
	总数	1540.212	6564			

表 13 - 3　不同年龄被试国际性危机压力得分的多重比较

因变量	(I)年龄段	(J)年龄段	均值差(I-J)	标准误	显著性	95% 置信区间	
						下限	上限
国际性危机压力	青年	中年	-0.00963	0.01301	0.459	-0.0351	0.0159
		老年	0.01425	0.02071	0.491	-0.0263	0.0548
	中年	青年	0.00963	0.01301	0.459	-0.0159	0.0351
		老年	0.02388	0.02172	0.271	-0.0187	0.0665
	老年	青年	-0.01425	0.02071	0.491	-0.0548	0.0263
		中年	-0.02388	0.02172	0.271	-0.0665	0.0187

＊. 均值差的显著性水平为 0.05。

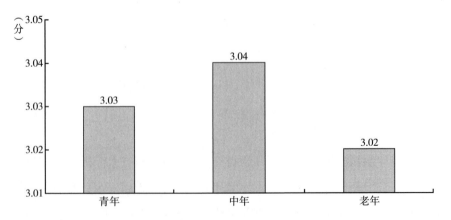

图 13　不同年龄被试的国际性危机压力得分比较

（七）不同年龄被试危机压力总分比较

调查结果显示，在危机压力总分方面，青年被试的得分在 1.22 ~ 4.19 分之间，均值为 2.86，标准差为 0.41；中年被试的得分在 1.33 ~ 3.86 分之间，均值为 2.85，标准差为 0.42；老年被试的得分在 1.28 ~ 3.67 分之间，均值为 2.73，标准差为 0.42。

对不同年龄被试危机压力总分的差异性进行方差分析（见表 14 - 1、表 14 - 2、表 14 - 3 和图 14），显示三个年龄段被试的政治认同总分之间差异显著，$F = 28.238$，$p < 0.001$，老年被试（$M = 2.73$，$SD = 0.42$）的得分显著低于中年被试（$M = 2.85$，$SD = 0.42$）和青年被试（$M = 2.86$，$SD = 0.41$），中年被试与青年被试之间的得分差异不显著。

表 14 - 1　不同年龄被试危机压力总分的差异比较

项目		N	均值	标准差	标准误	95%置信区间		极小值	极大值
						下限	上限		
危机压力总分	青年	3676	2.8593	0.40830	0.00673	2.8460	2.8725	1.22	4.19
	中年	2200	2.8522	0.41917	0.00894	2.8347	2.8697	1.33	3.86
	老年	640	2.7279	0.41804	0.01652	2.6954	2.7603	1.28	3.67
	总数	6516	2.8440	0.41468	0.00514	2.8339	2.8540	1.22	4.19

表 14 - 2　不同年龄被试危机压力总分的方差分析结果

项目		平方和	df	均方	F	显著性
危机压力总分	组间	9.631	2	4.816	28.238	0.000
	组内	1110.692	6513	0.171		
	总数	1120.323	6515			

表 14 - 3　不同年龄被试危机压力总分的多重比较

因变量	(I)年龄段	(J)年龄段	均值差(I-J)	标准误	显著性	95%置信区间	
						下限	上限
危机压力总分	青年	中年	0.00707	0.01113	0.525	- 0.0148	0.0289
		老年	0.13137 *	0.01769	0.000	0.0967	0.1660

续表

因变量	(I)年龄段	(J)年龄段	均值差(I-J)	标准误	显著性	95% 置信区间	
						下限	上限
危机压力总分	中年	青年	−0.00707	0.01113	0.525	−0.0289	0.0148
		老年	0.12430 *	0.01855	0.000	0.0879	0.1607
	老年	青年	−0.13137 *	0.01769	0.000	−0.1660	−0.0967
		中年	−0.12430 *	0.01855	0.000	−0.1607	−0.0879

＊. 均值差的显著性水平为 0.05。

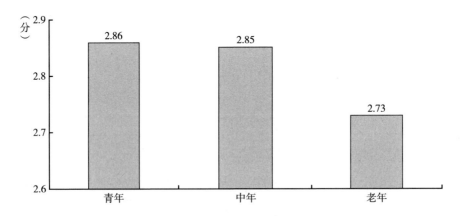

图 14　不同年龄被试的危机压力总分比较

三　不同年龄公民政治指数的比较

2016 年问卷调查显示的政治认同总分，即政治认同指数，老年被试的政治认同指数（3.73）显著高于中年被试（3.63）和青年被试（3.61），中年被试的政治认同指数略高于青年被试，但得分之间的差异不显著（见表7-1、表7-2、表7-3）。

2016 年问卷调查显示的危机压力指数（危机压力总分的反向计分），老年被试的得分在 2.33～4.72 分之间，均值为 3.27，标准差为 0.42；中年被试的得分在 2.14～4.67 分之间，均值为 3.15，标准差为 0.42；青年被试的得分在 1.81 ~ 4.78 分之间，均值为 3.14，标准差为 0.41。对不同年龄被试危机压力指数的差异性进行方差分析（见表 15 – 1、表 15 – 2、表 15 – 3 和图 15），显示不同年龄被试之间的得分差异显著，$F = 28.238$，$p < 0.001$，老年被试（$M = 3.27$，$SD = 0.42$）的得分显著高于中年被试（$M = 3.15$，$SD = 0.42$）和青年被试（$M = 3.14$，$SD = 0.41$），中年被试与青年被试之间的得分差异不显著。

表 15 – 1　不同年龄被试危机压力指数的差异比较

项目		N	均值	标准差	标准误	95% 置信区间		极小值	极大值
						下限	上限		
危机压力指数	青年	3676	3.1407	0.40830	0.00673	3.1275	3.1540	1.81	4.78
	中年	2200	3.1478	0.41917	0.00894	3.1303	3.1653	2.14	4.67
	老年	640	3.2721	0.41804	0.01652	3.2397	3.3046	2.33	4.72
	总数	6516	3.1560	0.41468	0.00514	3.1460	3.1661	1.81	4.78

表 15 – 2　不同年龄被试危机压力指数的方差分析结果

项目		平方和	df	均方	F	显著性
危机压力指数	组间	9.631	2	4.816	28.238	0.000
	组内	1110.692	6513	0.171		
	总数	1120.323	6515			

表 15 – 3　不同年龄被试危机压力指数的多重比较

因变量	(I)年龄段	(J)年龄段	均值差(I – J)	标准误	显著性	95% 置信区间	
						下限	上限
危机压力指数	青年	中年	− 0.00707	0.01113	0.525	− 0.0289	0.0148
		老年	− 0.13137 *	0.01769	0.000	− 0.1660	− 0.0967
	中年	青年	0.00707	0.01113	0.525	− 0.0148	0.0289
		老年	− 0.12430 *	0.01855	0.000	− 0.1607	− 0.0879
	老年	青年	0.13137 *	0.01769	0.000	0.0967	0.1660
		中年	0.12430 *	0.01855	0.000	0.0879	0.1607

＊. 均值差的显著性水平为 0.05。

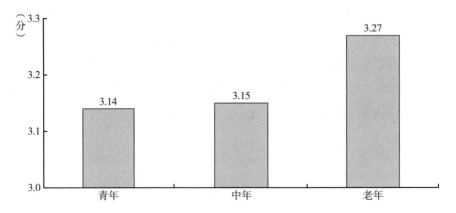

图 15 不同年龄被试的危机压力指数比较

2016 年问卷调查显示的政治总指数，老年被试的得分在 2.54 ~ 4.64 分之间，均值为 3.50，标准差为 0.35；中年被试的得分在 2.22 ~ 4.67 分之间，均值为 3.39，标准差为 0.36；青年被试的得分在 2.28 ~ 4.69 分之间，均值为 3.38，标准差为 0.35。对不同年龄被试政治总指数的差异性进行方差分析（见表 16－1、表 16－2、表 16－3 和图 16），显示不同年龄被试之间的得分差异显著，$F = 34.652$，$p < 0.001$，老年被试（$M = 3.50, SD = 0.35$）的得分显著高于中年被试（$M = 3.39$，$SD = 0.36$）和青年被试（$M = 3.38$，$SD = 0.35$），中年被试与青年被试之间的得分差异不显著。

表 16－1 不同年龄被试政治总指数的差异比较

项目		N	均值	标准差	标准误	95% 置信区间		极小值	极大值
						下限	上限		
政治 总指数	青年	3657	3.3774	0.34816	0.00576	3.3661	3.3886	2.28	4.69
	中年	2185	3.3907	0.35792	0.00766	3.3757	3.4057	2.22	4.67
	老年	638	3.5025	0.34638	0.01371	3.4756	3.5295	2.54	4.64
	总数	6480	3.3942	0.35313	0.00439	3.3856	3.4028	2.22	4.69

表16－2　不同年龄被试政治总指数的方差分析结果

项目		平方和	df	均方	F	显著性
政治总指数	组间	8.553	2	4.277	34.652	0.000
	组内	799.385	6477	0.123		
	总数	807.938	6479			

表16－3　不同年龄被试政治总指数的多重比较

因变量	（I）年龄段	（J）年龄段	均值差（I－J）	标准误	显著性	95%置信区间	
						下限	上限
政治总指数	青年	中年	－0.01336	0.00950	0.160	－0.0320	0.0053
		老年	－0.12519*	0.01507	0.000	－0.1547	－0.0956
	中年	青年	0.01336	0.00950	0.160	－0.0053	0.0320
		老年	－0.11183*	0.01581	0.000	－0.1428	－0.0808
	老年	青年	0.12519*	0.01507	0.000	0.0956	0.1547
		中年	0.11183*	0.01581	0.000	0.0808	0.1428

＊．均值差的显著性水平为0.05。

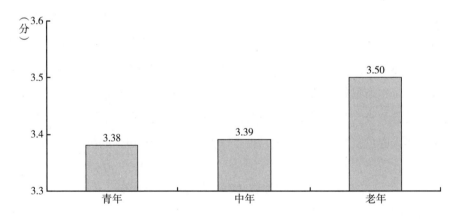

图16　不同年龄被试的政治总指数比较

通过本报告的数据分析，可以对不同年龄被试在政治认同、危机压力及政治指数方面所反映出来的差异，做一个简单的小结。

本次问卷调查涉及的六种认同以及政治认同总分，呈现的都是老年被试的得分最高（见表17，表中括号内的数字，代表不同年龄被试得分高低的排序，下同），并且老年被试的得分大都显著高于中年被试和青年被试（只有身份认同与青年被试之间的得分差异不显著）；中年被试尽管五种认同和政治认同总分的得分均高于青年被试（只有身份认同的得分低于青年被试），但是得分差异显著的只有政党认同、文化认同和政策认同。由此显示的总体状况是年龄的增长对政治认同水平的提高应有一定的帮助作用。

表 17　不同年龄被试政治认同得分排序比较

项目	青年	中年	老年
体制认同	3.4205(3)	3.4431(2)	3.4904(1)
政党认同	3.5602(3)	3.5953(2)	3.7185(1)
身份认同	4.0967(2)	4.0555(3)	4.1507(1)
文化认同	3.4496(3)	3.4812(2)	3.5987(1)
政策认同	3.5363(3)	3.5774(2)	3.6931(1)
发展认同	3.6080(3)	3.6178(2)	3.7438(1)
政治认同总分	3.6123(3)	3.6301(2)	3.7325(1)

本次调查涉及的六种危机压力以及危机压力总分，呈现的都是老年被试的得分最低（见表18），并且老年被试的得分大都显著低于中年被试和青年被试（只有国际性危机压力与青年被试、中年被试之间的得分差异不显著）；中年被试只是生态危机压力的得分显著低于青年被试，其他危机压力得分与危机压力总分均较为接近，得分差异都没有达到显著水平。由此显示的基本态势是老年人的危机压力强度最低，也可以说老年人具有更强的抗危机心理。

表 18　不同年龄被试危机压力得分排序比较

项目	青年	中年	老年
政治危机压力	2.7103(1)	2.7190(2)	2.5697(3)
经济危机压力	2.4442(1)	2.4388(2)	2.2981(3)
社会危机压力	2.8399(1)	2.8388(1)	2.6796(3)
文化危机压力	2.8593(2)	2.8713(1)	2.7543(3)
生态危机压力	3.2765(1)	3.2106(2)	3.0514(3)
国际性危机压力	3.0345(2)	3.0441(1)	3.0202(3)
危机压力总分	2.8593(1)	2.8522(2)	2.7279(3)

对政治指数进行比较，可以看出老年被试在政治认同指数（3.73）、危机压力指数（3.27）和政治总指数（3.50）上，都显著高于中年被试和青年被试；中年被试的政治认同指数（3.63）、危机压力指数（3.15）和政治总指数（3.39）都略高于青年被试（政治认同指数 3.61，危机压力指数 3.14，政治总指数 3.38），但是得分差异均未达到显著水平。在观察和分析中国政治状况时，显然应该注意到这样的基本特征。

B.6
不同学历公民的政治认同
与危机压力比较

田华 阎孟伟

摘　要：　　　2016 年的"中国公民政治文化"问卷调查显示，无论是在政治认同方面，还是在危机压力方面，都没有因公民学历不同产生具有倾向性的特征（如学历越低的被试政治认同越高、危机压力越低；或者相反，学历越高的被试政治认同越高、危机压力越低）。

学历因素对于中国当前的政治认同和危机压力而言，需要关注但不可高估其作用。

关键词：　政治认同　危机压力　学历因素　差异性

南开大学当代中国问题研究院 2016 年"中国公民政治文化"问卷调查涉及的 6581 名被试中，有 3 名被试的学历信息缺失，在有学历信息的 6578 名被试中，初中及以下学历被试（低学历被试，在本报告的表格中均标注为"初中"）2899 人，有效百分比为 44.07%；高中（含中专）学历被试（中等学历被试，在本报告的表格中均标注为"高中"）2144 人，有效百分比为 32.59%；大专及以上（含本科、研究生）学历被试（高学历被试，在本报告的表格中均标注为"大专"）1535 人，有效百分比为 23.34%。根据问卷调查的数据，可以比较不同学历被试所显示的政治认同与危机压力情况。

一 不同学历公民的政治认同比较

不同学历被试的六种认同得分和政治认同总分情况，可根据问卷调查的结果，分述于下。

（一）不同学历被试的体制认同比较

调查结果显示，在体制认同方面，初中及以下学历被试的得分在 1.00 ~ 5.00 分之间，均值为 3.45，标准差为 0.48；高中学历被试的得分在 1.00 ~ 5.00 分之间，均值为 3.42，标准差为 0.50；大专及以上学历被试的得分在 1.33 ~ 5.00 分之间，均值为 3.44，标准差为 0.52。

对不同学历被试体制认同得分的差异性进行方差分析（见表 1 - 1、表 1 - 2、表 1 - 3 和图 1），显示初中及以下学历被试（$M = 3.45$，$SD = 0.48$）、高中学历被试（$M = 3.42$，$SD = 0.50$）和大专及以上学历被试（$M = 3.44$，$SD = 0.52$）之间的得分差异不显著。

表 1 - 1　不同学历被试体制认同得分的差异比较

项目		N	均值	标准差	标准误	95% 置信区间		极小值	极大值
						下限	上限		
体制认同	初中	2899	3.4466	0.47708	0.00886	3.4292	3.4640	1.00	5.00
	高中	2144	3.4198	0.49813	0.01076	3.3987	3.4409	1.00	5.00
	大专	1535	3.4356	0.51674	0.01319	3.4097	3.4615	1.33	5.00
	总数	6578	3.4353	0.49351	0.00608	3.4234	3.4472	1.00	5.00

表 1 - 2　不同学历被试体制认同得分的方差分析结果

项目		平方和	df	均方	F	显著性
体制认同	组间	0.886	2	0.443	1.820	0.162
	组内	1600.957	6575	0.243		
	总数	1601.844	6577			

表1-3 不同学历被试体制认同得分的多重比较

因变量	（I）学历	（J）学历	均值差（I-J）	标准误	显著性	95%置信区间	
						下限	上限
体制认同	初中	高中	0.02681	0.01406	0.056	-0.0007	0.0544
		大专	0.01098	0.01558	0.481	-0.0196	0.0415
	高中	初中	-0.02681	0.01406	0.056	-0.0544	0.0007
		大专	-0.01584	0.01650	0.337	-0.0482	0.0165
	大专	初中	-0.01098	0.01558	0.481	-0.0415	0.0196
		高中	0.01584	0.01650	0.337	-0.0165	0.0482

*. 均值差的显著性水平为0.05。

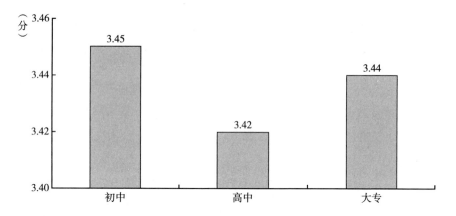

图1 不同学历被试的体制认同得分比较

（二）不同学历被试的政党认同比较

调查结果显示，在政党认同方面，初中及以下学历被试的得分在1.33~5.00分之间，均值为3.59，标准差为0.57；高中学历被试的得分在1.33~5.00分之间，均值为3.57，标准差为0.57；大专及以上学历被试的得分在1.33~5.00分之间，均值为3.62，标准差为0.59。

对不同学历被试政党认同得分的差异性进行方差分析（见表2-1、表2-2、表2-3和图2），显示不同学历被试的政党认同得分之间差异显著，

$F = 3.794$，$p < 0.05$，大专及以上学历被试（$M = 3.62$，$SD = 0.59$）的得分显著高于高中学历被试（$M = 3.57$，$SD = 0.57$），与初中及以下学历被试（$M = 3.59$，$SD = 0.57$）之间的得分差异不显著；初中及以下学历被试与高中学历被试之间的得分差异不显著。

表 2 - 1　不同学历被试政党认同得分的差异比较

项目		N	均值	标准差	标准误	95%置信区间		极小值	极大值
						下限	上限		
政党认同	初中	2895	3.5878	0.56995	0.01059	3.5670	3.6086	1.33	5.00
	高中	2139	3.5657	0.56643	0.01225	3.5417	3.5897	1.33	5.00
	大专	1532	3.6186	0.59065	0.01509	3.5890	3.6482	1.33	5.00
	总数	6566	3.5878	0.57396	0.00708	3.5739	3.6017	1.33	5.00

表 2 - 2　不同学历被试政党认同得分的方差分析结果

项目		平方和	df	均方	F	显著性
政党认同	组间	2.498	2	1.249	3.794	0.023
	组内	2160.192	6563	0.329		
	总数	2162.690	6565			

表 2 - 3　不同学历被试政党认同得分的多重比较

因变量	(I)学历	(J)学历	均值差(I - J)	标准误	显著性	95%置信区间	
						下限	上限
政党认同	初中	高中	0.02211	0.01636	0.177	- 0.0100	0.0542
		大专	- 0.03079	0.01813	0.089	- 0.0663	0.0047
	高中	初中	- 0.02211	0.01636	0.177	- 0.0542	0.0100
		大专	- 0.05290 *	0.01920	0.006	- 0.0905	- 0.0153
	大专	初中	0.03079	0.01813	0.089	- 0.0047	0.0663
		高中	0.05290 *	0.01920	0.006	0.0153	0.0905

＊. 均值差的显著性水平为 0.05。

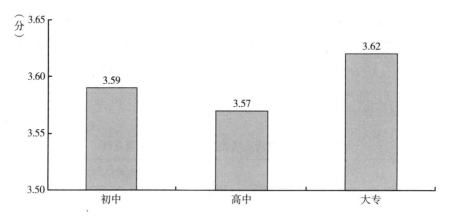

图 2 不同学历被试的政党认同得分比较

（三）不同学历被试的身份认同比较

调查结果显示，在身份认同方面，初中及以下学历被试的得分在1.00~5.00分之间，均值为4.10，标准差为0.64；高中学历被试的得分在2.00~5.00分之间，均值为4.06，标准差为0.65；大专及以上学历被试的得分在1.00~5.00分之间，均值为4.11，标准差为0.67。

对不同学历被试身份认同得分的差异性进行方差分析（见表3-1、表3-2、表3-3和图3），显示不同学历被试的身份认同得分之间差异显著，$F = 2.999$，$p = 0.05$，高中学历被试（$M = 4.06$，$SD = 0.65$）的得分显著低于初中及以下学历被试（$M = 4.10$，$SD = 0.64$）和大专及以上学历被试（$M = 4.11$，$SD = 0.67$），初中及以下学历被试与大专及以上学历被试之间的得分差异不显著。

表 3-1 不同学历被试身份认同得分的差异比较

项目		N	均值	标准差	标准误	95%置信区间		极小值	极大值
						下限	上限		
身份认同	初中	2892	4.0996	0.64311	0.01196	4.0761	4.1230	1.00	5.00
	高中	2141	4.0603	0.64787	0.01400	4.0328	4.0877	2.00	5.00
	大专	1535	4.1060	0.66607	0.01700	4.0727	4.1394	1.00	5.00
	总数	6568	4.0883	0.65029	0.00802	4.0725	4.1040	1.00	5.00

表3-2　不同学历被试身份认同得分的方差分析结果

项目		平方和	df	均方	F	显著性
身份认同	组间	2.535	2	1.267	2.999	0.050
	组内	2774.479	6565	0.423		
	总数	2777.014	6567			

表3-3　不同学历被试身份认同得分的多重比较

因变量	(I)学历	(J)学历	均值差(I-J)	标准误	显著性	95%置信区间	
						下限	上限
身份认同	初中	高中	0.03933*	0.01853	0.034	0.0030	0.0757
		大专	-0.00644	0.02053	0.754	-0.0467	0.0338
	高中	初中	-0.03933*	0.01853	0.034	-0.0757	-0.0030
		大专	-0.04577*	0.02174	0.035	-0.0884	-0.0032
	大专	初中	0.00644	0.02053	0.754	-0.0338	0.0467
		高中	0.04577*	0.02174	0.035	0.0032	0.0884

*. 均值差的显著性水平为0.05。

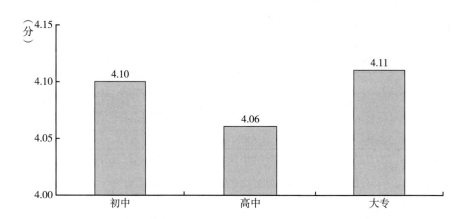

图3　不同学历被试的身份认同得分比较

（四）不同学历被试的文化认同比较

调查结果显示，在文化认同方面，初中及以下学历被试的得分在1.00~5.00分之间，均值为3.47，标准差为0.56；高中学历被试的得分在1.33~

5.00 分之间，均值为 3.46，标准差为 0.53；大专及以上学历被试的得分在 1.33~5.00 分之间，均值为 3.51，标准差为 0.57。

对不同学历被试文化认同得分的差异性进行方差分析（见表 4-1、表 4-2、表 4-3 和图 4），显示不同学历被试的文化认同得分之间差异显著，$F=4.311$，$p<0.05$，大专及以上学历被试（$M=3.51$，$SD=0.57$）的得分显著高于初中及以下学历被试（$M=3.47$，$SD=0.56$）和高中学历被试（$M=3.46$，$SD=0.53$），高中学历被试与初中及以下学历被试之间的得分差异不显著。

表 4-1 不同学历被试文化认同得分的差异比较

项目		N	均值	标准差	标准误	95% 置信区间		极小值	极大值
						下限	上限		
文化认同	初中	2894	3.4672	0.56445	0.01049	3.4466	3.4877	1.00	5.00
	高中	2143	3.4598	0.52663	0.01138	3.4375	3.4821	1.33	5.00
	大专	1535	3.5107	0.56608	0.01445	3.4824	3.5391	1.33	5.00
	总数	6572	3.4749	0.55307	0.00682	3.4616	3.4883	1.00	5.00

表 4-2 不同学历被试文化认同得分的方差分析结果

项目		平方和	df	均方	F	显著性
文化认同	组间	2.635	2	1.317	4.311	0.013
	组内	2007.351	6569	0.306		
	总数	2009.985	6571			

表 4-3 不同学历被试文化认同得分的多重比较

因变量	(I)学历	(J)学历	均值差(I-J)	标准误	显著性	95% 置信区间	
						下限	上限
文化认同	初中	高中	0.00738	0.01575	0.639	-0.0235	0.0383
		大专	-0.04358*	0.01745	0.013	-0.0778	-0.0094
	高中	初中	-0.00738	0.01575	0.639	-0.0383	0.0235
		大专	-0.05096*	0.01848	0.006	-0.0872	-0.0147
	大专	初中	0.04358*	0.01745	0.013	0.0094	0.0778
		高中	0.05096*	0.01848	0.006	0.0147	0.0872

*. 均值差的显著性水平为 0.05。

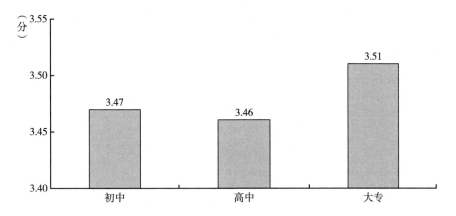

图4 不同学历被试的文化认同得分比较

（五）不同学历被试的政策认同比较

调查结果显示，在政策认同方面，初中及以下学历被试的得分在1.33～5.00分之间，均值为3.62，标准差为0.64；高中学历被试的得分在1.00～5.00分之间，均值为3.52，标准差为0.62；大专及以上学历被试的得分在1.33～5.00分之间，均值为3.52，标准差为0.63。

对不同学历被试政策认同得分的差异性进行方差分析（见表5-1、表5-2、表5-3和图5），显示不同学历被试的政策认同得分之间差异显著，$F = 21.515$，$p < 0.001$，初中及以下学历被试（$M = 3.62$，$SD = 0.64$）的得分显著高于高中学历被试（$M = 3.52$，$SD = 0.62$）和大专及以上学历被试（$M = 3.52$，$SD = 0.63$），高中学历被试与大专及以上学历被试之间的得分差异不显著。

表5-1 不同学历被试政策认同得分的差异比较

项目		N	均值	标准差	标准误	95%置信区间		极小值	极大值
						下限	上限		
政策认同	初中	2897	3.6229	0.63773	0.01185	3.5997	3.6462	1.33	5.00
	高中	2143	3.5195	0.61622	0.01331	3.4934	3.5456	1.00	5.00
	大专	1534	3.5219	0.62809	0.01604	3.4905	3.5534	1.33	5.00
	总数	6574	3.5657	0.63050	0.00778	3.5504	3.5809	1.00	5.00

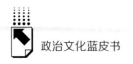
表5-2 不同学历被试政策认同得分的方差分析结果

项目		平方和	df	均方	F	显著性
政策认同	组间	16.999	2	8.500	21.515	0.000
	组内	2595.934	6571	0.395		
	总数	2612.933	6573			

表5-3 不同学历被试政策认同得分的多重比较

因变量	(I)学历	(J)学历	均值差(I-J)	标准误	显著性	95%置信区间	
						下限	上限
政策认同	初中	高中	0.10342*	0.01791	0.000	0.0683	0.1385
		大专	0.10100*	0.01985	0.000	0.0621	0.1399
	高中	初中	-0.10342*	0.01791	0.000	-0.1385	-0.0683
		大专	-0.00243	0.02102	0.908	-0.0436	0.0388
	大专	初中	-0.10100*	0.01985	0.000	-0.1399	-0.0621
		高中	0.00243	0.02102	0.908	-0.0388	0.0436

*. 均值差的显著性水平为0.05。

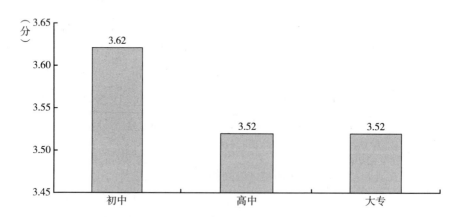

图5 不同学历被试的政策认同得分比较

（六）不同学历被试的发展认同比较

调查结果显示，在发展认同方面，初中及以下学历被试的得分在1.25～5.00分之间，均值为3.64，标准差为0.65；高中学历被试的得分在1.50～

5.00 分之间，均值为 3.59，标准差为 0.64；大专及以上学历被试的得分在 1.50~5.00 分之间，均值为 3.66，标准差为 0.64。

对不同学历被试发展认同得分的差异性进行方差分析（见表 6-1、表 6-2、表 6-3 和图 6），显示不同学历被试的发展认同得分之间差异显著，$F = 6.331$，$p < 0.01$，高中学历被试（$M = 3.59$，$SD = 0.64$）的得分显著低于初中及以下学历被试（$M = 3.64$，$SD = 0.65$）和大专及以上学历被试（$M = 3.66$，$SD = 0.64$），初中及以下学历被试与大专及以上学历被试之间的得分差异不显著。

表 6-1 不同学历被试发展认同得分的差异比较

项目		N	均值	标准差	标准误	95% 置信区间		极小值	极大值
						下限	上限		
发展认同	初中	2897	3.6370	0.64928	0.01206	3.6134	3.6607	1.25	5.00
	高中	2141	3.5855	0.64326	0.01390	3.5582	3.6127	1.50	5.00
	大专	1532	3.6565	0.64353	0.01644	3.6242	3.6887	1.50	5.00
	总数	6570	3.6248	0.64651	0.00798	3.6091	3.6404	1.25	5.00

表 6-2 不同学历被试发展认同得分的方差分析结果

项目		平方和	df	均方	F	显著性
发展认同	组间	5.284	2	2.642	6.331	0.002
	组内	2740.372	6567	0.417		
	总数	2745.656	6569			

表 6-3 不同学历被试发展认同得分的多重比较

因变量	(I)学历	(J)学历	均值差(I-J)	标准误	显著性	95% 置信区间	
						下限	上限
发展认同	初中	高中	0.05156*	0.01841	0.005	0.0155	0.0877
		大专	-0.01946	0.02041	0.340	-0.0595	0.0205
	高中	初中	-0.05156*	0.01841	0.005	-0.0877	-0.0155
		大专	-0.07102*	0.02162	0.001	-0.1134	-0.0286
	大专	初中	0.01946	0.02041	0.340	-0.0205	0.0595
		高中	0.07102*	0.02162	0.001	0.0286	0.1134

*. 均值差的显著性水平为 0.05。

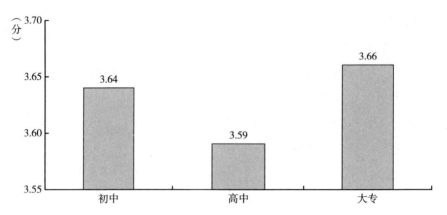

图6　不同学历被试的发展认同得分比较

（七）不同学历被试政治认同总分比较

调查结果显示，在政治认同总分方面，初中及以下学历被试的得分在1.83～4.90分之间，均值为3.64，标准差为0.38；高中学历被试的得分在2.17～4.89分之间，均值为3.60，标准差为0.39；大专及以上学历被试的得分在2.32～4.74分之间，均值为3.64，标准差为0.40。

对不同学历被试政治认同总分的差异性进行方差分析（见表7-1、表7-2、表7-3和图7），显示不同学历被试的政治认同总分之间差异显著，$F = 7.882$，$p < 0.001$，高中学历被试（$M = 3.60$，$SD = 0.39$）的得分显著低于初中及以下学历被试（$M = 3.64$，$SD = 0.38$）和大专及以上学历被试（$M = 3.64$，$SD = 0.40$），初中及以下学历被试与大专及以上学历被试之间的得分差异不显著。

表7-1　不同学历被试政治认同总分的差异比较

项目		N	均值	标准差	标准误	95%置信区间		极小值	极大值
						下限	上限		
政治认同总分	初中	2880	3.6445	0.38444	0.00716	3.6304	3.6585	1.83	4.90
	高中	2133	3.6030	0.38616	0.00836	3.5866	3.6194	2.17	4.89
	大专	1528	3.6418	0.39562	0.01012	3.6219	3.6616	2.32	4.74
	总数	6541	3.6303	0.38805	0.00480	3.6209	3.6397	1.83	4.90

表7-2　不同学历被试政治认同总分的方差分析结果

项目		平方和	*df*	均方	*F*	显著性
政治认同 总分	组间	2.369	2	1.184	7.882	0.000
	组内	982.420	6538	0.150		
	总数	984.789	6540			

表7-3　不同学历被试政治认同总分的多重比较

因变量	(I)学历	(J)学历	均值差(I-J)	标准误	显著性	95%置信区间	
						下限	上限
政治认同 总分	初中	高中	0.04146*	0.01107	0.000	0.0198	0.0632
		大专	0.00268	0.01227	0.827	-0.0214	0.0267
	高中	初中	-0.04146*	0.01107	0.000	-0.0632	-0.0198
		大专	-0.03878*	0.01299	0.003	-0.0643	-0.0133
	大专	初中	-0.00268	0.01227	0.827	-0.0267	0.0214
		高中	0.03878*	0.01299	0.003	0.0133	0.0643

*. 均值差的显著性水平为0.05。

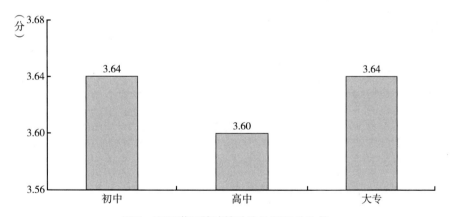

图7　不同学历被试的政治认同总分比较

二　不同学历公民的危机压力比较

不同学历被试的六种危机压力得分和危机压力总分情况，也可根据问卷调查的结果，分述于下。

（一）不同学历被试的政治危机压力比较

调查结果显示，在政治危机压力方面，初中及以下学历被试的得分在1.00~4.67分之间，均值为2.69，标准差为0.70；高中学历被试的得分在1.00~4.67分之间，均值为2.71，标准差为0.70；大专及以上学历被试的得分在1.00~5.00分之间，均值为2.71，标准差为0.71。

对不同学历被试政治危机压力得分的差异性进行方差分析（见表8－1、表8－2、表8－3和图8），显示初中及以下学历被试（$M = 2.69$，$SD = 0.70$）、高中学历被试（$M = 2.71$，$SD = 0.70$）和大专及以上学历被试（$M = 2.71$，$SD = 0.71$）之间的得分差异不显著。

表8－1　不同学历被试政治危机压力得分的差异比较

项目		N	均值	标准差	标准误	95%置信区间		极小值	极大值
						下限	上限		
政治危机压力	初中	2898	2.6876	0.69766	0.01296	2.6622	2.7130	1.00	4.67
	高中	2143	2.7073	0.69952	0.01511	2.6776	2.7369	1.00	4.67
	大专	1534	2.7103	0.71090	0.01815	2.6747	2.7459	1.00	5.00
	总数	6575	2.6993	0.70135	0.00865	2.6824	2.7163	1.00	5.00

表8－2　不同学历被试政治危机压力得分的方差分析结果

项目		平方和	df	均方	F	显著性
政治危机压力	组间	0.720	2	0.360	0.731	0.481
	组内	3232.938	6572	0.492		
	总数	3233.658	6574			

表8－3　不同学历被试政治危机压力得分的多重比较

因变量	(I)学历	(J)学历	均值差(I－J)	标准误	显著性	95%置信区间	
						下限	上限
政治危机压力	初中	高中	－0.01966	0.01998	0.325	－0.0588	0.0195
		大专	－0.02274	0.02215	0.304	－0.0662	0.0207

续表

因变量	(I)学历	(J)学历	均值差(I−J)	标准误	显著性	95%置信区间	
						下限	上限
政治危机压力	高中	初中	0.01966	0.01998	0.325	− 0.0195	0.0588
		大专	− 0.00308	0.02346	0.896	− 0.0491	0.0429
	大专	初中	0.02274	0.02215	0.304	− 0.0207	0.0662
		高中	0.00308	0.02346	0.896	− 0.0429	0.0491

＊. 均值差的显著性水平为0.05。

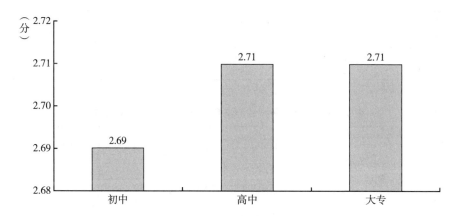

图8　不同学历被试的政治危机压力得分比较

（二）不同学历被试的经济危机压力比较

调查结果显示，在经济危机压力方面，初中及以下学历被试的得分在1.00～5.00分之间，均值为2.40，标准差为0.62；高中学历被试的得分在1.00～5.00分之间，均值为2.46，标准差为0.63；大专及以上学历被试的得分在1.00～5.00分之间，均值为2.44，标准差为0.61。

对不同学历被试经济危机压力得分的差异性进行方差分析（见表9−1、表9−2、表9−3和图9），显示不同学历被试的经济危机压力得分之间差异显著，$F = 5.749, p < 0.01$，初中及以下学历被试（$M = 2.40$，$SD = 0.62$）的得分显著低于高中学历被试（$M = 2.46$，$SD = 0.63$）和大专及以上学历被试（$M = 2.44$，$SD = 0.61$），大专及以上学历被试与高中学历被试之间的得分差异不显著。

表9－1　不同学历被试经济危机压力得分的差异比较

项目		N	均值	标准差	标准误	95%置信区间		极小值	极大值
						下限	上限		
经济危机压力	初中	2891	2.3988	0.62310	0.01159	2.3761	2.4215	1.00	5.00
	高中	2135	2.4550	0.63107	0.01366	2.4282	2.4817	1.00	5.00
	大专	1531	2.4448	0.60576	0.01548	2.4144	2.4752	1.00	5.00
	总数	6557	2.4278	0.62217	0.00768	2.4128	2.4429	1.00	5.00

表9－2　不同学历被试经济危机压力得分的方差分析结果

项目		平方和	df	均方	F	显著性
经济危机压力	组间	4.445	2	2.222	5.749	0.003
	组内	2533.327	6554	0.387		
	总数	2537.772	6556			

表9－3　不同学历被试经济危机压力得分的多重比较

因变量	(I)学历	(J)学历	均值差(I-J)	标准误	显著性	95%置信区间	
						下限	上限
经济危机压力	初中	高中	-0.05613*	0.01774	0.002	-0.0909	-0.0214
		大专	-0.04598*	0.01965	0.019	-0.0845	-0.0075
	高中	初中	0.05613*	0.01774	0.002	0.0214	0.0909
		大专	0.01015	0.02082	0.626	-0.0307	0.0510
	大专	初中	0.04598*	0.01965	0.019	0.0075	0.0845
		高中	-0.01015	0.02082	0.626	-0.0510	0.0307

＊．均值差的显著性水平为0.05。

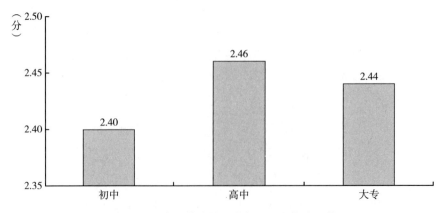

图9　不同学历被试的经济危机压力得分比较

（三）不同学历被试的社会危机压力比较

调查结果显示，在社会危机压力方面，初中及以下学历被试的得分在 1.00～5.00 分之间，均值为 2.81，标准差为 0.71；高中学历被试的得分在 1.00～5.00 分之间，均值为 2.83，标准差为 0.71；大专及以上学历被试的得分在 1.00～5.00 分之间，均值为 2.84，标准差为 0.69。

对不同学历被试社会危机压力得分的差异性进行方差分析（见表 10-1、表 10-2、表 10-3 和图 10），显示初中及以下学历被试（$M=2.81$，$SD=0.71$）、高中学历被试（$M=2.83$，$SD=0.71$）和大专及以上学历被试（$M=2.84$，$SD=0.69$）之间的得分差异不显著。

表 10-1　不同学历被试社会危机压力得分的差异比较

项目		N	均值	标准差	标准误	95% 置信区间		极小值	极大值
						下限	上限		
社会危机压力	初中	2894	2.8082	0.70956	0.01319	2.7824	2.8341	1.00	5.00
	高中	2139	2.8312	0.70680	0.01528	2.8013	2.8612	1.00	5.00
	大专	1532	2.8420	0.69439	0.01774	2.8072	2.8768	1.00	5.00
	总数	6565	2.8236	0.70519	0.00870	2.8065	2.8407	1.00	5.00

表 10-2　不同学历被试社会危机压力得分的方差分析结果

项目		平方和	df	均方	F	显著性
社会危机压力	组间	1.329	2	0.665	1.337	0.263
	组内	3262.855	6562	0.497		
	总数	3264.185	6564			

表 10-3　不同学历被试社会危机压力得分的多重比较

因变量	(I)学历	(J)学历	均值差(I-J)	标准误	显著性	95% 置信区间	
						下限	上限
社会危机压力	初中	高中	-0.02301	0.02011	0.253	-0.0624	0.0164
		大专	-0.03381	0.02228	0.129	-0.0775	0.0099

续表

因变量	（I）学历	（J）学历	均值差（I－J）	标准误	显著性	95%置信区间	
						下限	上限
社会危机压力	高中	初中	0.02301	0.02011	0.253	－0.0164	0.0624
		大专	－0.01081	0.02360	0.647	－0.0571	0.0355
	大专	初中	0.03381	0.02228	0.129	－0.0099	0.0775
		高中	0.01081	0.02360	0.647	－0.0355	0.0571

＊. 均值差的显著性水平为 0.05。

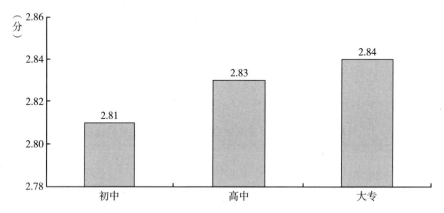

图 10　不同学历被试的社会危机压力得分比较

（四）不同学历被试的文化危机压力比较

调查结果显示，在文化危机压力方面，初中及以下学历被试的得分在 1.00~5.00 分之间，均值为 2.82，标准差为 0.64；高中学历被试的得分在 1.00~4.50 分之间，均值为 2.87，标准差为 0.64；大专及以上学历被试的得分在 1.00~4.75 分之间，均值为 2.88，标准差为 0.64。

对不同学历被试文化危机压力得分的差异性进行方差分析（见表 11－1、表 11－2、表 11－3 和图 11），显示不同学历被试的文化危机压力得分之间差异显著，$F = 5.103$，$p < 0.01$，初中及以下学历被试（$M = 2.82$，$SD = 0.64$）的得分显著低于高中学历被试（$M = 2.87$，$SD = 0.64$）和大专及以上学历被试（$M = 2.88$，$SD = 0.64$），高中学历被试与大专及以上学历被试之间的得分差异不显著。

表 11 -1　不同学历被试文化危机压力得分的差异比较

项目		N	均值	标准差	标准误	95% 置信区间		极小值	极大值
						下限	上限		
文化危机压力	初中	2895	2.8245	0.63501	0.01180	2.8014	2.8477	1.00	5.00
	高中	2142	2.8741	0.64037	0.01384	2.8469	2.9012	1.00	4.50
	大专	1534	2.8765	0.63632	0.01625	2.8446	2.9083	1.00	4.75
	总数	6571	2.8528	0.63747	0.00786	2.8374	2.8682	1.00	5.00

表 11 -2　不同学历被试文化危机压力得分的方差分析结果

项目		平方和	df	均方	F	显著性
文化危机压力	组间	4.142	2	2.071	5.103	0.006
	组内	2665.666	6568	0.406		
	总数	2669.808	6570			

表 11 -3　不同学历被试文化危机压力得分的多重比较

因变量	(I)学历	(J)学历	均值差(I-J)	标准误	显著性	95% 置信区间	
						下限	上限
文化危机压力	初中	高中	-0.04954*	0.01816	0.006	-0.0851	-0.0139
		大专	-0.05194*	0.02012	0.010	-0.0914	-0.0125
	高中	初中	0.04954*	0.01816	0.006	0.0139	0.0851
		大专	-0.00240	0.02131	0.910	-0.0442	0.0394
	大专	初中	0.05194*	0.02012	0.010	0.0125	0.0914
		高中	0.00240	0.02131	0.910	-0.0394	0.0442

＊. 均值差的显著性水平为 0.05。

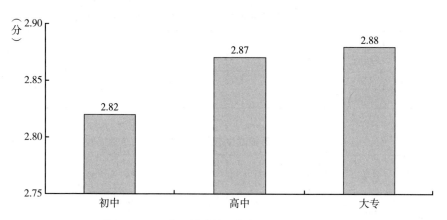

图 11　不同学历被试的文化危机压力得分比较

（五）不同学历被试的生态危机压力比较

调查结果显示，在生态危机压力方面，初中及以下学历被试的得分在 1.00~5.00 分之间，均值为 3.17，标准差为 0.74；高中学历被试的得分在 1.00~5.00 分之间，均值为 3.25，标准差为 0.73；大专及以上学历被试的得分在 1.00~5.00 分之间，均值为 3.32，标准差为 0.73。

对不同学历被试生态危机压力得分的差异性进行方差分析（见表 12-1、表 12-2、表 12-3 和图 12），显示不同学历被试的生态危机压力得分之间差异显著，$F = 21.201$，$p < 0.001$，初中及以下学历被试（$M = 3.17$，$SD = 0.74$）的得分显著低于高中学历被试（$M = 3.25$，$SD = 0.73$）和大专及以上学历被试（$M = 3.32$，$SD = 0.73$），高中学历被试的得分显著低于大专及以上学历被试。

表 12-1 不同学历被试生态危机压力得分的差异比较

项目		N	均值	标准差	标准误	95% 置信区间		极小值	极大值
						下限	上限		
生态危机压力	初中	2896	3.1709	0.74248	0.01380	3.1439	3.1980	1.00	5.00
	高中	2141	3.2542	0.73149	0.01581	3.2232	3.2852	1.00	5.00
	大专	1534	3.3173	0.73287	0.01871	3.2805	3.3540	1.00	5.00
	总数	6571	3.2322	0.73894	0.00912	3.2144	3.2501	1.00	5.00

表 12-2 不同学历被试生态危机压力得分的方差分析结果

项目		平方和	df	均方	F	显著性
生态危机压力	组间	23.011	2	11.505	21.201	0.000
	组内	3564.380	6568	0.543		
	总数	3587.391	6570			

表 12-3 不同学历被试生态危机压力得分的多重比较

因变量	(I)学历	(J)学历	均值差(I-J)	标准误	显著性	95% 置信区间	
						下限	上限
生态危机压力	初中	高中	-0.08332*	0.02100	0.000	-0.1245	-0.0422
		大专	-0.14633*	0.02326	0.000	-0.1919	-0.1007

因变量	(I)学历	(J)学历	均值差(I-J)	标准误	显著性	95% 置信区间	
						下限	上限
生态危机压力	高中	初中	0.08332*	0.02100	0.000	0.0422	0.1245
		大专	-0.06301*	0.02464	0.011	-0.1113	-0.0147
	大专	初中	0.14633*	0.02326	0.000	0.1007	0.1919
		高中	0.06301*	0.02464	0.011	0.0147	0.1113

*. 均值差的显著性水平为0.05。

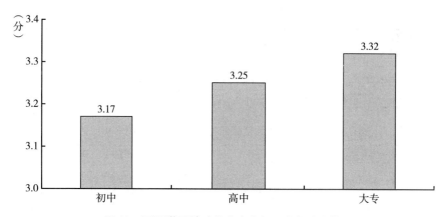

图12　不同学历被试的生态危机压力得分比较

（六）不同学历被试的国际性危机压力比较

调查结果显示，在国际性危机压力方面，初中及以下学历被试的得分在1.00～5.00分之间，均值为3.01，标准差为0.51；高中学历被试的得分在1.00～4.67分之间，均值为3.06，标准差为0.48；大专及以上学历被试的得分在1.33～4.67分之间，均值为3.04，标准差为0.45。

对不同学历被试国际性危机压力得分的差异性进行方差分析（见表13-1、表13-2、表13-3和图13），显示不同学历被试的国际性危机压力得分之间差异显著，$F = 6.781$，$p < 0.01$，高中学历被试（$M = 3.06$，$SD = 0.48$）的得分显著高于初中及以下学历被试（$M = 3.01$，$SD = 0.51$），与大专及以上学历被试（$M = 3.04$，$SD = 0.45$）之间的得分差异不显著；初中及以下学历被试与大专及以上学历被试之间的得分差异不显著。

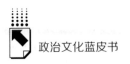

表 13 - 1　不同学历被试国际性危机压力得分的差异比较

项目		N	均值	标准差	标准误	95% 置信区间		极小值	极大值
						下限	上限		
国际性危机压力	初中	2892	3.0136	0.50795	0.00945	2.9951	3.0321	1.00	5.00
	高中	2138	3.0642	0.47703	0.01032	3.0440	3.0845	1.00	4.67
	大专	1534	3.0400	0.44661	0.01140	3.0176	3.0623	1.33	4.67
	总数	6564	3.0363	0.48459	0.00598	3.0245	3.0480	1.00	5.00

表 13 - 2　不同学历被试国际性危机压力得分的方差分析结果

项目		平方和	df	均方	F	显著性
国际性危机压力	组间	3.179	2	1.590	6.781	0.001
	组内	1537.969	6561	0.234		
	总数	1541.148	6563			

表 13 - 3　不同学历被试国际性危机压力得分的多重比较

因变量	(I)学历	(J)学历	均值差(I-J)	标准误	显著性	95% 置信区间	
						下限	上限
国际性危机压力	初中	高中	- 0.05063 *	0.01381	0.000	- 0.0777	- 0.0236
		大专	- 0.02638	0.01529	0.085	- 0.0564	0.0036
	高中	初中	0.05063 *	0.01381	0.000	0.0236	0.0777
		大专	0.02425	0.01620	0.134	- 0.0075	0.0560
	大专	初中	0.02638	0.01529	0.085	- 0.0036	0.0564
		高中	- 0.02425	0.01620	0.134	- 0.0560	0.0075

＊. 均值差的显著性水平为 0.05。

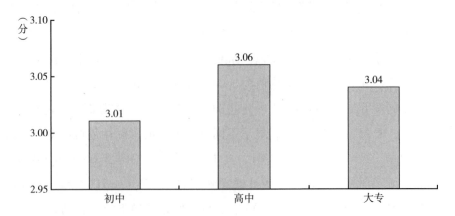

图 13　不同学历被试的国际性危机压力得分比较

（七）不同学历被试危机压力总分比较

调查结果显示，在危机压力总分方面，初中及以下学历被试的得分在 1.28～4.14 分之间，均值为 2.82，标准差为 0.41；高中学历被试的得分在 1.32～3.86 分之间，均值为 2.86，标准差为 0.42；大专及以上学历被试的得分在 1.22～4.19 分之间，均值为 2.87，标准差为 0.41。

对不同学历被试危机压力总分的差异性进行方差分析（见表 14-1、表 14-2、表 14-3 和图 14），显示不同学历被试的危机压力总分之间差异显著，$F = 11.563$，$p < 0.001$，初中及以下学历被试（$M = 2.82$，$SD = 0.41$）的得分显著低于高中学历被试（$M = 2.86$，$SD = 0.42$）和大专及以上学历被试（$M = 2.87$，$SD = 0.41$），高中学历被试与大专及以上学历被试之间的得分差异不显著。

表 14-1 不同学历被试危机压力总分的差异比较

项目		N	均值	标准差	标准误	95% 置信区间		极小值	极大值
						下限	上限		
危机压力总分	初中	2872	2.8162	0.41280	0.00770	2.8011	2.8313	1.28	4.14
	高中	2119	2.8617	0.41520	0.00902	2.8441	2.8794	1.32	3.86
	大专	1524	2.8707	0.41462	0.01062	2.8498	2.8915	1.22	4.19
	总数	6515	2.8438	0.41468	0.00514	2.8337	2.8538	1.22	4.19

表 14-2 不同学历被试危机压力总分的方差分析结果

项目		平方和	df	均方	F	显著性
危机压力总分	组间	3.964	2	1.982	11.563	0.000
	组内	1116.168	6512	0.171		
	总数	1120.132	6514			

表 14-3 不同学历被试危机压力总分的多重比较

因变量	(I)学历	(J)学历	均值差(I−J)	标准误	显著性	95% 置信区间	
						下限	上限
危机压力总分	初中	高中	−0.04550 *	0.01186	0.000	−0.0687	−0.0223
		大专	−0.05443 *	0.01312	0.000	−0.0801	−0.0287

因变量	(I)学历	(J)学历	均值差(I–J)	标准误	显著性	95% 置信区间	
						下限	上限
危机压力 总分	高中	初中	0.04550*	0.01186	0.000	0.0223	0.0687
		大专	−0.00892	0.01391	0.521	−0.0362	0.0183
	大专	初中	0.05443*	0.01312	0.000	0.0287	0.0801
		高中	0.00892	0.01391	0.521	−0.0183	0.0362

*. 均值差的显著性水平为0.05。

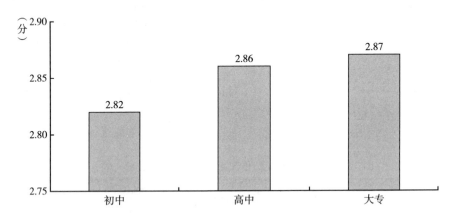

图14　不同学历被试的危机压力总分比较

三　不同学历公民政治指数的比较

2016年问卷调查显示的政治认同总分，即政治认同指数，高中学历被试的政治认同指数（3.60）显著低于初中及以下学历被试（3.64）和大专及以上学历被试（3.64），初中及以下学历被试的政治认同指数则与大专及以上学历被试相同（见表7-1、表7-2、表7-3）。

2016年问卷调查显示的危机压力指数（危机压力总分的反向计分），初中及以下学历被试的得分在1.86～4.72分之间，均值为3.18，标准差为0.41；高中学历被试的得分在2.14～4.68分之间，均值为3.14，标准差为0.42；大专及以上学历被试的得分在1.81～4.78分之间，均值为3.13，标准差为 0.41。对不同学历被试危机压力指数的差异性进行方差分析（见表 15 - 1、表 15 - 2、表 15 - 3 和图 15），显示不同学历被试之间的得分差异显著，$F = 11.563$，$p < 0.001$，初中及以下学历被试（$M = 3.18, SD = 0.41$）的得分显著高于高中学历被试（$M = 3.14, SD = 0.42$）和大专及以上学历被试（$M = 3.13, SD = 0.41$），高中学历被试与大专及以上学历被试之间的得分差异不显著。

表 15 - 1　不同学历被试危机压力指数的差异比较

项目		N	均值	标准差	标准误	95% 置信区间		极小值	极大值
						下限	上限		
危机压力指数	初中	2872	3.1838	0.41280	0.00770	3.1687	3.1989	1.86	4.72
	高中	2119	3.1383	0.41520	0.00902	3.1206	3.1559	2.14	4.68
	大专	1524	3.1293	0.41462	0.01062	3.1085	3.1502	1.81	4.78
	总数	6515	3.1562	0.41468	0.00514	3.1462	3.1663	1.81	4.78

表 15 - 2　不同学历被试危机压力指数的方差分析结果

项目		平方和	df	均方	F	显著性
危机压力指数	组间	3.964	2	1.982	11.563	0.000
	组内	1116.168	6512	0.171		
	总数	1120.132	6514			

表 15 - 3　不同学历被试危机压力指数的多重比较

因变量	（I）学历	（J）学历	均值差（I - J）	标准误	显著性	95% 置信区间	
						下限	上限
危机压力总分	初中	高中	0.04550 *	0.01186	0.000	0.0223	0.0687
		大专	0.05443 *	0.01312	0.000	0.0287	0.0801
	高中	初中	- 0.04550 *	0.01186	0.000	- 0.0687	- 0.0223
		大专	0.00892	0.01391	0.521	- 0.0183	0.0362
	大专	初中	- 0.05443 *	0.01312	0.000	- 0.0801	- 0.0287
		高中	- 0.00892	0.01391	0.521	- 0.0362	0.0183

＊. 均值差的显著性水平为 0.05。

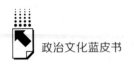

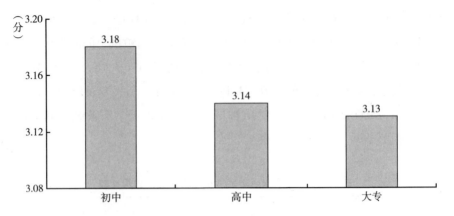

图 15　不同学历被试的危机压力指数比较

2016 年问卷调查显示的政治总指数，初中及以下学历被试的得分在
2.22～4.67 分之间，均值为 3.42，标准差为 0.35；高中学历被试的得分
在 2.40～4.69 分之间，均值为 3.37，标准差为 0.35；大专及以上学历
被试的得分在 2.49～4.67 分之间，均值为 3.39，标准差为 0.36。对不同
学历被试政治总指数的差异性进行方差分析（见表 16 − 1、表 16 − 2、
表 16 − 3 和图 16），显示不同学历被试之间的得分差异显著，$F = 9.547$，$p <$
0.001，初中及以下学历被试（$M = 3.42$，$SD = 0.35$）的得分显著高于高
中学历被试（$M = 3.37$，$SD = 0.35$）和大专及以上学历被试（$M = 3.39$，
$SD = 0.36$），高中学历被试与大专及以上学历被试之间的得分差异不
显著。

表 16 − 1　不同学历被试政治总指数的差异比较

项目		N	均值	标准差	标准误	95% 置信区间		极小值	极大值
						下限	上限		
政治 总指数	初中	2854	3.4151	0.34892	0.00653	3.4023	3.4279	2.22	4.67
	高中	2108	3.3721	0.35324	0.00769	3.3570	3.3872	2.40	4.69
	大专	1517	3.3864	0.35868	0.00921	3.3683	3.4044	2.49	4.67
	总数	6479	3.3944	0.35309	0.00439	3.3858	3.4030	2.22	4.69

表 16 – 2　不同学历被试政治总指数的方差分析结果

项目		平方和	df	均方	F	显著性
政治 总指数	组间	2.374	2	1.187	9.547	0.000
	组内	805.276	6476	0.124		
	总数	807.651	6478			

表 16 – 3　不同学历被试政治总指数的多重比较

因变量	(I)学历	(J)学历	均值差(I－J)	标准误	显著性	95%置信区间	
						下限	上限
政治 总指数	初中	高中	0.04305 *	0.01013	0.000	0.0232	0.0629
		大专	0.02874 *	0.01120	0.010	0.0068	0.0507
	高中	初中	－ 0.04305 *	0.01013	0.000	－ 0.0629	－ 0.0232
		大专	－ 0.01431	0.01187	0.228	－ 0.0376	0.0090
	大专	初中	－ 0.02874 *	0.01120	0.010	－ 0.0507	－ 0.0068
		高中	0.01431	0.01187	0.228	－ 0.0090	0.0376

＊. 均值差的显著性水平为 0.05。

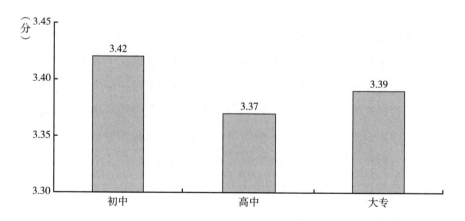

图 16　不同学历被试的政治总指数比较

　　通过本报告的数据分析，可以对不同学历被试在政治认同、危机压力及政治指数方面所反映出来的差异，做一个简单的小结。

153

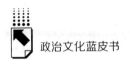
本次问卷调查涉及的六种认同以及政治认同总分，呈现的都是高中学历被试的得分最低（见表17，表中括号内的数字，代表不同学历被试得分高低的排序，下同），但是得分显著低于其他两种被试的只有身份认同、发展认同和政治认同总分；大专及以上学历被试在政党认同、身份认同、文化认同、发展认同上得分最高，但是得分显著高于其他两种被试的只有文化认同；初中及以下学历被试在体制认同、政策认同和政治认同总分上得分最高，但是得分显著高于其他两种被试的只有政策认同。

表17　不同学历被试政治认同得分排序比较

项目	初中	高中	大专
体制认同	3.4466(1)	3.4198(3)	3.4356(2)
政党认同	3.5878(2)	3.5657(3)	3.6186(1)
身份认同	4.0996(2)	4.0603(3)	4.1060(1)
文化认同	3.4672(2)	3.4598(3)	3.5107(1)
政策认同	3.6229(1)	3.5195(3)	3.5219(2)
发展认同	3.6370(2)	3.5855(3)	3.6565(1)
政治认同总分	3.6445(1)	3.6030(3)	3.6418(2)

本次问卷调查涉及的六种危机压力以及危机压力总分，呈现的都是初中及以下学历被试的得分最低（见表18），但是得分显著低于其他两种被试的只有经济危机压力、文化危机压力、生态危机压力和危机压力总分；大专及以上学历被试在政治危机压力、社会危机压力、文化危机压力、生态危机压力和危机压力总分上得分最高，但是得分显著高于其他两种被试的只有生态危机压力；高中学历被试在经济危机压力和国际性危机压力上得分最高，但是与其他两种被试之间的得分差异均未达到显著水平。

表18　不同学历被试危机压力得分排序比较

项目	初中	高中	大专
政治危机压力	2.6876(3)	2.7073(2)	2.7103(1)
经济危机压力	2.3988(3)	2.4550(1)	2.4448(2)

项目	初中	高中	大专
社会危机压力	2.8082（3）	2.8312（2）	2.8420（1）
文化危机压力	2.8245（3）	3.8741（2）	2.8765（1）
生态危机压力	3.1709（3）	3.2542（2）	3.3173（1）
国际性危机压力	3.0136（3）	3.0642（1）	3.0400（2）
危机压力总分	2.8162（3）	2.8617（2）	2.8707（1）

对政治指数进行比较，显示的是在政治认同指数上高中学历被试（3.60）显著低于初中及以下学历被试（3.64）和大专及以上学历被试（3.64），但是初中及以下学历被试的危机压力指数（3.18）和政治总指数（3.42）都显著高于高中学历被试（危机压力指数3.14，政治总指数3.37）和大专及以上学历被试（危机压力指数3.13，政治总指数3.39）。由于没有形成具有倾向性的特征（如学历越低的被试政治认同越高、危机压力越低，或者相反，学历越高的被试政治认同越高、危机压力越低），因此可以说学历因素对于中国当前的政治指数而言，需要关注但不可高估其作用。

B.7
不同政治面貌公民的政治
认同与危机压力比较

史卫民　张一谋

摘　要：　　2016 年的"中国公民政治文化"问卷调查显示，不同政治面貌被试在政治认同方面的差异，主要表现为中共党员被试的政治认同水平显著高于共青团员和群众被试。共青团员被试的五种认同得分和政治认同总分都高于群众被试，但是得分差异显著的只有身份认同。

2016 年的"中国公民政治文化"问卷调查还显示，不同政治面貌被试在危机压力方面的差异，主要表现为中共党员被试的危机压力水平显著低于共青团员和群众被试。共青团员被试的六种危机压力得分和危机压力总分都高于群众被试，但是得分差异显著的只有文化危机压力、生态危机压力和危机压力总分。

关键词：　政治认同　危机压力　政治面貌因素　差异性

南开大学当代中国问题研究院 2016 年"中国公民政治文化"问卷调查涉及的 6581 名被试中，中共党员 596 人，占 9.06%（中共党员被试在本报告的图表中均标注为"党员"）；共青团员 1063 人，占 16.15%（共青团员被试在本报告的图表中均标注为"团员"）；民主党派和群众 4922 人，占 74.79%（民主党派被试由于人数过少，不具有代表性，所以与群众被试合为一类，统称为"群众被试"，在本报告的图表中均标注为"群众"）。根据问卷调查的数据，可以比较不同政治面貌被试所显示的政治认同和危机压力情况。

一 不同政治面貌公民的政治认同比较

不同政治面貌被试的六种认同得分和政治认同总分情况，可根据问卷调查的结果，分述于下。

（一）不同政治面貌被试的体制认同比较

调查结果显示，在体制认同方面，中共党员被试的得分在 $1.33 \sim 5.00$ 分之间，均值为 3.50，标准差为 0.48；共青团员被试的得分在 $1.00 \sim 5.00$ 分之间，均值为 3.45，标准差为 0.50；群众被试的得分在 $1.00 \sim 5.00$ 分之间，均值为 3.42，标准差为 0.49。

对不同政治面貌被试体制认同得分的差异性进行方差分析（见表 1－1、表 1－2、表 1－3 和图 1），显示不同政治面貌被试的体制认同得分之间差异显著，$F = 6.947$，$p < 0.01$，中共党员被试（$M = 3.50$，$SD = 0.48$）的得分显著高于共青团员被试（$M = 3.45$，$SD = 0.50$）和群众被试（$M = 3.42$，$SD = 0.49$），共青团员被试与群众被试之间的得分差异不显著。

表 1－1　不同政治面貌被试体制认同得分的差异比较

项目		N	均值	标准差	标准误	95% 置信区间		极小值	极大值
						下限	上限		
体制认同	党员	596	3.5017	0.48372	0.01981	3.4628	3.5406	1.33	5.00
	团员	1063	3.4475	0.49705	0.01525	3.4176	3.4774	1.00	5.00
	群众	4922	3.4243	0.49355	0.00703	3.4105	3.4381	1.00	5.00
	总数	6581	3.4350	0.49368	0.00609	3.4231	3.4470	1.00	5.00

表1-2　不同政治面貌被试体制认同得分的方差分析结果

项目		平方和	df	均方	F	显著性
体制认同	组间	3.380	2	1.690	6.947	0.001
	组内	1600.322	6578	0.243		
	总数	1603.702	6580			

表1-3　不同政治面貌被试体制认同得分的多重比较

因变量	(I)政治面貌	(J)政治面貌	均值差(I-J)	标准误	显著性	95%置信区间	
						下限	上限
体制认同	党员	团员	0.05420*	0.02524	0.032	0.0047	0.1037
		群众	0.07739*	0.02139	0.000	0.0355	0.1193
	团员	党员	-0.05420*	0.02524	0.032	-0.1037	-0.0047
		群众	0.02319	0.01668	0.165	-0.0095	0.0559
	群众	党员	-0.07739*	0.02139	0.000	-0.1193	-0.0355
		团员	-0.02319	0.01668	0.165	-0.0559	0.0095

*. 均值差的显著性水平为0.05。

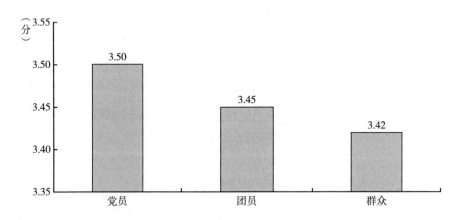

图1　不同政治面貌被试的体制认同得分比较

（二）不同政治面貌被试的政党认同比较

调查结果显示，在政党认同方面，中共党员被试的得分在2.00～5.00分之间，均值为3.78，标准差为0.62；共青团员被试的得分在1.67～5.00

分之间，均值为 3.58，标准差为 0.56；群众被试的得分在 1.33 ~ 5.00 分之间，均值为 3.57，标准差为 0.57。

对不同政治面貌被试政党认同得分的差异性进行方差分析（见表 2 - 1、表 2 - 2、表 2 - 3 和图 2），显示不同政治面貌被试的政党认同得分之间差异显著，$F = 37.844$，$p < 0.001$，中共党员被试（$M = 3.78$，$SD = 0.62$）的得分显著高于共青团员被试（$M = 3.58$，$SD = 0.56$）和群众被试（$M = 3.57$，$SD = 0.57$），共青团员被试与群众被试之间的得分差异不显著。

表 2 - 1　不同政治面貌被试政党认同得分的差异比较

项目		N	均值	标准差	标准误	95% 置信区间		极小值	极大值
						下限	上限		
政党认同	党员	595	3.7815	0.62441	0.02560	3.7312	3.8318	2.00	5.00
	团员	1061	3.5762	0.56019	0.01720	3.5424	3.6099	1.67	5.00
	群众	4913	3.5667	0.56635	0.00808	3.5508	3.5825	1.33	5.00
	总数	6569	3.5877	0.57406	0.00708	3.5738	3.6015	1.33	5.00

表 2 - 2　不同政治面貌被试政党认同得分的方差分析结果

项目		平方和	df	均方	F	显著性
政党认同	组间	24.666	2	12.333	37.844	0.000
	组内	2139.774	6566	0.326		
	总数	2164.440	6568			

表 2 - 3　不同政治面貌被试政党认同得分的多重比较

因变量	(I) 政治面貌	(J) 政治面貌	均值差 (I - J)	标准误	显著性	95% 置信区间	
						下限	上限
政党认同	党员	团员	0.20533 *	0.02924	0.000	0.1480	0.2626
		群众	0.21485 *	0.02478	0.000	0.1663	0.2634
	团员	党员	- 0.20533 *	0.02924	0.000	- 0.2626	- 0.1480
		群众	0.00953	0.01933	0.622	- 0.0284	0.0474
	群众	党员	- 0.21485 *	0.02478	0.000	- 0.2634	- 0.1663
		团员	- 0.00953	0.01933	0.622	- 0.0474	0.0284

＊. 均值差的显著性水平为 0.05。

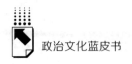

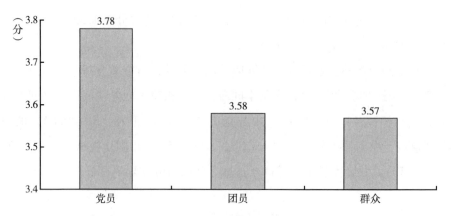

图2　不同政治面貌被试的政党认同得分比较

（三）不同政治面貌被试的身份认同比较

调查结果显示，在身份认同方面，中共党员被试的得分在1.75～5.00分之间，均值为4.17，标准差为0.63；共青团员被试的得分在1.00～5.00分之间，均值为4.12，标准差为0.67；群众被试的得分在1.00～5.00分之间，均值为4.07，标准差为0.65。

对不同政治面貌被试身份认同得分的差异性进行方差分析（见表3－1、表3－2、表3－3和图3），显示不同政治面貌被试的身份认同得分之间差异显著，$F = 7.870$，$p < 0.001$，群众被试（$M = 4.07$，$SD = 0.65$）的得分显著低于共青团员被试（$M = 4.12$，$SD = 0.67$）和中共党员被试（$M = 4.17$，$SD = 0.63$），中共党员被试与共青团员被试之间的得分差异不显著。

表3－1　不同政治面貌被试身份认同得分的差异比较

项目		N	均值	标准差	标准误	95%置信区间		极小值	极大值
						下限	上限		
身份认同	党员	595	4.1714	0.62699	0.02570	4.1209	4.2219	1.75	5.00
	团员	1061	4.1199	0.66874	0.02053	4.0796	4.1602	1.00	5.00
	群众	4915	4.0710	0.64815	0.00925	4.0529	4.0891	1.00	5.00
	总数	6571	4.0880	0.65032	0.00802	4.0723	4.1037	1.00	5.00

表3-2　不同政治面貌被试身份认同得分的方差分析结果

项目		平方和	df	均方	F	显著性
身份认同	组间	6.643	2	3.321	7.870	0.000
	组内	2771.909	6568	0.422		
	总数	2778.551	6570			

表3-3　不同政治面貌被试身份认同得分的多重比较

因变量	(I)政治面貌	(J)政治面貌	均值差(I-J)	标准误	显著性	95%置信区间	
						下限	上限
身份认同	党员	团员	0.05149	0.03327	0.122	-0.0137	0.1167
		群众	0.10042 *	0.02820	0.000	0.0451	0.1557
	团员	党员	-0.05149	0.03327	0.122	-0.1167	0.0137
		群众	0.04893 *	0.02199	0.026	0.0058	0.0920
	群众	党员	-0.10042 *	0.02820	0.000	-0.1557	-0.0451
		团员	-0.04893 *	0.02199	0.026	-0.0920	-0.0058

*. 均值差的显著性水平为0.05。

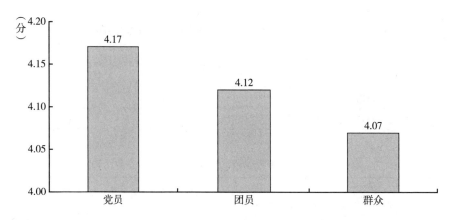

图3　不同政治面貌被试的身份认同得分比较

（四）不同政治面貌被试的文化认同比较

调查结果显示，在文化认同方面，中共党员被试的得分在1.67~5.00分之间，均值为3.61，标准差为0.53；共青团员被试的得分在1.33~5.00

分之间，均值为3.47，标准差为0.54；群众被试的得分在1.00~5.00分之间，均值为3.46，标准差为0.56。

对不同政治面貌被试文化认同得分的差异性进行方差分析（见表4-1、表4-2、表4-3和图4），显示不同政治面貌被试的文化认同得分之间差异显著，$F = 18.542$，$p < 0.001$，中共党员被试（$M = 3.61$，$SD = 0.53$）的得分显著高于共青团员被试（$M = 3.47$，$SD = 0.54$）和群众被试（$M = 3.46$，$SD = 0.56$），共青团员被试与群众被试之间的得分差异不显著。

表4-1 不同政治面貌被试文化认同得分的差异比较

项目		N	均值	标准差	标准误	95% 置信区间		极小值	极大值
						下限	上限		
文化认同	党员	596	3.6057	0.52874	0.02166	3.5632	3.6482	1.67	5.00
	团员	1062	3.4692	0.54000	0.01657	3.4367	3.5018	1.33	5.00
	群众	4917	3.4603	0.55661	0.00794	3.4447	3.4759	1.00	5.00
	总数	6575	3.4749	0.55296	0.00682	3.4616	3.4883	1.00	5.00

表4-2 不同政治面貌被试文化认同得分的方差分析结果

项目		平方和	df	均方	F	显著性
文化认同	组间	11.278	2	5.639	18.542	0.000
	组内	1998.784	6572	0.304		
	总数	2010.062	6574			

表4-3 不同政治面貌被试文化认同得分的多重比较

因变量	(I) 政治面貌	(J) 政治面貌	均值差 (I-J)	标准误	显著性	95% 置信区间	
						下限	上限
文化认同	党员	团员	0.13646 *	0.02823	0.000	0.0811	0.1918
		群众	0.14540 *	0.02392	0.000	0.0985	0.1923
	团员	党员	-0.13646 *	0.02823	0.000	-0.1918	-0.0811
		群众	0.00893	0.01866	0.632	-0.0276	0.0455
	群众	党员	-0.14540 *	0.02392	0.000	-0.1923	-0.0985
		团员	-0.00893	0.01866	0.632	-0.0455	0.0276

*. 均值差的显著性水平为0.05。

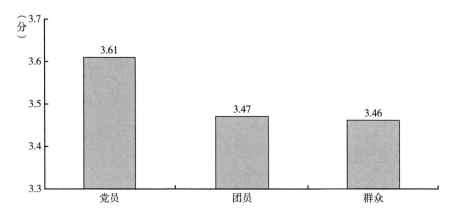

图4 不同政治面貌被试的文化认同得分比较

（五）不同政治面貌被试的政策认同比较

调查结果显示，在政策认同方面，中共党员被试的得分在1.33~5.00分之间，均值为3.68，标准差为0.63；共青团员被试的得分在1.33~5.00分之间，均值为3.53，标准差为0.59；群众被试的得分在1.00~5.00分之间，均值为3.56，标准差为0.64。

对不同政治面貌被试政策认同得分的差异性进行方差分析（见表5-1、表5-2、表5-3和图5），显示不同政治面貌被试的政策认同得分之间差异显著，$F=11.958$，$p<0.001$，中共党员被试（$M=3.68$，$SD=0.63$）的得分显著高于共青团员被试（$M=3.53$，$SD=0.59$）和群众被试（$M=3.56$，$SD=0.64$），共青团员被试与群众被试之间的得分差异不显著。

表5-1 不同政治面貌被试政策认同得分的差异比较

项目		N	均值	标准差	标准误	95%置信区间		极小值	极大值
						下限	上限		
政策认同	党员	596	3.6801	0.62995	0.02580	3.6294	3.7308	1.33	5.00
	团员	1061	3.5281	0.59432	0.01825	3.4923	3.5639	1.33	5.00
	群众	4920	3.5597	0.63665	0.00908	3.5419	3.5775	1.00	5.00
	总数	6577	3.5655	0.63046	0.00777	3.5503	3.5807	1.00	5.00

表 5-2　不同政治面貌被试政策认同得分的方差分析结果

项目		平方和	df	均方	F	显著性
政策认同	组间	9.475	2	4.737	11.958	0.000
	组内	2604.331	6574	0.396		
	总数	2613.806	6576			

表 5-3　不同政治面貌被试政策认同得分的多重比较

因变量	(I)政治面貌	(J)政治面貌	均值差(I-J)	标准误	显著性	95%置信区间	
						下限	上限
政策认同	党员	团员	0.15197*	0.03222	0.000	0.0888	0.2151
		群众	0.12040*	0.02730	0.000	0.0669	0.1739
	团员	党员	-0.15197*	0.03222	0.000	-0.2151	-0.0888
		群众	-0.03157	0.02130	0.138	-0.0733	0.0102
	群众	党员	-0.12040*	0.02730	0.000	-0.1739	-0.0669
		团员	0.03157	0.02130	0.138	-0.0102	0.0733

*. 均值差的显著性水平为 0.05。

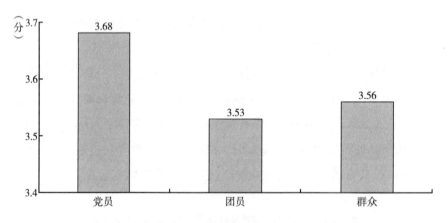

图 5　不同政治面貌被试的政策认同得分比较

（六）不同政治面貌被试的发展认同比较

调查结果显示，在发展认同方面，中共党员被试的得分在 1.25~5.00 分之间，均值为 3.79，标准差为 0.68；共青团员被试的得分在 1.50~5.00

分之间，均值为 3.63，标准差为 0.63；群众被试的得分在 1.50 ~ 5.00 分之间，均值为 3.60，标准差为 0.64。

对不同政治面貌被试发展认同得分的差异性进行方差分析（见表 6 - 1、表 6 - 2、表 6 - 3 和图 6），显示不同政治面貌被试的发展认同得分之间差异显著，$F = 23.685$，$p < 0.001$，中共党员被试（$M = 3.79$，$SD = 0.68$）的得分显著高于共青团员被试（$M = 3.63$，$SD = 0.63$）和群众被试（$M = 3.60$，$SD = 0.64$），共青团员被试与群众被试之间的得分差异不显著。

表 6 - 1　不同政治面貌被试发展认同得分的差异比较

项目		N	均值	标准差	标准误	95% 置信区间		极小值	极大值
						下限	上限		
发展认同	党员	596	3.7945	0.67838	0.02779	3.7399	3.8490	1.25	5.00
	团员	1063	3.6317	0.63041	0.01934	3.5938	3.6696	1.50	5.00
	群众	4914	3.6025	0.64290	0.00917	3.5845	3.6204	1.50	5.00
	总数	6573	3.6246	0.64642	0.00797	3.6090	3.6402	1.25	5.00

表 6 - 2　不同政治面貌被试政策发展得分的方差分析结果

项目		平方和	df	均方	F	显著性
发展认同	组间	19.659	2	9.829	23.685	0.000
	组内	2726.544	6570	0.415		
	总数	2746.202	6572			

表 6 - 3　不同政治面貌被试发展认同得分的多重比较

因变量	（I）政治面貌	（J）政治面貌	均值差（I-J）	标准误	显著性	95% 置信区间	
						下限	上限
发展认同	党员	团员	0.16276 *	0.03297	0.000	0.0981	0.2274
		群众	0.19200 *	0.02794	0.000	0.1372	0.2468
	团员	党员	- 0.16276 *	0.03297	0.000	- 0.2274	- 0.0981
		群众	0.02924	0.02179	0.180	- 0.0135	0.0720
	群众	党员	- 0.19200 *	0.02794	0.000	- 0.2468	- 0.1372
		团员	- 0.02924	0.02179	0.180	- 0.0720	0.0135

＊．均值差的显著性水平为 0.05。

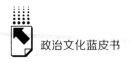

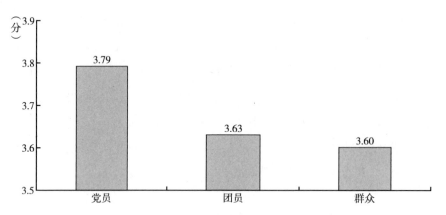

图6　不同政治面貌被试的发展认同得分比较

（七）不同政治面貌被试政治认同总分比较

调查结果显示，在政治认同总分方面，中共党员被试的得分在2.17～4.72分之间，均值为3.76，标准差为0.39；共青团员被试的得分在2.33～4.78分之间，均值为3.63，标准差为0.37；群众被试的得分在1.83～4.90分之间，均值为3.62，标准差为0.39。

对不同政治面貌被试政治认同总分的差异性进行方差分析（见表7－1、表7－2、表7－3和图7），显示不同政治面貌被试的政治认同总分之间差异显著，$F = 35.346$，$p < 0.001$，中共党员被试（$M = 3.76$，$SD = 0.39$）的得分显著高于共青团员被试（$M = 3.63$，$SD = 0.37$）和群众被试（$M = 3.62$，$SD = 0.39$），共青团员被试与群众被试之间的得分差异不显著。

表7－1　不同政治面貌被试政治认同总分的差异比较

项目		N	均值	标准差	标准误	95%置信区间		极小值	极大值
						下限	上限		
政治认同总分	党员	594	3.7560	0.39351	0.01615	3.7243	3.7877	2.17	4.72
	团员	1058	3.6296	0.36580	0.01125	3.6075	3.6517	2.33	4.78
	群众	4892	3.6150	0.38942	0.00557	3.6041	3.6259	1.83	4.90
	总数	6544	3.6302	0.38810	0.00480	3.6208	3.6396	1.83	4.90

表7-2　不同政治面貌被试政治认同总分的方差分析结果

项目		平方和	df	均方	F	显著性
政治认同总分	组间	10.537	2	5.269	35.346	0.000
	组内	974.977	6541	0.149		
	总数	985.515	6543			

表7-3　不同政治面貌被试政治认同总分的多重比较

因变量	(I)政治面貌	(J)政治面貌	均值差(I-J)	标准误	显著性	95%置信区间	
						下限	上限
政治认同总分	党员	团员	0.12644*	0.01979	0.000	0.0876	0.1652
		群众	0.14104*	0.01678	0.000	0.1082	0.1739
	团员	党员	-0.12644*	0.01979	0.000	-0.1652	-0.0876
		群众	0.01460	0.01309	0.265	-0.0111	0.0403
	群众	党员	-0.14104*	0.01678	0.000	-0.1739	-0.1082
		团员	-0.01460	0.01309	0.265	-0.0403	0.0111

*. 均值差的显著性水平为0.05。

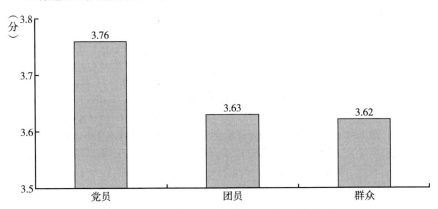

图7　不同政治面貌被试的政治认同总分比较

二　不同政治面貌公民的危机压力比较

不同政治面貌被试的六种危机压力得分和危机压力总分情况，也可根据问卷调查的结果，分述于下。

（一）不同政治面貌被试的政治危机压力比较

调查结果显示，在政治危机压力方面，中共党员被试的得分在 $1.00 \sim 4.67$ 分之间，均值为 2.58，标准差为 0.71；共青团员被试的得分在 $1.00 \sim 4.67$ 分之间，均值为 2.74，标准差为 0.65；群众被试的得分在 $1.00 \sim 5.00$ 分之间，均值为 2.71，标准差为 0.71。

对不同政治面貌被试政治危机压力得分的差异性进行方差分析（见表 8 – 1、表 8 – 2、表 8 – 3 和图 8），显示不同政治面貌被试的政治危机压力得分之间差异显著，$F = 10.490$，$p < 0.001$，中共党员被试（$M = 2.58$，$SD = 0.71$）的得分显著低于共青团员被试（$M = 2.74$，$SD = 0.65$）和群众被试（$M = 2.71$，$SD = 0.71$），共青团员被试与群众被试之间的得分差异不显著。

表 8 – 1　不同政治面貌被试政治危机压力得分的差异比较

项目		N	均值	标准差	标准误	95%置信区间		极小值	极大值
						下限	上限		
政治危机压力	党员	596	2.5789	0.71186	0.02916	2.5216	2.6361	1.00	4.67
	团员	1063	2.7357	0.65179	0.01999	2.6964	2.7749	1.00	4.67
	群众	4919	2.7062	0.70886	0.01011	2.6864	2.7261	1.00	5.00
	总数	6578	2.6995	0.70124	0.00865	2.6825	2.7164	1.00	5.00

表 8 – 2　不同政治面貌被试政治危机压力得分的方差分析结果

项目		平方和	df	均方	F	显著性
政治危机压力	组间	10.287	2	5.144	10.490	0.000
	组内	3223.864	6575	0.490		
	总数	3234.151	6577			

表 8 – 3　不同政治面貌被试政治危机压力得分的多重比较

因变量	（I）政治面貌	（J）政治面貌	均值差（I－J）	标准误	显著性	95%置信区间	
						下限	上限
政治危机压力	党员	团员	-0.15679*	0.03583	0.000	-0.2270	-0.0866
		群众	-0.12738*	0.03037	0.000	-0.1869	-0.0678

因变量	（I）政治面貌	（J）政治面貌	均值差（I－J）	标准误	显著性	95%置信区间	
						下限	上限
政治危机压力	团员	党员	0.15679*	0.03583	0.000	0.0866	0.2270
		群众	0.02941	0.02368	0.214	－0.0170	0.0758
	群众	党员	0.12738*	0.03037	0.000	0.0678	0.1869
		团员	－0.02941	0.02368	0.214	－0.0758	0.0170

＊．均值差的显著性水平为0.05。

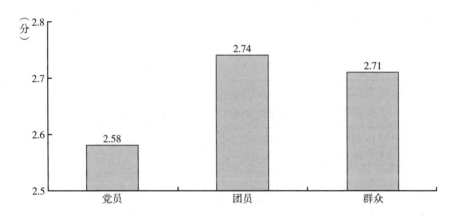

图8　不同政治面貌被试的政治危机压力得分比较

（二）不同政治面貌被试的经济危机压力比较

调查结果显示，在经济危机压力方面，中共党员被试的得分在1.00～5.00分之间，均值为2.32，标准差为0.63；共青团员被试的得分在1.00～4.67分之间，均值为2.46，标准差为0.58；群众被试的得分在1.00～5.00分之间，均值为2.44，标准差为0.63。

对不同政治面貌被试经济危机压力得分的差异性进行方差分析（见表9－1、表9－2、表9－3和图9），显示不同政治面貌被试的经济危机压力得分之间差异显著，$F = 11.217$，$p < 0.001$，中共党员被试（$M = 2.32$，$SD = 0.63$）的得分显著低于共青团员被试（$M = 2.46$，$SD = 0.58$）和群众被试（$M = 2.44$，$SD = 0.63$），共青团员被试与群众被试之间的得分差异不显著。

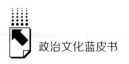

表9-1 不同政治面貌被试经济危机压力得分的差异比较

项目		N	均值	标准差	标准误	95%置信区间		极小值	极大值
						下限	上限		
经济危机压力	党员	595	2.3165	0.63010	0.02583	2.2658	2.3673	1.00	5.00
	团员	1058	2.4590	0.58329	0.01793	2.4239	2.4942	1.00	4.67
	群众	4907	2.4351	0.62813	0.00897	2.4175	2.4527	1.00	5.00
	总数	6560	2.4282	0.62227	0.00768	2.4131	2.4433	1.00	5.00

表9-2 不同政治面貌被试经济危机压力得分的方差分析结果

项目		平方和	df	均方	F	显著性
经济危机压力	组间	8.660	2	4.330	11.217	0.000
	组内	2531.079	6557	0.386		
	总数	2539.738	6559			

表9-3 不同政治面貌被试经济危机压力得分的多重比较

因变量	(I)政治面貌	(J)政治面貌	均值差(I-J)	标准误	显著性	95%置信区间	
						下限	上限
经济危机压力	党员	团员	-0.14252*	0.03184	0.000	-0.2049	-0.0801
		群众	-0.11857*	0.02697	0.000	-0.1714	-0.0657
	团员	党员	0.14252*	0.03184	0.000	0.0801	0.2049
		群众	0.02395	0.02106	0.255	-0.0173	0.0652
	群众	党员	0.11857*	0.02697	0.000	0.0657	0.1714
		团员	-0.02395	0.02106	0.255	-0.0652	0.0173

*. 均值差的显著性水平为0.05。

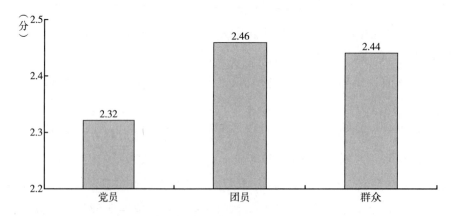

图9 不同政治面貌被试的经济危机压力得分比较

（三）不同政治面貌被试的社会危机压力比较

调查结果显示，在社会危机压力方面，中共党员被试的得分在 1.00 ~ 4.33 分之间，均值为 2.65，标准差为 0.74；共青团员被试的得分在 1.00 ~ 4.67 分之间，均值为 2.85，标准差为 0.67；群众被试的得分在 1.00 ~ 5.00 分之间，均值为 2.84，标准差为 0.71。

对不同政治面貌被试社会危机压力得分的差异性进行方差分析（见表 10 - 1、表 10 - 2、表 10 - 3 和图 10），显示不同政治面貌被试的社会危机压力得分之间差异显著，$F = 19.343$，$p < 0.001$，中共党员被试（$M = 2.65$，$SD = 0.74$）的得分显著低于共青团员被试（$M = 2.85$，$SD = 0.67$）和群众被试（$M = 2.84$，$SD = 0.71$），共青团员被试与群众被试之间的得分差异不显著。

表 10 - 1　不同政治面貌被试社会危机压力得分的差异比较

项目		N	均值	标准差	标准误	95% 置信区间		极小值	极大值
						下限	上限		
社会危机压力	党员	595	2.6532	0.74196	0.03042	2.5935	2.7130	1.00	4.33
	团员	1061	2.8495	0.67002	0.02057	2.8092	2.8899	1.00	4.67
	群众	4912	2.8388	0.70524	0.01006	2.8191	2.8586	1.00	5.00
	总数	6568	2.8237	0.70506	0.00870	2.8067	2.8408	1.00	5.00

表 10 - 2　不同政治面貌被试社会危机压力得分的方差分析结果

项目		平方和	df	均方	F	显著性
社会危机压力	组间	19.124	2	9.562	19.343	0.000
	组内	3245.383	6565	0.494		
	总数	3264.507	6567			

表 10 - 3　不同政治面貌被试社会危机压力得分的多重比较

因变量	(I)政治面貌	(J)政治面貌	均值差(I-J)	标准误	显著性	95% 置信区间	
						下限	上限
社会危机压力	党员	团员	-0.19629*	0.03601	0.000	-0.2669	-0.1257
		群众	-0.18561*	0.03052	0.000	-0.2454	-0.1258

续表

因变量	（I） 政治面貌	（J） 政治面貌	均值差 （I-J）	标准误	显著性	95% 置信区间	
						下限	上限
社会危机 压力	团员	党员	0.19629 *	0.03601	0.000	0.1257	0.2669
		群众	0.01068	0.02380	0.654	-0.0360	0.0573
	群众	党员	0.18561 *	0.03052	0.000	0.1258	0.2454
		团员	-0.01068	0.02380	0.654	-0.0573	0.0360

*. 均值差的显著性水平为 0.05。

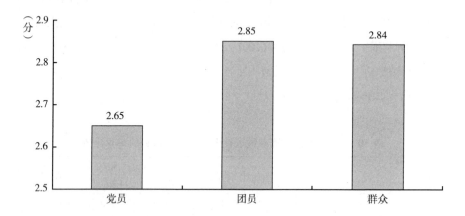

图 10　不同政治面貌被试的社会危机压力得分比较

（四）不同政治面貌被试的文化危机压力比较

调查结果显示，在文化危机压力方面，中共党员被试的得分在 1.00 ~ 4.25 分之间，均值为 2.71，标准差为 0.65；共青团员被试的得分在 1.00 ~ 4.75 分之间，均值为 2.90，标准差为 0.61；群众被试的得分在 1.00 ~ 5.00 分之间，均值为 2.86，标准差为 0.64。

对不同政治面貌被试文化危机压力得分的差异性进行方差分析（见表 11-1、表 11-2、表 11-3 和图 11），显示不同政治面貌被试的文化危机压力得分之间差异显著，$F = 17.492$，$p < 0.001$，中共党员被试（$M = 2.71$，$SD = 0.65$）的得分显著低于共青团员被试（$M = 2.90$，$SD = 0.61$）和群众被试（$M = 2.86$，$SD = 0.64$），群众被试的得分显著低于共青团员被试。

表 11 – 1　不同政治面貌被试文化危机压力得分的差异比较

项目		N	均值	标准差	标准误	95% 置信区间		极小值	极大值
						下限	上限		
文化危机压力	党员	595	2.7147	0.65425	0.02682	2.6620	2.7674	1.00	4.25
	团员	1062	2.9023	0.60913	0.01869	2.8656	2.9390	1.00	4.75
	群众	4917	2.8591	0.63926	0.00912	2.8412	2.8770	1.00	5.00
	总数	6574	2.8530	0.63747	0.00786	2.8376	2.8684	1.00	5.00

表 11 – 2　不同政治面貌被试文化危机压力得分的方差分析结果

项目		平方和	df	均方	F	显著性
文化危机压力	组间	14.145	2	7.073	17.492	0.000
	组内	2656.897	6571	0.404		
	总数	2671.043	6573			

表 11 – 3　不同政治面貌被试文化危机压力得分的多重比较

因变量	(I) 政治面貌	(J) 政治面貌	均值差 (I – J)	标准误	显著性	95% 置信区间	
						下限	上限
文化危机压力	党员	团员	– 0.18760 *	0.03256	0.000	– 0.2514	– 0.1238
		群众	– 0.14441 *	0.02760	0.000	– 0.1985	– 0.0903
	团员	党员	0.18760 *	0.03256	0.000	0.1238	0.2514
		群众	0.04320 *	0.02152	0.045	0.0010	0.0854
	群众	党员	0.14441 *	0.02760	0.000	0.0903	0.1985
		团员	– 0.04320 *	0.02152	0.045	– 0.0854	– 0.0010

＊. 均值差的显著性水平为 0.05。

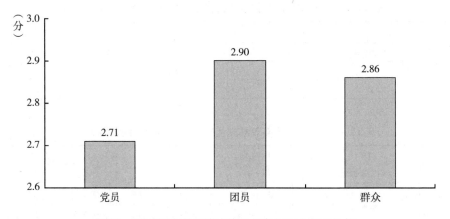

图 11　不同政治面貌被试的文化危机压力得分比较

（五）不同政治面貌被试的生态危机压力比较

调查结果显示，在生态危机压力方面，中共党员被试的得分在 1.00 ~ 5.00 分之间，均值为 3.18，标准差为 0.79；共青团员被试的得分在 1.00 ~ 5.00 分之间，均值为 3.34，标准差为 0.73；群众被试的得分在 1.00 ~ 5.00 分之间，均值为 3.22，标准差为 0.73。

对不同政治面貌被试生态危机压力得分的差异性进行方差分析（见表 12 - 1、表 12 - 2、表 12 - 3 和图 12），显示不同政治面貌被试的生态危机压力得分之间差异显著，$F = 14.442$，$p < 0.001$，共青团员被试（$M = 3.34$，$SD = 0.73$）的得分显著高于中共党员被试（$M = 3.18$，$SD = 0.79$）和群众被试（$M = 3.22$，$SD = 0.73$），中共党员被试与群众被试之间的得分差异不显著。

表 12 - 1　不同政治面貌被试生态危机压力得分的差异比较

项目		N	均值	标准差	标准误	95% 置信区间		极小值	极大值
						下限	上限		
生态危机压力	党员	596	3.1784	0.78813	0.03228	3.1150	3.2418	1.00	5.00
	团员	1059	3.3412	0.72987	0.02243	3.2972	3.3852	1.00	5.00
	群众	4919	3.2154	0.73256	0.01044	3.1949	3.2358	1.00	5.00
	总数	6574	3.2323	0.73884	0.00911	3.2144	3.2501	1.00	5.00

表 12 - 2　不同政治面貌被试生态危机压力得分的方差分析结果

项目		平方和	df	均方	F	显著性
生态危机压力	组间	15.703	2	7.851	14.442	0.000
	组内	3572.386	6571	0.544		
	总数	3588.088	6573			

表 12 - 3　不同政治面貌被试生态危机压力得分的多重比较

因变量	(I) 政治面貌	(J) 政治面貌	均值差 (I - J)	标准误	显著性	95% 置信区间	
						下限	上限
生态危机压力	党员	团员	- 0.16279 *	0.03776	0.000	- 0.2368	- 0.0888
		群众	- 0.03694	0.03198	0.248	- 0.0996	0.0257

续表

因变量	（I） 政治面貌	（J） 政治面貌	均值差 （I−J）	标准误	显著性	95% 置信区间	
						下限	上限
生态危机 压力	团员	党员	0.16279 *	0.03776	0.000	0.0888	0.2368
		群众	0.12585 *	0.02498	0.000	0.0769	0.1748
	群众	党员	0.03694	0.03198	0.248	− 0.0257	0.0996
		团员	− 0.12585 *	0.02498	0.000	− 0.1748	− 0.0769

＊. 均值差的显著性水平为 0.05。

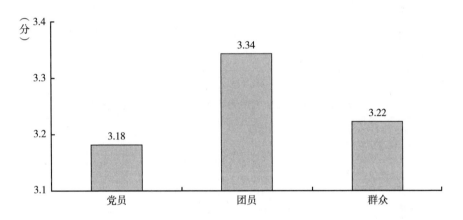

图 12   不同政治面貌被试的生态危机压力得分比较

（六）不同政治面貌被试的国际性危机压力比较

调查结果显示，在国际性危机压力方面，中共党员被试的得分在 1.33 ~ 4.67 分之间，均值为 3.02，标准差为 0.49；共青团员被试的得分在 1.33 ~ 4.67 分之间，均值为 3.04，标准差为 0.45；群众被试的得分在 1.00 ~ 5.00 分之间，均值为 3.04，标准差为 0.49。

对不同政治面貌被试国际性危机压力得分的差异性进行方差分析（见表13 −1、表 13 − 2、表 13 − 3 和图 13），显示中共党员被试（$M = 3.02$，$SD = 0.49$）、共青团员被试（$M = 3.04$，$SD = 0.45$）和群众被试（$M = 3.04$，$SD = 0.49$）之间的得分差异不显著。

表 13 - 1　不同政治面貌被试国际性危机压力得分的差异比较

项目		N	均值	标准差	标准误	95% 置信区间		极小值	极大值
						下限	上限		
国际性危机压力	党员	595	3.0168	0.48750	0.01999	2.9776	3.0561	1.33	4.67
	团员	1061	3.0434	0.44839	0.01377	3.0163	3.0704	1.33	4.67
	群众	4911	3.0370	0.49163	0.00702	3.0232	3.0507	1.00	5.00
	总数	6567	3.0362	0.48450	0.00598	3.0245	3.0479	1.00	5.00

表 13 - 2　不同政治面貌被试国际性危机压力得分的方差分析结果

项目		平方和	df	均方	F	显著性
国际性危机压力	组间	0.281	2	0.141	0.599	0.549
	组内	1541.006	6564	0.235		
	总数	1541.287	6566			

表 13 - 3　不同政治面貌被试国际性危机压力得分的多重比较

因变量	(I)政治面貌	(J)政治面貌	均值差(I - J)	标准误	显著性	95% 置信区间	
						下限	上限
国际性危机压力	党员	团员	- 0.02655	0.02482	0.285	- 0.0752	0.0221
		群众	- 0.02019	0.02103	0.337	- 0.0614	0.0210
	团员	党员	0.02655	0.02482	0.285	- 0.0221	0.0752
		群众	0.00636	0.01640	0.698	- 0.0258	0.0385
	群众	党员	0.02019	0.02103	0.337	- 0.0210	0.0614
		团员	- 0.00636	0.01640	0.698	- 0.0385	0.0258

＊．均值差的显著性水平为 0.05。

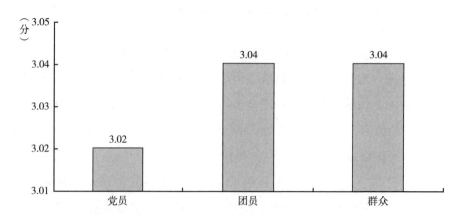

图 13　不同政治面貌被试的国际性危机压力得分比较

（七）不同政治面貌被试危机压力总分比较

调查结果显示，在危机压力总分方面，中共党员被试的得分在 1.39 ~ 3.78 分之间，均值为 2.74，标准差为 0.44；共青团员被试的得分在 1.44 ~ 3.78 分之间，均值为 2.89，标准差为 0.38；群众被试的得分在 1.22 ~ 4.19 分之间，均值为 2.85，标准差为 0.42。

对不同政治面貌被试危机压力总分的差异性进行方差分析（见表 14 - 1、表 14 - 2、表 14 - 3 和图 14），显示不同政治面貌被试的危机压力总分之间差异显著，$F = 23.771$，$p < 0.001$，中共党员被试（$M = 2.74$，$SD = 0.44$）的得分显著低于共青团员被试（$M = 2.89$，$SD = 0.38$）和群众被试（$M = 2.85, SD = 0.42$），共青团员被试的得分显著高于群众被试。

表 14 - 1　不同政治面貌被试危机压力总分的差异比较

项目		N	均值	标准差	标准误	95% 置信区间		极小值	极大值
						下限	上限		
危机压力总分	党员	592	2.7416	0.43976	0.01807	2.7061	2.7771	1.39	3.78
	团员	1050	2.8860	0.37600	0.01160	2.8632	2.9088	1.44	3.78
	群众	4876	2.8473	0.41750	0.00598	2.8356	2.8590	1.22	4.19
	总数	6518	2.8439	0.41464	0.00514	2.8338	2.8540	1.22	4.19

表 14 - 2　不同政治面貌被试危机压力总分的方差分析结果

项目		平方和	df	均方	F	显著性
危机压力总分	组间	8.117	2	4.059	23.771	0.000
	组内	1112.336	6515	0.171		
	总数	1120.453	6517			

表 14 - 3　不同政治面貌被试危机压力总分的多重比较

因变量	（I）政治面貌	（J）政治面貌	均值差（I - J）	标准误	显著性	95% 置信区间	
						下限	上限
危机压力总分	党员	团员	- 0.14444 *	0.02124	0.000	- 0.1861	- 0.1028
		群众	- 0.10573 *	0.01798	0.000	- 0.1410	- 0.0705

续表

因变量	（I） 政治面貌	（J） 政治面貌	均值差 （I－J）	标准误	显著性	95%置信区间	
						下限	上限
危机压力 总分	团员	党员	0.14444*	0.02124	0.000	0.1028	0.1861
		群众	0.03871*	0.01406	0.006	0.0112	0.0663
	群众	党员	0.10573*	0.01798	0.000	0.0705	0.1410
		团员	－0.03871*	0.01406	0.006	－0.0663	－0.0112

*. 均值差的显著性水平为0.05。

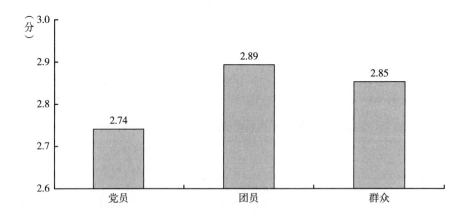

图14　不同政治面貌被试的危机压力总分比较

三　不同政治面貌公民政治指数的比较

2016年问卷调查显示的政治认同总分，即政治认同指数，中共党员被试为3.76，共青团员被试为3.63，群众被试为3.62。中共党员被试的政治认同指数显著高于共青团员被试及群众被试，共青团员被试的政治认同指数略高于群众被试，但得分差异未达到显著水平（见表7－1、表7－2、表7－3）。

2016年问卷调查显示的危机压力指数（危机压力总分的反向计分），中共党员被试的得分在2.22～4.61分之间，均值为3.26，标准差为0.44；共青团员被试的得分在 2.22 ~ 4.56 分之间，均值为 3.11，标准差为 0.38；群众被试的得分在 1.81 ~ 4.78 分之间，均值为 3.15，标准差为 0.42。对不同政治面貌被试危机压力指数的差异性进行方差分析（见表 15 – 1、表15 – 2、表 15 – 3 和图 15），显示不同政治面貌被试之间的得分差异显著，$F = 23.771$，$p < 0.001$，中共党员被试（$M = 3.26$，$SD = 0.44$）的得分显著高于共青团员被试（$M = 3.11$，$SD = 0.38$）和群众被试（$M = 3.15$，$SD = 0.42$），群众被试的得分显著高于共青团员被试。

表 15 – 1　不同政治面貌被试危机压力指数的差异比较

项目		N	均值	标准差	标准误	95% 置信区间		极小值	极大值
						下限	上限		
危机压力指数	党员	592	3.2584	0.43976	0.01807	3.2229	3.2939	2.22	4.61
	团员	1050	3.1140	0.37600	0.01160	3.0912	3.1368	2.22	4.56
	群众	4876	3.1527	0.41750	0.00598	3.1410	3.1644	1.81	4.78
	总数	6518	3.1561	0.41464	0.00514	3.1460	3.1662	1.81	4.78

表 15 – 2　不同政治面貌被试危机压力指数的方差分析结果

项目		平方和	df	均方	F	显著性
危机压力指数	组间	8.117	2	4.059	23.771	0.000
	组内	1112.336	6515	0.171		
	总数	1120.453	6517			

表 15 – 3　不同政治面貌被试危机压力指数的多重比较

因变量	(I)政治面貌	(J)政治面貌	均值差(I – J)	标准误	显著性	95% 置信区间	
						下限	上限
危机压力指数	党员	团员	0.14444 *	0.02124	0.000	0.1028	0.1861
		群众	0.10573 *	0.01798	0.000	0.0705	0.1410
	团员	党员	– 0.14444 *	0.02124	0.000	– 0.1861	– 0.1028
		群众	– 0.03871 *	0.01406	0.006	– 0.0663	– 0.0112
	群众	党员	– 0.10573 *	0.01798	0.000	– 0.1410	– 0.0705
		团员	0.03871 *	0.01406	0.006	0.0112	0.0663

＊. 均值差的显著性水平为 0.05。

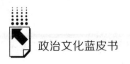

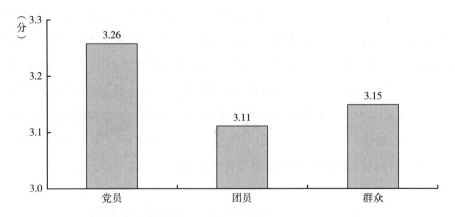

图 15　不同政治面貌被试的危机压力指数比较

2016 年问卷调查显示的政治总指数，中共党员被试的得分在 2.54 ～ 4.64 分之间，均值为 3.51，标准差为 0.36；共青团员被试的得分在 2.49 ～ 4.56 分之间，均值为 3.37，标准差为 0.32；群众被试的得分在 2.22 ～ 4.69 分之间，均值为 3.38，标准差为 0.36。对不同政治面貌被试政治总指数的差异性进行方差分析（见表 16 - 1、表 16 - 2、表 16 - 3 和图 16），显示不同政治面貌被试之间的得分差异显著，$F = 34.702$，$p < 0.001$，中共党员被试（$M = 3.51$，$SD = 0.36$）的得分显著高于共青团员被试（$M = 3.37$，$SD = 0.32$）和群众被试（$M = 3.38$，$SD = 0.36$），共青团员被试与群众被试之间的得分差异不显著。

表 16 - 1　不同政治面貌被试政治总指数的差异比较

项目		N	均值	标准差	标准误	95% 置信区间		极小值	极大值
						下限	上限		
政治总指数	党员	590	3.5083	0.36390	0.01498	3.4789	3.5377	2.54	4.64
	团员	1046	3.3731	0.32127	0.00993	3.3536	3.3926	2.49	4.56
	群众	4846	3.3849	0.35590	0.00511	3.3749	3.3949	2.22	4.69
	总数	6482	3.3942	0.35312	0.00439	3.3856	3.4028	2.22	4.69

表 16 – 2　不同政治面貌被试政治总指数的方差分析结果

项目		平方和	df	均方	F	显著性
政治总指数	组间	8.565	2	4.283	34.702	0.000
	组内	799.558	6479	0.123		
	总数	808.123	6481			

表 16 – 3　不同政治面貌被试政治总指数的多重比较

因变量	(I)政治面貌	(J)政治面貌	均值差(I – J)	标准误	显著性	95% 置信区间	
						下限	上限
政治总指数	党员	团员	0.13520 *	0.01809	0.000	0.0997	0.1707
		群众	0.12339 *	0.01532	0.000	0.0934	0.1534
	团员	党员	– 0.13520 *	0.01809	0.000	– 0.1707	– 0.0997
		群众	– 0.01181	0.01198	0.324	– 0.0353	0.0117
	群众	党员	– 0.12339 *	0.01532	0.000	– 0.1534	– 0.0934
		团员	0.01181	0.01198	0.324	– 0.0117	0.0353

＊. 均值差的显著性水平为 0.05。

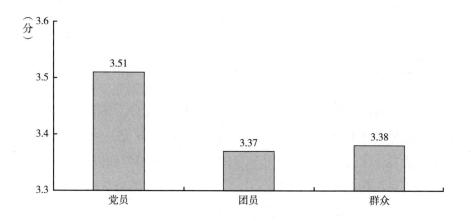

图 16　不同政治面貌被试的政治总指数比较

通过本报告的数据分析，可以对不同政治面貌被试在政治认同、危机压力及政治指数方面所反映出来的差异，做一个简单的小结。

本次问卷调查涉及的六种认同及政治认同总分，都是中共党员被试的得分最高（见表17，表中括号内的数字，代表不同政治面貌被试得分高低的排序，下同），并且中共党员被试的五种认同得分和政治认同总分都显著高于共青团员和群众被试（只有身份认同显著高于群众被试，与共青团员被试的得分差距不显著）。共青团员被试的五种认同得分和政治认同总分都高于群众被试（只有政策认同的得分低于群众被试），但是得分差异显著的只有身份认同。也就是说，不同政治面貌被试在政治认同方面的差异，主要表现为中共党员被试的政治认同水平显著高于共青团员和群众被试。

表17　不同政治面貌被试政治认同得分排序比较

项目	党员	团员	群众
体制认同	3.5017(1)	3.4475(2)	3.4243(3)
政党认同	3.7815(1)	3.5762(2)	3.5667(3)
身份认同	4.1714(1)	4.1199(2)	4.0710(3)
文化认同	3.6057(1)	3.4692(2)	3.4603(3)
政策认同	3.6801(1)	3.5281(3)	3.5597(2)
发展认同	3.7945(1)	3.6317(2)	3.6025(3)
政治认同总分	3.7560(1)	3.6296(2)	3.6150(3)

本次问卷调查涉及的六种危机压力及危机压力总分，都是中共党员被试的得分最低（见表18），并且中共党员被试的政治、经济、社会、文化四种危机压力得分和危机压力总分都显著低于共青团员被试和群众被试（生态危机压力显著低于共青团员被试，与群众被试的得分差距不显著；不同政治面貌被试的国际性危机压力得分差异未达到显著水平）。共青团员被试的六种危机压力得分和危机压力总分都高于群众被试，但是得分差异显著的只有文化危机压力、生态危机压力和危机压力总分。也就是说，不同政治面貌被试在危机压力方面的差异，主要表现为中共党员被试的压力水平显著低于共青团员和群众被试。

表18　不同政治面貌被试危机压力得分排序比较

项目	党员	团员	群众
政治危机压力	2.5789(3)	2.7357(1)	2.7162(2)
经济危机压力	2.3165(3)	2.4590(1)	2.4351(2)
社会危机压力	2.6532(3)	2.8495(1)	2.8388(2)
文化危机压力	2.7147(3)	2.9023(1)	2.8591(2)
生态危机压力	3.1784(3)	3.3412(1)	3.2154(2)
国际性危机压力	3.0168(3)	3.0434(1)	3.0370(2)
危机压力总分	2.7416(3)	2.8860(1)	2.8473(2)

对政治指数进行比较，显示的是中共党员被试在政治认同指数（3.76）、危机压力指数（3.26）和政治总指数（3.51）上都显著高于共青团员被试和群众被试。共青团员被试的政治认同指数（3.63）略高于群众被试（3.62），但是群众被试的危机压力指数（3.15）和政治总指数（3.38）略高于共青团员被试（危机压力指数3.11，政治总指数3.37），并且共青团员被试与群众被试在这三个指数上的差异都没有达到显著水平。在观察中国政治现状时，显然应该特别注意到这样的现象。

B.8
不同职业公民的政治认同
与危机压力比较

田华 史卫民

摘 要： 2016 年的"中国公民政治文化"问卷调查显示，不同职业被试在政治认同方面的差异，主要表现为公务员被试的政治认同总体水平显著高于别的职业的被试。

2016 年的"中国公民政治文化"问卷调查还显示，不同职业被试在危机压力方面的差异，主要表现为个体经营和自由职业者被试所感受的压力总体上高于别的职业的被试。

关键词： 政治认同 危机压力 职业因素 差异性

南开大学当代中国问题研究院 2016 年的"中国公民政治文化"问卷调查，参考传统的农民、工人、知识分子、干部、学生等职业与身份划分方法，将被试的职业划分为八类：第一类是"务农人员"；第二类是"工商企业职工"，简称"企业职工"；第三类是"个体经营和自由职业者"，简称"个体业者"；第四类是"专业技术人员"，简称"技术人员"；第五类是"公务员"；第六类是"在校学生"；第七类是"退休人员"，第八类是"其他职业人员"，简称"其他职业"。问卷调查涉及的 6581 名被试中，有 1 名被试的职业信息缺失，在有职业信息的 6580 名被试中，务农人员被试 1805 人，有效百分比为 27.43%；工商企业职工被试 674 人，有效百分比为 10.24%；个体经营和自由职业者被试 1201 人，有效百分比为 18.25%；专业技术人员被试 411

人，有效百分比为 6.25%；公务员被试 119 人，有效百分比为 1.81%；在校学生被试 758 人，有效百分比为 11.52%；退休人员被试 648 人，有效百分比为 9.85%；其他职业人员被试 964 人，有效百分比为 14.65%。根据问卷调查的数据，可以比较不同职业被试所显示的政治认同与危机压力情况。

一 不同职业公民的政治认同比较

不同职业被试的六种认同得分和政治认同总分情况，可根据问卷调查的结果，分述于下。

（一）不同职业被试的体制认同比较

调查结果显示，在体制认同方面，务农人员被试的得分在 1.00~5.00 分之间，均值为 3.49，标准差为 0.49；工商企业职工被试的得分在 1.33~5.00 分之间，均值为 3.43，标准差为 0.55；个体经营和自由职业者被试的得分在 1.33~5.00 分之间，均值为 3.41，标准差为 0.49；专业技术人员被试的得分在 1.67~5.00 分之间，均值为 3.40，标准差为 0.53；公务员被试的得分在 2.33~4.33 分之间，均值为 3.47，标准差为 0.45；在校学生被试的得分在 1.33~5.00 分之间，均值为 3.43，标准差为 0.51；退休人员被试的得分在 1.33~5.00 分之间，均值为 3.42，标准差为 0.45；其他职业人员被试的得分在 1.00~5.00 分之间，均值为 3.38，标准差为 0.47。

对不同职业被试体制认同得分的差异性进行方差分析（见表 1-1、表 1-2、表 1-3 和图 1），显示不同职业被试的体制认同得分之间差异显著，$F = 5.492$，$p < 0.001$，具体表现为：（1）务农人员被试（$M = 3.49$，$SD = 0.49$）的得分显著高于工商企业职工被试（$M = 3.43$，$SD = 0.55$）、个体经营和自由职业者被试（$M = 3.41$，$SD = 0.49$）、专业技术人员被试（$M = 3.40$，$SD = 0.53$）、在校学生被试（$M = 3.43$，$SD = 0.51$）、退休人员被试（$M = 3.42$，$SD = 0.45$）、其他职业人员被试（$M = 3.38$，$SD = 0.47$），与公务员被试（$M = 3.47$，$SD = 0.45$）之间的得分差异不显著。（2）在校学

生被试的得分显著高于其他职业人员被试，与工商企业职工、个体经营和自由职业者、专业技术人员、公务员、退休人员被试之间的得分差异不显著。（3）工商企业职工、个体经营和自由职业者、专业技术人员、公务员、退休人员、其他职业人员六种被试两两之间的得分差异均不显著。

表1-1　不同职业被试体制认同得分的差异比较

项目		N	均值	标准差	标准误	95% 置信区间		极小值	极大值
						下限	上限		
体制认同	务农人员	1805	3.4894	0.48641	0.01145	3.4669	3.5118	1.00	5.00
	企业职工	674	3.4293	0.54909	0.02115	3.3877	3.4708	1.33	5.00
	个体业者	1201	3.4147	0.49099	0.01417	3.3869	3.4425	1.33	5.00
	技术人员	411	3.4031	0.52628	0.02596	3.3521	3.4541	1.67	5.00
	公务员	119	3.4734	0.44993	0.04125	3.3917	3.5551	2.33	4.33
	在校学生	758	3.4340	0.50795	0.01845	3.3978	3.4703	1.33	5.00
	退休人员	648	3.4223	0.45487	0.01787	3.3872	3.4574	1.33	5.00
	其他职业	964	3.3814	0.46536	0.01499	3.3520	3.4108	1.00	5.00
	总　　数	6580	3.4351	0.49369	0.00609	3.4232	3.4470	1.00	5.00

表1-2　不同职业被试体制认同得分的方差分析结果

项目		平方和	df	均方	F	显著性
体制认同	组间	9.326	7	1.332	5.492	0.000
	组内	1594.187	6572	0.243		
	总数	1603.513	6579			

表1-3　不同职业被试体制认同得分的多重比较

因变量	(I)职业	(J)职业	均值差(I-J)	标准误	显著性	95% 置信区间	
						下限	上限
体制认同	务农人员	企业职工	0.06010 *	0.02223	0.007	0.0165	0.1037
		个体业者	0.07473 *	0.01834	0.000	0.0388	0.1107
		技术人员	0.08630 *	0.02692	0.001	0.0335	0.1391
		公务员	0.01599	0.04661	0.732	-0.0754	0.1074
		在校学生	0.05534 *	0.02132	0.009	0.0136	0.0971
		退休人员	0.06706 *	0.02256	0.003	0.0228	0.1113
		其他职业	0.10798 *	0.01965	0.000	0.0695	0.1465

因变量	(I)职业	(J)职业	均值差(I－J)	标准误	显著性	95%置信区间	
						下限	上限
体制认同	企业职工	务农人员	－ 0.06010 *	0.02223	0.007	－ 0.1037	－ 0.0165
		个体业者	0.01462	0.02370	0.537	－ 0.0318	0.0611
		技术人员	0.02620	0.03082	0.395	－ 0.0342	0.0866
		公务员	－ 0.04411	0.04897	0.368	－ 0.1401	0.0519
		在校学生	－ 0.00476	0.02608	0.855	－ 0.0559	0.0464
		退休人员	0.00695	0.02710	0.798	－ 0.0462	0.0601
		其他职业	0.04788	0.02473	0.053	－ 0.0006	0.0964
	个体业者	务农人员	－ 0.07473 *	0.01834	0.000	－ 0.1107	－ 0.0388
		企业职工	－ 0.01462	0.02370	0.537	－ 0.0611	0.0318
		技术人员	0.01157	0.02815	0.681	－ 0.0436	0.0667
		公务员	－ 0.05873	0.04733	0.215	－ 0.1515	0.0341
		在校学生	－ 0.01938	0.02285	0.396	－ 0.0642	0.0254
		退休人员	－ 0.00767	0.02401	0.749	－ 0.0547	0.0394
		其他职业	0.03326	0.02130	0.118	－ 0.0085	0.0750
	技术人员	务农人员	－ 0.08630 *	0.02692	0.001	－ 0.1391	－ 0.0335
		企业职工	－ 0.02620	0.03082	0.395	－ 0.0866	0.0342
		个体业者	－ 0.01157	0.02815	0.681	－ 0.0667	0.0436
		公务员	－ 0.07031	0.05127	0.170	－ 0.1708	0.0302
		在校学生	－ 0.03096	0.03017	0.305	－ 0.0901	0.0282
		退休人员	－ 0.01924	0.03106	0.536	－ 0.0801	0.0416
		其他职业	0.02168	0.02901	0.455	－ 0.0352	0.0786
	公务员	务农人员	－ 0.01599	0.04661	0.732	－ 0.1074	0.0754
		企业职工	0.04411	0.04897	0.368	－ 0.0519	0.1401
		个体业者	0.05873	0.04733	0.215	－ 0.0341	0.1515
		技术人员	0.07031	0.05127	0.170	－ 0.0302	0.1708
		在校学生	0.03935	0.04856	0.418	－ 0.0558	0.1346
		退休人员	0.05106	0.04912	0.299	－ 0.0452	0.1474
		其他职业	0.09199	0.04785	0.055	－ 0.0018	0.1858
	在校学生	务农人员	－ 0.05534 *	0.02132	0.009	－ 0.0971	－ 0.0136
		企业职工	0.00476	0.02608	0.855	－ 0.0464	0.0559
		个体业者	0.01938	0.02285	0.396	－ 0.0254	0.0642
		技术人员	0.03096	0.03017	0.305	－ 0.0282	0.0901
		公务员	－ 0.03935	0.04856	0.418	－ 0.1346	0.0558
		退休人员	0.01171	0.02635	0.657	－ 0.0399	0.0634
		其他职业	0.05264 *	0.02391	0.028	0.0058	0.0995

续表

因变量	(I)职业	(J)职业	均值差(I-J)	标准误	显著性	95%置信区间	
						下限	上限
体制认同	退休人员	务农人员	-0.06706*	0.02256	0.003	-0.1113	-0.0228
		企业职工	-0.00695	0.02710	0.798	-0.0601	0.0462
		个体业者	0.00767	0.02401	0.749	-0.0394	0.0547
		技术人员	0.01924	0.03106	0.536	-0.0416	0.0801
		公务员	-0.05106	0.04912	0.299	-0.1474	0.0452
		在校学生	-0.01171	0.02635	0.657	-0.0634	0.0399
		其他职业	0.04093	0.02502	0.102	-0.0081	0.0900
	其他职业	务农人员	-0.10798*	0.01965	0.000	-0.1465	-0.0695
		企业职工	-0.04788	0.02473	0.053	-0.0964	0.0006
		个体业者	-0.03326	0.02130	0.118	-0.0750	0.0085
		技术人员	-0.02168	0.02901	0.455	-0.0786	0.0352
		公务员	-0.09199	0.04785	0.055	-0.1858	0.0018
		在校学生	-0.05264*	0.02391	0.028	-0.0995	-0.0058
		退休人员	-0.04093	0.02502	0.102	-0.0900	0.0081

＊.均值差的显著性水平为0.05。

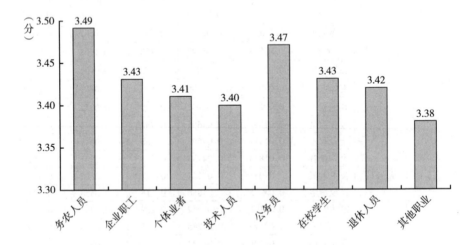

图1　不同职业被试的体制认同得分比较

（二）不同职业被试的政党认同比较

调查结果显示，在政党认同方面，务农人员被试的得分在1.33～5.00

分之间，均值为 3.63，标准差为 0.55；工商企业职工被试的得分在 1.67 ~ 5.00 分之间，均值为 3.57，标准差为 0.53；个体经营和自由职业者被试的得分在 1.33 ~ 5.00 分之间，均值为 3.55，标准差为 0.59；专业技术人员被试的得分在 1.33 ~ 5.00 分之间，均值为 3.56，标准差为 0.60；公务员被试的得分在 2.00 ~ 5.00 分之间，均值为 3.74，标准差为 0.72；在校学生被试的得分在 1.67 ~ 5.00 分之间，均值为 3.56，标准差为 0.54；退休人员被试的得分在 1.33 ~ 5.00 分之间，均值为 3.67，标准差为 0.59；其他职业人员被试的得分在 1.33 ~ 5.00 分之间，均值为 3.53，标准差为 0.58。

对不同职业被试政党认同得分的差异性进行方差分析（见表 2 - 1、表 2 - 2、表 2 - 3 和图 2），显示不同职业被试的政党认同得分之间差异显著，$F = 6.663, p < 0.001$，具体表现为：（1）公务员被试（$M = 3.74, SD = 0.72$）的得分显著高于务农人员被试（$M = 3.63, SD = 0.55$）、工商企业职工被试（$M = 3.57, SD = 0.53$）、个体经营和自由职业者被试（$M = 3.55, SD = 0.59$）、专业技术人员被试（$M = 3.56, SD = 0.60$）、在校学生被试（$M = 3.56, SD = 0.54$）、其他职业人员被试（$M = 3.53, SD = 0.58$），与退休人员被试（$M = 3.67, SD = 0.59$）之间的得分差异不显著。（2）务农人员被试的得分显著高于工商企业职工、个体经营和自由职业者、专业技术人员、在校学生、其他职业人员被试，与退休人员被试之间的得分差异不显著。（3）退休人员被试的得分显著高于工商企业职工、个体经营和自由职业者、专业技术人员、在校学生、其他职业人员被试。（4）工商企业职工、个体经营和自由职业者、专业技术人员、在校学生、其他职业人员五种被试两两之间的得分差异均不显著。

表 2 - 1　不同职业被试政党认同得分的差异比较

项目		N	均值	标准差	标准误	95% 置信区间		极小值	极大值
						下限	上限		
政党认同	务农人员	1802	3.6286	0.55287	0.01302	3.6030	3.6541	1.33	5.00
	企业职工	671	3.5668	0.53358	0.02060	3.5264	3.6073	1.67	5.00
	个体业者	1199	3.5524	0.59399	0.01715	3.5187	3.5861	1.33	5.00

续表

项目		N	均值	标准差	标准误	95%置信区间		极小值	极大值
						下限	上限		
政党认同	技术人员	411	3.5629	0.60399	0.02979	3.5043	3.6214	1.33	5.00
	公务员	119	3.7395	0.72377	0.06635	3.6081	3.8709	2.00	5.00
	在校学生	756	3.5608	0.54223	0.01972	3.5221	3.5996	1.67	5.00
	退休人员	647	3.6651	0.59249	0.02329	3.6194	3.7109	1.33	5.00
	其他职业	963	3.5313	0.58057	0.01871	3.4946	3.5680	1.33	5.00
	总　数	6568	3.5878	0.57399	0.00708	3.5739	3.6017	1.33	5.00

表2-2　不同职业被试政党认同得分的方差分析结果

项目		平方和	df	均方	F	显著性
政党认同	组间	15.274	7	2.182	6.663	0.000
	组内	2148.317	6560	0.327		
	总数	2163.591	6567			

表2-3　不同职业被试政党认同得分的多重比较

因变量	(I)职业	(J)职业	均值差(I-J)	标准误	显著性	95%置信区间	
						下限	上限
政党认同	务农人员	企业职工	0.06175 *	0.02588	0.017	0.0110	0.1125
		个体业者	0.07616 *	0.02133	0.000	0.0343	0.1180
		技术人员	0.06571 *	0.03128	0.036	0.0044	0.1270
		公务员	-0.11093 *	0.05416	0.041	-0.2171	-0.0048
		在校学生	0.06771 *	0.02480	0.006	0.0191	0.1163
		退休人员	-0.03656	0.02623	0.163	-0.0880	0.0149
		其他职业	0.09724 *	0.02284	0.000	0.0525	0.1420
	企业职工	务农人员	-0.06175 *	0.02588	0.017	-0.1125	-0.0110
		个体业者	0.01441	0.02759	0.601	-0.0397	0.0685
		技术人员	0.00396	0.03585	0.912	-0.0663	0.0742
		公务员	-0.17268 *	0.05692	0.002	-0.2843	-0.0611
		在校学生	0.00597	0.03035	0.844	-0.0535	0.0655
		退休人员	-0.09831 *	0.03153	0.002	-0.1601	-0.0365
		其他职业	0.03549	0.02878	0.218	-0.0209	0.0919

因变量	（I）职业	（J）职业	均值差（I－J）	标准误	显著性	95%置信区间	
						下限	上限
政党认同	个体业者	务农人员	－0.07616*	0.02133	0.000	－0.1180	－0.0343
		企业职工	－0.01441	0.02759	0.601	－0.0685	0.0397
		技术人员	－0.01045	0.03271	0.749	－0.0746	0.0537
		公务员	－0.18709*	0.05500	0.001	－0.2949	－0.0793
		在校学生	－0.00844	0.02658	0.751	－0.0605	0.0437
		退休人员	－0.11272*	0.02792	0.000	－0.1674	－0.0580
		其他职业	0.02108	0.02476	0.395	－0.0275	0.0696
	技术人员	务农人员	－0.06571*	0.03128	0.036	－0.1270	－0.0044
		企业职工	－0.00396	0.03585	0.912	－0.0742	0.0663
		个体业者	0.01045	0.03271	0.749	－0.0537	0.0746
		公务员	－0.17664*	0.05957	0.003	－0.2934	－0.0599
		在校学生	0.00201	0.03507	0.954	－0.0667	0.0708
		退休人员	－0.10227*	0.03610	0.005	－0.1730	－0.0315
		其他职业	0.03153	0.03372	0.350	－0.0346	0.0976
	公务员	务农人员	0.11093*	0.05416	0.041	0.0048	0.2171
		企业职工	0.17268*	0.05692	0.002	0.0611	0.2843
		个体业者	0.18709*	0.05500	0.001	0.0793	0.2949
		技术人员	0.17664*	0.05957	0.003	0.0599	0.2934
		在校学生	0.17865*	0.05644	0.002	0.0680	0.2893
		退休人员	0.07437	0.05708	0.193	－0.0375	0.1863
		其他职业	0.20817*	0.05561	0.000	0.0992	0.3172
	在校学生	务农人员	－0.06771*	0.02480	0.006	－0.1163	－0.0191
		企业职工	－0.00597	0.03035	0.844	－0.0655	0.0535
		个体业者	0.00844	0.02658	0.751	－0.0437	0.0605
		技术人员	－0.00201	0.03507	0.954	－0.0708	0.0667
		公务员	－0.17865*	0.05644	0.002	－0.2893	－0.0680
		退休人员	－0.10427*	0.03065	0.001	－0.1644	－0.0442
		其他职业	0.02952	0.02781	0.288	－0.0250	0.0840
	退休人员	务农人员	0.03656	0.02623	0.163	－0.0149	0.0880
		企业职工	0.09831*	0.03153	0.002	0.0365	0.1601
		个体业者	0.11272*	0.02792	0.000	0.0580	0.1674
		技术人员	0.10227*	0.03610	0.005	0.0315	0.1730
		公务员	－0.07437	0.05708	0.193	－0.1863	0.0375
		在校学生	0.10427*	0.03065	0.001	0.0442	0.1644
		其他职业	0.13380*	0.02909	0.000	0.0768	0.1908

因变量	(I)职业	(J)职业	均值差(I－J)	标准误	显著性	95%置信区间	
						下限	上限
政党认同	其他职业	务农人员	－ 0. 09724 *	0. 02284	0. 000	－ 0. 1420	－ 0. 0525
		企业职工	－ 0. 03549	0. 02878	0. 218	－ 0. 0919	0. 0209
		个体业者	－ 0. 02108	0. 02476	0. 395	－ 0. 0696	0. 0275
		技术人员	－ 0. 03153	0. 03372	0. 350	－ 0. 0976	0. 0346
		公务员	－ 0. 20817 *	0. 05561	0. 000	－ 0. 3172	－ 0. 0992
		在校学生	－ 0. 02952	0. 02781	0. 288	－ 0. 0840	0. 0250
		退休人员	－ 0. 13380 *	0. 02909	0. 000	－ 0. 1908	－ 0. 0768

＊. 均值差的显著性水平为 0. 05。

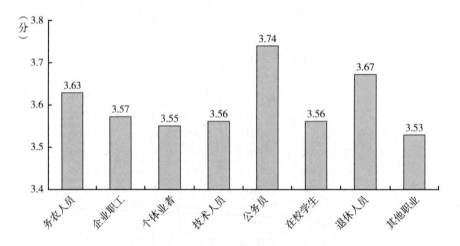

图 2　不同职业被试的政党认同得分比较

（三）不同职业被试的身份认同比较

调查结果显示，在身份认同方面，务农人员被试的得分在 1. 75 ～ 5. 00 分之间，均值为 4. 13，标准差为 0. 63；工商企业职工被试的得分在 1. 75 ～ 5. 00 分之间，均值为 4. 09，标准差为 0. 66；个体经营和自由职业者被试的得分在 1. 25 ～ 5. 00 分之间，均值为 4. 02，标准差为 0. 67；专业技术人员被试的得分在 1.75 ~ 5.00 分之间，均值为 4.07，标准差为 0.67；公务员被试的得分在 1.50 ~ 5.00 分之间，均值为 4.13，标准差为 0.71；在校学生被试的得分在 1.00 ~ 5.00 分之间，均值为 4.11，标准差为 0.65；退休人员被试的得分在 2.00 ~ 5.00 分之间，均值为 4.11，标准差为 0.63；其他职业人员被试的得分在 1.00 ~ 5.00 分之间，均值为 4.07，标准差为 0.65。

对不同职业被试身份认同得分的差异性进行方差分析（见表 3 - 1、表 3 - 2、表 3 - 3 和图 3），显示不同职业被试的身份认同得分之间差异显著，$F = 3.975, p < 0.001$，具体表现为：（1）个体经营和自由职业者被试（$M = 4.02, SD = 0.67$）的得分显著低于务农人员被试（$M = 4.13, SD = 0.63$）、工商企业职工被试（$M = 4.09, SD = 0.67$）、在校学生被试（$M = 4.11, SD = 0.65$）、退休人员被试（$M = 4.11, SD = 0.63$），与公务员被试（$M = 4.13, SD = 0.71$）、专业技术人员被试（$M = 4.07, SD = 0.67$）、其他职业人员被试（$M = 4.07, SD = 0.66$）之间的得分差异不显著。（2）务农人员被试的得分显著高于其他职业人员被试，与工商企业职工、专业技术人员、公务员、在校学生、退休人员被试之间的得分差异不显著。（3）工商企业职工、专业技术人员、公务员、在校学生、退休人员、其他职业人员六种被试两两之间的得分差异均不显著。

表 3 - 1　不同职业被试身份认同得分的差异比较

项目		N	均值	标准差	标准误	95% 置信区间		极小值	极大值
						下限	上限		
身份认同	务农人员	1800	4.1347	0.62599	0.01475	4.1058	4.1637	1.75	5.00
	企业职工	672	4.0859	0.66303	0.02558	4.0357	4.1362	1.75	5.00
	个体业者	1201	4.0160	0.66568	0.01921	3.9783	4.0537	1.25	5.00
	技术人员	410	4.0659	0.67159	0.03317	4.0007	4.1311	1.75	5.00
	公务员	119	4.1324	0.70847	0.06495	4.0037	4.2610	1.50	5.00
	在校学生	757	4.1090	0.65023	0.02363	4.0626	4.1554	1.00	5.00
	退休人员	648	4.1107	0.62932	0.02472	4.0622	4.1593	2.00	5.00
	其他职业	963	4.0662	0.65380	0.02107	4.0249	4.1075	1.00	5.00
总　数		6570	4.0883	0.64986	0.00802	4.0726	4.1040	1.00	5.00

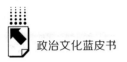

表3-2　不同职业被试身份认同得分的方差分析结果

项目		平方和	*df*	均方	*F*	显著性
身份认同	组间	11.713	7	1.673	3.975	0.000
	组内	2762.477	6562	0.421		
	总数	2774.191	6569			

表3-3　不同职业被试身份认同得分的多重比较

因变量	(I)职业	(J)职业	均值差(I-J)	标准误	显著性	95%置信区间	
						下限	上限
身份认同	务农人员	企业职工	0.04878	0.02933	0.096	-0.0087	0.1063
		个体业者	0.11869 *	0.02417	0.000	0.0713	0.1661
		技术人员	0.06887	0.03551	0.052	-0.0007	0.1385
		公务员	0.00237	0.06141	0.969	-0.1180	0.1228
		在校学生	0.02574	0.02811	0.360	-0.0294	0.0808
		退休人员	0.02400	0.02972	0.420	-0.0343	0.0823
		其他职业	0.06852 *	0.02590	0.008	0.0177	0.1193
	企业职工	务农人员	-0.04878	0.02933	0.096	-0.1063	0.0087
		个体业者	0.06991 *	0.03126	0.025	0.0086	0.1312
		技术人员	0.02008	0.04066	0.621	-0.0596	0.0998
		公务员	-0.04642	0.06453	0.472	-0.1729	0.0801
		在校学生	-0.02305	0.03439	0.503	-0.0905	0.0444
		退休人员	-0.02479	0.03572	0.488	-0.0948	0.0452
		其他职业	0.01974	0.03261	0.545	-0.0442	0.0837
	个体业者	务农人员	-0.11869 *	0.02417	0.000	-0.1661	-0.0713
		企业职工	-0.06991 *	0.03126	0.025	-0.1312	-0.0086
		技术人员	-0.04983	0.03711	0.179	-0.1226	0.0229
		公务员	-0.11632	0.06236	0.062	-0.2386	0.0059
		在校学生	-0.09295 *	0.03011	0.002	-0.1520	-0.0339
		退休人员	-0.09470 *	0.03163	0.003	-0.1567	-0.0327
		其他职业	-0.05017	0.02807	0.074	-0.1052	0.0048

因变量	（I）职业	（J）职业	均值差（I−J）	标准误	显著性	95%置信区间	
						下限	上限
身份认同	技术人员	务农人员	− 0.06887	0.03551	0.052	− 0.1385	0.0007
		企业职工	− 0.02008	0.04066	0.621	− 0.0998	0.0596
		个体业者	0.04983	0.03711	0.179	− 0.0229	0.1226
		公务员	− 0.06650	0.06756	0.325	− 0.1989	0.0659
		在校学生	− 0.04313	0.03979	0.278	− 0.1211	0.0349
		退休人员	− 0.04487	0.04094	0.273	− 0.1251	0.0354
		其他职业	− 0.00035	0.03826	0.993	− 0.0754	0.0747
	公务员	务农人员	− 0.00237	0.06141	0.969	− 0.1228	0.1180
		企业职工	0.04642	0.06453	0.472	− 0.0801	0.1729
		个体业者	0.11632	0.06236	0.062	− 0.0059	0.2386
		技术人员	0.06650	0.06756	0.325	− 0.0659	0.1989
		在校学生	0.02337	0.06398	0.715	− 0.1021	0.1488
		退休人员	0.02163	0.06471	0.738	− 0.1052	0.1485
		其他职业	0.06615	0.06305	0.294	− 0.0574	0.1897
	在校学生	务农人员	− 0.02574	0.02811	0.360	− 0.0808	0.0294
		企业职工	0.02305	0.03439	0.503	− 0.0444	0.0905
		个体业者	0.09295 *	0.03011	0.002	0.0339	0.1520
		技术人员	0.04313	0.03979	0.278	− 0.0349	0.1211
		公务员	− 0.02337	0.06398	0.715	− 0.1488	0.1021
		退休人员	− 0.00174	0.03472	0.960	− 0.0698	0.0663
		其他职业	0.04278	0.03152	0.175	− 0.0190	0.1046
	退休人员	务农人员	− 0.02400	0.02972	0.420	− 0.0823	0.0343
		企业职工	0.02479	0.03572	0.488	− 0.0452	0.0948
		个体业者	0.09470 *	0.03163	0.003	0.0327	0.1567
		技术人员	0.04487	0.04094	0.273	− 0.0354	0.1251
		公务员	− 0.02163	0.06471	0.738	− 0.1485	0.1052
		在校学生	0.00174	0.03472	0.960	− 0.0663	0.0698
		其他职业	0.04453	0.03297	0.177	− 0.0201	0.1092
	其他职业	务农人员	− 0.06852 *	0.02590	0.008	− 0.1193	− 0.0177
		企业职工	− 0.01974	0.03261	0.545	− 0.0837	0.0442
		个体业者	0.05017	0.02807	0.074	− 0.0048	0.1052
		技术人员	0.00035	0.03826	0.993	− 0.0747	0.0754
		公务员	− 0.06615	0.06305	0.294	− 0.1897	0.0574
		在校学生	− 0.04278	0.03152	0.175	− 0.1046	0.0190
		退休人员	− 0.04453	0.03297	0.177	− 0.1092	0.0201

*．均值差的显著性水平为0.05。

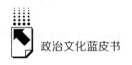

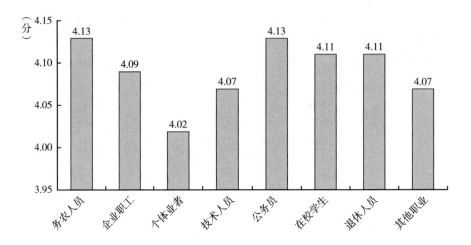

图3　不同职业被试的身份认同得分比较

（四）不同职业被试的文化认同比较

调查结果显示，在文化认同方面，务农人员被试的得分在1.33～5.00分之间，均值为3.44，标准差为0.56；工商企业职工被试的得分在1.33～5.00分之间，均值为3.51，标准差为0.58；个体经营和自由职业者被试的得分在1.00～5.00分之间，均值为3.45，标准差为0.53；专业技术人员被试的得分在2.00～5.00分之间，均值为3.47，标准差为0.57；公务员被试的得分在1.67～5.00分之间，均值为3.57，标准差为0.65；在校学生被试的得分在1.67～5.00分之间，均值为3.48，标准差为0.55；退休人员被试的得分在1.33～5.00分之间，均值为3.61，标准差为0.55；其他职业人员被试的得分在1.67～5.00分之间，均值为3.45，标准差为0.51。

对不同职业被试文化认同得分的差异性进行方差分析（见表4-1、表4-2、表4-3和图4），显示不同职业被试的文化认同得分之间差异显著，$F = 7.581$，$p < 0.001$，具体表现为：（1）退休人员被试（$M = 3.61$，$SD = 0.55$）的得分显著高于务农人员被试（$M = 3.44$，$SD = 0.56$）、工商

企业职工被试（$M = 3.51$，$SD = 0.58$）、个体经营和自由职业者被试（$M = 3.45$，$SD = 0.53$）、专业技术人员被试（$M = 3.47$，$SD = 0.57$）、在校学生被试（$M = 3.48$，$SD = 0.55$）、其他职业人员被试（$M = 3.45$，$SD = 0.51$），与公务员被试（$M = 3.57$，$SD = 0.65$）之间的得分差异不显著。（2）公务员被试的得分显著高于务农人员、工商企业职工、其他职业人员被试，与个体经营和自由职业者、专业技术人员、在校学生被试之间的得分差异不显著。（3）工商企业职工被试的得分显著高于务农人员、其他职业人员被试，与专业技术人员、个体经营和自由职业者、在校学生被试之间的得分差异不显著。（4）务农人员、个体经营和自由职业者、专业技术人员、在校学生、其他职业人员五种被试两两之间的得分差异均不显著。

表 4 – 1　不同职业被试文化认同得分的差异比较

项目		N	均值	标准差	标准误	95% 置信区间		极小值	极大值
						下限	上限		
文化认同	务农人员	1800	3.4415	0.55740	0.01314	3.4157	3.4672	1.33	5.00
	企业职工	674	3.5059	0.58492	0.02253	3.4617	3.5502	1.33	5.00
	个体业者	1201	3.4480	0.53411	0.01541	3.4177	3.4782	1.00	5.00
	技术人员	411	3.4728	0.57453	0.02834	3.4171	3.5285	2.00	5.00
	公务员	119	3.5658	0.64885	0.05948	3.4480	3.6836	1.67	5.00
	在校学生	758	3.4776	0.54855	0.01992	3.4385	3.5167	1.67	5.00
	退休人员	647	3.6054	0.55068	0.02165	3.5628	3.6479	1.33	5.00
	其他职业	964	3.4506	0.51198	0.01649	3.4182	3.4829	1.67	5.00
	总数	6574	3.4751	0.55282	0.00682	3.4617	3.4885	1.00	5.00

表 4 – 2　不同职业被试文化认同得分的方差分析结果

项目		平方和	df	均方	F	显著性
文化认同	组间	16.105	7	2.301	7.581	0.000
	组内	1992.654	6566	0.303		
	总数	2008.759	6573			

表4－3　不同职业被试文化认同得分的多重比较

因变量	（I）职业	（J）职业	均值差（I－J）	标准误	显著性	95%置信区间	
						下限	上限
文化认同	务农人员	企业职工	－0.06445*	0.02488	0.010	－0.1132	－0.0157
		个体业者	－0.00648	0.02053	0.752	－0.0467	0.0338
		技术人员	－0.03135	0.03012	0.298	－0.0904	0.0277
		公务员	－0.12434*	0.05214	0.017	－0.2266	－0.0221
		在校学生	－0.03609	0.02385	0.130	－0.0829	0.0107
		退休人员	－0.16388*	0.02525	0.000	－0.2134	－0.1144
		其他职业	－0.00907	0.02199	0.680	－0.0522	0.0340
	企业职工	务农人员	0.06445*	0.02488	0.010	0.0157	0.1132
		个体业者	0.05797*	0.02651	0.029	0.0060	0.1099
		技术人员	0.03310	0.03448	0.337	－0.0345	0.1007
		公务员	－0.05989	0.05478	0.274	－0.1673	0.0475
		在校学生	0.02836	0.02917	0.331	－0.0288	0.0855
		退休人员	－0.09942*	0.03032	0.001	－0.1589	－0.0400
		其他职业	0.05538*	0.02766	0.045	0.0012	0.1096
	个体业者	务农人员	0.00648	0.02053	0.752	－0.0338	0.0467
		企业职工	－0.05797*	0.02651	0.029	－0.1099	－0.0060
		技术人员	－0.02487	0.03148	0.430	－0.0866	0.0368
		公务员	－0.11787*	0.05294	0.026	－0.2217	－0.0141
		在校学生	－0.02961	0.02556	0.247	－0.0797	0.0205
		退休人员	－0.15740*	0.02687	0.000	－0.2101	－0.1047
		其他职业	－0.00259	0.02382	0.913	－0.0493	0.0441
	技术人员	务农人员	0.03135	0.03012	0.298	－0.0277	0.0904
		企业职工	－0.03310	0.03448	0.337	－0.1007	0.0345
		个体业者	0.02487	0.03148	0.430	－0.0368	0.0866
		公务员	－0.09300	0.05735	0.105	－0.2054	0.0194
		在校学生	－0.00474	0.03375	0.888	－0.0709	0.0614
		退休人员	－0.13253*	0.03475	0.000	－0.2006	－0.0644
		其他职业	0.02228	0.03245	0.492	－0.0413	0.0859
	公务员	务农人员	0.12434*	0.05214	0.017	0.0221	0.2266
		企业职工	0.05989	0.05478	0.274	－0.0475	0.1673
		个体业者	0.11787*	0.05294	0.026	0.0141	0.2217
		技术人员	0.09300	0.05735	0.105	－0.0194	0.2054
		在校学生	0.08825	0.05432	0.104	－0.0182	0.1947
		退休人员	－0.03953	0.05495	0.472	－0.1472	0.0682
		其他职业	0.11527*	0.05353	0.031	0.0103	0.2202

因变量	（I）职业	（J）职业	均值差（I－J）	标准误	显著性	95%置信区间	
						下限	上限
文化认同	在校学生	务农人员	0.03609	0.02385	0.130	－0.0107	0.0829
		企业职工	－0.02836	0.02917	0.331	－0.0855	0.0288
		个体业者	0.02961	0.02556	0.247	－0.0205	0.0797
		技术人员	0.00474	0.03375	0.888	－0.0614	0.0709
		公务员	－0.08825	0.05432	0.104	－0.1947	0.0182
		退休人员	－0.12779*	0.02949	0.000	－0.1856	－0.0700
		其他职业	0.02702	0.02674	0.312	－0.0254	0.0794
	退休人员	务农人员	0.16388*	0.02525	0.000	0.1144	0.2134
		企业职工	0.09942*	0.03032	0.001	0.0400	0.1589
		个体业者	0.15740*	0.02687	0.000	0.1047	0.2101
		技术人员	0.13253*	0.03475	0.000	0.0644	0.2006
		公务员	0.03953	0.05495	0.472	－0.0682	0.1472
		在校学生	0.12779*	0.02949	0.000	0.0700	0.1856
		其他职业	0.15480*	0.02800	0.000	0.0999	0.2097
	其他职业	务农人员	0.00907	0.02199	0.680	－0.0340	0.0522
		企业职工	－0.05538*	0.02766	0.045	－0.1096	－0.0012
		个体业者	0.00259	0.02382	0.913	－0.0441	0.0493
		技术人员	－0.02228	0.03245	0.492	－0.0859	0.0413
		公务员	－0.11527*	0.05353	0.031	－0.2202	－0.0103
		在校学生	－0.02702	0.02674	0.312	－0.0794	0.0254
		退休人员	－0.15480*	0.02800	0.000	－0.2097	－0.0999

*．均值差的显著性水平为0.05。

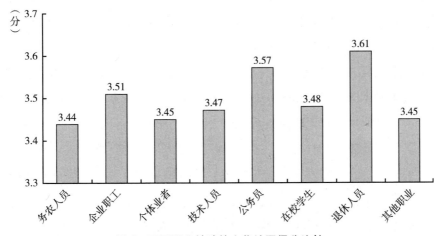

图4　不同职业被试的文化认同得分比较

（五）不同职业被试的政策认同比较

调查结果显示，在政策认同方面，务农人员被试的得分在 1.33～5.00 分之间，均值为 3.63，标准差为 0.61；工商企业职工被试的得分在 1.33～5.00 分之间，均值为 3.63，标准差为 0.70；个体经营和自由职业者被试的得分在 1.00～5.00 分之间，均值为 3.49，标准差为 0.61；专业技术人员被试的得分在 1.33～5.00 分之间，均值为 3.50，标准差为 0.71；公务员被试的得分在 2.00～5.00 分之间，均值为 3.68，标准差为 0.66；在校学生被试的得分在 1.33～5.00 分之间，均值为 3.53，标准差为 0.59；退休人员被试的得分在 2.00～5.00 分之间，均值为 3.61，标准差为 0.62；其他职业人员被试的得分在 1.33～5.00 分之间，均值为 3.49，标准差为 0.60。

对不同职业被试政策认同得分的差异性进行方差分析（见表 5-1、表 5-2、表 5-3 和图 5），显示不同职业被试的政策认同得分之间差异显著，$F = 10.412$, $p < 0.001$，具体表现为：（1）公务员被试（$M = 3.68$, $SD = 0.66$）的得分显著高于个体经营和自由职业者被试（$M = 3.49$, $SD = 0.61$）、专业技术人员被试（$M = 3.50$, $SD = 0.71$）、在校学生被试（$SD = 0.59$）、其他职业人员被试（$M = 3.49$, $SD = 0.60$），与务农人员被试（$M = 3.63$, $SD = 0.61$）、工商企业职工被试（$M = 3.63$, $SD = 0.70$）、退休人员被试（$M = 3.61$, $SD = 0.62$）之间的得分差异不显著。（2）个体经营和自由职业者的得分显著低于务农人员、工商企业职工、退休人员被试，与专业技术人员、在校学生、其他职业人员被试之间的得分差异不显著。（3）专业技术人员的得分显著低于务农人员、工商企业职工、退休人员被试，与在校学生、其他职业人员被试之间的得分差异不显著。（4）在校学生的得分显著低于务农人员、工商企业职工、退休人员被试，与其他职业人员被试之间的得分差异不显著。（5）其他职业人员被试的得分显著低于务农人员、工商企业职工、退休人员被试。（6）务农人员、工商企业职工、退休人员三种被试相互之间的得分差异不显著。

表 5-1　不同职业被试政策认同得分的差异比较

项目		N	均值	标准差	标准误	95%置信区间		极小值	极大值
						下限	上限		
政策认同	务农人员	1804	3.6340	0.61370	0.01445	3.6056	3.6623	1.33	5.00
	企业职工	673	3.6290	0.70093	0.02702	3.5760	3.6821	1.33	5.00
	个体业者	1201	3.4893	0.61336	0.01770	3.4546	3.5240	1.00	5.00
	技术人员	410	3.5016	0.70787	0.03496	3.4329	3.5703	1.33	5.00
	公务员	119	3.6807	0.65584	0.06012	3.5616	3.7997	2.00	5.00
	在校学生	757	3.5341	0.59333	0.02157	3.4918	3.5765	1.33	5.00
	退休人员	648	3.6142	0.62271	0.02446	3.5662	3.6622	2.00	5.00
	其他职业	964	3.4934	0.60407	0.01946	3.4552	3.5316	1.33	5.00
	总　数	6576	3.5656	0.63047	0.00777	3.5504	3.5808	1.00	5.00

表 5-2　不同职业被试政策认同得分的方差分析结果

项目		平方和	df	均方	F	显著性
政策认同	组间	28.682	7	4.097	10.412	0.000
	组内	2584.804	6568	0.394		
	总数	2613.486	6575			

表 5-3　不同职业被试政策认同得分的多重比较

因变量	(I)职业	(J)职业	均值差(I-J)	标准误	显著性	95%置信区间	
						下限	上限
政策认同	务农人员	企业职工	0.00494	0.02834	0.862	-0.0506	0.0605
		个体业者	0.14465 *	0.02336	0.000	0.0988	0.1904
		技术人员	0.13234 *	0.03432	0.000	0.0651	0.1996
		公务员	-0.04671	0.05937	0.431	-0.1631	0.0697
		在校学生	0.09984 *	0.02717	0.000	0.0466	0.1531
		退休人员	0.01976	0.02873	0.492	-0.0366	0.0761
		其他职业	0.14053 *	0.02503	0.000	0.0915	0.1896
	企业职工	务农人员	-0.00494	0.02834	0.862	-0.0605	0.0506
		个体业者	0.13971 *	0.03021	0.000	0.0805	0.1989
		技术人员	0.12740 *	0.03930	0.001	0.0504	0.2044
		公务员	-0.05165	0.06238	0.408	-0.1739	0.0706
		在校学生	0.09490 *	0.03324	0.004	0.0297	0.1601
		退休人员	0.01483	0.03453	0.668	-0.0529	0.0825
		其他职业	0.13559 *	0.03151	0.000	0.0738	0.1974

续表

因变量	(I)职业	(J)职业	均值差(I-J)	标准误	显著性	95% 置信区间	
						下限	上限
政策认同	个体业者	务农人员	-0.14465*	0.02336	0.000	-0.1904	-0.0988
		企业职工	-0.13971*	0.03021	0.000	-0.1989	-0.0805
		技术人员	-0.01231	0.03588	0.732	-0.0827	0.0580
		公务员	-0.19136*	0.06029	0.002	-0.3095	-0.0732
		在校学生	-0.04481	0.02911	0.124	-0.1019	0.0123
		退休人员	-0.12488*	0.03058	0.000	-0.1848	-0.0649
		其他职业	-0.00412	0.02713	0.879	-0.0573	0.0491
	技术人员	务农人员	-0.13234*	0.03432	0.000	-0.1996	-0.0651
		企业职工	-0.12740*	0.03930	0.001	-0.2044	-0.0504
		个体业者	0.01231	0.03588	0.732	-0.0580	0.0827
		公务员	-0.17905*	0.06532	0.006	-0.3071	-0.0510
		在校学生	-0.03250	0.03847	0.398	-0.1079	0.0429
		退休人员	-0.11257*	0.03959	0.004	-0.1902	-0.0350
		其他职业	0.00820	0.03699	0.825	-0.0643	0.0807
	公务员	务农人员	0.04671	0.05937	0.431	-0.0697	0.1631
		企业职工	0.05165	0.06238	0.408	-0.0706	0.1739
		个体业者	0.19136*	0.06029	0.002	0.0732	0.3095
		技术人员	0.17905*	0.06532	0.006	0.0510	0.3071
		在校学生	0.14655*	0.06186	0.018	0.0253	0.2678
		退休人员	0.06647	0.06257	0.288	-0.0562	0.1891
		其他职业	0.18724*	0.06095	0.002	0.0678	0.3067
	在校学生	务农人员	-0.09984*	0.02717	0.000	-0.1531	-0.0466
		企业职工	-0.09490*	0.03324	0.004	-0.1601	-0.0297
		个体业者	0.04481	0.02911	0.124	-0.0123	0.1019
		技术人员	0.03250	0.03847	0.398	-0.0429	0.1079
		公务员	-0.14655*	0.06186	0.018	-0.2678	-0.0253
		退休人员	-0.08007*	0.03357	0.017	-0.1459	-0.0143
		其他职业	0.04070	0.03047	0.182	-0.0190	0.1004
	退休人员	务农人员	-0.01976	0.02873	0.492	-0.0761	0.0366
		企业职工	-0.01483	0.03453	0.668	-0.0825	0.0529
		个体业者	0.12488*	0.03058	0.000	0.0649	0.1848
		技术人员	0.11257*	0.03959	0.004	0.0350	0.1902
		公务员	-0.06647	0.06257	0.288	-0.1891	0.0562
		在校学生	0.08007*	0.03357	0.017	0.0143	0.1459
		其他职业	0.12077*	0.03187	0.000	0.0583	0.1832

因变量	(I)职业	(J)职业	均值差(I-J)	标准误	显著性	95%置信区间	
						下限	上限
政策认同	其他职业	务农人员	-0.14053*	0.02503	0.000	-0.1896	-0.0915
		企业职工	-0.13559*	0.03151	0.000	-0.1974	-0.0738
		个体业者	0.00412	0.02713	0.879	-0.0491	0.0573
		技术人员	-0.00820	0.03699	0.825	-0.0807	0.0643
		公务员	-0.18724*	0.06095	0.002	-0.3067	-0.0678
		在校学生	-0.04070	0.03047	0.182	-0.1004	0.0190
		退休人员	-0.12077*	0.03187	0.000	-0.1832	-0.0583

＊. 均值差的显著性水平为0.05。

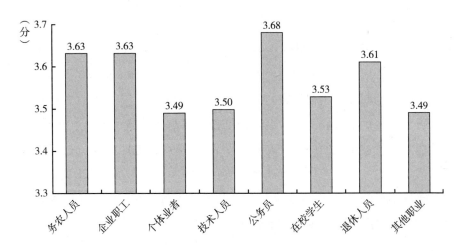

图5 不同职业被试的政策认同得分比较

（六）不同职业被试的发展认同比较

调查结果显示，在发展认同方面，务农人员被试的得分在1.50～5.00分之间，均值为3.67，标准差为0.65；工商企业职工被试的得分在1.50～5.00分之间，均值为3.59，标准差为0.63；个体经营和自由职业者被试的得分在1.75～5.00分之间，均值为3.55，标准差为0.65；专业技术人员被试的得分在2.00～5.00分之间，均值为3.63，标准差为0.69；公务员被试的得分在2.00～5.00分之间，均值为3.88，标准差为0.69；在校学生被试

的得分在 1.50 ~ 5.00 分之间，均值为 3.63，标准差为 0.63；退休人员被试的得分在 2.00 ~ 5.00 分之间，均值为 3.67，标准差为 0.64；其他职业人员被试的得分在 1.25 ~ 5.00 分之间，均值为 3.60，标准差为 0.64。

对不同职业被试发展认同得分的差异性进行方差分析（见表 6 - 1、表 6 - 2、表 6 - 3 和图 6），显示不同职业被试的发展认同得分之间差异显著，$F = 7.116, p < 0.001$，具体表现为：（1）公务员被试（$M = 3.88$，$SD = 0.69$）的得分显著高于务农人员被试（$M = 3.67$，$SD = 0.65$）、工商企业职工被试（$M = 3.59$，$SD = 0.63$）、个体经营和自由职业者被试（$M = 3.55$，$SD = 0.65$）、专业技术人员被试（$M = 3.63$，$SD = 0.69$）、在校学生被试（$M = 3.63$，$SD = 0.63$）、退休人员被试（$M = 3.67$，$SD = 0.64$）和其他职业人员被试（$M = 3.60$，$SD = 0.64$）。（2）个体经营和自由职业者被试的得分显著低于务农人员、专业技术人员、在校学生、退休人员被试，与工商企业职工、其他职业人员被试之间的得分差异不显著。（3）工商企业职工被试的得分显著低于务农人员、退休人员被试，与专业技术人员、在校学生、其他职业人员被试之间的得分差异不显著。（4）其他职业人员被试的得分显著低于务农人员、退休人员被试，与专业技术人员、在校学生被试之间的得分差异不显著。（5）务农人员、专业技术人员、在校学生、退休人员四种被试两两之间的得分差异均不显著。

表 6 - 1　不同职业被试发展认同得分的差异比较

项目		N	均值	标准差	标准误	95% 置信区间		极小值	极大值
						下限	上限		
发展认同	务农人员	1803	3.6657	0.64576	0.01521	3.6359	3.6955	1.50	5.00
	企业职工	674	3.5946	0.62902	0.02423	3.5470	3.6422	1.50	5.00
	个体业者	1200	3.5496	0.64628	0.01866	3.5130	3.5862	1.75	5.00
	技术人员	408	3.6281	0.68661	0.03399	3.5612	3.6949	2.00	5.00
	公务员	119	3.8845	0.68719	0.06299	3.7597	4.0092	2.00	5.00
	在校学生	756	3.6253	0.62621	0.02277	3.5806	3.6700	1.50	5.00
	退休人员	648	3.6725	0.64275	0.02525	3.6229	3.7220	2.00	5.00
	其他职业	964	3.5967	0.64069	0.02064	3.5562	3.6372	1.25	5.00
	总　数	6572	3.6247	0.64638	0.00797	3.6091	3.6404	1.25	5.00

表6-2 不同职业被试发展认同得分的方差分析结果

项目		平方和	df	均方	F	显著性
发展认同	组间	20.678	7	2.954	7.116	0.000
	组内	2724.759	6564	0.415		
	总数	2745.437	6571			

表6-3 不同职业被试发展认同得分的多重比较

因变量	(I)职业	(J)职业	均值差(I-J)	标准误	显著性	95%置信区间	
						下限	上限
发展认同	务农人员	企业职工	0.07111*	0.02909	0.015	0.0141	0.1281
		个体业者	0.11611*	0.02400	0.000	0.0691	0.1632
		技术人员	0.03763	0.03532	0.287	-0.0316	0.1069
		公务员	-0.21876*	0.06098	0.000	-0.3383	-0.0992
		在校学生	0.04037	0.02792	0.148	-0.0144	0.0951
		退休人员	-0.00676	0.02951	0.819	-0.0646	0.0511
		其他职业	0.06896*	0.02571	0.007	0.0186	0.1194
	企业职工	务农人员	-0.07111*	0.02909	0.015	-0.1281	-0.0141
		个体业者	0.04500	0.03101	0.147	-0.0158	0.1058
		技术人员	-0.03348	0.04041	0.407	-0.1127	0.0457
		公务员	-0.28987*	0.06406	0.000	-0.4155	-0.1643
		在校学生	-0.03075	0.03413	0.368	-0.0977	0.0362
		退休人员	-0.07787*	0.03545	0.028	-0.1474	-0.0084
		其他职业	-0.00215	0.03235	0.947	-0.0656	0.0613
	个体业者	务农人员	-0.11611*	0.02400	0.000	-0.1632	-0.0691
		企业职工	-0.04500	0.03101	0.147	-0.1058	0.0158
		技术人员	-0.07848*	0.03692	0.034	-0.1509	-0.0061
		公务员	-0.33487*	0.06192	0.000	-0.4563	-0.2135
		在校学生	-0.07575*	0.02992	0.011	-0.1344	-0.0171
		退休人员	-0.12287*	0.03141	0.000	-0.1844	-0.0613
		其他职业	-0.04715	0.02787	0.091	-0.1018	0.0075
	技术人员	务农人员	-0.03763	0.03532	0.287	-0.1069	0.0316
		企业职工	0.03348	0.04041	0.407	-0.0457	0.1127
		个体业者	0.07848*	0.03692	0.034	0.0061	0.1509
		公务员	-0.25639*	0.06712	0.000	-0.3880	-0.1248
		在校学生	0.00273	0.03958	0.945	-0.0749	0.0803
		退休人员	-0.04439	0.04072	0.276	-0.1242	0.0354
		其他职业	0.03133	0.03805	0.410	-0.0433	0.1059

因变量	（I）职业	（J）职业	均值差（I−J）	标准误	显著性	95% 置信区间	
						下限	上限
发展认同	公务员	务农人员	0.21876 *	0.06098	0.000	0.0992	0.3383
		企业职工	0.28987 *	0.06406	0.000	0.1643	0.4155
		个体业者	0.33487 *	0.06192	0.000	0.2135	0.4563
		技术人员	0.25639 *	0.06712	0.000	0.1248	0.3880
		在校学生	0.25912 *	0.06354	0.000	0.1346	0.3837
		退休人员	0.21200 *	0.06426	0.001	0.0860	0.3380
		其他职业	0.28772 *	0.06260	0.000	0.1650	0.4104
	在校学生	务农人员	− 0.04037	0.02792	0.148	− 0.0951	0.0144
		企业职工	0.03075	0.03413	0.368	− 0.0362	0.0977
		个体业者	0.07575 *	0.02992	0.011	0.0171	0.1344
		技术人员	− 0.00273	0.03958	0.945	− 0.0803	0.0749
		公务员	− 0.25912 *	0.06354	0.000	− 0.3837	− 0.1346
		退休人员	− 0.04712	0.03449	0.172	− 0.1147	0.0205
		其他职业	0.02860	0.03130	0.361	− 0.0328	0.0900
	退休人员	务农人员	0.00676	0.02951	0.819	− 0.0511	0.0646
		企业职工	0.07787 *	0.03545	0.028	0.0084	0.1474
		个体业者	0.12287 *	0.03141	0.000	0.0613	0.1844
		技术人员	0.04439	0.04072	0.276	− 0.0354	0.1242
		公务员	− 0.21200 *	0.06426	0.001	− 0.3380	− 0.0860
		在校学生	0.04712	0.03449	0.172	− 0.0205	0.1147
		其他职业	0.07572 *	0.03273	0.021	0.0116	0.1399
	其他职业	务农人员	− 0.06896 *	0.02571	0.007	− 0.1194	− 0.0186
		企业职工	0.00215	0.03235	0.947	− 0.0613	0.0656
		个体业者	0.04715	0.02787	0.091	− 0.0075	0.1018
		技术人员	− 0.03133	0.03805	0.410	− 0.1059	0.0433
		公务员	− 0.28772 *	0.06260	0.000	− 0.4104	− 0.1650
		在校学生	− 0.02860	0.03130	0.361	− 0.0900	0.0328
		退休人员	− 0.07572 *	0.03273	0.021	− 0.1399	− 0.0116

＊．均值差的显著性水平为 0.05。

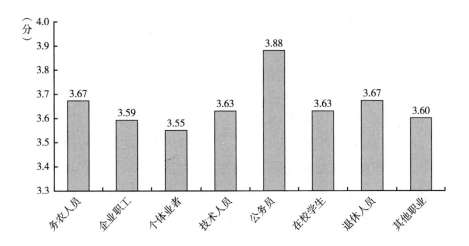

图6　不同职业被试的发展认同得分比较

（七）不同职业被试政治认同总分比较

调查结果显示，在政治认同总分方面，务农人员被试的得分在 2.32～4.90 分之间，均值为 3.67，标准差为 0.36；工商企业职工被试的得分在 2.47～4.89 分之间，均值为 3.64，标准差为 0.42；个体经营和自由职业者被试的得分在 2.31～4.78 分之间，均值为 3.58，标准差为 0.40；专业技术人员被试的得分在 2.42～4.74 分之间，均值为 3.61，标准差为 0.43；公务员被试的得分在 2.17～4.63 分之间，均值为 3.75，标准差为 0.45；在校学生被试的得分在 2.35～4.72 分之间，均值为 3.62，标准差为 0.37；退休人员被试的得分在 2.47～4.74 分之间，均值为 3.68，标准差为 0.39；其他职业人员被试的得分在 1.83～4.83 分之间，均值为 3.59，标准差为 0.38。

对不同职业被试政治认同总分的差异性进行方差分析（见表 7-1、表 7-2、表 7-3 和图 7），显示不同职业被试的政治认同总分之间差异显著，$F = 10.429$，$p < 0.001$，具体表现为：（1）公务员被试（$M = 3.75$，$SD = 0.45$）的得分显著高于务农人员被试（$M = 3.67$，$SD = 0.36$）、工商企业职工被试（$M = 3.64$，$SD = 0.42$）、个体经营和自由职业者被试（$M = 3.58$，$SD = 0.40$）、专业技术人员被试（$M = 3.61$，$SD = 0.43$）、在校学生被试

（$M = 3.62$，$SD = 0.37$）和其他职业人员被试（$M = 3.59$，$SD = 0.38$），与退休人员被试（$M = 3.68$，$SD = 0.39$）之间的得分差异不显著。（2）个体经营和自由职业者被试的得分显著低于务农人员、工商企业职工、在校学生、退休人员被试，与专业技术人员、其他职业人员被试之间的得分差异不显著。（3）其他职业人员被试的得分显著低于务农人员、工商企业职工、退休人员被试，与专业技术人员、在校学生被试之间的得分差异不显著。（4）专业技术人员被试的得分显著低于务农人员、退休人员被试，与工商企业职工、在校学生被试之间的得分差异不显著。（5）在校学生被试的得分显著低于务农人员、退休人员被试，与工商企业职工被试之间的得分差异不显著。（6）务农人员、工商企业职工、退休人员三种被试相互之间的得分差异不显著。

表7-1　不同职业被试政治认同总分的差异比较

项目		N	均值	标准差	标准误	95%置信区间		极小值	极大值
						下限	上限		
政治认同总分	务农人员	1790	3.6664	0.36283	0.00858	3.6496	3.6832	2.32	4.90
	企业职工	668	3.6379	0.41847	0.01619	3.6061	3.6697	2.47	4.89
	个体业者	1198	3.5793	0.39793	0.01150	3.5567	3.6019	2.31	4.78
	技术人员	407	3.6082	0.42526	0.02108	3.5668	3.6497	2.42	4.74
	公务员	119	3.7460	0.44873	0.04113	3.6646	3.8275	2.17	4.63
	在校学生	753	3.6235	0.36927	0.01346	3.5971	3.6499	2.35	4.72
	退休人员	646	3.6822	0.38663	0.01521	3.6523	3.7121	2.47	4.74
	其他职业	962	3.5868	0.37567	0.01211	3.5631	3.6106	1.83	4.83
	总　数	6543	3.6303	0.38793	0.00480	3.6209	3.6397	1.83	4.90

表7-2　不同职业被试政治认同总分的方差分析结果

项目		平方和	df	均方	F	显著性
政治认同总分	组间	10.876	7	1.554	10.429	0.000
	组内	973.628	6535	0.149		
	总数	984.504	6542			

表7－3 不同职业被试政治认同总分的多重比较

因变量	(I)职业	(J)职业	均值差(I－J)	标准误	显著性	95%置信区间	
						下限	上限
政治认同总分	务农人员	企业职工	0.02851	0.01750	0.103	－0.0058	0.0628
		个体业者	0.08713*	0.01441	0.000	0.0589	0.1154
		技术人员	0.05818*	0.02120	0.006	0.0166	0.0997
		公务员	－0.07961*	0.03654	0.029	－0.1512	－0.0080
		在校学生	0.04290*	0.01677	0.011	0.0100	0.0758
		退休人员	－0.01578	0.01772	0.373	－0.0505	0.0189
		其他职业	0.07960*	0.01543	0.000	0.0493	0.1098
	企业职工	务农人员	－0.02851	0.01750	0.103	－0.0628	0.0058
		个体业者	0.05861*	0.01864	0.002	0.0221	0.0952
		技术人员	0.02967	0.02427	0.222	－0.0179	0.0772
		公务员	－0.10812*	0.03841	0.005	－0.1834	－0.0328
		在校学生	0.01439	0.02052	0.483	－0.0258	0.0546
		退休人员	－0.04430*	0.02130	0.038	－0.0861	－0.0025
		其他职业	0.05108*	0.01944	0.009	0.0130	0.0892
	个体业者	务农人员	－0.08713*	0.01441	0.000	－0.1154	－0.0589
		企业职工	－0.05861*	0.01864	0.002	－0.0952	－0.0221
		技术人员	－0.02895	0.02215	0.191	－0.0724	0.0145
		公务员	－0.16673*	0.03710	0.000	－0.2395	－0.0940
		在校学生	－0.04423*	0.01795	0.014	－0.0794	－0.0090
		退休人员	－0.10291*	0.01884	0.000	－0.1398	－0.0660
		其他职业	－0.00753	0.01671	0.652	－0.0403	0.0252
	技术人员	务农人员	－0.05818*	0.02120	0.006	－0.0997	－0.0166
		企业职工	－0.02967	0.02427	0.222	－0.0772	0.0179
		个体业者	0.02895	0.02215	0.191	－0.0145	0.0724
		公务员	－0.13779*	0.04022	0.001	－0.2166	－0.0589
		在校学生	－0.01528	0.02375	0.520	－0.0618	0.0313
		退休人员	－0.07397*	0.02443	0.002	－0.1219	－0.0261
		其他职业	0.02142	0.02282	0.348	－0.0233	0.0662
	公务员	务农人员	0.07961*	0.03654	0.029	0.0080	0.1512
		企业职工	0.10812*	0.03841	0.005	0.0328	0.1834
		个体业者	0.16673*	0.03710	0.000	0.0940	0.2395
		技术人员	0.13779*	0.04022	0.001	0.0589	0.2166
		在校学生	0.12251*	0.03808	0.001	0.0479	0.1972
		退休人员	0.06382	0.03850	0.097	－0.0117	0.1393
		其他职业	0.15920*	0.03751	0.000	0.0857	0.2327

续表

因变量	(I)职业	(J)职业	均值差(I－J)	标准误	显著性	95%置信区间	
						下限	上限
政治认同总分	在校学生	务农人员	－ 0.04290 *	0.01677	0.011	－ 0.0758	－ 0.0100
		企业职工	－ 0.01439	0.02052	0.483	－ 0.0546	0.0258
		个体业者	0.04423 *	0.01795	0.014	0.0090	0.0794
		技术人员	0.01528	0.02375	0.520	－ 0.0313	0.0618
		公务员	－ 0.12251 *	0.03808	0.001	－ 0.1972	－ 0.0479
		退休人员	－ 0.05869 *	0.02070	0.005	－ 0.0993	－ 0.0181
		其他职业	0.03670	0.01878	0.051	－ 0.0001	0.0735
	退休人员	务农人员	0.01578	0.01772	0.373	－ 0.0189	0.0505
		企业职工	0.04430 *	0.02130	0.038	0.0025	0.0861
		个体业者	0.10291 *	0.01884	0.000	0.0660	0.1398
		技术人员	0.07397 *	0.02443	0.002	0.0261	0.1219
		公务员	－ 0.06382	0.03850	0.097	－ 0.1393	0.0117
		在校学生	0.05869 *	0.02070	0.005	0.0181	0.0993
		其他职业	0.09538 *	0.01963	0.000	0.0569	0.1339
	其他职业	务农人员	－ 0.07960 *	0.01543	0.000	－ 0.1098	－ 0.0493
		企业职工	－ 0.05108 *	0.01944	0.009	－ 0.0892	－ 0.0130
		个体业者	0.00753	0.01671	0.652	－ 0.0252	0.0403
		技术人员	－ 0.02142	0.02282	0.348	－ 0.0662	0.0233
		公务员	－ 0.15920 *	0.03751	0.000	－ 0.2327	－ 0.0857
		在校学生	－ 0.03670	0.01878	0.051	－ 0.0735	0.0001
		退休人员	－ 0.09538 *	0.01963	0.000	－ 0.1339	－ 0.0569

*. 均值差的显著性水平为0.05。

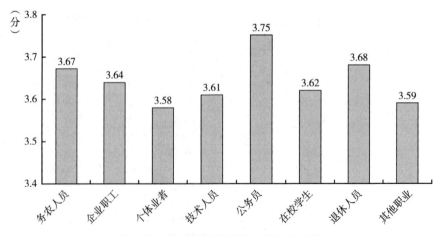

图7 不同职业被试的政治认同总分比较

二　不同职业公民的危机压力比较

不同职业被试的六种危机压力得分和危机压力总分情况，也可根据问卷调查的结果，分述于下。

（一）不同职业被试的政治危机压力比较

调查结果显示，在政治危机压力方面，务农人员被试的得分在 1.00～4.67 分之间，均值为 2.71，标准差为 0.70；工商企业职工被试的得分在 1.00～4.33 分之间，均值为 2.65，标准差为 0.78；个体经营和自由职业者被试的得分在 1.00～5.00 分之间，均值为 2.72，标准差为 0.69；专业技术人员被试的得分在 1.00～4.33 分之间，均值为 2.62，标准差为 0.73；公务员被试的得分在 1.00～4.33 分之间，均值为 2.68，标准差为 0.75；在校学生被试的得分在 1.00～4.67 分之间，均值为 2.76，标准差为 0.65；退休人员被试的得分在 1.00～5.00 分之间，均值为 2.62，标准差为 0.73；其他职业人员被试的得分在 1.00～4.33 分之间，均值为 2.74，标准差为 0.67。

对不同职业被试政治危机压力得分的差异性进行方差分析（见表 8-1、表 8-2、表 8-3 和图 8），显示不同职业被试的政治危机压力得分之间差异显著，$F = 4.068$，$p < 0.001$，具体表现为：（1）专业技术人员被试（$M = 2.62$，$SD = 0.73$）的得分显著低于务农人员被试（$M = 2.71$，$SD = 0.70$）、个体经营和自由职业者被试（$M = 2.72$，$SD = 0.69$）、在校学生被试（$M = 2.76$，$SD = 0.65$）、其他职业人员被试（$M = 2.74$，$SD = 0.67$），与工商企业职工被试（$M = 2.65$，$SD = 0.78$）、公务员被试（$M = 2.68$，$SD = 0.75$）、退休人员被试（$M = 2.62$，$SD = 0.73$）之间的得分差异不显著。（2）退休人员被试的得分显著低于务农人员、个体经营和自由职业者、在校学生、其他职业人员被试，与工商企业职工、公务员被试之间的得分差异不显著。（3）工商企业职工被试的得分显著低

于个体经营和自由职业者、在校学生、其他职业人员被试，与务农人员、公务员被试之间的得分差异不显著。（4）务农人员、个体经营和自由职业者、公务员、在校学生、其他职业人员五种被试两两之间的得分差异均不显著。

表8-1 不同职业被试政治危机压力得分的差异比较

项目		N	均值	标准差	标准误	95% 置信区间		极小值	极大值
						下限	上限		
政治危机压力	务农人员	1804	2.7055	0.69578	0.01638	2.6733	2.7376	1.00	4.67
	企业职工	674	2.6484	0.77574	0.02988	2.5897	2.7070	1.00	4.33
	个体业者	1200	2.7244	0.68828	0.01987	2.6855	2.7634	1.00	5.00
	技术人员	411	2.6172	0.73251	0.03613	2.5462	2.6882	1.00	4.33
	公务员	119	2.6807	0.75464	0.06918	2.5437	2.8177	1.00	4.33
	在校学生	758	2.7612	0.64791	0.02353	2.7150	2.8074	1.00	4.67
	退休人员	647	2.6177	0.72584	0.02854	2.5617	2.6738	1.00	5.00
	其他职业	964	2.7369	0.66738	0.02149	2.6947	2.7790	1.00	4.33
	总数	6577	2.6995	0.70128	0.00865	2.6826	2.7165	1.00	5.00

表8-2 不同职业被试政治危机压力得分的方差分析结果

项目		平方和	df	均方	F	显著性
政治危机压力	组间	13.959	7	1.994	4.068	0.000
	组内	3220.058	6569	0.490		
	总数	3234.017	6576			

表8-3 不同职业被试政治危机压力得分的多重比较

因变量	(I)职业	(J)职业	均值差(I-J)	标准误	显著性	95% 置信区间	
						下限	上限
政治危机压力	务农人员	企业职工	0.05710	0.03161	0.071	-0.0049	0.1191
		个体业者	-0.01898	0.02608	0.467	-0.0701	0.0322
		技术人员	0.08828 *	0.03827	0.021	0.0133	0.1633
		公务员	0.02480	0.06626	0.708	-0.1051	0.1547
		在校学生	-0.05574	0.03031	0.066	-0.1152	0.0037
		退休人员	0.08775 *	0.03208	0.006	0.0249	0.1506
		其他职业	-0.03139	0.02793	0.261	-0.0861	0.0234

因变量	(I)职业	(J)职业	均值差(I-J)	标准误	显著性	95%置信区间	
						下限	上限
政治危机压力	企业职工	务农人员	-0.05710	0.03161	0.071	-0.1191	0.0049
		个体业者	-0.07608 *	0.03370	0.024	-0.1421	-0.0100
		技术人员	0.03117	0.04382	0.477	-0.0547	0.1171
		公务员	-0.03230	0.06962	0.643	-0.1688	0.1042
		在校学生	-0.11285 *	0.03707	0.002	-0.1855	-0.0402
		退休人员	0.03065	0.03853	0.426	-0.0449	0.1062
		其他职业	-0.08849 *	0.03515	0.012	-0.1574	-0.0196
	个体业者	务农人员	0.01898	0.02608	0.467	-0.0322	0.0701
		企业职工	0.07608 *	0.03370	0.024	0.0100	0.1421
		技术人员	0.10725 *	0.04001	0.007	0.0288	0.1857
		公务员	0.04377	0.06729	0.515	-0.0881	0.1757
		在校学生	-0.03677	0.03248	0.258	-0.1004	0.0269
		退休人员	0.10672 *	0.03415	0.002	0.0398	0.1737
		其他职业	-0.01242	0.03028	0.682	-0.0718	0.0469
	技术人员	务农人员	-0.08828 *	0.03827	0.021	-0.1633	-0.0133
		企业职工	-0.03117	0.04382	0.477	-0.1171	0.0547
		个体业者	-0.10725 *	0.04001	0.007	-0.1857	-0.0288
		公务员	-0.06348	0.07288	0.384	-0.2064	0.0794
		在校学生	-0.14402 *	0.04289	0.001	-0.2281	-0.0599
		退休人员	-0.00053	0.04416	0.990	-0.0871	0.0860
		其他职业	-0.11967 *	0.04125	0.004	-0.2005	-0.0388
	公务员	务农人员	-0.02480	0.06626	0.708	-0.1547	0.1051
		企业职工	0.03230	0.06962	0.643	-0.1042	0.1688
		个体业者	-0.04377	0.06729	0.515	-0.1757	0.0881
		技术人员	0.06348	0.07288	0.384	-0.0794	0.2064
		在校学生	-0.08054	0.06904	0.243	-0.2159	0.0548
		退休人员	0.06295	0.06983	0.367	-0.0739	0.1998
		其他职业	-0.05619	0.06803	0.409	-0.1895	0.0772
	在校学生	务农人员	0.05574	0.03031	0.066	-0.0037	0.1152
		企业职工	0.11285 *	0.03707	0.002	0.0402	0.1855
		个体业者	0.03677	0.03248	0.258	-0.0269	0.1004
		技术人员	0.14402 *	0.04289	0.001	0.0599	0.2281
		公务员	0.08054	0.06904	0.243	-0.0548	0.2159
		退休人员	0.14349 *	0.03747	0.000	0.0700	0.2170
		其他职业	0.02435	0.03399	0.474	-0.0423	0.0910

续表

因变量	(I)职业	(J)职业	均值差(I-J)	标准误	显著性	95%置信区间	
						下限	上限
政治危机压力	退休人员	务农人员	-0.08775*	0.03208	0.006	-0.1506	-0.0249
		企业职工	-0.03065	0.03853	0.426	-0.1062	0.0449
		个体业者	-0.10672*	0.03415	0.002	-0.1737	-0.0398
		技术人员	0.00053	0.04416	0.990	-0.0860	0.0871
		公务员	-0.06295	0.06983	0.367	-0.1998	0.0739
		在校学生	-0.14349*	0.03747	0.000	-0.2170	-0.0700
		其他职业	-0.11914*	0.03558	0.001	-0.1889	-0.0494
	其他职业	务农人员	0.03139	0.02793	0.261	-0.0234	0.0861
		企业职工	0.08849*	0.03515	0.012	0.0196	0.1574
		个体业者	0.01242	0.03028	0.682	-0.0469	0.0718
		技术人员	0.11967*	0.04125	0.004	0.0388	0.2005
		公务员	0.05619	0.06803	0.409	-0.0772	0.1895
		在校学生	-0.02435	0.03399	0.474	-0.0910	0.0423
		退休人员	0.11914*	0.03558	0.001	0.0494	0.1889

*. 均值差的显著性水平为0.05。

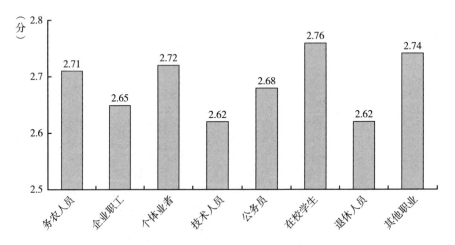

图8 不同职业被试的政治危机压力得分比较

（二）不同职业被试的经济危机压力比较

调查结果显示，在经济危机压力方面，务农人员被试的得分在1.00~4.67分之间，均值为2.40，标准差为0.60；工商企业职工被试的得分在

1.00~4.67分之间，均值为2.41，标准差为0.68；个体经营和自由职业者被试的得分在1.00~5.00分之间，均值为2.49，标准差为0.62；专业技术人员被试的得分在1.00~4.67分之间，均值为2.42，标准差为0.65；公务员被试的得分在1.00~4.67分之间，均值为2.33，标准差为0.65；在校学生被试的得分在1.00~4.67分之间，均值为2.42，标准差为0.56；退休人员被试的得分在1.00~4.33分之间，均值为2.38，标准差为0.62；其他职业人员被试的得分在1.00~5.00分之间，均值为2.47，标准差为0.66。

对不同职业被试经济危机压力得分的差异性进行方差分析（见表9-1、表9-2、表9-3和图9），显示不同职业被试的经济危机压力得分之间差异显著，$F = 3.811$，$p < 0.001$，具体表现为：（1）个体经营和自由职业者被试（$M = 2.49$，$SD = 0.62$）的得分显著高于务农人员被试（$M = 2.40$，$SD = 0.60$）、工商企业职工被试（$M = 2.41$，$SD = 0.68$）、专业技术人员被试（$M = 2.42$，$SD = 0.65$）、公务员被试（$M = 2.33$，$SD = 0.65$）、在校学生被试（$M = 2.42$，$SD = 0.56$）、退休人员被试（$M = 2.38$，$SD = 0.62$），与其他职业人员被试（$M = 2.47$，$SD = 0.66$）之间的得分差异不显著。（2）其他职业人员被试的得分显著高于务农人员、公务员、退休人员被试，与工商企业职工、专业技术人员、在校学生被试之间的得分差异不显著。（3）务农人员、公务员、退休人员、工商企业职工、专业技术人员、在校学生六种被试两两之间的得分差异均不显著。

表9-1 不同职业被试经济危机压力得分的差异比较

| 项目 | | N | 均值 | 标准差 | 标准误 | 95%置信区间 | | 极小值 | 极大值 |
						下限	上限		
经济危机压力	务农人员	1797	2.4022	0.59769	0.01410	2.3745	2.4298	1.00	4.67
	企业职工	672	2.4067	0.67621	0.02609	2.3555	2.4580	1.00	4.67
	个体业者	1196	2.4925	0.62061	0.01795	2.4573	2.5277	1.00	5.00
	技术人员	410	2.4163	0.64610	0.03191	2.3535	2.4790	1.00	4.67
	公务员	119	2.3333	0.64513	0.05914	2.2162	2.4504	1.00	4.67
	在校学生	756	2.4175	0.56050	0.02039	2.3775	2.4576	1.00	4.67
	退休人员	648	2.3843	0.62159	0.02442	2.3363	2.4322	1.00	4.33
	其他职业	961	2.4658	0.65583	0.02116	2.4243	2.5074	1.00	5.00
	总数	6559	2.4281	0.62221	0.00768	2.4130	2.4431	1.00	5.00

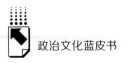

表9-2 不同职业被试经济危机压力得分的方差分析结果

项目		平方和	df	均方	F	显著性
经济危机压力	组间	10.297	7	1.471	3.811	0.000
	组内	2528.622	6551	0.386		
	总数	2538.919	6558			

表9-3 不同职业被试经济危机压力得分的多重比较

因变量	(I)职业	(J)职业	均值差(I-J)	标准误	显著性	95%置信区间	
						下限	上限
经济危机压力	务农人员	企业职工	-0.00459	0.02809	0.870	-0.0597	0.0505
		个体业者	-0.09032 *	0.02318	0.000	-0.1358	-0.0449
		技术人员	-0.01411	0.03400	0.678	-0.0808	0.0525
		公务员	0.06882	0.05881	0.242	-0.0465	0.1841
		在校学生	-0.01540	0.02693	0.568	-0.0682	0.0374
		退休人员	0.01789	0.02847	0.530	-0.0379	0.0737
		其他职业	-0.06368 *	0.02483	0.010	-0.1124	-0.0150
	企业职工	务农人员	0.00459	0.02809	0.870	-0.0505	0.0597
		个体业者	-0.08573 *	0.02995	0.004	-0.1444	-0.0270
		技术人员	-0.00951	0.03893	0.807	-0.0858	0.0668
		公务员	0.07341	0.06179	0.235	-0.0477	0.1945
		在校学生	-0.01080	0.03294	0.743	-0.0754	0.0538
		退休人员	0.02249	0.03421	0.511	-0.0446	0.0895
		其他职业	-0.05909	0.03124	0.059	-0.1203	0.0022
	个体业者	务农人员	0.09032 *	0.02318	0.000	0.0449	0.1358
		企业职工	0.08573 *	0.02995	0.004	0.0270	0.1444
		技术人员	0.07621 *	0.03556	0.032	0.0065	0.1459
		公务员	0.15914 *	0.05972	0.008	0.0421	0.2762
		在校学生	0.07493 *	0.02887	0.009	0.0183	0.1315
		退休人员	0.10822 *	0.03031	0.000	0.0488	0.1676
		其他职业	0.02664	0.02691	0.322	-0.0261	0.0794
	技术人员	务农人员	0.01411	0.03400	0.678	-0.0525	0.0808
		企业职工	0.00951	0.03893	0.807	-0.0668	0.0858
		个体业者	-0.07621 *	0.03556	0.032	-0.1459	-0.0065
		公务员	0.08293	0.06469	0.200	-0.0439	0.2097
		在校学生	-0.00129	0.03811	0.973	-0.0760	0.0734
		退休人员	0.03200	0.03921	0.414	-0.0449	0.1089
		其他职业	-0.04957	0.03665	0.176	-0.1214	0.0223

因变量	(I)职业	(J)职业	均值差(I-J)	标准误	显著性	95%置信区间	
						下限	上限
经济危机压力	公务员	务农人员	-0.06882	0.05881	0.242	-0.1841	0.0465
		企业职工	-0.07341	0.06179	0.235	-0.1945	0.0477
		个体业者	-0.15914*	0.05972	0.008	-0.2762	-0.0421
		技术人员	-0.08293	0.06469	0.200	-0.2097	0.0439
		在校学生	-0.08422	0.06127	0.169	-0.2043	0.0359
		退休人员	-0.05093	0.06196	0.411	-0.1724	0.0705
		其他职业	-0.13250*	0.06038	0.028	-0.2509	-0.0141
	在校学生	务农人员	0.01540	0.02693	0.568	-0.0374	0.0682
		企业职工	0.01080	0.03294	0.743	-0.0538	0.0754
		个体业者	-0.07493*	0.02887	0.009	-0.1315	-0.0183
		技术人员	0.00129	0.03811	0.973	-0.0734	0.0760
		公务员	0.08422	0.06127	0.169	-0.0359	0.2043
		退休人员	0.03329	0.03326	0.317	-0.0319	0.0985
		其他职业	-0.04829	0.03020	0.110	-0.1075	0.0109
	退休人员	务农人员	-0.01789	0.02847	0.530	-0.0737	0.0379
		企业职工	-0.02249	0.03421	0.511	-0.0895	0.0446
		个体业者	-0.10822*	0.03031	0.000	-0.1676	-0.0488
		技术人员	-0.03200	0.03921	0.414	-0.1089	0.0449
		公务员	0.05093	0.06196	0.411	-0.0705	0.1724
		在校学生	-0.03329	0.03326	0.317	-0.0985	0.0319
		其他职业	-0.08157*	0.03158	0.010	-0.1435	-0.0197
	其他职业	务农人员	0.06368*	0.02483	0.010	0.0150	0.1124
		企业职工	0.05909	0.03124	0.059	-0.0022	0.1203
		个体业者	-0.02664	0.02691	0.322	-0.0794	0.0261
		技术人员	0.04957	0.03665	0.176	-0.0223	0.1214
		公务员	0.13250*	0.06038	0.028	0.0141	0.2509
		在校学生	0.04829	0.03020	0.110	-0.0109	0.1075
		退休人员	0.08157*	0.03158	0.010	0.0197	0.1435

*. 均值差的显著性水平为0.05。

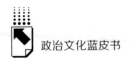

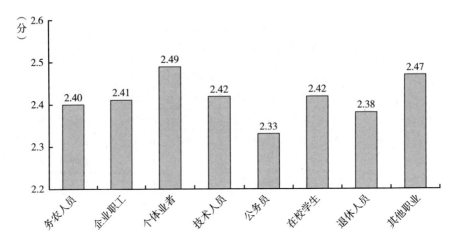

图9 不同职业被试的经济危机压力得分比较

（三）不同职业被试的社会危机压力比较

调查结果显示，在社会危机压力方面，务农人员被试的得分在1.00～5.00分之间，均值为2.82，标准差为0.68；工商企业职工被试的得分在1.00～5.00分之间，均值为2.80，标准差为0.80；个体经营和自由职业者被试的得分在1.00～5.00分之间，均值为2.87，标准差为0.69；专业技术人员被试的得分在1.00～5.00分之间，均值为2.79，标准差为0.72；公务员被试的得分在1.00～4.33分之间，均值为2.74，标准差为0.78；在校学生被试的得分在1.00～4.67分之间，均值为2.84，标准差为0.68；退休人员被试的得分在1.00～4.33分之间，均值为2.71，标准差为0.74；其他职业人员被试的得分在1.00～5.00分之间，均值为2.89，标准差为0.67。

对不同职业被试社会危机压力得分的差异性进行方差分析（见表10-1、表10-2、表10-3和图10），显示不同职业被试的社会危机压力得分之间差异显著，$F = 4.669$，$p < 0.001$，具体表现为：（1）退休人员被试（$M = 2.71$，$SD = 0.74$）的得分显著低于务农人员被试（$M = 2.82$，$SD = 0.68$）、工商企业职工被试（$M = 2.80$，$SD = 0.80$）、个体经营和自由职业者被试（$M = 2.87$，$SD = 0.69$）、在校学生被试（$M = 2.84$，$SD = 0.68$）、其他职业人员被试（$M = 2.89$，

$SD=0.67$），与公务员被试（$M=2.74$，$SD=0.78$）、专业技术人员被试（$M=2.79$，$SD=0.72$）之间的得分差异不显著。（2）其他职业人员被试的得分显著高于务农人员、工商企业职工、专业技术人员、公务员被试，与个体经营和自由职业者、在校学生被试之间的得分差异不显著。（3）务农人员的得分显著低于个体经营和自由职业者被试，与工商企业职工、专业技术人员、公务员、在校学生被试之间的得分差异不显著。（4）工商企业职工、个体经营和自由职业者、专业技术人员、公务员、在校学生五种被试两两之间的得分差异均不显著。

表 10 - 1　不同职业被试社会危机压力得分的差异比较

项目		N	均值	标准差	标准误	95% 置信区间		极小值	极大值
						下限	上限		
社会危机压力	务农人员	1801	2.8151	0.67927	0.01601	2.7837	2.8465	1.00	5.00
	企业职工	671	2.8028	0.79885	0.03084	2.7422	2.8633	1.00	5.00
	个体业者	1197	2.8674	0.69228	0.02001	2.8282	2.9067	1.00	5.00
	技术人员	411	2.7924	0.71993	0.03551	2.7226	2.8622	1.00	5.00
	公务员	119	2.7395	0.78493	0.07195	2.5970	2.8820	1.00	4.33
	在校学生	756	2.8399	0.67617	0.02459	2.7917	2.8882	1.00	4.67
	退休人员	648	2.7114	0.74355	0.02921	2.6541	2.7688	1.00	4.33
	其他职业	964	2.8869	0.66737	0.02149	2.8447	2.9291	1.00	5.00
	总　数	6567	2.8238	0.70511	0.00870	2.8067	2.8408	1.00	5.00

表 10 - 2　不同职业被试社会危机压力得分的方差分析结果

项目		平方和	df	均方	F	显著性
社会危机压力	组间	16.187	7	2.312	4.669	0.000
	组内	3248.295	6559	0.495		
	总数	3264.482	6566			

表 10 - 3　不同职业被试社会危机压力得分的多重比较

因变量	(I)职业	(J)职业	均值差(I-J)	标准误	显著性	95% 置信区间	
						下限	上限
社会危机压力	务农人员	企业职工	0.01232	0.03183	0.699	- 0.0501	0.0747
		个体业者	- 0.05234 *	0.02624	0.046	- 0.1038	- 0.0009
		技术人员	0.02273	0.03847	0.555	- 0.0527	0.0981
		公务员	0.07561	0.06661	0.256	- 0.0550	0.2062
		在校学生	- 0.02484	0.03050	0.415	- 0.0846	0.0349
		退休人员	0.10368 *	0.03224	0.001	0.0405	0.1669
		其他职业	- 0.07183 *	0.02808	0.011	- 0.1269	- 0.0168

续表

因变量	（I）职业	（J）职业	均值差（I－J）	标准误	显著性	95%置信区间	
						下限	上限
社会危机压力	企业职工	务农人员	−0.01232	0.03183	0.699	−0.0747	0.0501
		个体业者	−0.06466	0.03394	0.057	−0.1312	0.0019
		技术人员	0.01041	0.04408	0.813	−0.0760	0.0968
		公务员	0.06329	0.07000	0.366	−0.0739	0.2005
		在校学生	−0.03717	0.03732	0.319	−0.1103	0.0360
		退休人员	0.09136 *	0.03876	0.018	0.0154	0.1673
		其他职业	−0.08415 *	0.03538	0.017	−0.1535	−0.0148
	个体业者	务农人员	0.05234 *	0.02624	0.046	0.0009	0.1038
		企业职工	0.06466	0.03394	0.057	−0.0019	0.1312
		技术人员	0.07507	0.04023	0.062	−0.0038	0.1539
		公务员	0.12795	0.06764	0.059	−0.0046	0.2606
		在校学生	0.02750	0.03269	0.400	−0.0366	0.0916
		退休人员	0.15603 *	0.03432	0.000	0.0887	0.2233
		其他职业	−0.01948	0.03045	0.522	−0.0792	0.0402
	技术人员	务农人员	−0.02273	0.03847	0.555	−0.0981	0.0527
		企业职工	−0.01041	0.04408	0.813	−0.0968	0.0760
		个体业者	−0.07507	0.04023	0.062	−0.1539	0.0038
		公务员	0.05288	0.07326	0.470	−0.0907	0.1965
		在校学生	−0.04757	0.04313	0.270	−0.1321	0.0370
		退休人员	0.08096	0.04438	0.068	−0.0060	0.1679
		其他职业	−0.09455 *	0.04146	0.023	−0.1758	−0.0133
	公务员	务农人员	−0.07561	0.06661	0.256	−0.2062	0.0550
		企业职工	−0.06329	0.07000	0.366	−0.2005	0.0739
		个体业者	−0.12795	0.06764	0.059	−0.2606	0.0046
		技术人员	−0.05288	0.07326	0.470	−0.1965	0.0907
		在校学生	−0.10045	0.06940	0.148	−0.2365	0.0356
		退休人员	0.02808	0.07019	0.689	−0.1095	0.1657
		其他职业	−0.14743 *	0.06838	0.031	−0.2815	−0.0134
	在校学生	务农人员	0.02484	0.03050	0.415	−0.0349	0.0846
		企业职工	0.03717	0.03732	0.319	−0.0360	0.1103
		个体业者	−0.02750	0.03269	0.400	−0.0916	0.0366
		技术人员	0.04757	0.04313	0.270	−0.0370	0.1321
		公务员	0.10045	0.06940	0.148	−0.0356	0.2365
		退休人员	0.12853 *	0.03767	0.001	0.0547	0.2024
		其他职业	−0.04698	0.03419	0.169	−0.1140	0.0200

因变量	(I)职业	(J)职业	均值差(I-J)	标准误	显著性	95%置信区间	
						下限	上限
社会危机压力	退休人员	务农人员	-0.10368*	0.03224	0.001	-0.1669	-0.0405
		企业职工	-0.09136*	0.03876	0.018	-0.1673	-0.0154
		个体业者	-0.15603*	0.03432	0.000	-0.2233	-0.0887
		技术人员	-0.08096	0.04438	0.068	-0.1679	0.0060
		公务员	-0.02808	0.07019	0.689	-0.1657	0.1095
		在校学生	-0.12853*	0.03767	0.001	-0.2024	-0.0547
		其他职业	-0.17551*	0.03575	0.000	-0.2456	-0.1054
	其他职业	务农人员	0.07183*	0.02808	0.011	0.0168	0.1269
		企业职工	0.08415*	0.03538	0.017	0.0148	0.1535
		个体业者	0.01948	0.03045	0.522	-0.0402	0.0792
		技术人员	0.09455*	0.04146	0.023	0.0133	0.1758
		公务员	0.14743*	0.06838	0.031	0.0134	0.2815
		在校学生	0.04698	0.03419	0.169	-0.0200	0.1140
		退休人员	0.17551*	0.03575	0.000	0.1054	0.2456

*. 均值差的显著性水平为0.05。

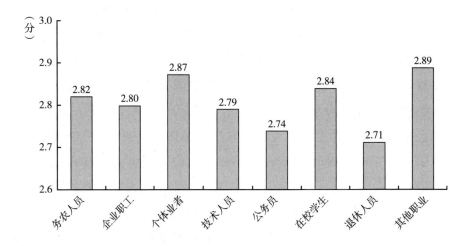

图10　不同职业被试的社会危机压力得分比较

（四）不同职业被试的文化危机压力比较

调查结果显示，在文化危机压力方面，务农人员被试的得分在 1.00 ~ 5.00 分之间，均值为 2.86，标准差为 0.63；工商企业职工被试的得分在 1.00 ~ 4.25 分之间，均值为 2.80，标准差为 0.74；个体经营和自由职业者被试的得分在 1.00 ~ 4.50 分之间，均值为 2.90，标准差为 0.62；专业技术人员被试的得分在 1.00 ~ 4.25 分之间，均值为 2.82，标准差为 0.67；公务员被试的得分在 1.00 ~ 4.00 分之间，均值为 2.74，标准差为 0.62；在校学生被试的得分在 1.00 ~ 4.50 分之间，均值为 2.90，标准差为 0.60；退休人员被试的得分在 1.00 ~ 4.75 分之间，均值为 2.79，标准差为 0.66；其他职业人员被试的得分在 1.00 ~ 4.75 分之间，均值为 2.85，标准差为 0.59。

对不同职业被试文化危机压力得分的差异性进行方差分析（见表 11 - 1、表 11 - 2、表 11 - 3 和图 11），显示不同职业被试的文化危机压力得分之间差异显著，$F = 3.456$，$p < 0.01$，具体表现为：（1）个体经营和自由职业者被试（$M = 2.90$，$SD = 0.62$）的得分显著高于工商企业职工被试（$M = 2.80$，$SD = 0.74$）、专业技术人员被试（$M = 2.82$，$SD = 0.67$）、公务员被试（$M = 2.74$，$SD = 0.62$）、退休人员被试（$M = 2.79$，$SD = 0.66$），与务农人员被试（$M = 2.86$，$SD = 0.63$）、在校学生被试（$M = 2.90$，$SD = 0.60$）、其他职业人员被试（$M = 2.85$，$SD = 0.59$）之间的得分差异不显著。（2）在校学生被试的得分显著高于工商企业职工、专业技术人员、公务员、退休人员被试，与务农人员、其他职业人员被试之间的得分差异不显著。（3）退休人员被试的得分显著低于务农人员被试，与工商企业职工、专业技术人员、公务员、其他职业人员被试之间的得分差异不显著。（4）务农人员、工商企业职工、专业技术人员、公务员、其他职业人员五种被试两两之间的得分差异均不显著。

表 11-1　不同职业被试文化危机压力得分的差异比较

项目		N	均值	标准差	标准误	95% 置信区间		极小值	极大值
						下限	上限		
文化危机压力	务农人员	1804	2.8571	0.62553	0.01473	2.8282	2.8860	1.00	5.00
	企业职工	673	2.8046	0.73818	0.02845	2.7487	2.8605	1.00	4.25
	个体业者	1199	2.8960	0.62382	0.01802	2.8606	2.9313	1.00	4.50
	技术人员	411	2.8236	0.67279	0.03319	2.7584	2.8888	1.00	4.25
	公务员	119	2.7416	0.62346	0.05715	2.6284	2.8548	1.00	4.00
	在校学生	757	2.9039	0.60059	0.02183	2.8610	2.9467	1.00	4.50
	退休人员	647	2.7948	0.65933	0.02592	2.7439	2.8457	1.00	4.75
	其他职业	963	2.8520	0.59245	0.01909	2.8146	2.8895	1.00	4.75
	总数	6573	2.8531	0.63743	0.00786	2.8377	2.8686	1.00	5.00

表 11-2　不同职业被试文化危机压力得分的方差分析结果

项目		平方和	df	均方	F	显著性
文化危机压力	组间	9.803	7	1.400	3.456	0.001
	组内	2660.512	6565	0.405		
	总数	2670.315	6572			

表 11-3　不同职业被试文化危机压力得分的多重比较

因变量	(I)职业	(J)职业	均值差(I-J)	标准误	显著性	95% 置信区间	
						下限	上限
文化危机压力	务农人员	企业职工	0.05252	0.02875	0.068	-0.0039	0.1089
		个体业者	-0.03883	0.02372	0.102	-0.0853	0.0077
		技术人员	0.03352	0.03479	0.335	-0.0347	0.1017
		公务员	0.11553	0.06025	0.055	-0.0026	0.2336
		在校学生	-0.04677	0.02757	0.090	-0.1008	0.0073
		退休人员	0.06230 *	0.02917	0.033	0.0051	0.1195
		其他职业	0.00510	0.02541	0.841	-0.0447	0.0549
	企业职工	务农人员	-0.05252	0.02875	0.068	-0.1089	0.0039
		个体业者	-0.09135 *	0.03066	0.003	-0.1515	-0.0312
		技术人员	-0.01899	0.03985	0.634	-0.0971	0.0591
		公务员	0.06301	0.06331	0.320	-0.0611	0.1871
		在校学生	-0.09929 *	0.03373	0.003	-0.1654	-0.0332
		退休人员	0.00978	0.03505	0.780	-0.0589	0.0785
		其他职业	-0.04742	0.03198	0.138	-0.1101	0.0153

续表

因变量	(I)职业	(J)职业	均值差(I-J)	标准误	显著性	95%置信区间	
						下限	上限
文化危机压力	个体业者	务农人员	0.03883	0.02372	0.102	-0.0077	0.0853
		企业职工	0.09135*	0.03066	0.003	0.0312	0.1515
		技术人员	0.07235*	0.03639	0.047	0.0010	0.1437
		公务员	0.15436*	0.06118	0.012	0.0344	0.2743
		在校学生	-0.00794	0.02955	0.788	-0.0659	0.0500
		退休人员	0.10113*	0.03105	0.001	0.0403	0.1620
		其他职业	0.04393	0.02755	0.111	-0.0101	0.0979
	技术人员	务农人员	-0.03352	0.03479	0.335	-0.1017	0.0347
		企业职工	0.01899	0.03985	0.634	-0.0591	0.0971
		个体业者	-0.07235*	0.03639	0.047	-0.1437	-0.0010
		公务员	0.08200	0.06627	0.216	-0.0479	0.2119
		在校学生	-0.08030*	0.03900	0.040	-0.1568	-0.0038
		退休人员	0.02878	0.04015	0.474	-0.0499	0.1075
		其他职业	-0.02842	0.03751	0.449	-0.1020	0.0451
	公务员	务农人员	-0.11553	0.06025	0.055	-0.2336	0.0026
		企业职工	-0.06301	0.06331	0.320	-0.1871	0.0611
		个体业者	-0.15436*	0.06118	0.012	-0.2743	-0.0344
		技术人员	-0.08200	0.06627	0.216	-0.2119	0.0479
		在校学生	-0.16230*	0.06278	0.010	-0.2854	-0.0392
		退休人员	-0.05323	0.06350	0.402	-0.1777	0.0712
		其他职业	-0.11043	0.06186	0.074	-0.2317	0.0108
	在校学生	务农人员	0.04677	0.02757	0.090	-0.0073	0.1008
		企业职工	0.09929*	0.03373	0.003	0.0332	0.1654
		个体业者	0.00794	0.02955	0.788	-0.0500	0.0659
		技术人员	0.08030*	0.03900	0.040	0.0038	0.1568
		公务员	0.16230*	0.06278	0.010	0.0392	0.2854
		退休人员	0.10907*	0.03408	0.001	0.0423	0.1759
		其他职业	0.05187	0.03092	0.093	-0.0087	0.1125
	退休人员	务农人员	-0.06230*	0.02917	0.033	-0.1195	-0.0051
		企业职工	-0.00978	0.03505	0.780	-0.0785	0.0589
		个体业者	-0.10113*	0.03105	0.001	-0.1620	-0.0403
		技术人员	-0.02878	0.04015	0.474	-0.1075	0.0499
		公务员	0.05323	0.06350	0.402	-0.0712	0.1777
		在校学生	-0.10907*	0.03408	0.001	-0.1759	-0.0423
		其他职业	-0.05720	0.03236	0.077	-0.1206	0.0062

因变量	(I)职业	(J)职业	均值差(I-J)	标准误	显著性	95%置信区间	
						下限	上限
文化危机压力	其他职业	务农人员	-0.00510	0.02541	0.841	-0.0549	0.0447
		企业职工	0.04742	0.03198	0.138	-0.0153	0.1101
		个体业者	-0.04393	0.02755	0.111	-0.0979	0.0101
		技术人员	0.02842	0.03751	0.449	-0.0451	0.1020
		公务员	0.11043	0.06186	0.074	-0.0108	0.2317
		在校学生	-0.05187	0.03092	0.093	-0.1125	0.0087
		退休人员	0.05720	0.03236	0.077	-0.0062	0.1206

*. 均值差的显著性水平为 0.05。

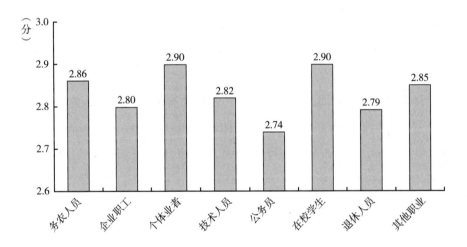

图11　不同职业被试的文化危机压力得分比较

（五）不同职业被试的生态危机压力比较

调查结果显示，在生态危机压力方面，务农人员被试的得分在 1.00 ~ 5.00 分之间，均值为 3.21，标准差为 0.73；工商企业职工被试的得分在 1.00 ~ 5.00 分之间，均值为 3.16，标准差为 0.74；个体经营和自由职业者被试的得分在 1.00 ~ 5.00 分之间，均值为 3.29，标准差为 0.73；专业技术人员被试的得分在 1.00 ~ 5.00 分之间，均值为 3.29，标准差为 0.76；公务员被试的得分在 1.00 ~ 4.67 分之间，均值为 3.24，标准差为 0.75；在校学生被试的得分在 1.00~5.00 分之间，均值为 3.30，标准差为 0.72；退休人员被试的得分在 1.00~5.00 分之间，均值为 3.11，标准差为 0.73；其他职业人员被试的得分在 1.00~5.00 分之间，均值为 3.27，标准差为 0.76。

对不同职业被试生态危机压力得分的差异性进行方差分析（见表 12-1、表 12-2、表 12-3 和图 12），显示不同职业被试的生态危机压力得分之间差异显著，$F = 6.360$，$p < 0.001$，具体表现为：（1）退休人员被试（$M = 3.11$，$SD = 0.73$）的得分显著低于务农人员被试（$M = 3.21$，$SD = 0.73$）、个体经营和自由职业者被试（$M = 3.29$，$SD = 0.73$）、专业技术人员被试（$M = 3.29$，$SD = 0.76$）、在校学生被试（$M = 3.30$，$SD = 0.72$）、其他职业人员被试（$M = 3.27$，$SD = 0.76$），与工商企业职工被试（$M = 3.16$，$SD = 0.74$）、公务员被试（$M = 3.24$，$SD = 0.75$）之间的得分差异不显著。（2）工商企业职工被试的得分显著低于个体经营和自由职业者、专业技术人员、在校学生、其他职业人员被试，与务农人员、公务员被试之间的得分差异不显著。（3）务农人员被试的得分显著低于个体经营和自由职业者、专业技术人员、在校学生被试，与公务员、其他职业人员被试之间的得分差异不显著。（4）个体经营和自由职业者、专业技术人员、公务员、在校学生、其他职业人员五种被试两两之间的得分差异均不显著。

表 12-1　不同职业被试生态危机压力得分的差异比较

项目		N	均值	标准差	标准误	95% 置信区间		极小值	极大值
						下限	上限		
生态危机压力	务农人员	1803	3.2104	0.72920	0.01717	3.1767	3.2441	1.00	5.00
	企业职工	673	3.1555	0.73705	0.02841	3.0997	3.2113	1.00	5.00
	个体业者	1200	3.2867	0.73354	0.02118	3.2451	3.3282	1.00	5.00
	技术人员	411	3.2920	0.76450	0.03771	3.2178	3.3661	1.00	5.00
	公务员	119	3.2409	0.75280	0.06901	3.1042	3.3776	1.00	4.67
	在校学生	756	3.2981	0.72275	0.02629	3.2465	3.3497	1.00	5.00
	退休人员	648	3.1080	0.72940	0.02865	3.0518	3.1643	1.00	5.00
	其他职业	963	3.2651	0.75618	0.02437	3.2173	3.3130	1.00	5.00
总　数		6573	3.2324	0.73886	0.00911	3.2145	3.2502	1.00	5.00

表 12 - 2　不同职业被试生态危机压力得分的方差分析结果

项目		平方和	df	均方	F	显著性
生态危机压力	组间	24.168	7	3.453	6.360	0.000
	组内	3563.601	6565	0.543		
	总数	3587.768	6572			

表 12 - 3　不同职业被试生态危机压力得分的多重比较

因变量	(I)职业	(J)职业	均值差(I-J)	标准误	显著性	95%置信区间	
						下限	上限
生态危机压力	务农人员	企业职工	0.05487	0.03328	0.099	-0.0104	0.1201
		个体业者	-0.07628*	0.02745	0.005	-0.1301	-0.0225
		技术人员	-0.08158*	0.04027	0.043	-0.1605	-0.0026
		公务员	-0.03051	0.06973	0.662	-0.1672	0.1062
		在校学生	-0.08767*	0.03192	0.006	-0.1502	-0.0251
		退休人员	0.10237*	0.03375	0.002	0.0362	0.1685
		其他职业	-0.05475	0.02941	0.063	-0.1124	0.0029
	企业职工	务农人员	-0.05487	0.03328	0.099	-0.1201	0.0104
		个体业者	-0.13114*	0.03548	0.000	-0.2007	-0.0616
		技术人员	-0.13645*	0.04612	0.003	-0.2269	-0.0460
		公务员	-0.08537	0.07327	0.244	-0.2290	0.0583
		在校学生	-0.14254*	0.03905	0.000	-0.2191	-0.0660
		退休人员	0.04750	0.04055	0.241	-0.0320	0.1270
		其他职业	-0.10962*	0.03702	0.003	-0.1822	-0.0371
	个体业者	务农人员	0.07628*	0.02745	0.005	0.0225	0.1301
		企业职工	0.13114*	0.03548	0.000	0.0616	0.2007
		技术人员	-0.00530	0.04211	0.900	-0.0878	0.0772
		公务员	0.04577	0.07081	0.518	-0.0930	0.1846
		在校学生	-0.01139	0.03421	0.739	-0.0785	0.0557
		退休人员	0.17864*	0.03592	0.000	0.1082	0.2491
		其他职业	0.02152	0.03188	0.500	-0.0410	0.0840
	技术人员	务农人员	0.08158*	0.04027	0.043	0.0026	0.1605
		企业职工	0.13645*	0.04612	0.003	0.0460	0.2269
		个体业者	0.00530	0.04211	0.900	-0.0772	0.0878
		公务员	0.05107	0.07670	0.505	-0.0993	0.2014
		在校学生	-0.00609	0.04515	0.893	-0.0946	0.0824
		退休人员	0.18395*	0.04646	0.000	0.0929	0.2750
		其他职业	0.02683	0.04341	0.537	-0.0583	0.1119

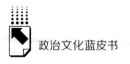

续表

因变量	(I)职业	(J)职业	均值差(I-J)	标准误	显著性	95%置信区间	
						下限	上限
生态危机压力	公务员	务农人员	0.03051	0.06973	0.662	-0.1062	0.1672
		企业职工	0.08537	0.07327	0.244	-0.0583	0.2290
		个体业者	-0.04577	0.07081	0.518	-0.1846	0.0930
		技术人员	-0.05107	0.07670	0.505	-0.2014	0.0993
		在校学生	-0.05716	0.07266	0.431	-0.1996	0.0853
		退休人员	0.13287	0.07348	0.071	-0.0112	0.2769
		其他职业	-0.02425	0.07159	0.735	-0.1646	0.1161
	在校学生	务农人员	0.08767 *	0.03192	0.006	0.0251	0.1502
		企业职工	0.14254 *	0.03905	0.000	0.0660	0.2191
		个体业者	0.01139	0.03421	0.739	-0.0557	0.0785
		技术人员	0.00609	0.04515	0.893	-0.0824	0.0946
		公务员	0.05716	0.07266	0.431	-0.0853	0.1996
		退休人员	0.19004 *	0.03944	0.000	0.1127	0.2674
		其他职业	0.03292	0.03580	0.358	-0.0373	0.1031
	退休人员	务农人员	-0.10237 *	0.03375	0.002	-0.1685	-0.0362
		企业职工	-0.04750	0.04055	0.241	-0.1270	0.0320
		个体业者	-0.17864 *	0.03592	0.000	-0.2491	-0.1082
		技术人员	-0.18395 *	0.04646	0.000	-0.2750	-0.0929
		公务员	-0.13287	0.07348	0.071	-0.2769	0.0112
		在校学生	-0.19004 *	0.03944	0.000	-0.2674	-0.1127
		其他职业	-0.15712 *	0.03743	0.000	-0.2305	-0.0837
	其他职业	务农人员	0.05475	0.02941	0.063	-0.0029	0.1124
		企业职工	0.10962 *	0.03702	0.003	0.0371	0.1822
		个体业者	-0.02152	0.03188	0.500	-0.0840	0.0410
		技术人员	-0.02683	0.04341	0.537	-0.1119	0.0583
		公务员	0.02425	0.07159	0.735	-0.1161	0.1646
		在校学生	-0.03292	0.03580	0.358	-0.1031	0.0373
		退休人员	0.15712 *	0.03743	0.000	0.0837	0.2305

*. 均值差的显著性水平为0.05。

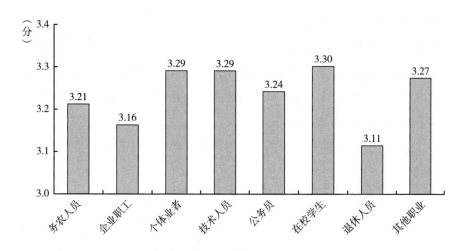

图12　不同职业被试的生态危机压力得分比较

（六）不同职业被试的国际性危机压力比较

调查结果显示，在国际性危机压力方面，务农人员被试的得分在 1.00～4.67 分之间，均值为 3.04，标准差为 0.52；工商企业职工被试的得分在 1.00～4.33 分之间，均值为 2.99，标准差为 0.53；个体经营和自由职业者被试的得分在 1.33～4.33 分之间，均值为 3.08，标准差为 0.45；专业技术人员被试的得分在 1.33～4.67 分之间，均值为 3.00，标准差为 0.49；公务员被试的得分在 1.67～4.00 分之间，均值为 3.02，标准差为 0.41；在校学生被试的得分在 1.33～4.33 分之间，均值为 3.04，标准差为 0.45；退休人员被试的得分在 1.33～4.67 分之间，均值为 3.04，标准差为 0.47；其他职业人员被试的得分在 1.33～5.00 分之间，均值为 3.03，标准差为 0.45。

对不同职业被试国际性危机压力得分的差异性进行方差分析（见表 13 - 1、表 13 - 2、表 13 - 3 和图 13），显示不同职业被试的国际性危机压力得分之间差异显著，$F = 2.846$，$p < 0.01$，具体表现为：（1）个体经营和自由职业者被试（$M = 3.08$，$SD = 0.45$）的得分显著高于务农人员被试（$M = 3.04, SD = 0.52$）、工商企业职工被试（$M = 2.99$，$SD = 0.53$）、专业技术人员被试（$M = 3.00$，$SD = 0.49$）、其他职业人员被试（$M = 3.03$，

$SD = 0.45$），与公务员被试（$M = 3.02$，$SD = 0.41$）、在校学生被试（$M = 3.04$，$SD = 0.45$）、退休人员被试（$M = 3.04$，$SD = 0.47$）之间的得分差异不显著。（2）工商企业职工被试的得分显著低于务农人员、在校学生被试，与专业技术人员、公务员、退休人员、其他职业人员被试之间的得分差异不显著。（3）务农人员、在校学生、专业技术人员、公务员、退休人员、其他职业人员六种被试两两之间的得分差异均不显著。

表 13-1　不同职业被试国际性危机压力得分的差异比较

项目		N	均值	标准差	标准误	95%置信区间		极小值	极大值
						下限	上限		
国际性危机压力	务农人员	1800	3.0352	0.52437	0.01236	3.0109	3.0594	1.00	4.67
	企业职工	673	2.9851	0.53462	0.02061	2.9447	3.0256	1.00	4.33
	个体业者	1200	3.0808	0.44744	0.01292	3.0555	3.1062	1.33	4.33
	技术人员	411	3.0032	0.49000	0.02417	2.9557	3.0508	1.33	4.67
	公务员	119	3.0196	0.40777	0.03738	2.9456	3.0936	1.67	4.00
	在校学生	756	3.0406	0.45274	0.01647	3.0082	3.0729	1.33	4.33
	退休人员	648	3.0365	0.46797	0.01838	3.0004	3.0726	1.33	4.67
	其他职业	959	3.0309	0.45139	0.01458	3.0023	3.0595	1.33	5.00
	总　数	6566	3.0362	0.48451	0.00598	3.0245	3.0480	1.00	5.00

表 13-2　不同职业被试国际性危机压力得分的方差分析结果

项目		平方和	df	均方	F	显著性
国际性危机压力	组间	4.667	7	0.667	2.846	0.006
	组内	1536.484	6558	0.234		
	总数	1541.151	6565			

表 13-3　不同职业被试国际性危机压力得分的多重比较

因变量	（I）职业	（J）职业	均值差（I-J）	标准误	显著性	95%置信区间	
						下限	上限
国际性危机压力	务农人员	企业职工	0.05004 *	0.02187	0.022	0.0072	0.0929
		个体业者	-0.04565 *	0.01804	0.011	-0.0810	-0.0103
		技术人员	0.03194	0.02646	0.227	-0.0199	0.0838
		公务员	0.01558	0.04581	0.734	-0.0742	0.1054
		在校学生	-0.00538	0.02098	0.798	-0.0465	0.0357
		退休人员	-0.00134	0.02217	0.952	-0.0448	0.0421
		其他职业	0.00425	0.01935	0.826	-0.0337	0.0422

因变量	（I）职业	（J）职业	均值差（I－J）	标准误	显著性	95% 置信区间	
						下限	上限
国际性危机压力	企业职工	务农人员	－ 0.05004 *	0.02187	0.022	－ 0.0929	－ 0.0072
		个体业者	－ 0.09569 *	0.02331	0.000	－ 0.1414	－ 0.0500
		技术人员	－ 0.01810	0.03030	0.550	－ 0.0775	0.0413
		公务员	－ 0.03447	0.04813	0.474	－ 0.1288	0.0599
		在校学生	－ 0.05542 *	0.02565	0.031	－ 0.1057	－ 0.0051
		退休人员	－ 0.05138	0.02664	0.054	－ 0.1036	0.0008
		其他职业	－ 0.04579	0.02434	0.060	－ 0.0935	0.0019
	个体业者	务农人员	0.04565 *	0.01804	0.011	0.0103	0.0810
		企业职工	0.09569 *	0.02331	0.000	0.0500	0.1414
		技术人员	0.07759 *	0.02766	0.005	0.0234	0.1318
		公务员	0.06123	0.04652	0.188	－ 0.0300	0.1524
		在校学生	0.04027	0.02248	0.073	－ 0.0038	0.0843
		退休人员	0.04431	0.02360	0.060	－ 0.0019	0.0906
		其他职业	0.04990 *	0.02097	0.017	0.0088	0.0910
	技术人员	务农人员	－ 0.03194	0.02646	0.227	－ 0.0838	0.0199
		企业职工	0.01810	0.03030	0.550	－ 0.0413	0.0775
		个体业者	－ 0.07759 *	0.02766	0.005	－ 0.1318	－ 0.0234
		公务员	－ 0.01636	0.05039	0.745	－ 0.1151	0.0824
		在校学生	－ 0.03732	0.02966	0.208	－ 0.0955	0.0208
		退休人员	－ 0.03328	0.03052	0.276	－ 0.0931	0.0266
		其他职业	－ 0.02769	0.02854	0.332	－ 0.0836	0.0283
	公务员	务农人员	－ 0.01558	0.04581	0.734	－ 0.1054	0.0742
		企业职工	0.03447	0.04813	0.474	－ 0.0599	0.1288
		个体业者	－ 0.06123	0.04652	0.188	－ 0.1524	0.0300
		技术人员	0.01636	0.05039	0.745	－ 0.0824	0.1151
		在校学生	－ 0.02096	0.04774	0.661	－ 0.1145	0.0726
		退休人员	－ 0.01691	0.04827	0.726	－ 0.1115	0.0777
		其他职业	－ 0.01133	0.04704	0.810	－ 0.1035	0.0809
	在校学生	务农人员	0.00538	0.02098	0.798	－ 0.0357	0.0465
		企业职工	0.05542 *	0.02565	0.031	0.0051	0.1057
		个体业者	－ 0.04027	0.02248	0.073	－ 0.0843	0.0038
		技术人员	0.03732	0.02966	0.208	－ 0.0208	0.0955
		公务员	0.02096	0.04774	0.661	－ 0.0726	0.1145
		退休人员	0.00404	0.02591	0.876	－ 0.0468	0.0548
		其他职业	0.00963	0.02354	0.683	－ 0.0365	0.0558

续表

因变量	（I）职业	（J）职业	均值差（I-J）	标准误	显著性	95% 置信区间	
						下限	上限
国际性危机压力	退休人员	务农人员	0.00134	0.02217	0.952	-0.0421	0.0448
		企业职工	0.05138	0.02664	0.054	-0.0008	0.1036
		个体业者	-0.04431	0.02360	0.060	-0.0906	0.0019
		技术人员	0.03328	0.03052	0.276	-0.0266	0.0931
		公务员	0.01691	0.04827	0.726	-0.0777	0.1115
		在校学生	-0.00404	0.02591	0.876	-0.0548	0.0468
		其他职业	0.00559	0.02461	0.820	-0.0427	0.0538
	其他职业	务农人员	-0.00425	0.01935	0.826	-0.0422	0.0337
		企业职工	0.04579	0.02434	0.060	-0.0019	0.0935
		个体业者	-0.04990 *	0.02097	0.017	-0.0910	-0.0088
		技术人员	0.02769	0.02854	0.332	-0.0283	0.0836
		公务员	0.01133	0.04704	0.810	-0.0809	0.1035
		在校学生	-0.00963	0.02354	0.683	-0.0558	0.0365
		退休人员	-0.00559	0.02461	0.820	-0.0538	0.0427

*．均值差的显著性水平为 0.05。

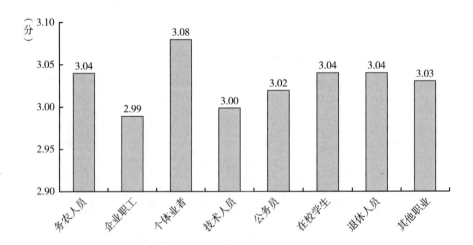

图 13　不同职业被试的国际性危机压力得分比较

（七）不同职业被试危机压力总分比较

调查结果显示，在危机压力总分方面，务农人员被试的得分在 1.44 ~ 4.14 分之间，均值为 2.84，标准差为 0.39；工商企业职工被试的得分在 1.28 ~ 3.67 分之间，均值为 2.80，标准差为 0.50；个体经营和自由职业者被试的得分在 1.39 ~ 4.06 分之间，均值为 2.89，标准差为 0.40；专业技术人员被试的得分在 1.22 ~ 3.68 分之间，均值为 2.82，标准差为 0.44；公务员被试的得分在 1.47 ~ 3.56 分之间，均值为 2.79，标准差为 0.45；在校学生被试的得分在 1.28 ~ 3.78 分之间，均值为 2.87，标准差为 0.38；退休人员被试的得分在 1.28 ~ 3.67 分之间，均值为 2.77，标准差为 0.45；其他职业人员被试的得分在 1.44 ~ 4.19 分之间，均值为 2.87，标准差为 0.40。

对不同职业被试危机压力总分的差异性进行方差分析（见表 14 - 1、表 14 - 2、表 14 - 3 和图 14），显示不同职业被试的危机压力总分之间差异显著，$F = 7.712$，$p < 0.001$，具体表现为：（1）个体经营和自由职业者被试（$M = 2.89$，$SD = 0.40$）的得分显著高于务农人员被试（$M = 2.84$，$SD = 0.39$）、工商企业职工被试（$M = 2.80$，$SD = 0.50$）、专业技术人员被试（$M = 2.82$，$SD = 0.44$）、公务员被试（$M = 2.79$，$SD = 0.45$）、退休人员被试（$M = 2.77$，$SD = 0.45$），与在校学生被试（$M = 2.87$，$SD = 0.38$）和其他职业人员被试（$M = 2.87$，$SD = 0.40$）之间的得分差异不显著。（2）在校学生被试的得分显著高于务农人员、工商企业职工、专业技术人员、公务员、退休人员被试，与其他职业人员被试之间的得分差异不显著。（3）其他职业人员被试的得分显著高于务农人员、工商企业职工、专业技术人员、公务员、退休人员被试。（4）务农人员被试的得分显著高于退休人员被试，与工商企业职工、专业技术人员、公务员被试之间的得分差异不显著。（5）工商企业职工、专业技术人员、公务员、退休人员四种被试两两之间的得分差异均不显著。

表14-1　不同职业被试危机压力总分的差异比较

项目		N	均值	标准差	标准误	95%置信区间		极小值	极大值
						下限	上限		
危机压力总分	务农人员	1785	2.8351	0.38584	0.00913	2.8172	2.8530	1.44	4.14
	企业职工	666	2.7986	0.50001	0.01937	2.7606	2.8367	1.28	3.67
	个体业者	1187	2.8912	0.39749	0.01154	2.8686	2.9139	1.39	4.06
	技术人员	410	2.8226	0.44104	0.02178	2.7797	2.8654	1.22	3.68
	公务员	119	2.7926	0.45204	0.04144	2.7105	2.8747	1.47	3.56
	在校学生	749	2.8743	0.37794	0.01381	2.8471	2.9014	1.28	3.78
	退休人员	646	2.7746	0.44640	0.01756	2.7401	2.8091	1.28	3.67
	其他职业	955	2.8721	0.40035	0.01295	2.8466	2.8975	1.44	4.19
	总数	6517	2.8440	0.41466	0.00514	2.8339	2.8540	1.22	4.19

表14-2　不同职业被试危机压力总分的方差分析结果

项目		平方和	df	均方	F	显著性
危机压力总分	组间	9.216	7	1.317	7.712	0.000
	组内	1111.184	6509	0.171		
	总数	1120.399	6516			

表14-3　不同职业被试危机压力总分的多重比较

因变量	(I)职业	(J)职业	均值差(I-J)	标准误	显著性	95%置信区间	
						下限	上限
危机压力总分	务农人员	企业职工	0.03647	0.01876	0.052	-0.0003	0.0732
		个体业者	-0.05614 *	0.01547	0.000	-0.0865	-0.0258
		技术人员	0.01254	0.02263	0.580	-0.0318	0.0569
		公务员	0.04250	0.03912	0.277	-0.0342	0.1192
		在校学生	-0.03916 *	0.01799	0.030	-0.0744	-0.0039
		退休人员	0.06053 *	0.01897	0.001	0.0233	0.0977
		其他职业	-0.03696 *	0.01656	0.026	-0.0694	-0.0045
	企业职工	务农人员	-0.03647	0.01876	0.052	-0.0732	0.0003
		个体业者	-0.09261 *	0.02000	0.000	-0.1318	-0.0534
		技术人员	-0.02393	0.02594	0.356	-0.0748	0.0269
		公务员	0.00603	0.04112	0.883	-0.0746	0.0866
		在校学生	-0.07563 *	0.02201	0.001	-0.1188	-0.0325
		退休人员	0.02406	0.02282	0.292	-0.0207	0.0688
		其他职业	-0.07343 *	0.02086	0.000	-0.1143	-0.0325

因变量	（I）职业	（J）职业	均值差（I－J）	标准误	显著性	95%置信区间	
						下限	上限
危机压力总分	个体业者	务农人员	0.05614*	0.01547	0.000	0.0258	0.0865
		企业职工	0.09261*	0.02000	0.000	0.0534	0.1318
		技术人员	0.06868*	0.02367	0.004	0.0223	0.1151
		公务员	0.09864*	0.03973	0.013	0.0208	0.1765
		在校学生	0.01698	0.01928	0.378	－0.0208	0.0548
		退休人员	0.11667*	0.02020	0.000	0.0771	0.1563
		其他职业	0.01918	0.01796	0.286	－0.0160	0.0544
	技术人员	务农人员	－0.01254	0.02263	0.580	－0.0569	0.0318
		企业职工	0.02393	0.02594	0.356	－0.0269	0.0748
		个体业者	－0.06868*	0.02367	0.004	－0.1151	－0.0223
		公务员	0.02996	0.04302	0.486	－0.0544	0.1143
		在校学生	－0.05170*	0.02538	0.042	－0.1015	－0.0019
		退休人员	0.04799	0.02609	0.066	－0.0032	0.0991
		其他职业	－0.04950*	0.02440	0.042	－0.0973	－0.0017
	公务员	务农人员	－0.04250	0.03912	0.277	－0.1192	0.0342
		企业职工	－0.00603	0.04112	0.883	－0.0866	0.0746
		个体业者	－0.09864*	0.03973	0.013	－0.1765	－0.0208
		技术人员	－0.02996	0.04302	0.486	－0.1143	0.0544
		在校学生	－0.08166*	0.04077	0.045	－0.1616	－0.0017
		退休人员	0.01803	0.04122	0.662	－0.0628	0.0988
		其他职业	－0.07946*	0.04017	0.048	－0.1582	－0.0007
	在校学生	务农人员	0.03916*	0.01799	0.030	0.0039	0.0744
		企业职工	0.07563*	0.02201	0.001	0.0325	0.1188
		个体业者	－0.01698	0.01928	0.378	－0.0548	0.0208
		技术人员	0.05170*	0.02538	0.042	0.0019	0.1015
		公务员	0.08166*	0.04077	0.045	0.0017	0.1616
		退休人员	0.09968*	0.02219	0.000	0.0562	0.1432
		其他职业	0.00220	0.02017	0.913	－0.0373	0.0417
	退休人员	务农人员	－0.06053*	0.01897	0.001	－0.0977	－0.0233
		企业职工	－0.02406	0.02282	0.292	－0.0688	0.0207
		个体业者	－0.11667*	0.02020	0.000	－0.1563	－0.0771
		技术人员	－0.04799	0.02609	0.066	－0.0991	0.0032
		公务员	－0.01803	0.04122	0.662	－0.0988	0.0628
		在校学生	－0.09968*	0.02219	0.000	－0.1432	－0.0562
		其他职业	－0.09749*	0.02105	0.000	－0.1387	－0.0562

续表

因变量	(I)职业	(J)职业	均值差(I−J)	标准误	显著性	95% 置信区间	
						下限	上限
危机压力总分	其他职业	务农人员	0.03696*	0.01656	0.026	0.0045	0.0694
		企业职工	0.07343*	0.02086	0.000	0.0325	0.1143
		个体业者	−0.01918	0.01796	0.286	−0.0544	0.0160
		技术人员	0.04950*	0.02440	0.042	0.0017	0.0973
		公务员	0.07946*	0.04017	0.048	0.0007	0.1582
		在校学生	−0.00220	0.02017	0.913	−0.0417	0.0373
		退休人员	0.09749*	0.02105	0.000	0.0562	0.1387

*. 均值差的显著性水平为0.05。

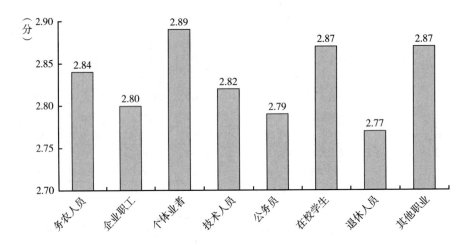

图14 不同职业被试的危机压力总分比较

三 不同职业公民政治指数的比较

2016年问卷调查显示的政治认同总分，即政治认同指数，指数最高的是公务员被试（3.75），第二是退休人员被试（3.68），第三是务农人员被试（3.67），第四是工商企业职工被试（3.64），第五是在校学生被试（3.62），第六是专业技术人员被试（3.61），第七是其他职业人员被试（3.59），指数最低的是个体经营和自由职业者被试（3.58）。需要特别注意的是公务员的政治指数显著高于务农人员、工商企业职工、个体经营和自由职业者、专业技术人员、在校学生和其他职业人员六种被试，个体经营和自由职业者被试的政治指数显著低于务农人员、工商企业职工、在校学生、退休人员四种被试（见表7－1、表7－2、表7－3）。

2016年问卷调查显示的危机压力指数（危机压力总分的反向计分），务农人员被试的得分在1.86~4.56分之间，均值为3.16，标准差为0.39；工商企业职工被试的得分在2.33~4.72分之间，均值为3.20，标准差为0.50；个体经营和自由职业者被试的得分在1.94~4.61分之间，均值为3.11，标准差为0.40；专业技术人员被试的得分在2.32~4.78分之间，均值为3.18，标准差为0.44；公务员被试的得分在2.44~4.53分之间，均值为3.21，标准差为0.45；在校学生被试的得分在2.22~4.72分之间，均值为3.13，标准差为0.38；退休人员被试的得分在2.33~4.72分之间，均值为3.23，标准差为0.45；其他职业人员被试的得分在1.81~4.56分之间，均值为3.13，标准差为0.40。

对不同职业被试危机压力指数的差异性进行方差分析（见表15－1、表15－2、表15－3和图15），显示不同职业被试的危机压力指数得分之间差异显著，$F = 7.712$，$p < 0.001$，具体表现为：（1）个体经营和自由职业者被试（$M = 3.11$，$SD = 0.40$）的得分显著低于务农人员被试（$M = 3.16$，$SD = 0.39$）、工商企业职工被试（$M = 3.20$，$SD = 0.50$）、专业技术人员被试（$M = 3.18$，$SD = 0.44$）、公务员被试（$M = 3.21$，$SD = 0.45$）、退休人员被试（$M = 3.23$，$SD = 0.45$），与在校学生被试（$M = 3.13$，$SD = 0.38$）、其他职业人员被试（$M = 3.13$，$SD = 0.40$）之间的得分差异不显著。（2）在校学生被试的得分显著低于务农人员、工商企业职工、专业技术人员、公务员、退休人员被试，与其他职业人员被试之间的得分差异不显著。（3）其他职业人员被试的得分显著低于务农人员、工商企业职工、专业技术人员、公务员、退休人员被试。

（4）退休人员被试的得分显著高于务农人员被试，与工商企业职工、专业技术人员、公务员被试之间的得分差异不显著。（5）务农人员、工商企业职工、专业技术人员、公务员四种被试两两之间的得分差异均不显著。

表 15−1　不同职业被试危机压力指数的差异比较

项目		N	均值	标准差	标准误	95% 置信区间		极小值	极大值
						下限	上限		
危机压力指数	务农人员	1785	3.1649	0.38584	0.00913	3.1470	3.1828	1.86	4.56
	企业职工	666	3.2014	0.50001	0.01937	3.1633	3.2394	2.33	4.72
	个体业者	1187	3.1088	0.39749	0.01154	3.0861	3.1314	1.94	4.61
	技术人员	410	3.1774	0.44104	0.02178	3.1346	3.2203	2.32	4.78
	公务员	119	3.2074	0.45204	0.04144	3.1253	3.2895	2.44	4.53
	在校学生	749	3.1257	0.37794	0.01381	3.0986	3.1529	2.22	4.72
	退休人员	646	3.2254	0.44640	0.01756	3.1909	3.2599	2.33	4.72
	其他职业	955	3.1279	0.40035	0.01295	3.1025	3.1534	1.81	4.56
	总　数	6517	3.1560	0.41466	0.00514	3.1460	3.1661	1.81	4.78

表 15−2　不同职业被试危机压力指数的方差分析结果

项目		平方和	df	均方	F	显著性
危机压力指数	组间	9.216	7	1.317	7.712	0.000
	组内	1111.184	6509	0.171		
	总数	1120.399	6516			

表 15−3　不同职业被试危机压力指数的多重比较

因变量	(I)职业	(J)职业	均值差(I−J)	标准误	显著性	95% 置信区间	
						下限	上限
危机压力指数	务农人员	企业职工	−0.03647	0.01876	0.052	−0.0732	0.0003
		个体业者	0.05614 *	0.01547	0.000	0.0258	0.0865
		技术人员	−0.01254	0.02263	0.580	−0.0569	0.0318
		公务员	−0.04250	0.03912	0.277	−0.1192	0.0342
		在校学生	0.03916 *	0.01799	0.030	0.0039	0.0744
		退休人员	−0.06053 *	0.01897	0.001	−0.0977	−0.0233
		其他职业	0.03696 *	0.01656	0.026	0.0045	0.0694

因变量	(I)职业	(J)职业	均值差(I-J)	标准误	显著性	95%置信区间	
						下限	上限
危机压力指数	企业职工	务农人员	0.03647	0.01876	0.052	-0.0003	0.0732
		个体业者	0.09261*	0.02000	0.000	0.0534	0.1318
		技术人员	0.02393	0.02594	0.356	-0.0269	0.0748
		公务员	-0.00603	0.04112	0.883	-0.0866	0.0746
		在校学生	0.07563*	0.02201	0.001	0.0325	0.1188
		退休人员	-0.02406	0.02282	0.292	-0.0688	0.0207
		其他职业	0.07343*	0.02086	0.000	0.0325	0.1143
	个体业者	务农人员	-0.05614*	0.01547	0.000	-0.0865	-0.0258
		企业职工	-0.09261*	0.02000	0.000	-0.1318	-0.0534
		技术人员	-0.06868*	0.02367	0.004	-0.1151	-0.0223
		公务员	-0.09864*	0.03973	0.013	-0.1765	-0.0208
		在校学生	-0.01698	0.01928	0.378	-0.0548	0.0208
		退休人员	-0.11667*	0.02020	0.000	-0.1563	-0.0771
		其他职业	-0.01918	0.01796	0.286	-0.0544	0.0160
	技术人员	务农人员	0.01254	0.02263	0.580	-0.0318	0.0569
		企业职工	-0.02393	0.02594	0.356	-0.0748	0.0269
		个体业者	0.06868*	0.02367	0.004	0.0223	0.1151
		公务员	-0.02996	0.04302	0.486	-0.1143	0.0544
		在校学生	0.05170*	0.02538	0.042	0.0019	0.1015
		退休人员	-0.04799	0.02609	0.066	-0.0991	0.0032
		其他职业	0.04950*	0.02440	0.042	0.0017	0.0973
	公务员	务农人员	0.04250	0.03912	0.277	-0.0342	0.1192
		企业职工	0.00603	0.04112	0.883	-0.0746	0.0866
		个体业者	0.09864*	0.03973	0.013	0.0208	0.1765
		技术人员	0.02996	0.04302	0.486	-0.0544	0.1143
		在校学生	0.08166*	0.04077	0.045	0.0017	0.1616
		退休人员	-0.01803	0.04122	0.662	-0.0988	0.0628
		其他职业	0.07946*	0.04017	0.048	0.0007	0.1582
	在校学生	务农人员	-0.03916*	0.01799	0.030	-0.0744	-0.0039
		企业职工	-0.07563*	0.02201	0.001	-0.1188	-0.0325
		个体业者	0.01698	0.01928	0.378	-0.0208	0.0548
		技术人员	-0.05170*	0.02538	0.042	-0.1015	-0.0019
		公务员	-0.08166*	0.04077	0.045	-0.1616	-0.0017
		退休人员	-0.09968*	0.02219	0.000	-0.1432	-0.0562
		其他职业	-0.00220	0.02017	0.913	-0.0417	0.0373

续表

因变量	（I）职业	（J）职业	均值差（I－J）	标准误	显著性	95%置信区间	
						下限	上限
危机压力指数	退休人员	务农人员	0.06053*	0.01897	0.001	0.0233	0.0977
		企业职工	0.02406	0.02282	0.292	－0.0207	0.0688
		个体业者	0.11667*	0.02020	0.000	0.0771	0.1563
		技术人员	0.04799	0.02609	0.066	－0.0032	0.0991
		公务员	0.01803	0.04122	0.662	－0.0628	0.0988
		在校学生	0.09968*	0.02219	0.000	0.0562	0.1432
		其他职业	0.09749*	0.02105	0.000	0.0562	0.1387
	其他职业	务农人员	－0.03696*	0.01656	0.026	－0.0694	－0.0045
		企业职工	－0.07343*	0.02086	0.000	－0.1143	－0.0325
		个体业者	0.01918	0.01796	0.286	－0.0160	0.0544
		技术人员	－0.04950*	0.02440	0.042	－0.0973	－0.0017
		公务员	－0.07946*	0.04017	0.048	－0.1582	－0.0007
		在校学生	0.00220	0.02017	0.913	－0.0373	0.0417
		退休人员	－0.09749*	0.02105	0.000	－0.1387	－0.0562

*．均值差的显著性水平为0.05。

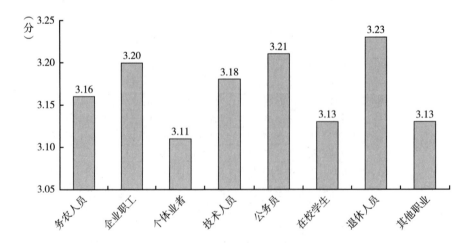

图15　不同职业被试的危机压力指数比较

2016 年问卷调查显示的政治总指数，务农人员被试的得分在 2.28～4.59 分之间，均值为 3.42，标准差为 0.32；工商企业职工被试的得分在 2.40～4.67 分之间，均值为 3.42，标准差为 0.42；个体经营和自由职业者被试的得分在 2.28～4.69 分之间，均值为 3.35，标准差为 0.35；专业技术人员被试的得分在 2.59～4.65 分之间，均值为 3.39，标准差为 0.38；公务员被试的得分在 2.65～4.52 分之间，均值为 3.48，标准差为 0.40；在校学生被试的得分在 2.49～4.59 分之间，均值为 3.38，标准差为 0.32；退休人员被试的得分在 2.54～4.64 分之间，均值为 3.45，标准差为 0.37；其他职业人员被试的得分在 2.22～4.57 分之间，均值为 3.36，标准差为 0.34。

对不同职业被试政治总指数的差异性进行方差分析（见表 16-1、表 16-2、表 16-3 和图 16），显示不同职业被试的政治总指数得分之间差异显著，$F = 10.113$，$p < 0.001$，具体表现为：（1）个体经营和自由职业者被试（$M = 3.35$，$SD = 0.35$）的得分显著低于务农人员被试（$M = 3.42$，$SD = 0.32$）、工商企业职工被试（$M = 3.42$，$SD = 0.42$）、专业技术人员被试（$M = 3.39$，$SD = 0.38$）、公务员被试（$M = 3.48$，$SD = 0.40$）、退休人员被试（$M = 3.45$，$SD = 0.37$），与在校学生被试（$M = 3.38$，$SD = 0.32$）、其他职业人员被试（$M = 3.36$，$SD = 0.34$）之间的得分差异不显著。（2）在校学生被试的得分显著低于务农人员、工商企业职工、公务员、退休人员被试，与专业技术人员、其他职业人员被试之间的得分差异不显著。（3）其他职业人员被试的得分显著低于务农人员、工商企业职工、公务员、退休人员被试，与专业技术人员被试之间的得分差异不显著。（4）退休人员被试的得分显著高于务农人员、专业技术人员被试，与工商企业职工、公务员被试之间的得分差异不显著。（5）务农人员、工商企业职工、专业技术人员、公务员四种被试两两之间的得分差异均不显著。

表 16-1　不同职业被试政治总指数的差异比较

项目		N	均值	标准差	标准误	95%置信区间		极小值	极大值
						下限	上限		
政治总指数	务农人员	1771	3.4159	0.31983	0.00760	3.4010	3.4308	2.28	4.59
	企业职工	660	3.4227	0.42213	0.01643	3.3904	3.4550	2.40	4.67
	个体业者	1184	3.3459	0.35233	0.01024	3.3258	3.3660	2.28	4.69
	技术人员	406	3.3926	0.38261	0.01899	3.3552	3.4299	2.59	4.65
	公务员	119	3.4767	0.40032	0.03670	3.4040	3.5494	2.65	4.52
	在校学生	744	3.3763	0.32473	0.01191	3.3530	3.3997	2.49	4.59
	退休人员	644	3.4544	0.37183	0.01465	3.4257	3.4832	2.54	4.64
	其他职业	953	3.3583	0.33750	0.01093	3.3369	3.3798	2.22	4.57
	总数	6481	3.3943	0.35311	0.00439	3.3857	3.4029	2.22	4.69

表 16-2　不同职业被试政治总指数的方差分析结果

项目		平方和	df	均方	F	显著性
政治总指数	组间	8.740	7	1.249	10.113	0.000
	组内	799.232	6473	0.123		
	总数	807.973	6480			

表 16-3　不同职业被试政治总指数的多重比较

因变量	(I)职业	(J)职业	均值差(I-J)	标准误	显著性	95%置信区间	
						下限	上限
政治总指数	务农人员	企业职工	-0.00680	0.01602	0.671	-0.0382	0.0246
		个体业者	0.06998 *	0.01319	0.000	0.0441	0.0958
		技术人员	0.02334	0.01933	0.227	-0.0146	0.0612
		公务员	-0.06081	0.03328	0.068	-0.1260	0.0044
		在校学生	0.03956 *	0.01535	0.010	0.0095	0.0697
		退休人员	-0.03853 *	0.01617	0.017	-0.0702	-0.0068
		其他职业	0.05756 *	0.01412	0.000	0.0299	0.0852
	企业职工	务农人员	0.00680	0.01602	0.671	-0.0246	0.0382
		个体业者	0.07678 *	0.01707	0.000	0.0433	0.1102
		技术人员	0.03014	0.02216	0.174	-0.0133	0.0736
		公务员	-0.05401	0.03500	0.123	-0.1226	0.0146
		在校学生	0.04636 *	0.01879	0.014	0.0095	0.0832
		退休人员	-0.03173	0.01946	0.103	-0.0699	0.0064
		其他职业	0.06436 *	0.01779	0.000	0.0295	0.0992

因变量	（I）职业	（J）职业	均值差（I－J）	标准误	显著性	95%置信区间	
						下限	上限
政治总指数	个体业者	务农人员	－0.06998*	0.01319	0.000	－0.0958	－0.0441
		企业职工	－0.07678*	0.01707	0.000	－0.1102	－0.0433
		技术人员	－0.04664*	0.02021	0.021	－0.0863	－0.0070
		公务员	－0.13079*	0.03379	0.000	－0.1970	－0.0645
		在校学生	－0.03042	0.01644	0.064	－0.0626	0.0018
		退休人员	－0.10851*	0.01720	0.000	－0.1422	－0.0748
		其他职业	－0.01242	0.01529	0.417	－0.0424	0.0176
	技术人员	务农人员	－0.02334	0.01933	0.227	－0.0612	0.0146
		企业职工	－0.03014	0.02216	0.174	－0.0736	0.0133
		个体业者	0.04664*	0.02021	0.021	0.0070	0.0863
		公务员	－0.08415*	0.03663	0.022	－0.1560	－0.0123
		在校学生	0.01622	0.02168	0.454	－0.0263	0.0587
		退休人员	－0.06187*	0.02227	0.005	－0.1055	－0.0182
		其他职业	0.03422	0.02082	0.100	－0.0066	0.0750
	公务员	务农人员	0.06081	0.03328	0.068	－0.0044	0.1260
		企业职工	0.05401	0.03500	0.123	－0.0146	0.1226
		个体业者	0.13079*	0.03379	0.000	0.0645	0.1970
		技术人员	0.08415*	0.03663	0.022	0.0123	0.1560
		在校学生	0.10037*	0.03469	0.004	0.0324	0.1684
		退休人员	0.02228	0.03506	0.525	－0.0465	0.0910
		其他职业	0.11837*	0.03416	0.001	0.0514	0.1853
	在校学生	务农人员	－0.03956*	0.01535	0.010	－0.0697	－0.0095
		企业职工	－0.04636*	0.01879	0.014	－0.0832	－0.0095
		个体业者	0.03042	0.01644	0.064	－0.0018	0.0626
		技术人员	－0.01622	0.02168	0.454	－0.0587	0.0263
		公务员	－0.10037*	0.03469	0.004	－0.1684	－0.0324
		退休人员	－0.07810*	0.01891	0.000	－0.1152	－0.0410
		其他职业	0.01799	0.01719	0.295	－0.0157	0.0517
	退休人员	务农人员	0.03853*	0.01617	0.017	0.0068	0.0702
		企业职工	0.03173	0.01946	0.103	－0.0064	0.0699
		个体业者	0.10851*	0.01720	0.000	0.0748	0.1422
		技术人员	0.06187*	0.02227	0.005	0.0182	0.1055
		公务员	－0.02228	0.03506	0.525	－0.0910	0.0465
		在校学生	0.07810*	0.01891	0.000	0.0410	0.1152
		其他职业	0.09609*	0.01792	0.000	0.0610	0.1312

续表

因变量	(I)职业	(J)职业	均值差(I-J)	标准误	显著性	95%置信区间	
						下限	上限
政治总指数	其他职业	务农人员	-0.05756*	0.01412	0.000	-0.0852	-0.0299
		企业职工	-0.06436*	0.01779	0.000	-0.0992	-0.0295
		个体业者	0.01242	0.01529	0.417	-0.0176	0.0424
		技术人员	-0.03422	0.02082	0.100	-0.0750	0.0066
		公务员	-0.11837*	0.03416	0.001	-0.1853	-0.0514
		在校学生	-0.01799	0.01719	0.295	-0.0517	0.0157
		退休人员	-0.09609*	0.01792	0.000	-0.1312	-0.0610

*. 均值差的显著性水平为0.05。

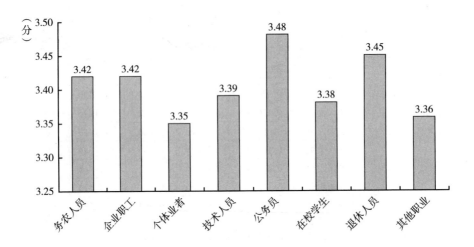

图16　不同职业被试的政治总指数比较

通过本报告的数据分析，可以对不同职业被试在政治认同、危机压力及政治指数方面所反映出来的差异，做一个简单的小结。

在本次问卷调查涉及的六种认同中，公务员被试在政党认同、政策认同、发展认同三种认同上的得分最高（见表17，表中括号内的数字，代表不同职业被试得分高低的排序，下同），并且在政治认同总分上显著高于另外七种职业被试。务农人员被试在体制认同、身份认同上得分最高，但只是在体制认同得分上显著高于六种职业被试（与公务员被试之间的得分差异不显著）。退休人员被试在文化认同上得分最高，并显著高于六种职业被试（与公务员被试之间的得分差异不显著）。个体经营和自由职业者被试在身份认同、政策认同、发展认同上的得分最低，并且发展认同的得分显著低于五种职业被试（与工商企业职工、其他职业人员被试的得分差异不显著），在政治认同总分上也显著低于五种职业被试（与专业技术人员、其他职业人员被试之间的得分差异不显著）。也就是说，不同职业被试在政治认同方面的差异，主要表现为公务员被试的政治认同总体水平显著高于别的职业的被试。

表 17　不同职业被试政治认同得分排序比较

职业	体制认同	政党认同	身份认同	文化认同	政策认同	发展认同	认同总分
务农人员	3.489(1)	3.629(3)	4.135(1)	3.442(8)	3.634(2)	3.666(3)	3.666(3)
企业职工	3.429(4)	3.567(4)	4.086(5)	3.506(3)	3.629(3)	3.595(7)	3.638(4)
个体业者	3.415(6)	3.552(7)	4.016(8)	3.448(7)	3.489(8)	3.550(8)	3.579(8)
技术人员	3.403(7)	3.562(5)	4.066(7)	3.473(5)	3.502(6)	3.628(4)	3.608(6)
公务员	3.473(2)	3.740(1)	4.132(2)	3.566(2)	3.681(1)	3.885(1)	3.746(1)
在校学生	3.434(3)	3.561(6)	4.109(4)	3.478(4)	3.534(5)	3.625(5)	3.624(5)
退休人员	3.422(5)	3.665(2)	4.111(3)	3.605(1)	3.614(4)	3.673(2)	3.682(2)
其他职业	3.381(8)	3.531(8)	4.066(6)	3.451(6)	3.493(7)	3.600(6)	3.587(7)

在危机压力方面需要注意的是个体经营和自由职业者、在校学生两种被试。个体经营和自由职业者被试在经济危机压力、社会危机压力、国际性危机压力和危机压力总分上的得分最高，并且经济危机压力的得分显著高于六种职业被试（与其他职业人员被试之间的得分差异不显著）。在校学生被试在政治危机压力、文化危机压力和生态危机压力上的得分最高，但其得分都只是显著高于另外三种或四种职业被试。也就是说，不同职业被试在危机压力方面的差异，主要表现为个体经营和自由职业者被试所感受的危机压力总体上高于别的职业被试（见表18）。

表18　不同职业被试危机压力得分排序比较

职业	政治危机压力	经济危机压力	社会危机压力	文化危机压力	生态危机压力	国际性危机压力	危机压力总分
务农人员	2.701(4)	2.402(6)	2.815(4)	2.857(3)	3.210(6)	3.035(4)	2.8351(4)
企业职工	2.648(6)	2.407(5)	2.803(5)	2.805(6)	3.155(7)	2.985(8)	2.7986(6)
个体业者	2.724(3)	2.493(1)	2.867(1)	2.896(2)	3.287(3)	3.081(1)	2.8912(1)
技术人员	2.617(8)	2.416(4)	2.792(6)	2.824(5)	3.292(2)	3.003(7)	2.8226(5)
公务员	2.681(5)	2.333(8)	2.740(7)	2.742(8)	3.241(5)	3.020(6)	2.7926(7)
在校学生	2.761(1)	2.418(3)	2.840(2)	2.904(1)	3.298(1)	3.041(2)	2.8743(2)
退休人员	2.618(7)	2.384(7)	2.711(8)	2.795(7)	3.108(8)	3.037(3)	2.7746(8)
其他职业	2.737(2)	2.466(2)	2.824(3)	2.853(4)	3.265(4)	3.031(5)	2.8721(3)

对政治指数进行比较（见表19），显示的是在政治认同指数上公务员被试最高，个体经营和自由职业者被试最低；在危机压力指数上退休人员被试最高，个体经营和自由职业者被试最低；在政治总指数上公务员被试最高，也是个体经营和自由职业者被试最低。对于由职业带来的指数差异，在观察和分析中国政治现状时，确实需要给予一定的重视。

表19　不同职业被试的政治指数排序比较

职业	政治认同指数	危机压力指数	政治总指数
务农人员	3.67(3)	3.16(5)	3.42(3)
企业职工	3.64(4)	3.20(3)	3.42(3)
个体业者	3.58(8)	3.11(8)	3.35(8)
技术人员	3.61(6)	3.18(4)	3.39(5)
公务员	3.75(1)	3.21(2)	3.48(1)
在校学生	3.62(5)	3.13(6)	3.38(6)
退休人员	3.68(2)	3.23(1)	3.45(2)
其他职业	3.59(7)	3.13(6)	3.36(7)

B.9
不同户籍公民的政治认同
与危机压力比较

史卫民

摘　要： 2016 年的"中国公民政治文化"问卷调查显示，在政治认同总体得分方面，不同户籍被试之间存在显著的差异，农村户籍被试的得分显著高于城镇户籍被试，并且在体制认同、身份认同、政策认同、发展认同四种认同上的得分显著高于城镇户籍被试，城镇户籍被试只是在文化认同上的得分显著高于农村户籍被试。

2016 年的"中国公民政治文化"问卷调查还显示，在危机压力总体得分和六种危机压力上，不同户籍被试之间的得分差异都没有达到显著水平。

关键词： 政治认同　危机压力　户籍因素　差异性

南开大学当代中国问题研究院 2016 年"中国公民政治文化"问卷调查涉及的 6581 名被试中，有 2 名被试的户籍信息缺失，在有户籍信息的 6579 名被试中，城镇户口被试 3049 人，有效百分比为 46.34%；农村户口被试 3530 人，有效百分比为 53.66%。根据问卷调查的数据，可以比较不同户籍被试所显示的政治认同和危机压力情况。

一　不同户籍公民的政治认同比较

调查结果显示，城镇户籍被试政治认同的总体得分在 1.83~4.89 分之间，均值为 3.62，标准差为 0.40。在六种认同中，城镇户籍被试的体制认同得分在 1.00 ~ 5.00 分之间，均值为 3.41，标准差为 0.50；政党认同得分在 1.33 ~ 5.00 分之间，均值为 3.59，标准差为 0.58；身份认同得分在 1.00 ~ 5.00 分之间，均值为 4.05，标准差为 0.66；文化认同得分在 1.33 ~ 5.00 分之间，均值为 3.50，标准差为 0.55；政策认同得分在 1.00 ~ 5.00 分之间，均值为 3.54，标准差为 0.63；发展认同得分在 1.50 ~ 5.00 分之间，均值为 3.60，标准差为 0.65。

农村户籍被试政治认同的总体得分在 2.32 ~ 4.90 分之间，均值为 3.64，标准差为 0.37。在六种认同中，农村户籍被试的体制认同得分在 1.00 ~ 5.00 分之间，均值为 3.46，标准差为 0.48；政党认同得分在 1.33 ~ 5.00 分之间，均值为 3.59，标准差为 0.57；身份认同得分在 1.25 ~ 5.00 分之间，均值为 4.12，标准差为 0.64；文化认同得分在 1.00 ~ 5.00 分之间，均值为 3.45，标准差为 0.55；政策认同得分在 1.33 ~ 5.00 分之间，均值为 3.58，标准差为 0.63；发展认同得分在 1.25 ~ 5.00 分之间，均值为 3.64，标准差为 0.64。

对不同户籍被试政治认同各指标得分的差异性进行方差分析（见表 1－1、表 1－2 和图 1），可以发现在体制认同方面，不同户籍被试的得分之间差异显著，$F = 13.170$，$p < 0.001$，城镇户籍被试（$M = 3.41$，$SD = 0.50$）的得分显著低于农村户籍被试（$M = 3.46$，$SD = 0.48$）；在身份认同方面，不同户籍被试的得分之间差异显著，$F = 15.355$，$p < 0.001$，城镇户籍被试（$M = 4.05$，$SD = 0.66$）的得分显著低于农村户籍被试（$M = 4.12$，$SD = 0.64$）；在文化认同方面，不同户籍被试的得分之间差异显著，$F = 13.132$，$p < 0.001$，城镇户籍被试（$M = 3.50$，$SD = 0.55$）的得分显著高于农村户籍被试（$M = 3.45$，$SD = 0.55$）；在政策认同方面，不同户籍被试的得分之间差异显著，$F = 6.665$，$p < 0.05$，城镇户籍被试（$M = 3.54$，$SD = 0.63$）的得分显著低于农村户籍被试（$M = 3.58$，$SD = 0.63$）；在发展认同方面，不同户籍被试的得分之间差异显著，$F = 7.473$，$p < 0.01$，城镇户籍被试（$M = 3.60$，$SD = 0.65$）的得分显著低于农村户籍被试（$M = 3.64$，

$SD = 0.64$）；在政治认同总分上，不同户籍被试的得分之间差异显著，$F = 6.286, p < 0.05$，城镇户籍被试（$M = 3.62$，$SD = 0.40$）的得分显著低于农村户籍被试（$M = 3.64$，$SD = 0.37$）；在政党认同方面，不同户籍被试之间的得分差异不显著。

表1-1　不同户籍被试政治认同得分的差异比较

项目		N	均值	标准差	标准误	95%置信区间		极小值	极大值
						下限	上限		
体制认同	城镇	3049	3.4112	0.50297	0.00911	3.3933	3.4290	1.00	5.00
	农村	3530	3.4554	0.48469	0.00816	3.4394	3.4714	1.00	5.00
	总数	6579	3.4349	0.49370	0.00609	3.4230	3.4469	1.00	5.00
政党认同	城镇	3044	3.5859	0.58346	0.01058	3.5651	3.6066	1.33	5.00
	农村	3523	3.5895	0.56595	0.00954	3.5708	3.6082	1.33	5.00
	总数	6567	3.5878	0.57409	0.00708	3.5739	3.6017	1.33	5.00
身份认同	城镇	3045	4.0544	0.66348	0.01202	4.0308	4.0779	1.00	5.00
	农村	3524	4.1173	0.63746	0.01074	4.0963	4.1384	1.25	5.00
	总数	6569	4.0881	0.65036	0.00802	4.0724	4.1039	1.00	5.00
文化认同	城镇	3048	3.5015	0.55299	0.01002	3.4819	3.5212	1.33	5.00
	农村	3525	3.4520	0.55206	0.00930	3.4338	3.4702	1.00	5.00
	总数	6573	3.4750	0.55300	0.00682	3.4616	3.4883	1.00	5.00
政策认同	城镇	3047	3.5441	0.63363	0.01148	3.5216	3.5666	1.00	5.00
	农村	3528	3.5844	0.62702	0.01056	3.5637	3.6051	1.33	5.00
	总数	6575	3.5657	0.63036	0.00777	3.5505	3.5810	1.00	5.00
发展认同	城镇	3047	3.6012	0.65153	0.01180	3.5780	3.6243	1.50	5.00
	农村	3524	3.6449	0.64150	0.01081	3.6237	3.6661	1.25	5.00
	总数	6571	3.6246	0.64649	0.00798	3.6090	3.6402	1.25	5.00
政治认同总分	城镇	3036	3.6173	0.40309	0.00732	3.6030	3.6316	1.83	4.89
	农村	3506	3.6414	0.37439	0.00632	3.6290	3.6538	2.32	4.90
	总数	6542	3.6302	0.38813	0.00480	3.6208	3.6396	1.83	4.90

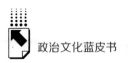

表1-2　不同户籍被试政治认同得分的方差分析结果

项目		平方和	df	均方	F	显著性
体制认同	组间	3.204	1	3.204	13.170	0.000
	组内	1600.125	6577	0.243		
	总数	1603.329	6578			
政党认同	组间	0.021	1	0.021	0.064	0.800
	组内	2164.008	6565	0.330		
	总数	2164.029	6566			
身份认同	组间	6.481	1	6.481	15.355	0.000
	组内	2771.610	6567	0.422		
	总数	2778.091	6568			
文化认同	组间	4.009	1	4.009	13.132	0.000
	组内	2005.791	6571	0.305		
	总数	2009.800	6572			
政策认同	组间	2.646	1	2.646	6.665	0.010
	组内	2609.587	6573	0.397		
	总数	2612.233	6574			
发展认同	组间	3.120	1	3.120	7.473	0.006
	组内	2742.800	6569	0.418		
	总数	2745.921	6570			
政治认同总分	组间	0.946	1	0.946	6.286	0.012
	组内	984.440	6540	0.151		
	总数	985.386	6541			

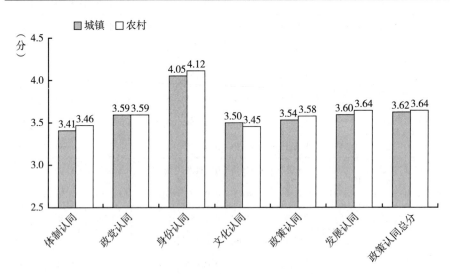

图1　不同户籍被试的政治认同得分比较

二 不同户籍公民的危机压力比较

调查结果显示，城镇户籍被试危机压力的总体得分在 1.22~4.19 分之间，均值为 2.85，标准差为 0.44。在六种危机压力中，城镇户籍被试的政治危机压力得分在 1.00~5.00 分之间，均值为 2.70，标准差为 0.71；经济危机压力得分在 1.00~5.00 分之间，均值为 2.43，标准差为 0.63；社会危机压力得分在 1.00~5.00 分之间，均值为 2.82，标准差为 0.72；文化危机压力得分在 1.00~4.75 分之间，均值为 2.87，标准差为 0.67；生态危机压力得分在 1.00~5.00 分之间，均值为 3.22，标准差为 0.73；国际性危机压力得分在 1.00~4.67 分之间，均值为 3.04，标准差为 0.47。

农村户籍被试危机压力的总体得分在 1.44~4.14 分之间，均值为 2.84，标准差为 0.39。在六种危机压力中，农村户籍被试的政治危机压力得分在 1.00~5.00 分之间，均值为 2.70，标准差为 0.70；经济危机压力得分在 1.00~5.00 分之间，均值为 2.43，标准差为 0.62；社会危机压力得分在 1.00~5.00 分之间，均值为 2.83，标准差为 0.69；文化危机压力得分在 1.00~5.00 分之间，均值为 2.84，标准差为 0.61；生态危机压力得分在 1.00~5.00 分之间，均值为 3.24，标准差为 0.75；国际性危机压力得分在 1.00~5.00 分之间，均值为 3.03，标准差为 0.50。

对不同户籍被试危机压力各指标得分的差异性进行方差分析（见表 2－1、表 2－2 和图 2），可以发现在六种危机压力和危机压力总分上，不同户籍被试之间的得分差异均未达到显著水平。

表 2－1 不同户籍被试危机压力得分的差异比较

项目		N	均值	标准差	标准误	95% 置信区间		极小值	极大值
						下限	上限		
政治危机压力	城镇	3047	2.6953	0.70825	0.01283	2.6702	2.7205	1.00	5.00
	农村	3529	2.7030	0.69536	0.01171	2.6801	2.7260	1.00	5.00
	总数	6576	2.6995	0.70132	0.00865	2.6825	2.7164	1.00	5.00

续表

项目		N	均值	标准差	标准误	95%置信区间		极小值	极大值
						下限	上限		
经济危机压力	城镇	3044	2.4317	0.62829	0.01139	2.4093	2.4540	1.00	5.00
	农村	3514	2.4251	0.61702	0.01041	2.4047	2.4455	1.00	5.00
	总数	6558	2.4281	0.62224	0.00768	2.4131	2.4432	1.00	5.00
社会危机压力	城镇	3044	2.8183	0.72191	0.01308	2.7927	2.8440	1.00	5.00
	农村	3522	2.8284	0.69043	0.01163	2.8056	2.8512	1.00	5.00
	总数	6566	2.8237	0.70516	0.00870	2.8067	2.8408	1.00	5.00
文化危机压力	城镇	3045	2.8689	0.66524	0.01206	2.8452	2.8925	1.00	4.75
	农村	3527	2.8392	0.61222	0.01031	2.8190	2.8594	1.00	5.00
	总数	6572	2.8529	0.63745	0.00786	2.8375	2.8684	1.00	5.00
生态危机压力	城镇	3047	3.2234	0.72711	0.01317	3.1976	3.2492	1.00	5.00
	农村	3525	3.2398	0.74902	0.01262	3.2151	3.2645	1.00	5.00
	总数	6572	3.2322	0.73893	0.00911	3.2143	3.2501	1.00	5.00
国际性危机压力	城镇	3044	3.0433	0.46625	0.00845	3.0267	3.0598	1.00	4.67
	农村	3521	3.0299	0.49980	0.00842	3.0134	3.0464	1.00	5.00
	总数	6565	3.0361	0.48454	0.00598	3.0244	3.0478	1.00	5.00
危机压力总分	城镇	3026	2.8455	0.43764	0.00796	2.8299	2.8611	1.22	4.19
	农村	3490	2.8425	0.39377	0.00667	2.8294	2.8555	1.44	4.14
	总数	6516	2.8439	0.41469	0.00514	2.8338	2.8539	1.22	4.19

表2-2　不同户籍被试危机压力得分的方差分析结果

项目		平方和	df	均方	F	显著性
政治危机压力	组间	0.097	1	0.097	0.197	0.657
	组内	3233.830	6574	0.492		
	总数	3233.927	6575			
经济危机压力	组间	0.071	1	0.071	0.184	0.668
	组内	2538.664	6556	0.387		
	总数	2538.736	6557			
社会危机压力	组间	0.166	1	0.166	0.334	0.564
	组内	3264.285	6564	0.497		
	总数	3264.451	6565			
文化危机压力	组间	1.443	1	1.443	3.552	0.060
	组内	2668.670	6570	0.406		
	总数	2670.113	6571			

续表

项目		平方和	*df*	均方	*F*	显著性
生态危机压力	组间	0.441	1	0.441	0.807	0.369
	组内	3587.449	6570	0.546		
	总数	3587.889	6571			
国际性危机压力	组间	0.290	1	0.290	1.237	0.266
	组内	1540.820	6563	0.235		
	总数	1541.111	6564			
危机压力总分	组间	0.015	1	0.015	0.085	0.771
	组内	1120.368	6514	0.172		
	总数	1120.383	6515			

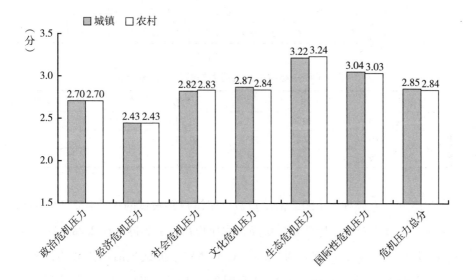

图2 不同户籍被试的危机压力得分比较

三 不同户籍被试的政治指数比较

2016年问卷调查显示的政治认同总分,即政治认同指数,农村户籍被试的政治认同指数(3.64)显著高于城镇户籍被试的政治认同指数(3.62,见表1-1、表1-2)。

253

2016年问卷调查显示的危机压力指数（危机压力总分的反向计分），城镇户籍被试的得分在1.81~4.78分之间，均值为3.15，标准差为0.44；农村户籍被试的得分在1.86~4.56分之间，均值为3.16，标准差为0.39。对不同户籍被试危机压力指数的差异性进行方差分析（见表3-1、表3-2），显示城镇户籍与农村户籍被试之间的得分差异不显著。

表3-1 不同户籍被试危机压力指数的差异比较

项目		N	均值	标准差	标准误	95%置信区间		极小值	极大值
						下限	上限		
危机压力指数	城镇	3026	3.1545	0.43764	0.00796	3.1389	3.1701	1.81	4.78
	农村	3490	3.1575	0.39377	0.00667	3.1445	3.1706	1.86	4.56
	总数	6516	3.1561	0.41469	0.00514	3.1461	3.1662	1.81	4.78

表3-2 不同户籍被试危机压力指数的方差分析结果

项目		平方和	df	均方	F	显著性
危机压力指数	组间	0.015	1	0.015	0.085	0.771
	组内	1120.368	6514	0.172		
	总数	1120.383	6515			

2016年问卷调查显示的政治总指数，城镇户籍被试的得分在2.22~4.69分之间，均值为3.39，标准差为0.38；农村户籍被试的得分在2.28~4.59分之间，均值为3.40，标准差为0.33。对不同户籍被试政治总指数的差异性进行方差分析（见表4-1、表4-2和图3），显示城镇户籍与农村户籍被试之间的得分差异不显著。

表4-1 不同户籍被试政治总指数的差异比较

项目		N	均值	标准差	标准误	95%置信区间		极小值	极大值
						下限	上限		
政治总指数	城镇	3013	3.3871	0.37628	0.00686	3.3736	3.4005	2.22	4.69
	农村	3467	3.4006	0.33167	0.00563	3.3895	3.4116	2.28	4.59
	总数	6480	3.3943	0.35315	0.00439	3.3857	3.4029	2.22	4.69

表4－2　不同户籍被试政治总指数的方差分析结果

项目		平方和	df	均方	F	显著性
政治 总指数	组间	0.293	1	0.293	2.347	0.126
	组内	807.746	6478	0.125		
	总数	808.039	6479			

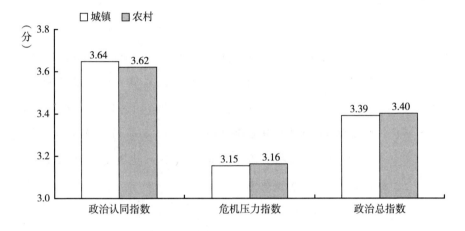

图3　不同户籍被试的政治指数比较

通过本报告的数据分析，可以对不同户籍被试在政治认同、危机压力以及政治指数方面所反映出来的差异，做一个简单的小结。

在政治认同总体得分方面，农村户籍被试的得分（3.64分）显著高于城镇户籍被试（3.62分），并且体制认同、身份认同、政策认同、发展认同四种认同的得分显著高于城镇户籍被试，城镇户籍被试只是文化认同得分显著高于农村户籍被试。

在危机压力总体得分和六种危机压力上，不同户籍被试之间的得分差异都不显著。

对政治指数进行比较，可以看出只是在政治认同指数上农村户籍被试（3.64）显著高于城镇户籍被试（3.62），在危机压力指数（农村户籍被试3.16，城镇户籍被试3.15）和政治总指数（农村户籍被试3.40，城镇户籍被试3.39）上，两者之间的得分差异都没有达到显著水平。

B.10
不同单位性质公民的政治认同与危机压力比较

田华　王新生

摘　要：　2016 年的"中国公民政治文化"问卷调查显示，不同单位性质被试在政治认同方面的差异，主要表现为国家机关被试的总体认同水平较高，民营单位被试的总体认同水平较低。

2016 年的"中国公民政治文化"问卷调查还显示，不同单位性质被试在危机压力方面的差异，主要表现为国家机关被试的总体压力水平较低。

关键词：　政治认同　危机压力　单位因素　差异性

南开大学当代中国问题研究院 2016 年进行的"中国公民政治文化"问卷调查，将被试的"单位"分为五大类：第一类是"国家机关"；第二类是"国有企事业单位"（简称"国营单位"）；第三类是"民营私营单位"（简称"民营单位"）；第四类是"基层群众组织及社会团体"（简称"组织社团"）；第五类是"其他性质单位"（简称"其他性质"）。在问卷调查涉及的 6581 名被试中，有 3 名被试的单位信息缺失，在有单位信息的 6578 名被试中，国家机关被试 162 人，有效百分比为 2.46%；国有企事业单位被试 814 人，有效百分比为 12.38%；民营私营单位被试 1439 人，有效百分比为 21.88%；基层群众组织及社会团体被试 339 人，有效百分比为 5.15%；其他性质单位被试 3824 人，有效百分比为 58.13%。根据问卷调查的数据，可以比较不同单位性质被试所显示的政治认同和危机压力情况。

一　不同单位性质公民的政治认同比较

不同单位性质被试的六种认同得分和政治认同总分情况，可根据问卷调查的结果，分述于下。

（一）不同单位性质被试体制认同的得分

调查结果显示，在体制认同方面，国家机关被试的得分在1.67~5.00分之间，均值为3.43，标准差为0.54；国营单位被试的得分在1.00~5.00分之间，均值为3.40，标准差为0.47；民营单位被试的得分在1.33~5.00分之间，均值为3.41，标准差为0.54；组织社团被试的得分在2.00~5.00分之间，均值为3.47，标准差为0.49；其他性质单位被试的得分在1.00~5.00分之间，均值为3.45，标准差为0.48。

对不同单位性质被试体制认同得分的差异性进行方差分析（见表1-1、表1-2、表1-3和图1），显示不同单位性质被试的体制认同得分之间差异显著，$F = 3.186$，$p < 0.05$，组织社团被试（$M = 3.47$，$SD = 0.49$）和其他性质单位被试（$M = 3.45$，$SD = 0.48$）的得分显著高于国营单位被试（$M = 3.40$，$SD = 0.47$）和民营单位被试（$M = 3.41$，$SD = 0.54$），与国家机关被试（$M = 3.43$，$SD = 0.54$）之间的得分差异不显著；组织社团被试与其他性质单位被试之间的得分差异不显著；国家机关、国营单位和民营单位三种被试相互之间的得分差异不显著。

表1-1　不同单位性质被试体制认同得分的差异比较

项目		N	均值	标准差	标准误	95% 置信区间		极小值	极大值
						下限	上限		
体制认同	国家机关	162	3.4300	0.53926	0.04237	3.3464	3.5137	1.67	5.00
	国营单位	814	3.3984	0.47284	0.01657	3.3659	3.4310	1.00	5.00
	民营单位	1439	3.4107	0.53875	0.01420	3.3828	3.4386	1.33	5.00
	组织社团	339	3.4690	0.49048	0.02664	3.4166	3.5214	2.00	5.00

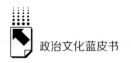

续表

项目		N	均值	标准差	标准误	95% 置信区间		极小值	极大值
						下限	上限		
体制认同	其他性质	3824	3.4492	0.47787	0.00773	3.4340	3.4643	1.00	5.00
	总　数	6578	3.4350	0.49375	0.00609	3.4231	3.4470	1.00	5.00

表 1-2　不同单位性质被试体制认同得分的方差分析结果

项目		平方和	df	均方	F	显著性
体制认同	组间	3.103	4	0.776	3.186	0.013
	组内	1600.303	6573	0.243		
	总数	1603.405	6577			

表 1-3　不同单位性质被试体制认同得分的多重比较

因变量	(I) 单位	(J) 单位	均值差 (I-J)	标准误	显著性	95% 置信区间	
						下限	上限
体制认同	国家机关	国营单位	0.03160	0.04245	0.457	-0.0516	0.1148
		民营单位	0.01934	0.04089	0.636	-0.0608	0.0995
		组织社团	-0.03899	0.04713	0.408	-0.1314	0.0534
		其他性质	-0.01914	0.03958	0.629	-0.0967	0.0584
	国营单位	国家机关	-0.03160	0.04245	0.457	-0.1148	0.0516
		民营单位	-0.01226	0.02164	0.571	-0.0547	0.0302
		组织社团	-0.07058*	0.03189	0.027	-0.1331	-0.0081
		其他性质	-0.05074*	0.01905	0.008	-0.0881	-0.0134
	民营单位	国家机关	-0.01934	0.04089	0.636	-0.0995	0.0608
		国营单位	0.01226	0.02164	0.571	-0.0302	0.0547
		组织社团	-0.05832*	0.02979	0.050	-0.1167	0.0001
		其他性质	-0.03848*	0.01526	0.012	-0.0684	-0.0086
	组织社团	国家机关	0.03899	0.04713	0.408	-0.0534	0.1314
		国营单位	0.07058*	0.03189	0.027	0.0081	0.1331
		民营单位	0.05832*	0.02979	0.050	-0.0001	0.1167
		其他性质	0.01985	0.02796	0.478	-0.0350	0.0747
	其他性质	国家机关	0.01914	0.03958	0.629	-0.0584	0.0967
		国营单位	0.05074*	0.01905	0.008	0.0134	0.0881
		民营单位	0.03848*	0.01526	0.012	0.0086	0.0684
		组织社团	-0.01985	0.02796	0.478	-0.0747	0.0350

*. 均值差的显著性水平为 0.05。

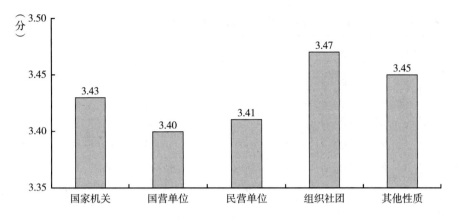

图1 不同单位性质被试的体制认同得分比较

（二）不同单位性质被试的政党认同比较

调查结果显示，在政党认同方面，国家机关被试的得分在1.67～5.00分之间，均值为3.83，标准差为0.68；国营单位被试的得分在1.67～5.00分之间，均值为3.65，标准差为0.59；民营单位被试的得分在1.33～5.00分之间，均值为3.54，标准差为0.58；组织社团被试的得分在1.67～5.00分之间，均值为3.64，标准差为0.60；其他性质单位被试的得分在1.33～5.00分之间，均值为3.58，标准差为0.56。

对不同单位性质被试政党认同得分的差异性进行方差分析（见表2-1、表2-2、表2-3和图2），显示不同单位性质被试的政党认同得分之间差异显著，$F = 12.623$，$p < 0.001$，国家机关被试（$M = 3.83$，$SD = 0.68$）的得分显著高于国营单位被试（$M = 3.65$，$SD = 0.59$）、民营单位被试（$M = 3.54$，$SD = 0.58$）、组织社团被试（$M = 3.64$，$SD = 0.60$）和其他性质单位被试（$M = 3.58$，$SD = 0.56$）；民营单位被试的得分显著低于国营单位、组织社团和其他性质单位被试；其他性质单位被试的得分显著低于国营单位、组织社团被试；国营单位被试与组织社团被试之间的得分差异不显著。

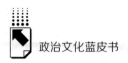

表 2－1   不同单位性质被试政党认同得分的差异比较

项目		N	均值	标准差	标准误	95% 置信区间		极小值	极大值
						下限	上限		
政党认同	国家机关	161	3.8282	0.68120	0.05369	3.7221	3.9342	1.67	5.00
	国营单位	814	3.6450	0.59260	0.02077	3.6042	3.6857	1.67	5.00
	民营单位	1435	3.5403	0.58108	0.01534	3.5102	3.5704	1.33	5.00
	组织社团	338	3.6420	0.60309	0.03280	3.5775	3.7065	1.67	5.00
	其他性质	3818	3.5784	0.55630	0.00900	3.5607	3.5961	1.33	5.00
	总 数	6566	3.5877	0.57417	0.00709	3.5738	3.6016	1.33	5.00

表 2－2   不同单位性质被试政党认同得分的方差分析结果

项目		平方和	df	均方	F	显著性
政党认同	组间	16.529	4	4.132	12.623	0.000
	组内	2147.775	6561	0.327		
	总数	2164.304	6565			

表 2－3   不同单位性质被试政党认同得分的多重比较

因变量	(I)单位	(J)单位	均值差 (I-J)	标准误	显著性	95% 置信区间	
						下限	上限
政党认同	国家机关	国营单位	0.18319*	0.04935	0.000	0.0865	0.2799
		民营单位	0.28786*	0.04755	0.000	0.1946	0.3811
		组织社团	0.18615*	0.05479	0.001	0.0787	0.2935
		其他性质	0.24976*	0.04603	0.000	0.1595	0.3400
	国营单位	国家机关	-0.18319*	0.04935	0.000	-0.2799	-0.0865
		民营单位	0.10466*	0.02511	0.000	0.0554	0.1539
		组织社团	0.00295	0.03702	0.936	-0.0696	0.0755
		其他性质	0.06656*	0.02209	0.003	0.0233	0.1099
	民营单位	国家机关	-0.28786*	0.04755	0.000	-0.3811	-0.1946
		国营单位	-0.10466*	0.02511	0.000	-0.1539	-0.0554
		组织社团	-0.10171*	0.03459	0.003	-0.1695	-0.0339
		其他性质	-0.03810*	0.01772	0.032	-0.0728	-0.0034

因变量	（I）单位	（J）单位	均值差（I－J）	标准误	显著性	95% 置信区间	
						下限	上限
政党认同	组织社团	国家机关	−0.18615*	0.05479	0.001	−0.2935	−0.0787
		国营单位	−0.00295	0.03702	0.936	−0.0755	0.0696
		民营单位	0.10171*	0.03459	0.003	0.0339	0.1695
		其他性质	0.06361*	0.03247	0.050	0.0000	0.1273
	其他性质	国家机关	−0.24976*	0.04603	0.000	−0.3400	−0.1595
		国营单位	−0.06656*	0.02209	0.003	−0.1099	−0.0233
		民营单位	0.03810*	0.01772	0.032	0.0034	0.0728
		组织社团	−0.06361*	0.03247	0.050	−0.1273	0.0000

＊. 均值差的显著性水平为 0.05。

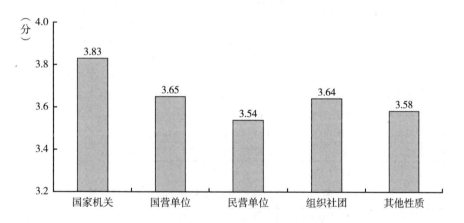

图2　不同单位性质被试的政党认同得分比较

（三）不同单位性质被试的身份认同比较

调查结果显示，在身份认同方面，国家机关被试的得分在 2.25～5.00 分之间，均值为 4.21，标准差为 0.64；国营单位被试的得分在 1.50～5.00 分之间，均值为 4.09，标准差为 0.62；民营单位被试的得分在 1.75～5.00 分之间，均值为 4.02，标准差为 0.70；组织社团被试的得分在 2.25～5.00 分之间，均值为 4.16，标准差为 0.62；其他性质单位被试的得分在 1.00～5.00 分之间，均值为 4.10，标准差为 0.64。

对不同单位性质被试身份认同得分的差异性进行方差分析（见表3－1、表3－2、表3－3和图3），显示不同单位性质被试的身份认同得分之间差异显著，$F = 6.910$，$p < 0.001$，民营单位被试（$M = 4.02$，$SD = 0.70$）的得分显著低于国家机关被试（$M = 4.21$，$SD = 0.64$）、国营单位被试（$M = 4.09$，$SD = 0.62$）、组织社团被试（$M = 4.16$，$SD = 0.62$）和其他性质单位被试（$M = 4.10$，$SD = 0.64$）；国家机关被试的得分显著高于国营单位被试、其他性质单位被试，与组织社团被试之间的得分差异不显著；国营单位、组织社团、其他性质单位三种被试相互间的得分差异不显著。

表3－1　不同单位性质被试身份认同得分的差异比较

项目		N	均值	标准差	标准误	95% 置信区间		极小值	极大值
						下限	上限		
身份认同	国家机关	162	4.2083	0.64223	0.05046	4.1087	4.3080	2.25	5.00
	国营单位	813	4.0910	0.61502	0.02157	4.0487	4.1334	1.50	5.00
	民营单位	1438	4.0186	0.70356	0.01855	3.9822	4.0550	1.75	5.00
	组织社团	337	4.1580	0.62297	0.03394	4.0913	4.2248	2.25	5.00
	其他性质	3818	4.1017	0.63723	0.01031	4.0815	4.1219	1.00	5.00
	总　　数	6568	4.0877	0.65027	0.00802	4.0720	4.1034	1.00	5.00

表3－2　不同单位性质被试身份认同得分的方差分析结果

项目		平方和	df	均方	F	显著性
身份认同	组间	11.645	4	2.911	6.910	0.000
	组内	2765.216	6563	0.421		
	总数	2776.861	6567			

表3－3　不同单位性质被试身份认同得分的多重比较

因变量	(I)单位	(J)单位	均值差 (I－J)	标准误	显著性	95% 置信区间	
						下限	上限
身份认同	国家机关	国营单位	0.11731*	0.05585	0.036	0.0078	0.2268
		民营单位	0.18973*	0.05379	0.000	0.0843	0.2952
		组织社团	0.05032	0.06206	0.417	−0.0713	0.1720
		其他性质	0.10664*	0.05207	0.041	0.0046	0.2087

续表

因变量	（I）单位	（J）单位	均值差（I－J）	标准误	显著性	95% 置信区间	
						下限	上限
身份认同	国营单位	国家机关	－ 0.11731 *	0.05585	0.036	－ 0.2268	－ 0.0078
		民营单位	0.07242 *	0.02848	0.011	0.0166	0.1283
		组织社团	－ 0.06699	0.04205	0.111	－ 0.1494	0.0154
		其他性质	－ 0.01067	0.02507	0.670	－ 0.0598	0.0385
	民营单位	国家机关	－ 0.18973 *	0.05379	0.000	－ 0.2952	－ 0.0843
		国营单位	－ 0.07242 *	0.02848	0.011	－ 0.1283	－ 0.0166
		组织社团	－ 0.13941 *	0.03928	0.000	－ 0.2164	－ 0.0624
		其他性质	－ 0.08309 *	0.02008	0.000	－ 0.1225	－ 0.0437
	组织社团	国家机关	－ 0.05032	0.06206	0.417	－ 0.1720	0.0713
		国营单位	0.06699	0.04205	0.111	－ 0.0154	0.1494
		民营单位	0.13941 *	0.03928	0.000	0.0624	0.2164
		其他性质	0.05632	0.03689	0.127	－ 0.0160	0.1286
	其他性质	国家机关	－ 0.10664 *	0.05207	0.041	－ 0.2087	－ 0.0046
		国营单位	0.01067	0.02507	0.670	－ 0.0385	0.0598
		民营单位	0.08309 *	0.02008	0.000	0.0437	0.1225
		组织社团	－ 0.05632	0.03689	0.127	－ 0.1286	0.0160

＊. 均值差的显著性水平为 0.05。

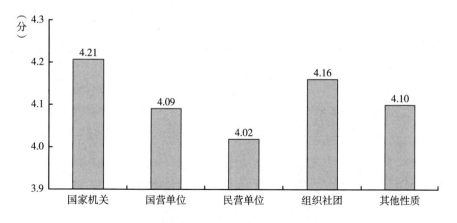

图3 不同单位性质被试的身份认同得分比较

（四）不同单位性质被试的文化认同比较

调查结果显示，在文化认同方面，国家机关被试的得分在2.00~5.00分之间，均值为3.63，标准差为0.54；国营单位被试的得分在1.33~5.00分之间，均值为3.52，标准差为0.53；民营单位被试的得分在1.00~5.00分之间，均值为3.45，标准差为0.58；组织社团被试的得分在2.00~5.00分之间，均值为3.50，标准差为0.54；其他性质单位被试的得分在1.33~5.00分之间，均值为3.46，标准差为0.55。

对不同单位性质被试文化认同得分的差异性进行方差分析（见表4-1、表4-2、表4-3和图4），显示不同单位性质被试的文化认同得分之间差异显著，$F = 6.020$，$p < 0.001$，国家机关被试（$M = 3.63$，$SD = 0.54$）的得分显著高于国营单位被试（$M = 3.52$，$SD = 0.53$）、民营单位被试（$M = 3.45$，$SD = 0.58$）、组织社团被试（$M = 3.50$，$SD = 0.54$）和其他性质单位被试（$M = 3.46$，$SD = 0.55$）；国营单位被试的得分显著高于民营单位被试、其他性质单位被试，与组织社团被试之间的得分差异不显著；民营单位、组织社团、其他性质单位三种被试相互间的得分差异不显著。

表4-1　不同单位性质被试文化认同得分的差异比较

项目		N	均值	标准差	标准误	95%置信区间		极小值	极大值
						下限	上限		
文化认同	国家机关	162	3.6317	0.53659	0.04216	3.5484	3.7149	2.00	5.00
	国营单位	814	3.5242	0.53486	0.01875	3.4874	3.5610	1.33	5.00
	民营单位	1439	3.4538	0.57762	0.01523	3.4239	3.4837	1.00	5.00
	组织社团	339	3.5015	0.54234	0.02946	3.4435	3.5594	2.00	5.00
	其他性质	3818	3.4634	0.54747	0.00886	3.4460	3.4808	1.33	5.00
	总　　数	6572	3.4749	0.55301	0.00682	3.4616	3.4883	1.00	5.00

表4-2　不同单位性质被试文化认同得分的方差分析结果

项目		平方和	df	均方	F	显著性
文化认同	组间	7.342	4	1.835	6.020	0.000
	组内	2002.199	6567	0.305		
	总数	2009.541	6571			

表4-3　不同单位性质被试文化认同得分的多重比较

因变量	(I)单位	(J)单位	均值差 (I-J)	标准误	显著性	95%置信区间	
						下限	上限
文化认同	国家机关	国营单位	0.10753*	0.04750	0.024	0.0144	0.2006
		民营单位	0.17790*	0.04576	0.000	0.0882	0.2676
		组织社团	0.13021*	0.05274	0.014	0.0268	0.2336
		其他性质	0.16827*	0.04429	0.000	0.0814	0.2551
	国营单位	国家机关	-0.10753*	0.04750	0.024	-0.2006	-0.0144
		民营单位	0.07037*	0.02422	0.004	0.0229	0.1178
		组织社团	0.02269	0.03569	0.525	-0.0473	0.0927
		其他性质	0.06074*	0.02132	0.004	0.0190	0.1025
	民营单位	国家机关	-0.17790*	0.04576	0.000	-0.2676	-0.0882
		国营单位	-0.07037*	0.02422	0.004	-0.1178	-0.0229
		组织社团	-0.04769	0.03334	0.153	-0.1130	0.0177
		其他性质	-0.00963	0.01708	0.573	-0.0431	0.0239
	组织社团	国家机关	-0.13021*	0.05274	0.014	-0.2336	-0.0268
		国营单位	-0.02269	0.03569	0.525	-0.0927	0.0473
		民营单位	0.04769	0.03334	0.153	-0.0177	0.1130
		其他性质	0.03806	0.03129	0.224	-0.0233	0.0994
	其他性质	国家机关	-0.16827*	0.04429	0.000	-0.2551	-0.0814
		国营单位	-0.06074*	0.02132	0.004	-0.1025	-0.0190
		民营单位	0.00963	0.01708	0.573	-0.0239	0.0431
		组织社团	-0.03806	0.03129	0.224	-0.0994	0.0233

*. 均值差的显著性水平为0.05。

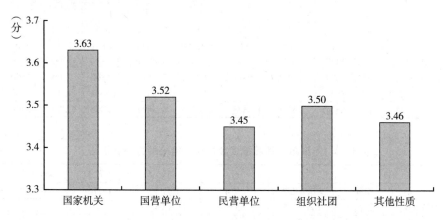

图4　不同单位性质被试的文化认同得分比较

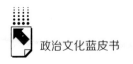

（五）不同单位性质被试的政策认同比较

调查结果显示，在政策认同方面，国家机关被试的得分在2.00～5.00分之间，均值为3.71，标准差为0.67；国营单位被试的得分在1.33～5.00分之间，均值为3.55，标准差为0.60；民营单位被试的得分在1.00～5.00分之间，均值为3.52，标准差为0.69；组织社团被试的得分在2.00～5.00分之间，均值为3.62，标准差为0.63；其他性质单位被试的得分在1.33～5.00分之间，均值为3.58，标准差为0.61。

对不同单位性质被试政策认同得分的差异性进行方差分析（见表5-1、表5-2、表5-3和图5），显示不同单位性质被试的政策认同得分之间差异显著，$F = 4.876$，$p < 0.01$，国家机关被试（$M = 3.71$，$SD = 0.67$）的得分显著高于国营单位被试（$M = 3.55$，$SD = 0.60$）、民营单位被试（$M = 3.52$，$SD = 0.69$）和其他性质单位被试（$M = 3.58$，$SD = 0.61$），与组织社团被试（$M = 3.62$，$SD = 0.63$）之间的得分差异不显著；民营单位被试的得分显著低于组织社团、其他性质单位被试，与国营单位被试之间的得分差异不显著；国营单位、组织社团、其他性质单位三种被试相互间的得分差异不显著。

表5-1　不同单位性质被试政策认同得分的差异比较

项目		N	均值	标准差	标准误	95%置信区间		极小值	极大值
						下限	上限		
政策认同	国家机关	162	3.7119	0.66719	0.05242	3.6084	3.8155	2.00	5.00
	国营单位	814	3.5450	0.59640	0.02090	3.5040	3.5861	1.33	5.00
	民营单位	1437	3.5228	0.69142	0.01824	3.4871	3.5586	1.00	5.00
	组织社团	339	3.6185	0.63171	0.03431	3.5510	3.6860	2.00	5.00
	其他性质	3822	3.5751	0.61003	0.00987	3.5557	3.5944	1.33	5.00
	总　数	6574	3.5656	0.63037	0.00777	3.5503	3.5808	1.00	5.00

表5-2　不同单位性质被试政策认同得分的方差分析结果

项目		平方和	df	均方	F	显著性
政策认同	组间	7.732	4	1.933	4.876	0.001
	组内	2604.178	6569	0.396		
	总数	2611.910	6573			

表 5 - 3 不同单位性质被试政策认同得分的多重比较

因变量	(I)单位	(J)单位	均值差 (I - J)	标准误	显著性	95% 置信区间	
						下限	上限
政策认同	国家机关	国营单位	0.16689*	0.05417	0.002	0.0607	0.2731
		民营单位	0.18909*	0.05218	0.000	0.0868	0.2914
		组织社团	0.09345	0.06014	0.120	-0.0244	0.2113
		其他性质	0.13684*	0.05051	0.007	0.0378	0.2359
	国营单位	国家机关	-0.16689*	0.05417	0.002	-0.2731	-0.0607
		民营单位	0.02220	0.02762	0.422	-0.0319	0.0763
		组织社团	-0.07344	0.04070	0.071	-0.1532	0.0063
		其他性质	-0.03005	0.02431	0.216	-0.0777	0.0176
	民营单位	国家机关	-0.18909*	0.05218	0.000	-0.2914	-0.0868
		国营单位	-0.02220	0.02762	0.422	-0.0763	0.0319
		组织社团	-0.09564*	0.03802	0.012	-0.1702	-0.0211
		其他性质	-0.05224*	0.01948	0.007	-0.0904	-0.0140
	组织社团	国家机关	-0.09345	0.06014	0.120	-0.2113	0.0244
		国营单位	0.07344	0.04070	0.071	-0.0063	0.1532
		民营单位	0.09564*	0.03802	0.012	0.0211	0.1702
		其他性质	0.04339	0.03568	0.224	-0.0266	0.1133
	其他性质	国家机关	-0.13684*	0.05051	0.007	-0.2359	-0.0378
		国营单位	0.03005	0.02431	0.216	-0.0176	0.0777
		民营单位	0.05224*	0.01948	0.007	0.0140	0.0904
		组织社团	-0.04339	0.03568	0.224	-0.1133	0.0266

*. 均值差的显著性水平为 0.05。

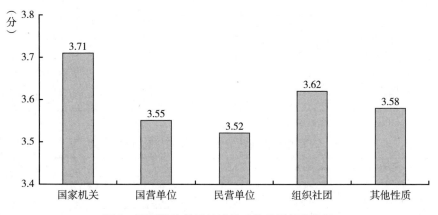

图 5 不同单位性质被试的政策认同得分比较

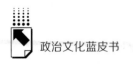

（六）不同单位性质被试的发展认同比较

调查结果显示，在发展认同方面，国家机关被试的得分在 2.00~5.00 分之间，均值为 3.84，标准差为 0.68；国营单位被试的得分在 1.50~5.00 分之间，均值为 3.65，标准差为 0.66；民营单位被试的得分在 1.50~5.00 分之间，均值为 3.57，标准差为 0.65；组织社团被试的得分在 2.25~5.00 分之间，均值为 3.71，标准差为 0.66；其他性质单位被试的得分在 1.25~5.00 分之间，均值为 3.62，标准差为 0.64。

对不同单位性质被试发展认同得分的差异性进行方差分析（见表 6-1、表 6-2、表 6-3 和图 6），显示不同单位性质被试的发展认同得分之间差异显著，$F = 8.840$，$p < 0.001$，国家机关被试（$M = 3.84$，$SD = 0.68$）的得分显著高于国营单位被试（$M = 3.65$，$SD = 0.66$）、民营单位被试（$M = 3.57$，$SD = 0.65$）、组织社团被试（$M = 3.71$，$SD = 0.66$）和其他性质单位被试（$M = 3.62$，$SD = 0.64$）；民营单位被试的得分显著低于国营单位、组织社团、其他性质单位被试；其他性质单位被试的得分显著低于组织社团被试，与国营单位被试之间的得分差异不显著；组织社团被试与国营单位被试之间的得分差异不显著。

表 6-1　不同单位性质被试发展认同得分的差异比较

项目		N	均值	标准差	标准误	95% 置信区间		极小值	极大值
						下限	上限		
发展认同	国家机关	162	3.8426	0.67617	0.05313	3.7377	3.9475	2.00	5.00
	国营单位	812	3.6502	0.65932	0.02314	3.6048	3.6957	1.50	5.00
	民营单位	1437	3.5739	0.65154	0.01719	3.5402	3.6077	1.50	5.00
	组织社团	338	3.7145	0.65696	0.03573	3.6442	3.7848	2.25	5.00
	其他性质	3821	3.6207	0.63694	0.01030	3.6005	3.6409	1.25	5.00
	总　数	6570	3.6244	0.64651	0.00798	3.6088	3.6401	1.25	5.00

表 6-2　不同单位性质被试发展认同得分的方差分析结果

项目		平方和	df	均方	F	显著性
发展认同	组间	14.710	4	3.677	8.840	0.000
	组内	2730.944	6565	0.416		
	总数	2745.654	6569			

表6-3 不同单位性质被试发展认同得分的多重比较

因变量	（I）单位	（J）单位	均值差（I-J）	标准误	显著性	95%置信区间	
						下限	上限
发展认同	国家机关	国营单位	0.19235*	0.05550	0.001	0.0836	0.3011
		民营单位	0.26865*	0.05345	0.000	0.1639	0.3734
		组织社团	0.12810*	0.06163	0.038	0.0073	0.2489
		其他性质	0.22188*	0.05174	0.000	0.1205	0.3233
	国营单位	国家机关	-0.19235*	0.05550	0.001	-0.3011	-0.0836
		民营单位	0.07631*	0.02832	0.007	0.0208	0.1318
		组织社团	-0.06425	0.04175	0.124	-0.1461	0.0176
		其他性质	0.02953	0.02492	0.236	-0.0193	0.0784
	民营单位	国家机关	-0.26865*	0.05345	0.000	-0.3734	-0.1639
		国营单位	-0.07631*	0.02832	0.007	-0.1318	-0.0208
		组织社团	-0.14056*	0.03899	0.000	-0.2170	-0.0641
		其他性质	-0.04678*	0.01996	0.019	-0.0859	-0.0077
	组织社团	国家机关	-0.12810*	0.06163	0.038	-0.2489	-0.0073
		国营单位	0.06425	0.04175	0.124	-0.0176	0.1461
		民营单位	0.14056*	0.03899	0.000	0.0641	0.2170
		其他性质	0.09378*	0.03660	0.010	0.0220	0.1655
	其他性质	国家机关	-0.22188*	0.05174	0.000	-0.3233	-0.1205
		国营单位	-0.02953	0.02492	0.236	-0.0784	0.0193
		民营单位	0.04678*	0.01996	0.019	0.0077	0.0859
		组织社团	-0.09378*	0.03660	0.010	-0.1655	-0.0220

*. 均值差的显著性水平为0.05。

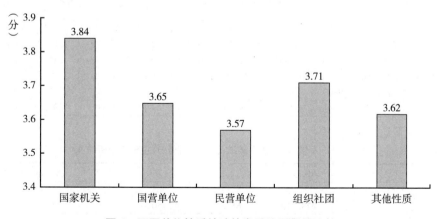

图6 不同单位性质被试的发展认同得分比较

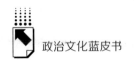

（七）不同单位性质被试政治认同总分比较

调查结果显示，在政治认同总分方面，国家机关被试的得分在 2.33 ~ 4.63 分之间，均值为 3.78，标准差为 0.42；国营单位被试的得分在 2.17 ~ 4.68 分之间，均值为 3.64，标准差为 0.38；民营单位被试的得分在 2.31 ~ 4.89 分之间，均值为 3.59，标准差为 0.43；组织社团被试的得分在 2.67 ~ 4.90 分之间，均值为 3.69，标准差为 0.40；其他性质单位被试的得分在 1.83 ~ 4.83 分之间，均值为 3.63，标准差为 0.37。

对不同单位性质被试政治认同总分的差异性进行方差分析（见表 7 - 1、表 7 - 2、表 7 - 3 和图 7），显示不同单位性质被试的政治认同总分差异显著，$F = 11.794, p < 0.001$，国家机关被试（$M = 3.78$，$SD = 0.42$）的得分显著高于国营单位被试（$M = 3.64$，$SD = 0.38$）、民营单位被试（$M = 3.59$，$SD = 0.43$）、组织社团被试（$M = 3.69$，$SD = 0.40$）和其他性质单位被试（$M = 3.63$，$SD = 0.37$）；民营单位被试的得分显著低于国营单位、组织社团、其他性质单位被试；其他性质单位被试的得分显著低于组织社团被试，与国营单位被试之间的得分差异不显著；组织社团被试与国营单位被试之间的得分差异不显著。

表 7 - 1　不同单位性质被试政治认同总分的差异比较

项目		N	均值	标准差	标准误	95% 置信区间		极小值	极大值
						下限	上限		
政治认同总分	国家机关	161	3.7758	0.41737	0.03289	3.7108	3.8408	2.33	4.63
	国营单位	811	3.6426	0.38376	0.01348	3.6161	3.6690	2.17	4.68
	民营单位	1430	3.5885	0.42836	0.01133	3.5663	3.6108	2.31	4.89
	组织社团	336	3.6856	0.39518	0.02156	3.6431	3.7280	2.67	4.90
	其他性质	3803	3.6320	0.36862	0.00598	3.6203	3.6437	1.83	4.83
	总　　数	6541	3.6301	0.38816	0.00480	3.6207	3.6395	1.83	4.90

表 7 - 2　不同单位性质被试政治认同总分的方差分析结果

项目		平方和	df	均方	F	显著性
政治认同总分	组间	7.062	4	1.765	11.794	0.000
	组内	978.312	6536	0.150		
	总数	985.374	6540			

表 7 – 3　不同单位性质被试政治认同总分的多重比较

因变量	(I)单位	(J)单位	均值差(I – J)	标准误	显著性	95%置信区间	
						下限	上限
政治认同总分	国家机关	国营单位	0.13324*	0.03338	0.000	0.0678	0.1987
		民营单位	0.18726*	0.03216	0.000	0.1242	0.2503
		组织社团	0.09024*	0.03708	0.015	0.0175	0.1629
		其他性质	0.14379*	0.03113	0.000	0.0828	0.2048
	国营单位	国家机关	– 0.13324*	0.03338	0.000	– 0.1987	– 0.0678
		民营单位	0.05402*	0.01701	0.001	0.0207	0.0874
		组织社团	– 0.04300	0.02510	0.087	– 0.0922	0.0062
		其他性质	0.01055	0.01496	0.481	– 0.0188	0.0399
	民营单位	国家机关	– 0.18726*	0.03216	0.000	– 0.2503	– 0.1242
		国营单位	– 0.05402*	0.01701	0.001	– 0.0874	– 0.0207
		组织社团	– 0.09703*	0.02346	0.000	– 0.1430	– 0.0510
		其他性质	– 0.04348*	0.01200	0.000	– 0.0670	– 0.0199
	组织社团	国家机关	– 0.09024*	0.03708	0.015	– 0.1629	– 0.0175
		国营单位	0.04300	0.02510	0.087	– 0.0062	0.0922
		民营单位	0.09703*	0.02346	0.000	0.0510	0.1430
		其他性质	0.05355*	0.02202	0.015	0.0104	0.0967
	其他性质	国家机关	– 0.14379*	0.03113	0.000	– 0.2048	– 0.0828
		国营单位	– 0.01055	0.01496	0.481	– 0.0399	0.0188
		民营单位	0.04348*	0.01200	0.000	0.0199	0.0670
		组织社团	– 0.05355*	0.02202	0.015	– 0.0967	– 0.0104

*. 均值差的显著性水平为 0.05。

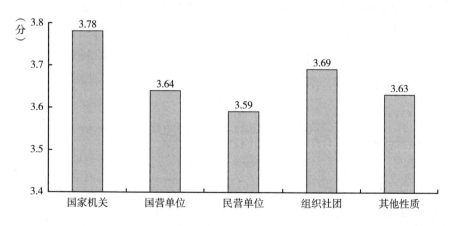

图 7　不同单位性质被试的政治认同总分比较

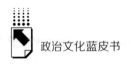

二　不同单位性质公民的危机压力比较

不同单位性质被试六种危机压力得分和危机压力总分情况，也可根据问卷调查的结果，分述于下。

（一）不同单位性质被试的政治危机压力比较

调查结果显示，在政治危机压力方面，国家机关被试的得分在 1.00 ~ 5.00 分之间，均值为 2.56，标准差为 0.70；国营单位被试的得分在 1.00 ~ 4.67 分之间，均值为 2.69，标准差为 0.69；民营单位被试的得分在 1.00 ~ 4.67 分之间，均值为 2.66，标准差为 0.76；组织社团被试的得分在 1.00 ~ 4.67 分之间，均值为 2.72，标准差为 0.69；其他性质单位被试的得分在 1.00 ~ 5.00 分之间，均值为 2.72，标准差为 0.68。

对不同单位性质被试政治危机压力得分的差异性进行方差分析（见表 8 -1、表 8 -2、表 8 -3 和图 8），显示不同单位性质被试的政治危机压力得分之间差异显著，$F = 3.645$，$p < 0.01$，国家机关被试（$M = 2.56$，$SD = 0.70$）的得分显著低于国营单位被试（$M = 2.69$，$SD = 0.69$）、组织社团被试（$M = 2.72$，$SD = 0.69$）、其他性质单位被试（$M = 2.72$，$SD = 0.68$），与民营单位被试（$M = 2.66$，$SD = 0.76$）之间的得分差异不显著；民营单位被试的得分显著低于其他性质单位被式，与国营单位、组织社团被试之间的得分差异不显著；国营单位、组织社团、其他性质单位三种被试相互之间的得分差异不显著。

表 8 -1　不同单位性质被试政治危机压力得分的差异比较

项目		N	均值	标准差	标准误	95% 置信区间		极小值	极大值
						下限	上限		
政治危机压力	国家机关	162	2.5617	0.70046	0.05503	2.4530	2.6704	1.00	5.00
	国营单位	814	2.6912	0.68602	0.02405	2.6440	2.7384	1.00	4.67
	民营单位	1438	2.6597	0.76412	0.02015	2.6202	2.6992	1.00	4.67

项目		N	均值	标准差	标准误	95%置信区间		极小值	极大值
						下限	上限		
政治危机压力	组织社团	339	2.7207	0.68613	0.03727	2.6474	2.7940	1.00	4.67
	其他性质	3822	2.7200	0.67987	0.01100	2.6984	2.7415	1.00	5.00
	总　数	6575	2.6994	0.70128	0.00865	2.6824	2.7163	1.00	5.00

表 8-2　不同单位性质被试体政治危机压力得分的方差分析结果

项目		平方和	df	均方	F	显著性
政治危机压力	组间	7.159	4	1.790	3.645	0.006
	组内	3225.922	6570	0.491		
	总数	3233.081	6574			

表 8-3　不同单位性质被试体政治危机压力得分的多重比较

因变量	(I)单位	(J)单位	均值差 (I-J)	标准误	显著性	95%置信区间	
						下限	上限
政治危机压力	国家机关	国营单位	-0.12951*	0.06028	0.032	-0.2477	-0.0113
		民营单位	-0.09798	0.05807	0.092	-0.2118	0.0159
		组织社团	-0.15902*	0.06693	0.018	-0.2902	-0.0278
		其他性质	-0.15823*	0.05621	0.005	-0.2684	-0.0480
	国营单位	国家机关	0.12951*	0.06028	0.032	0.0113	0.2477
		民营单位	0.03152	0.03074	0.305	-0.0287	0.0918
		组织社团	-0.02951	0.04529	0.515	-0.1183	0.0593
		其他性质	-0.02872	0.02705	0.288	-0.0817	0.0243
	民营单位	国家机关	0.09798	0.05807	0.092	-0.0159	0.2118
		国营单位	-0.03152	0.03074	0.305	-0.0918	0.0287
		组织社团	-0.06103	0.04231	0.149	-0.1440	0.0219
		其他性质	-0.06024*	0.02168	0.005	-0.1027	-0.0177
	组织社团	国家机关	0.15902*	0.06693	0.018	0.0278	0.2902
		国营单位	0.02951	0.04529	0.515	-0.0593	0.1183
		民营单位	0.06103	0.04231	0.149	-0.0219	0.1440
		其他性质	0.00079	0.03971	0.984	-0.0771	0.0786

续表

因变量	（I）单位	（J）单位	均值差 （I－J）	标准误	显著性	95% 置信区间	
						下限	上限
政治危机 压力	其他性质	国家机关	0.15823 *	0.05621	0.005	0.0480	0.2684
		国营单位	0.02872	0.02705	0.288	－0.0243	0.0817
		民营单位	0.06024 *	0.02168	0.005	0.0177	0.1027
		组织社团	－0.00079	0.03971	0.984	－0.0786	0.0771

＊. 均值差的显著性水平为 0.05。

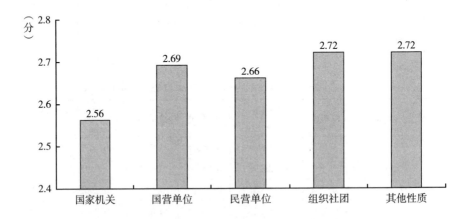

图8　不同单位性质被试的政治危机压力得分比较

（二）不同单位性质被试的经济危机压力比较

调查结果显示，在经济危机压力方面，国家机关被试的得分在 1.00 ～ 4.00 分之间，均值为 2.31，标准差为 0.56；国营单位被试的得分在 1.00 ～ 4.67 分之间，均值为 2.41，标准差为 0.59；民营单位被试的得分在 1.00 ～ 4.67 分之间，均值为 2.44，标准差为 0.66；组织社团被试的得分在 1.00 ～ 5.00 分之间，均值为 2.42，标准差为 0.64；其他性质单位被试的得分在 1.00 ～ 5.00 分之间，均值为 2.43，标准差为 0.61。

对不同单位性质被试经济危机压力得分的差异性进行方差分析（见表 9－1、表 9－2、表 9－3 和图 9），显示不同单位性质被试的经济危压力得分之间的差异尽管未达到显著水平，但是国家机关被试（$M=2.31$，$SD=0.56$）的得分显著低于民营单位被试（$M=2.44$，$SD=0.66$）和其他性质单位被试（$M=2.43$，$SD=0.61$），与国营单位被试（$M=2.41$，$SD=0.59$）和组织社团被试（$M=2.42$，$SD=0.64$）之间的得分差异不显著。

表 9-1　不同单位性质被试经济危机压力得分的差异比较

项目		N	均值	标准差	标准误	95% 置信区间		极小值	极大值
						下限	上限		
经济危机压力	国家机关	162	2.3128	0.55937	0.04395	2.2260	2.3995	1.00	4.00
	国营单位	813	2.4084	0.59184	0.02076	2.3676	2.4491	1.00	4.67
	民营单位	1432	2.4425	0.66031	0.01745	2.4083	2.4767	1.00	4.67
	组织社团	339	2.4208	0.64247	0.03489	2.3522	2.4895	1.00	5.00
	其他性质	3811	2.4329	0.61436	0.00995	2.4134	2.4524	1.00	5.00
	总　　数	6557	2.4283	0.62233	0.00769	2.4133	2.4434	1.00	5.00

表 9-2　不同单位性质被试经济危机压力得分的方差分析结果

项目		平方和	df	均方	F	显著性
经济危机压力	组间	2.873	4	0.718	1.856	0.115
	组内	2536.267	6552	0.387		
	总数	2539.140	6556			

表 9-3　不同单位性质被试经济危机压力得分的多重比较

因变量	（I）单位	（J）单位	均值差（I-J）	标准误	显著性	95% 置信区间	
						下限	上限
经济危机压力	国家机关	国营单位	-0.09561	0.05353	0.074	-0.2005	0.0093
		民营单位	-0.12975 *	0.05157	0.012	-0.2308	-0.0286
		组织社团	-0.10809	0.05943	0.069	-0.2246	0.0084
		其他性质	-0.12011 *	0.04991	0.016	-0.2180	-0.0223
	国营单位	国家机关	0.09561	0.05353	0.074	-0.0093	0.2005
		民营单位	-0.03414	0.02732	0.211	-0.0877	0.0194
		组织社团	-0.01248	0.04022	0.756	-0.0913	0.0664
		其他性质	-0.02451	0.02404	0.308	-0.0716	0.0226

续表

因变量	（I）单位	（J）单位	均值差 （I－J）	标准误	显著性	95%置信区间	
						下限	上限
经济危机压力	民营单位	国家机关	0.12975*	0.05157	0.012	0.0286	0.2308
		国营单位	0.03414	0.02732	0.211	－0.0194	0.0877
		组织社团	0.02166	0.03758	0.564	－0.0520	0.0953
		其他性质	0.00963	0.01928	0.617	－0.0282	0.0474
	组织社团	国家机关	0.10809	0.05943	0.069	－0.0084	0.2246
		国营单位	0.01248	0.04022	0.756	－0.0664	0.0913
		民营单位	－0.02166	0.03758	0.564	－0.0953	0.0520
		其他性质	－0.01202	0.03526	0.733	－0.0812	0.0571
	其他性质	国家机关	0.12011*	0.04991	0.016	0.0223	0.2180
		国营单位	0.02451	0.02404	0.308	－0.0226	0.0716
		民营单位	－0.00963	0.01928	0.617	－0.0474	0.0282
		组织社团	0.01202	0.03526	0.733	－0.0571	0.0812

＊. 均值差的显著性水平为 0.05。

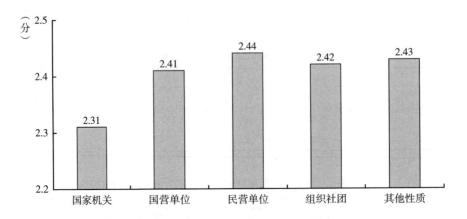

图9 不同单位性质被试的经济危机压力得分比较

（三）不同单位性质被试的社会危机压力比较

调查结果显示，在社会危机压力方面，国家机关被试的得分在 1.00～
5.00 分之间，均值为 2.69，标准差为 0.80；国营单位被试的得分在 1.00～
4.33 分之间，均值为 2.83，标准差为 0.67；民营单位被试的得分在 1.00～

5.00 分之间，均值为 2.82，标准差为 0.77；组织社团被试的得分在 1.00 ～ 5.00 分之间，均值为 2.83，标准差为 0.76；其他性质单位被试的得分在 1.00～5.00 分之间，均值为 2.83，标准差为 0.68。

对不同单位性质被试社会危机压力得分的差异性进行方差分析（见表 10－1、表 10－2、表 10－3 和图 10），显示不同单位性质被试的社会危机压力得分之间的差异尽管未达到显著水平，但是国家机关被试（$M = 2.69$，$SD = 0.80$）的得分显著低于国营单位被试（$M = 2.83$，$SD = 0.67$）、民营单位被试（$M = 2.82$，$SD = 0.77$）、组织社团被试（$M = 2.83$，$SD = 0.76$）和其他性质单位被试（$M = 2.83$，$SD = 0.68$）。

表 10－1　不同单位性质被试社会危机压力得分的差异比较

项目		N	均值	标准差	标准误	95% 置信区间		极小值	极大值
						下限	上限		
社会危机压力	国家机关	162	2.6893	0.80297	0.06309	2.5647	2.8139	1.00	5.00
	国营单位	813	2.8266	0.67451	0.02366	2.7801	2.8730	1.00	4.33
	民营单位	1437	2.8170	0.76764	0.02025	2.7773	2.8567	1.00	5.00
	组织社团	337	2.8328	0.75555	0.04116	2.7519	2.9138	1.00	5.00
	其他性质	3816	2.8307	0.67698	0.01096	2.8092	2.8522	1.00	5.00
	总　　数	6565	2.8238	0.70504	0.00870	2.8068	2.8409	1.00	5.00

表 10－2　不同单位性质被试社会危机压力得分的方差分析结果

项目		平方和	df	均方	F	显著性
社会危机压力	组间	3.214	4	0.803	1.617	0.167
	组内	3259.664	6560	0.497		
	总数	3262.877	6564			

表 10－3　不同单位性质被试社会危机压力得分的多重比较

因变量	（I）单位	（J）单位	均值差（I－J）	标准误	显著性	95% 置信区间	
						下限	上限
社会危机压力	国家机关	国营单位	－ 0.13727 *	0.06065	0.024	－ 0.2562	－ 0.0184
		民营单位	－ 0.12768 *	0.05842	0.029	－ 0.2422	－ 0.0132
		组织社团	－ 0.14354 *	0.06739	0.033	－ 0.2756	－ 0.0114
		其他性质	－ 0.14141 *	0.05655	0.012	－ 0.2523	－ 0.0306

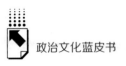
续表

因变量	（I）单位	（J）单位	均值差 （I－J）	标准误	显著性	95% 置信区间	
						下限	上限
社会危机压力	国营单位	国家机关	0.13727 *	0.06065	0.024	0.0184	0.2562
		民营单位	0.00959	0.03094	0.757	－0.0511	0.0702
		组织社团	－0.00627	0.04567	0.891	－0.0958	0.0833
		其他性质	－0.00414	0.02723	0.879	－0.0575	0.0492
	民营单位	国家机关	0.12768 *	0.05842	0.029	0.0132	0.2422
		国营单位	－0.00959	0.03094	0.757	－0.0702	0.0511
		组织社团	－0.01586	0.04266	0.710	－0.0995	0.0678
		其他性质	－0.01373	0.02182	0.529	－0.0565	0.0290
	组织社团	国家机关	0.14354 *	0.06739	0.033	0.0114	0.2756
		国营单位	0.00627	0.04567	0.891	－0.0833	0.0958
		民营单位	0.01586	0.04266	0.710	－0.0678	0.0995
		其他性质	0.00213	0.04006	0.958	－0.0764	0.0807
	其他性质	国家机关	0.14141 *	0.05655	0.012	0.0306	0.2523
		国营单位	0.00414	0.02723	0.879	－0.0492	0.0575
		民营单位	0.01373	0.02182	0.529	－0.0290	0.0565
		组织社团	－0.00213	0.04006	0.958	－0.0807	0.0764

＊. 均值差的显著性水平为 0.05。

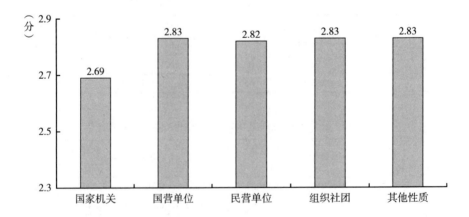

图 10   不同单位性质被试的社会危机压力得分比较

（四）不同单位性质被试的文化危机压力比较

调查结果显示，在文化危机压力方面，国家机关被试的得分在 1.00～4.25 分之间，均值为 2.71，标准差为 0.60；国营单位被试的得分在 1.00～4.25 分之间，均值为 2.86，标准差为 0.63；民营单位被试的得分在 1.00～4.50 分之间，均值为 2.84，标准差为 0.69；组织社团被试的得分在 1.00～4.50 分之间，均值为 2.79，标准差为 0.65；其他性质单位被试的得分在 1.00～5.00 分之间，均值为 2.87，标准差为 0.62。

对不同单位性质被试文化危机压力得分的差异性进行方差分析（见表 11-1、表 11-2、表 11-3 和图 11），显示不同单位性质被试的文化危机压力得分之间差异显著，$F = 3.677$，$p < 0.01$，国家机关被试（$M = 2.71$，$SD = 0.60$）的得分显著低于国营单位被试（$M = 2.86$，$SD = 0.63$）、民营单位被试（$M = 2.84$，$SD = 0.69$）和其他性质单位被试（$M = 2.87$，$SD = 0.62$），与组织社团被试（$M = 2.79$，$SD = 0.65$）之间的得分差异不显著；组织社团被试的得分显著低于其他性质单位被试，与国营单位、民营单位被试之间的得分差异不显著；国营单位、民营单位、其他性质单位三种被试相互间的得分差异不显著。

表 11-1　不同单位性质被试文化危机压力得分的差异比较

项目		N	均值	标准差	标准误	95% 置信区间		极小值	极大值
						下限	上限		
文化危机压力	国家机关	162	2.7083	0.60101	0.04722	2.6151	2.8016	1.00	4.25
	国营单位	813	2.8635	0.63079	0.02212	2.8200	2.9069	1.00	4.25
	民营单位	1437	2.8387	0.69434	0.01832	2.8028	2.8747	1.00	4.50
	组织社团	339	2.7906	0.64503	0.03503	2.7216	2.8595	1.00	4.50
	其他性质	3820	2.8681	0.61626	0.00997	2.8486	2.8877	1.00	5.00
	总　　数	6571	2.8532	0.63755	0.00787	2.8378	2.8686	1.00	5.00

表 11-2　不同单位性质被试文化危机压力得分的方差分析结果

项目		平方和	df	均方	F	显著性
文化危机压力	组间	5.968	4	1.492	3.677	0.005
	组内	2664.576	6566	0.406		
	总数	2670.544	6570			

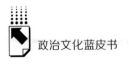
表 11－3　不同单位性质被试文化危机压力得分的多重比较

因变量	（I）单位	（J）单位	均值差（I－J）	标准误	显著性	95％置信区间	
						下限	上限
文化危机压力	国家机关	国营单位	－0.15514*	0.05481	0.005	－0.2626	－0.0477
		民营单位	－0.13039*	0.05280	0.014	－0.2339	－0.0269
		组织社团	－0.08223	0.06085	0.177	－0.2015	0.0370
		其他性质	－0.15979*	0.05110	0.002	－0.2600	－0.0596
	国营单位	国家机关	0.15514*	0.05481	0.005	0.0477	0.2626
		民营单位	0.02474	0.02796	0.376	－0.0301	0.0795
		组织社团	0.07291	0.04119	0.077	－0.0078	0.1536
		其他性质	－0.00466	0.02460	0.850	－0.0529	0.0436
	民营单位	国家机关	0.13039*	0.05280	0.014	0.0269	0.2339
		国营单位	－0.02474	0.02796	0.376	－0.0795	0.0301
		组织社团	0.04817	0.03846	0.211	－0.0272	0.1236
		其他性质	－0.02940	0.01971	0.136	－0.0680	0.0092
	组织社团	国家机关	0.08223	0.06085	0.177	－0.0370	0.2015
		国营单位	－0.07291	0.04119	0.077	－0.1536	0.0078
		民营单位	－0.04817	0.03846	0.211	－0.1236	0.0272
		其他性质	－0.07757*	0.03610	0.032	－0.1483	－0.0068
	其他性质	国家机关	0.15979*	0.05110	0.002	0.0596	0.2600
		国营单位	0.00466	0.02460	0.850	－0.0436	0.0529
		民营单位	0.02940	0.01971	0.136	－0.0092	0.0680
		组织社团	0.07757*	0.03610	0.032	0.0068	0.1483

*. 均值差的显著性水平为 0.05。

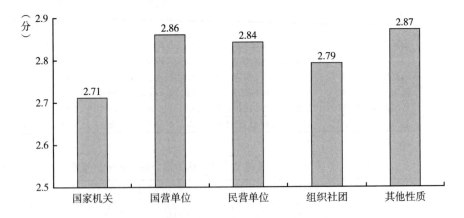

图 11　不同单位性质被试的文化危机压力得分比较

（五）不同单位性质被试的生态危机压力比较

调查结果显示，在生态危机压力方面，国家机关被试的得分在 1.00 ~ 4.67 分之间，均值为 3.19，标准差为 0.75；国营单位被试的得分在 1.00 ~ 5.00 分之间，均值为 3.24，标准差为 0.69；民营单位被试的得分在 1.00 ~ 5.00 分之间，均值为 3.22，标准差为 0.77；组织社团被试的得分在 1.00 ~ 5.00 分之间，均值为 3.21，标准差为 0.81；其他性质单位被试的得分在 1.00 ~ 5.00 分之间，均值为 3.24，标准差为 0.73。

对不同单位性质被试生态危机压力得分的差异性进行方差分析（见表 12 - 1、表 12 - 2、表 12 - 3 和图 12），显示不同单位性质被试的生态危机压力得分之间的差异未达到显著水平。

表 12 - 1　不同单位性质被试生态危机压力得分的差异比较

项目		N	均值	标准差	标准误	95% 置信区间		极小值	极大值
						下限	上限		
生态危机压力	国家机关	162	3.1852	0.74859	0.05881	3.0690	3.3013	1.00	4.67
	国营单位	814	3.2371	0.68995	0.02418	3.1896	3.2846	1.00	5.00
	民营单位	1437	3.2180	0.76579	0.02020	3.1784	3.2577	1.00	5.00
	组织社团	339	3.2094	0.80620	0.04379	3.1233	3.2956	1.00	5.00
	其他性质	3819	3.2406	0.73229	0.01185	3.2174	3.2639	1.00	5.00
	总　　数	6571	3.2323	0.73895	0.00912	3.2144	3.2502	1.00	5.00

表 12 - 2　不同单位性质被试生态危机压力得分的方差分析结果

项目		平方和	df	均方	F	显著性
生态危机压力	组间	1.113	4	0.278	0.509	0.729
	组内	3586.456	6566	0.546		
	总数	3587.569	6570			

表 12 - 3　不同单位性质被试生态危机压力得分的多重比较

因变量	(I) 单位	(J) 单位	均值差 (I - J)	标准误	显著性	95% 置信区间	
						下限	上限
生态危机 压力	国家机关	国营单位	- 0.05192	0.06358	0.414	- 0.1766	0.0727
		民营单位	- 0.03286	0.06125	0.592	- 0.1529	0.0872
		组织社团	- 0.02425	0.07059	0.731	- 0.1626	0.1141
		其他性质	- 0.05545	0.05929	0.350	- 0.1717	0.0608
	国营单位	国家机关	0.05192	0.06358	0.414	- 0.0727	0.1766
		民营单位	0.01905	0.03242	0.557	- 0.0445	0.0826
		组织社团	0.02766	0.04777	0.563	- 0.0660	0.1213
		其他性质	- 0.00354	0.02853	0.901	- 0.0595	0.0524
	民营单位	国家机关	0.03286	0.06125	0.592	- 0.0872	0.1529
		国营单位	- 0.01905	0.03242	0.557	- 0.0826	0.0445
		组织社团	0.00861	0.04462	0.847	- 0.0789	0.0961
		其他性质	- 0.02259	0.02287	0.323	- 0.0674	0.0222
	组织社团	国家机关	0.02425	0.07059	0.731	- 0.1141	0.1626
		国营单位	- 0.02766	0.04777	0.563	- 0.1213	0.0660
		民营单位	- 0.00861	0.04462	0.847	- 0.0961	0.0789
		其他性质	- 0.03120	0.04188	0.456	- 0.1133	0.0509
	其他性质	国家机关	0.05545	0.05929	0.350	- 0.0608	0.1717
		国营单位	0.00354	0.02853	0.901	- 0.0524	0.0595
		民营单位	0.02259	0.02287	0.323	- 0.0222	0.0674
		组织社团	0.03120	0.04188	0.456	- 0.0509	0.1133

＊. 均值差的显著性水平为 0.05。

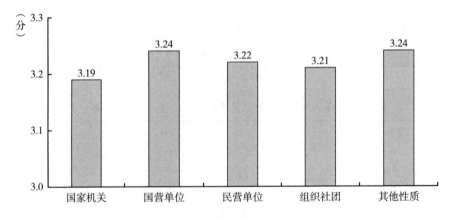

图 12　不同单位性质被试的生态危机压力得分比较

（六）不同单位性质被试的国际性危机压力比较

调查结果显示，在国际性危机压力方面，国家机关被试的得分在 1.67 ~ 4.00 分之间，均值为 3.04，标准差为 0.41；国营单位被试的得分在 1.33 ~ 4.67 分之间，均值为 3.07，标准差为 0.46；民营单位被试的得分在 1.00 ~ 4.33 分之间，均值为 3.01，标准差为 0.49；组织社团被试的得分在 1.67 ~ 4.67 分之间，均值为 3.04，标准差为 0.47；其他性质单位被试的得分在 1.00 ~ 5.00 分之间，均值为 3.04，标准差为 0.49。

对不同单位性质被试国际性危机压力得分的差异性进行方差分析（见表 13 - 1、表 13 - 2、表 13 - 3 和图 13），显示不同单位性质被试的国际性危机压力得分之间的差异未达到显著水平，只是国营单位被试（$M = 3.07$，$SD = 0.46$）的得分显著高于民营单位被试（$M = 3.01$，$SD = 0.49$）。

表 13 - 1　不同单位性质被试国际性危机压力得分的差异比较

项目		N	均值	标准差	标准误	95% 置信区间		极小值	极大值
						下限	上限		
国际性危机压力	国家机关	162	3.0370	0.41371	0.03250	2.9728	3.1012	1.67	4.00
	国营单位	814	3.0717	0.46401	0.01626	3.0397	3.1036	1.33	4.67
	民营单位	1436	3.0121	0.49262	0.01300	2.9866	3.0376	1.00	4.33
	组织社团	338	3.0385	0.47437	0.02580	2.9877	3.0892	1.67	4.67
	其他性质	3814	3.0375	0.48920	0.00792	3.0220	3.0530	1.00	5.00
	总　　数	6564	3.0362	0.48457	0.00598	3.0245	3.0479	1.00	5.00

表 13 - 2　不同单位性质被试国际危机压力得分的方差分析结果

项目		平方和	df	均方	F	显著性
国际性危机压力	组间	1.868	4	0.467	1.990	0.093
	组内	1539.193	6559	0.235		
	总数	1541.061	6563			

表 13 - 3　不同单位性质被试国际性危机压力得分的多重比较

因变量	（I）单位	（J）单位	均值差 （I－J）	标准误	显著性	95% 置信区间	
						下限	上限
国际性 危机压力	国家机关	国营单位	－ 0.03463	0.04168	0.406	－ 0.1163	0.0471
		民营单位	0.02497	0.04015	0.534	－ 0.0537	0.1037
		组织社团	－ 0.00142	0.04629	0.975	－ 0.0922	0.0893
		其他性质	－ 0.00046	0.03886	0.991	－ 0.0766	0.0757
	国营单位	国家机关	0.03463	0.04168	0.406	－ 0.0471	0.1163
		民营单位	0.05959 *	0.02125	0.005	0.0179	0.1013
		组织社团	0.03320	0.03135	0.290	－ 0.0282	0.0946
		其他性质	0.03417	0.01870	0.068	－ 0.0025	0.0708
	民营单位	国家机关	－ 0.02497	0.04015	0.534	－ 0.1037	0.0537
		国营单位	－ 0.05959 *	0.02125	0.005	－ 0.1013	－ 0.0179
		组织社团	－ 0.02639	0.02929	0.368	－ 0.0838	0.0310
		其他性质	－ 0.02542	0.01500	0.090	－ 0.0548	0.0040
	组织社团	国家机关	0.00142	0.04629	0.975	－ 0.0893	0.0922
		国营单位	－ 0.03320	0.03135	0.290	－ 0.0946	0.0282
		民营单位	0.02639	0.02929	0.368	－ 0.0310	0.0838
		其他性质	0.00097	0.02749	0.972	－ 0.0529	0.0549
	其他性质	国家机关	0.00046	0.03886	0.991	－ 0.0757	0.0766
		国营单位	－ 0.03417	0.01870	0.068	－ 0.0708	0.0025
		民营单位	0.02542	0.01500	0.090	－ 0.0040	0.0548
		组织社团	－ 0.00097	0.02749	0.972	－ 0.0549	0.0529

＊. 均值差的显著性水平为 0.05。

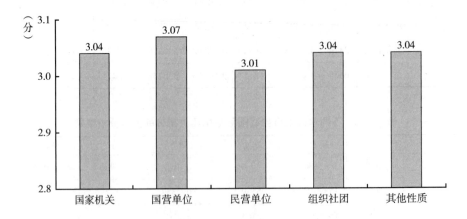

图 13　不同单位性质被试的国际性危机压力得分比较

（七）不同单位性质被试的危机压力总分比较

调查结果显示，在危机压力总分方面，国家机关被试的得分在 1.47 ~
3.56 分之间，均值为 2.75，标准差为 0.42；国营单位被试的得分在 1.39 ~
3.67 分之间，均值为 2.85，标准差为 0.41；民营单位被试的得分在 1.22 ~
4.06 分之间，均值为 2.83，标准差为 0.47；组织社团被试的得分在 1.44 ~
4.14 分之间，均值为 2.83，标准差为 0.45；其他性质单位被试的得分在
1.28 ~ 4.19 分之间，均值为 2.85，标准差为 0.39。

对不同单位性质被试危机压力总分的差异性进行方差分析（见表 14 - 1、
表 14 - 2、表 14 - 3 和图 14），显示不同单位性质被试的危机压力总分差异
显著，$F = 3.127$，$p < 0.05$，国家机关被试（$M = 2.75$，$SD = 0.42$）的得分
显著低于国营单位被试（$M = 2.85$，$SD = 0.41$）、民营单位被试（$M = 2.83$，
$SD = 0.47$）、组织社团被试（$M = 2.83$，$SD = 0.45$）和其他性质单位被试
（$M = 2.85$，$SD = 0.39$）；民营单位、国营单位、组织社团、其他性质单位
四种被试两两之间的得分差异均不显著。

表 14 - 1　不同单位性质被试危机压力总分的差异比较

项目		N	均值	标准差	标准误	95% 置信区间		极小值	极大值
						下限	上限		
危机压力总分	国家机关	162	2.7491	0.41978	0.03298	2.6839	2.8142	1.47	3.56
	国营单位	811	2.8484	0.40517	0.01423	2.8204	2.8763	1.39	3.67
	民营单位	1423	2.8298	0.46666	0.01237	2.8056	2.8541	1.22	4.06
	组织社团	336	2.8321	0.44512	0.02428	2.7843	2.8799	1.44	4.14
	其他性质	3783	2.8535	0.39186	0.00637	2.8410	2.8660	1.28	4.19
	总　数	6515	2.8440	0.41471	0.00514	2.8339	2.8540	1.22	4.19

表 14 - 2　不同单位性质被试危机压力总分的方差分析结果

项目		平方和	df	均方	F	显著性
危机压力总分	组间	2.148	4	0.537	3.127	0.014
	组内	1118.132	6510	0.172		
	总数	1120.280	6514			

表 14 - 3　不同单位性质被试危机压力总分的多重比较

因变量	(I)单位	(J)单位	均值差 (I - J)	标准误	显著性	95%置信区间	
						下限	上限
危机压力 总分	国家机关	国营单位	- 0. 09931*	0. 03567	0. 005	- 0. 1692	- 0. 0294
		民营单位	- 0. 08076*	0. 03436	0. 019	- 0. 1481	- 0. 0134
		组织社团	- 0. 08304*	0. 03964	0. 036	- 0. 1607	- 0. 0053
		其他性质	- 0. 10441*	0. 03325	0. 002	- 0. 1696	- 0. 0392
	国营单位	国家机关	0. 09931*	0. 03567	0. 005	0. 0294	0. 1692
		民营单位	0. 01855	0. 01823	0. 309	- 0. 0172	0. 0543
		组织社团	0. 01628	0. 02689	0. 545	- 0. 0364	0. 0690
		其他性质	- 0. 00509	0. 01604	0. 751	- 0. 0365	0. 0263
	民营单位	国家机关	0. 08076*	0. 03436	0. 019	0. 0134	0. 1481
		国营单位	- 0. 01855	0. 01823	0. 309	- 0. 0543	0. 0172
		组织社团	- 0. 00227	0. 02514	0. 928	- 0. 0516	0. 0470
		其他性质	- 0. 02364	0. 01289	0. 067	- 0. 0489	0. 0016
	组织社团	国家机关	0. 08304*	0. 03964	0. 036	0. 0053	0. 1607
		国营单位	- 0. 01628	0. 02689	0. 545	- 0. 0690	0. 0364
		民营单位	0. 00227	0. 02514	0. 928	- 0. 0470	0. 0516
		其他性质	- 0. 02137	0. 02359	0. 365	- 0. 0676	0. 0249
	其他性质	国家机关	0. 10441*	0. 03325	0. 002	0. 0392	0. 1696
		国营单位	0. 00509	0. 01604	0. 751	- 0. 0263	0. 0365
		民营单位	0. 02364	0. 01289	0. 067	- 0. 0016	0. 0489
		组织社团	0. 02137	0. 02359	0. 365	- 0. 0249	0. 0676

*. 均值差的显著性水平为 0. 05。

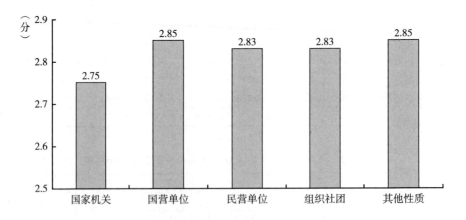

图 14　不同单位性质被试的危机压力总分比较

三　不同单位性质公民政治指数的比较

2016 年问卷调查显示的政治认同总分，即政治认同指数，指数最高的是国家机关被试（3.78），第二是组织社团被试（3.69），第三是国营单位被试（3.64），第四是其他性质单位被试（3.63），指数最低的是民营单位被试（3.59，见表 7 – 1、表 7 – 2、表 7 – 3）。需要特别注意的是国家机关被试的政治指数显著高于另外四种单位被试，民营单位被试的政治指数显著低于国营单位、组织社团、其他性质单位被试。

2016 年问卷调查显示的危机压力指数（危机压力总分的反向计分），国家机关被试的得分在 2.44 ~ 4.53 分之间，均值为 3.25，标准差为 0.42；国营单位被试的得分在 2.33 ~ 4.61 分之间，均值为 3.15，标准差为 0.41；民营单位被试的得分在 1.94 ~ 4.78 分之间，均值为 3.17，标准差为 0.47；组织社团被试的得分在 1.86 ~ 4.56 分之间，均值为 3.17，标准差为 0.45；其他性质单位被试的得分在 1.81 ~ 4.72 分之间，均值为 3.15，标准差为 0.39。

对不同单位性质被试危机压力指数的差异性进行方差分析（见表 15 – 1、表 15 – 2、表 15 – 3 和图 15），显示不同单位性质被试危机压力指数得分之间的差异显著，$F = 3.127$，$p < 0.05$，国家机关被试（$M = 3.25$，$SD = 0.42$）的得分显著高于国营单位被试（$M = 3.15$，$SD = 0.41$）、民营单位被试（$M = 3.17$，$SD = 0.47$）、组织社团被试（$M = 3.17$，$SD = 0.45$）和其他性质单位被试（$M = 3.15$，$SD = 0.39$）；民营单位、国营单位、组织社团、其他性质单位四种被试两两之间的得分差异均不显著。

表 15 – 1　不同单位性质被试危机压力指数的差异比较

项目		N	均值	标准差	标准误	95% 置信区间		极小值	极大值
						下限	上限		
危机压力指数	国家机关	162	3.2509	0.41978	0.03298	3.1858	3.3161	2.44	4.53
	国营单位	811	3.1516	0.40517	0.01423	3.1237	3.1796	2.33	4.61
	民营单位	1423	3.1702	0.46666	0.01237	3.1459	3.1944	1.94	4.78

续表

项目		N	均值	标准差	标准误	95%置信区间		极小值	极大值
						下限	上限		
危机压力指数	组织社团	336	3.1679	0.44512	0.02428	3.1201	3.2157	1.86	4.56
	其他性质	3783	3.1465	0.39186	0.00637	3.1340	3.1590	1.81	4.72
	总　数	6515	3.1560	0.41471	0.00514	3.1460	3.1661	1.81	4.78

表 15 – 2　不同单位性质被试危机压力指数的方差分析结果

项目		平方和	df	均方	F	显著性
危机压力指数	组间	2.148	4	0.537	3.127	0.014
	组内	1118.132	6510	0.172		
	总数	1120.280	6514			

表 15 – 3　不同单位性质被试危机压力指数的多重比较

因变量	(I)单位	(J)单位	均值差(I – J)	标准误	显著性	95%置信区间	
						下限	上限
危机压力指数	国家机关	国营单位	0.09931 *	0.03567	0.005	0.0294	0.1692
		民营单位	0.08076 *	0.03436	0.019	0.0134	0.1481
		组织社团	0.08304 *	0.03964	0.036	0.0053	0.1607
		其他性质	0.10441 *	0.03325	0.002	0.0392	0.1696
	国营单位	国家机关	– 0.09931 *	0.03567	0.005	– 0.1692	– 0.0294
		民营单位	– 0.01855	0.01823	0.309	– 0.0543	0.0172
		组织社团	– 0.01628	0.02689	0.545	– 0.0690	0.0364
		其他性质	0.00509	0.01604	0.751	– 0.0263	0.0365
	民营单位	国家机关	– 0.08076 *	0.03436	0.019	– 0.1481	– 0.0134
		国营单位	0.01855	0.01823	0.309	– 0.0172	0.0543
		组织社团	0.00227	0.02514	0.928	– 0.0470	0.0516
		其他性质	0.02364	0.01289	0.067	– 0.0016	0.0489
	组织社团	国家机关	– 0.08304 *	0.03964	0.036	– 0.1607	– 0.0053
		国营单位	0.01628	0.02689	0.545	– 0.0364	0.0690
		民营单位	– 0.00227	0.02514	0.928	– 0.0516	0.0470
		其他性质	0.02137	0.02359	0.365	– 0.0249	0.0676

因变量	（I）单位	（J）单位	均值差（I－J）	标准误	显著性	95% 置信区间	
						下限	上限
危机压力指数	其他性质	国家机关	− 0.10441 *	0.03325	0.002	− 0.1696	− 0.0392
		国营单位	− 0.00509	0.01604	0.751	− 0.0365	0.0263
		民营单位	− 0.02364	0.01289	0.067	− 0.0489	0.0016
		组织社团	− 0.02137	0.02359	0.365	− 0.0676	0.0249

*．均值差的显著性水平为 0.05。

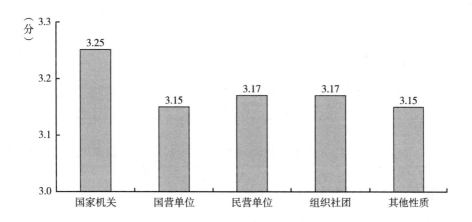

图 15　不同单位性质被试的危机压力指数比较

2016 年问卷调查显示的政治总指数，国家机关被试的得分在 2.78 ~ 4.52 分之间，均值为 3.51，标准差为 0.37；国营单位被试的得分在 2.54 ~ 4.64 分之间，均值为 3.40，标准差为 0.35；民营单位被试的得分在 2.40 ~ 4.69 分之间，均值为 3.38，标准差为 0.41；组织社团被试的得分在 2.67 ~ 4.59 分之间，均值为 3.43，标准差为 0.37；其他性质单位被试的得分在 2.22 ~ 4.64 分之间，均值为 3.39，标准差为 0.33。

对不同单位性质被试政治总指数的差异性进行方差分析（见表 16 - 1、表 16 - 2、表 16 - 3 和图 16），显示不同单位性质被试政治总指数得分之间的差异显著，$F = 5.984$，$p < 0.001$，国家机关被试（$M = 3.51$，$SD = 0.37$）的得分显著高于国营单位被试（$M = 3.40$，$SD = 0.35$）、民营单位被试（$M =$

3.38，SD＝0.41）、组织社团被试（M＝3.43，SD＝0.37）和其他性质单位被试（M＝3.39，SD＝0.33）；组织社团被试的得分显著高于民营单位被试，与国营单位、其他性质单位被试之间的得分差异不显著；民营单位被试、国营单位被试、其他性质单位被试相互间的得分差异不显著。

表 16－1 不同单位性质被试政治总指数的差异比较

项目		N	均值	标准差	标准误	95% 置信区间		极小值	极大值
						下限	上限		
政治总指数	国家机关	161	3.5136	0.36748	0.02896	3.4564	3.5708	2.78	4.52
	国营单位	808	3.3975	0.34586	0.01217	3.3736	3.4214	2.54	4.64
	民营单位	1414	3.3817	0.40761	0.01084	3.3604	3.4029	2.40	4.69
	组织社团	333	3.4282	0.37320	0.02045	3.3879	3.4684	2.67	4.59
	其他性质	3763	3.3901	0.32847	0.00535	3.3796	3.4006	2.22	4.64
	总　　数	6479	3.3942	0.35318	0.00439	3.3856	3.4028	2.22	4.69

表 16－2 不同单位性质被试政治总指数的方差分析结果

项目		平方和	df	均方	F	显著性
政治总指数	组间	2.976	4	0.744	5.984	0.000
	组内	805.049	6474	0.124		
	总数	808.026	6478			

表 16－3 不同单位性质被试政治总指数的多重比较

因变量	（I）单位	（J）单位	均值差（I－J）	标准误	显著性	95% 置信区间	
						下限	上限
政治总指数	国家机关	国营单位	0.11615 *	0.03043	0.000	0.0565	0.1758
		民营单位	0.13198 *	0.02933	0.000	0.0745	0.1895
		组织社团	0.08547 *	0.03385	0.012	0.0191	0.1518
		其他性质	0.12357 *	0.02838	0.000	0.0679	0.1792
	国营单位	国家机关	－ 0.11615 *	0.03043	0.000	－ 0.1758	－ 0.0565
		民营单位	0.01583	0.01555	0.309	－ 0.0147	0.0463
		组织社团	－ 0.03067	0.02296	0.182	－ 0.0757	0.0143
		其他性质	0.00743	0.01367	0.587	－ 0.0194	0.0342

因变量	（I）单位	（J）单位	均值差（I－J）	标准误	显著性	95%置信区间	
						下限	上限
政治总指数	民营单位	国家机关	－ 0.13198 *	0.02933	0.000	－ 0.1895	－ 0.0745
		国营单位	－ 0.01583	0.01555	0.309	－ 0.0463	0.0147
		组织社团	－ 0.04650 *	0.02148	0.030	－ 0.0886	－ 0.0044
		其他性质	－ 0.00840	0.01100	0.445	－ 0.0300	0.0132
	组织社团	国家机关	－ 0.08547 *	0.03385	0.012	－ 0.1518	－ 0.0191
		国营单位	0.03067	0.02296	0.182	－ 0.0143	0.0757
		民营单位	0.04650 *	0.02148	0.030	0.0044	0.0886
		其他性质	0.03810	0.02016	0.059	－ 0.0014	0.0776
	其他性质	国家机关	－ 0.12357 *	0.02838	0.000	－ 0.1792	－ 0.0679
		国营单位	－ 0.00743	0.01367	0.587	－ 0.0342	0.0194
		民营单位	0.00840	0.01100	0.445	－ 0.0132	0.0300
		组织社团	－ 0.03810	0.02016	0.059	－ 0.0776	0.0014

＊．均值差的显著性水平为 0.05。

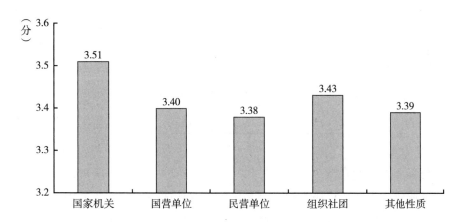

图16　不同单位性质被试的政治总指数比较

通过本报告的数据分析，可以对不同单位性质被试在政治认同、危机压力及政治指数方面所反映出来的差异，做一个简单的小结。

在本次问卷调查涉及的六种认同中，政党认同、身份认同、文化认同、政策认同、发展认同五种认同和政治认同总分都是国家机关被试得分最高

（见表17，表中括号内的数字，代表不同单位性质被试得分高低的排序，下同），并且在政党认同、文化认同、发展认同和政治认同总分上显著高于另外四种被试；民营单位被试在政党认同、身份认同、文化认同、政策认同、发展认同五种认同和政治认同总分上得分最低，并且在政党认同、身份认同、发展认同和政治认同总分上显著低于另外四种被试；体制认同得分最高的是组织社团被试，得分最低的是国营单位被试，但无论是得分最高还是最低，都未达到总体上显著高于或低于另外四种被试的程度。也就是说，不同单位性质被试在政治认同方面的差异，主要表现为国家机关被试的总体认同水平较高，民营单位被试的总体认同水平较低。

表17　不同单位性质被试政治认同得分排序比较

项目	国家机关	国营单位	民营单位	组织社团	其他性质
体制认同	3.4300（3）	3.3984（5）	3.4107（4）	3.4690（1）	3.4492（2）
政党认同	3.8282（1）	3.6450（2）	3.5403（5）	3.6420（3）	3.5784（4）
身份认同	4.2083（1）	4.0910（4）	4.0186（5）	4.1580（2）	4.1017（3）
文化认同	3.6317（1）	3.5242（2）	3.4538（5）	3.5015（3）	3.4634（4）
政策认同	3.7119（1）	3.5450（4）	3.5228（5）	3.6185（2）	3.5751（3）
发展认同	3.8426（1）	3.6502（3）	3.5739（5）	3.7145（2）	3.6207（4）
认同总分	3.7758（1）	3.6426（3）	3.5885（5）	3.6856（2）	3.6320（4）

在本次问卷调查涉及的六种危机压力中，政治、经济、社会、文化、生态五种危机压力和危机压力总分都是国家机关被试得分最低（见表18），并且在社会危机压力和危机压力总分上显著低于另外四种被试；尽管组织社团被试在政治危机压力、社会危机压力上得分最高，民营单位被试在经济危机压力上得分最高，其他性质单位被试在文化危机压力、生态危机压力和危机压力总分上得分最高，但都未达到总体上显著高于另外四种被试的程度。也就是说，不同单位性质被试在危机压力方面的差异，主要表现为国家机关被试的总体压力水平较低。

表 18 不同单位性质被试危机压力得分排序比较

项目	国家机关	国营单位	民营单位	组织社团	其他性质
政治危机压力	2.5617(5)	2.6912(3)	2.6597(4)	2.7207(1)	2.7200(2)
经济危机压力	2.3128(5)	2.4084(4)	2.4425(1)	2.4208(3)	2.4329(2)
社会危机压力	2.6893(5)	2.8266(3)	2.8170(4)	2.8328(1)	2.8307(2)
文化危机压力	2.7083(5)	2.8635(2)	2.8387(5)	2.7906(4)	2.8681(1)
生态危机压力	3.1852(5)	3.2371(2)	3.2180(3)	3.2094(4)	3.2406(1)
国际性危机压力	3.0370(4)	3.0717(1)	3.0121(5)	3.0385(2)	3.0375(3)
危机压力总分	2.7491(5)	2.8484(2)	2.8298(4)	2.8321(3)	2.8535(1)

　　对政治指数进行比较（见表 19），显示的是政治认同指数、危机压力指数和政治总指数都是国家机关被试最高，民营单位被试的政治认同指数和政治总指数最低。对于由单位性质不同所带来的指数差异，在观察和分析中国政治现状时，应该给予一定的关注。

表 19 不同单位性质被试政治指数得分排序比较

项目	国家机关	国营单位	民营单位	组织社团	其他性质
政治认同指数	3.78(1)	3.64(3)	3.59(5)	3.69(2)	3.63(4)
危机压力指数	3.25(1)	3.15(4)	3.17(2)	3.17(2)	3.15(4)
政治总指数	3.51(1)	3.40(3)	3.38(5)	3.43(2)	3.39(4)

B.11
不同收入公民的政治认同与
危机压力比较

史卫民　　阎孟伟

摘　要：　　2016 年的"中国公民政治文化"问卷调查显示,不同收入被试在政治认同方面的差异,主要表现为低收入被试的总体认同水平较高。

2016 年的"中国公民政治文化"问卷调查还显示,不同收入被试在危机压力方面的主要表现,是中高收入被试的总体压力感知水平较低。

关键词：　政治认同　危机压力　收入因素　差异性

南开大学当代中国问题研究院 2016 年进行的"中国公民政治文化"问卷调查,将被试的月可支配平均收入分为六大类:第一类是 500 元及以下,对应"低收入";第二类是 501～1500 元,对应"较低收入";第三类是 1501～2500 元,对应"中低收入";第四类是 2501～3500 元,对应"中高收入";第五类是 3501～5000 元,对应"较高收入";第六类是 5001 元及以上,对应"高收入"。在调查涉及的 6581 名被试中,低收入(500 元及以下)被试 1420 人,有效百分比为 21.58%;较低收入(501～1500 元)被试 1421 人,有效百分比为 21.59%;中低收入(1501～2500 元)被试 1406人,有效百分比为 21.37%;中高收入(2501～3500 元)被试 1176 人,有效百分比为 17.87%;较高收入(3501～5000 元)被试 832 人,有效百分比为 12.64%；高收入（5001 元及以上）被试 326 人，有效百分比为 4.95%。根据问卷调查的数据，可以比较不同收入被试所显示的政治认同和危机压力情况。

一 不同收入公民的政治认同比较

不同收入被试的六种认同得分和政治认同总分情况，可根据问卷调查的结果，分述于下。

（一）不同收入被试的体制认同比较

调查结果显示，在体制认同方面，低收入被试的得分在 1.00~5.00 分，均值为 3.47，标准差为 0.50；较低收入被试的得分在 1.00~5.00 分，均值为 3.43，标准差为 0.48；中低收入被试的得分在 1.33~5.00 分，均值为 3.43，标准差为 0.48；中高收入被试的得分在 1.67~5.00 分，均值为 3.45，标准差为 0.49；较高收入被试的得分在 1.67~5.00 分，均值为 3.41，标准差为 0.50；高收入被试的得分在 1.33~5.00 分，均值为 3.36，标准差为 0.55。

对不同收入被试体制认同得分的差异性进行方差分析（见表 1-1、表 1-2、表 1-3 和图 1），显示不同收入被试的体制认同得分之间差异显著，$F = 3.701$，$p < 0.01$，高收入被试（$M = 3.36$，$SD = 0.55$）的得分显著低于低收入被试（$M = 3.47$，$SD = 0.50$）、较低收入被试（$M = 3.43$，$SD = 0.48$）、中低收入被试（$M = 3.43$，$SD = 0.48$）、中高收入被试（$M = 3.45$，$SD = 0.49$），与较高收入被试（$M = 3.41$，$SD = 0.50$）之间的得分差异不显著；低收入被试的得分显著高于较低收入、较高收入被试，与中低收入、中高收入被试之间的得分差异不显著；中高收入的得分显著高于较高收入被试，与较低收入、中低收入被试之间的得分差异不显著；较低收入、中低收入、较高收入三种被试相互间的得分差异不显著。

表1-1 不同收入被试体制认同得分的差异比较

项目		N	均值	标准差	标准误	95% 置信区间		极小值	极大值
						下限	上限		
体制认同	低收入	1420	3.4676	0.49865	0.01323	3.4416	3.4936	1.00	5.00
	较低收入	1421	3.4265	0.47964	0.01272	3.4015	3.4514	1.00	5.00
	中低收入	1406	3.4334	0.48131	0.01284	3.4082	3.4586	1.33	5.00
	中高收入	1176	3.4501	0.49409	0.01441	3.4218	3.4784	1.67	5.00
	较高收入	832	3.4054	0.50178	0.01740	3.3713	3.4396	1.67	5.00
	高收入	326	3.3589	0.54946	0.03043	3.2990	3.4188	1.33	5.00
	总数	6581	3.4350	0.49368	0.00609	3.4231	3.4470	1.00	5.00

表1-2 不同收入被试体制认同得分的方差分析结果

项目		平方和	df	均方	F	显著性
体制认同	组间	4.500	5	0.900	3.701	0.002
	组内	1599.202	6575	0.243		
	总数	1603.702	6580			

表1-3 不同收入被试体制认同得分的多重比较

因变量	(I) 收入	(J) 收入	均值差 (I-J)	标准误	显著性	95% 置信区间	
						下限	上限
体制认同	低收入	较低收入	0.04115 *	0.01851	0.026	0.0049	0.0774
		中低收入	0.03422	0.01855	0.065	-0.0021	0.0706
		中高收入	0.01749	0.01945	0.368	-0.0206	0.0556
		较高收入	0.06216 *	0.02153	0.004	0.0199	0.1044
		高收入	0.10871 *	0.03029	0.000	0.0493	0.1681
	较低收入	低收入	-0.04115 *	0.01851	0.026	-0.0774	-0.0049
		中低收入	-0.00692	0.01855	0.709	-0.0433	0.0294
		中高收入	-0.02365	0.01944	0.224	-0.0618	0.0145
		较高收入	0.02101	0.02153	0.329	-0.0212	0.0632
		高收入	0.06756 *	0.03029	0.026	0.0082	0.1269
	中低收入	低收入	-0.03422	0.01855	0.065	-0.0706	0.0021
		较低收入	0.00692	0.01855	0.709	-0.0294	0.0433
		中高收入	-0.01673	0.01949	0.391	-0.0549	0.0215
		较高收入	0.02793	0.02157	0.195	-0.0144	0.0702
		高收入	0.07449 *	0.03032	0.014	0.0151	0.1339

续表

因变量	（I）收入	（J）收入	均值差（I−J）	标准误	显著性	95%置信区间	
						下限	上限
体制认同	中高收入	低 收 入	− 0.01749	0.01945	0.368	− 0.0556	0.0206
		较低收入	0.02365	0.01944	0.224	− 0.0145	0.0618
		中低收入	0.01673	0.01949	0.391	− 0.0215	0.0549
		较高收入	0.04466 *	0.02234	0.046	0.0009	0.0885
		高 收 入	0.09122 *	0.03087	0.003	0.0307	0.1517
	较高收入	低 收 入	− 0.06216 *	0.02153	0.004	− 0.1044	− 0.0199
		较低收入	− 0.02101	0.02153	0.329	− 0.0632	0.0212
		中低收入	− 0.02793	0.02157	0.195	− 0.0702	0.0144
		中高收入	− 0.04466 *	0.02234	0.046	− 0.0885	− 0.0009
		高 收 入	0.04655	0.03222	0.149	− 0.0166	0.1097
	高收入	低 收 入	− 0.10871 *	0.03029	0.000	− 0.1681	− 0.0493
		较低收入	− 0.06756 *	0.03029	0.026	− 0.1269	− 0.0082
		中低收入	− 0.07449 *	0.03032	0.014	− 0.1339	− 0.0151
		中高收入	− 0.09122 *	0.03087	0.003	− 0.1517	− 0.0307
		较高收入	− 0.04655	0.03222	0.149	− 0.1097	0.0166

＊．均值差的显著性水平为 0.05。

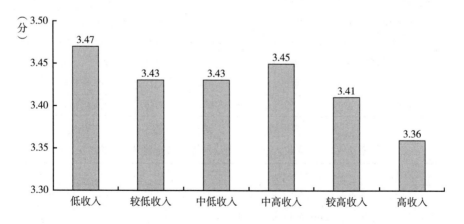

图1 不同收入被试的体制认同得分比较

（二）不同收入被试的政党认同比较

调查结果显示，在政党认同方面，低收入被试的得分在 1.33 ~ 5.00 分，均值为 3.61，标准差为 0.55；较低收入被试的得分在 1.33 ~ 5.00 分，均值为 3.59，标准差为 0.57；中低收入被试的得分在 1.33 ~ 5.00 分，均值为 3.59，标准差为 0.57；中高收入被试的得分在 1.33 ~ 5.00 分，均值为 3.55，标准差为 0.60；较高收入被试的得分在 1.67 ~ 5.00 分，均值为 3.60，标准差为 0.57；高收入被试的得分在 1.33 ~ 5.00 分，均值为 3.60，标准差为 0.62。

对不同收入被试政党认同得分的差异性进行方差分析（见表 2 - 1、表 2 - 2、表 2 - 3 和图 2），显示不同收入被试的政党认同得分之间的差异未达到显著水平，只是低收入被试（$M = 3.61$，$SD = 0.55$）的得分显著高于中高收入被试（$M = 3.55$，$SD = 0.60$）。

表 2 - 1　不同收入被试政党认同得分的差异比较

项目		N	均值	标准差	标准误	95% 置信区间		极小值	极大值
						下限	上限		
政党认同	低收入	1417	3.6107	0.55334	0.01470	3.5818	3.6395	1.33	5.00
	较低收入	1421	3.5904	0.57195	0.01517	3.5607	3.6202	1.33	5.00
	中低收入	1403	3.5885	0.56793	0.01516	3.5588	3.6182	1.33	5.00
	中高收入	1171	3.5468	0.59594	0.01741	3.5127	3.5810	1.33	5.00
	较高收入	832	3.5954	0.57304	0.01987	3.5564	3.6343	1.67	5.00
	高收入	325	3.5990	0.61603	0.03417	3.5317	3.6662	1.33	5.00
	总数	6569	3.5877	0.57406	0.00708	3.5738	3.6015	1.33	5.00

表 2 - 2　不同收入被试政党认同得分的方差分析结果

项目		平方和	df	均方	F	显著性
政党认同	组间	2.806	5	0.561	1.704	0.130
	组内	2161.633	6563	0.329		
	总数	2164.440	6568			

表 2 - 3　不同收入被试政党认同得分的多重比较

因变量	(I)收入	(J)收入	均值差(I-J)	标准误	显著性	95%置信区间	
						下限	上限
政党认同	低收入	较低收入	0.02025	0.02155	0.347	-0.0220	0.0625
		中低收入	0.02218	0.02161	0.305	-0.0202	0.0646
		中高收入	0.06385*	0.02267	0.005	0.0194	0.1083
		较高收入	0.01533	0.02507	0.541	-0.0338	0.0645
		高收入	0.01171	0.03530	0.740	-0.0575	0.0809
	较低收入	低收入	-0.02025	0.02155	0.347	-0.0625	0.0220
		中低收入	0.00193	0.02160	0.929	-0.0404	0.0443
		中高收入	0.04360	0.02265	0.054	-0.0008	0.0880
		较高收入	-0.00492	0.02505	0.844	-0.0540	0.0442
		高收入	-0.00855	0.03529	0.809	-0.0777	0.0606
	中低收入	低收入	-0.02218	0.02161	0.305	-0.0646	0.0202
		较低收入	-0.00193	0.02160	0.929	-0.0443	0.0404
		中高收入	0.04167	0.02272	0.067	-0.0029	0.0862
		较高收入	-0.00685	0.02511	0.785	-0.0561	0.0424
		高收入	-0.01047	0.03533	0.767	-0.0797	0.0588
	中高收入	低收入	-0.06385*	0.02267	0.005	-0.1083	-0.0194
		较低收入	-0.04360	0.02265	0.054	-0.0880	0.0008
		中低收入	-0.04167	0.02272	0.067	-0.0862	0.0029
		较高收入	-0.04853	0.02602	0.062	-0.0995	0.0025
		高收入	-0.05215	0.03598	0.147	-0.1227	0.0184
	较高收入	低收入	-0.01533	0.02507	0.541	-0.0645	0.0338
		较低收入	0.00492	0.02505	0.844	-0.0442	0.0540
		中低收入	0.00685	0.02511	0.785	-0.0424	0.0561
		中高收入	0.04853	0.02602	0.062	-0.0025	0.0995
		高收入	-0.00362	0.03754	0.923	-0.0772	0.0700
	高收入	低收入	-0.01171	0.03530	0.740	-0.0809	0.0575
		较低收入	0.00855	0.03529	0.809	-0.0606	0.0777
		中低收入	0.01047	0.03533	0.767	-0.0588	0.0797
		中高收入	0.05215	0.03598	0.147	-0.0184	0.1227
		较高收入	0.00362	0.03754	0.923	-0.0700	0.0772

*. 均值差的显著性水平为 0.05。

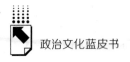

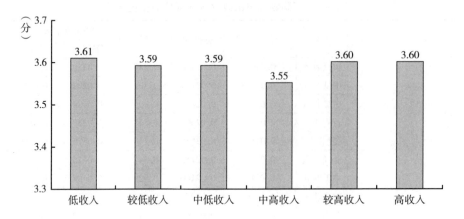

图2　不同收入被试的政党认同得分比较

（三）不同收入被试的身份认同比较

调查结果显示，在身份认同方面，低收入被试的得分在1.00～5.00分之间，均值为4.14，标准差为0.63；较低收入被试的得分在1.00～5.00分之间，均值为4.09，标准差为0.63；中低收入被试的得分在1.75～5.00分之间，均值为4.06，标准差为0.67；中高收入被试的得分在1.75～5.00分之间，均值为4.09，标准差为0.68；较高收入被试的得分在1.50～5.00分之间，均值为4.07，标准差为0.65；高收入被试的得分在2.00～5.00分之间，均值为4.08，标准差为0.64。

对不同收入被试身份认同得分的差异性进行方差分析（见表3-1、表3-2、表3-3和图3），显示不同收入被试的身份认同得分之间差异显著，$F = 2.417$，$p < 0.05$，低收入被试（$M = 4.14$，$SD = 0.63$）的得分显著高于较低收入被试（$M = 4.09$，$SD = 0.63$）、中低收入被试（$M = 4.06$，$SD = 0.67$）和较高收入被试（$M = 4.07$，$SD = 0.65$），与中高收入被试（$M = 4.09$，$SD = 0.68$）和高收入被试（$M = 4.08$，$SD = 0.64$）之间的得分差异不显著；较低收入、中低收入、中高收入、较高收入、高收入五种被试两两之间的得分差异均不显著。

表3-1　不同收入被试身份认同得分的差异比较

项目		N	均值	标准差	标准误	95%置信区间		极小值	极大值
						下限	上限		
身份认同	低收入	1417	4.1367	0.63073	0.01676	4.1039	4.1696	1.00	5.00
	较低收入	1418	4.0852	0.62888	0.01670	4.0524	4.1179	1.00	5.00
	中低收入	1404	4.0579	0.66609	0.01778	4.0230	4.0927	1.75	5.00
	中高收入	1176	4.0872	0.68257	0.01990	4.0481	4.1262	1.75	5.00
	较高收入	831	4.0653	0.64649	0.02243	4.0213	4.1093	1.50	5.00
	高收入	325	4.0792	0.64045	0.03553	4.0093	4.1491	2.00	5.00
	总数	6571	4.0880	0.65032	0.00802	4.0723	4.1037	1.00	5.00

表3-2　不同收入被试身份认同得分的方差分析结果

项目		平方和	df	均方	F	显著性
身份认同	组间	5.106	5	1.021	2.417	0.034
	组内	2773.445	6565	0.422		
	总数	2778.551	6570			

表3-3　不同收入被试身份认同得分的多重比较

因变量	(I)收入	(J)收入	均值差(I-J)	标准误	显著性	95%置信区间	
						下限	上限
身份认同	低收入	较低收入	0.05158*	0.02441	0.035	0.0037	0.0994
		中低收入	0.07886*	0.02448	0.001	0.0309	0.1268
		中高收入	0.04957	0.02564	0.053	-0.0007	0.0998
		较高收入	0.07145*	0.02840	0.012	0.0158	0.1271
		高收入	0.05750	0.03998	0.150	-0.0209	0.1359
	较低收入	低收入	-0.05158*	0.02441	0.035	-0.0994	-0.0037
		中低收入	0.02728	0.02447	0.265	-0.0207	0.0753
		中高收入	-0.00200	0.02564	0.938	-0.0523	0.0482
		较高收入	0.01987	0.02840	0.484	-0.0358	0.0755
		高收入	0.00592	0.03997	0.882	-0.0724	0.0843
	中低收入	低收入	-0.07886*	0.02448	0.001	-0.1268	-0.0309
		较低收入	-0.02728	0.02447	0.265	-0.0753	0.0207
		中高收入	-0.02929	0.02569	0.254	-0.0797	0.0211
		较高收入	-0.00741	0.02845	0.794	-0.0632	0.0484
		高收入	-0.02136	0.04001	0.593	-0.0998	0.0571

续表

因变量	(I)收入	(J)收入	均值差（I−J）	标准误	显著性	95%置信区间	
						下限	上限
身份认同	中高收入	低收入	−0.04957	0.02564	0.053	−0.0998	0.0007
		较低收入	0.00200	0.02564	0.938	−0.0482	0.0523
		中低收入	0.02929	0.02569	0.254	−0.0211	0.0797
		较高收入	0.02188	0.02946	0.458	−0.0359	0.0796
		高 收 入	0.00793	0.04073	0.846	−0.0719	0.0878
	较高收入	低 收 入	−0.07145 *	0.02840	0.012	−0.1271	−0.0158
		较低收入	−0.01987	0.02840	0.484	−0.0755	0.0358
		中低收入	0.00741	0.02845	0.794	−0.0484	0.0632
		中高收入	−0.02188	0.02946	0.458	−0.0796	0.0359
		高 收 入	−0.01395	0.04252	0.743	−0.0973	0.0694
	高收入	低 收 入	−0.05750	0.03998	0.150	−0.1359	0.0209
		较低收入	−0.00592	0.03997	0.882	−0.0843	0.0724
		中低收入	0.02136	0.04001	0.593	−0.0571	0.0998
		中高收入	−0.00793	0.04073	0.846	−0.0878	0.0719
		较高收入	0.01395	0.04252	0.743	−0.0694	0.0973

＊．均值差的显著性水平为 0.05。

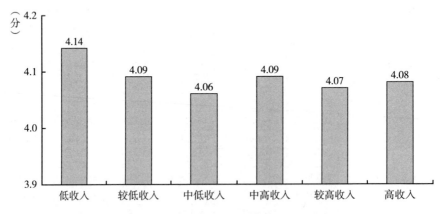

图 3　不同收入被试的身份认同得分比较

（四）不同收入被试的文化认同比较

调查结果显示，在文化认同方面，低收入被试的得分在 1.33～5.00 分之间，均值为3.47，标准差为0.55；较低收入被试的得分在1.33~5.00分之间，均值为3.44，标准差为0.54；中低收入被试的得分在1.33~5.00分之间，均值为3.50，标准差为0.56；中高收入被试的得分在1.00~5.00分之间，均值为3.47，标准差为0.59；较高收入被试的得分在2.00~5.00分之间，均值为3.50，标准差为0.51；高收入被试的得分在1.67~5.00分之间，均值为3.53，标准差为0.56。

对不同收入被试文化认同得分的差异性进行方差分析（见表4-1、表4-2、表4-3和图4），显示不同收入被试的文化认同得分之间差异显著，$F = 2.503$，$p < 0.05$，较低收入被试（$M = 3.44$，$SD = 0.54$）的得分显著低于中低收入被试（$M = 3.50$，$SD = 0.56$）、较高收入被试（$M = 3.50$，$SD = 0.51$）和高收入被试（$M = 3.53$，$SD = 0.56$），与低收入被试（$M = 3.47$，$SD = 0.55$）、中高收入被试（$M = 3.47$，$SD = 0.59$）之间的得分差异不显著；低收入被试的得分显著低于高收入被试，与中低收入、中高收入、较高收入被试之间的得分差异不显著；中低收入、中高收入、较高收入、高收入四种被试两两之间的得分差异均不显著。

表4-1　不同收入被试文化认同得分的差异比较

| 项目 | | N | 均值 | 标准差 | 标准误 | 95%置信区间 | | 极小值 | 极大值 |
						下限	上限		
文化认同	低收入	1418	3.4664	0.55045	0.01462	3.4377	3.4951	1.33	5.00
	较低收入	1420	3.4427	0.53571	0.01422	3.4148	3.4706	1.33	5.00
	中低收入	1404	3.4957	0.55695	0.01486	3.4666	3.5249	1.33	5.00
	中高收入	1176	3.4668	0.59250	0.01728	3.4329	3.5007	1.00	5.00
	较高收入	831	3.4978	0.51298	0.01780	3.4629	3.5327	2.00	5.00
	高收入	326	3.5337	0.56452	0.03127	3.4722	3.5953	1.67	5.00
	总数	6575	3.4749	0.55296	0.00682	3.4616	3.4883	1.00	5.00

表4-2　不同收入被试文化认同得分的方差分析结果

项目		平方和	df	均方	F	显著性
文化认同	组间	3.823	5	0.765	2.503	0.028
	组内	2006.239	6569	0.305		
	总数	2010.062	6574			

表4-3 不同收入被试文化认同得分的多重比较

因变量	(I)收入	(J)收入	均值差 (I-J)	标准误	显著性	95% 置信区间	
						下限	上限
文化认同	低收入	较低收入	0.02366	0.02075	0.254	-0.0170	0.0643
		中低收入	-0.02934	0.02081	0.159	-0.0701	0.0114
		中高收入	-0.00045	0.02180	0.983	-0.0432	0.0423
		较高收入	-0.03141	0.02414	0.193	-0.0787	0.0159
		高 收入	-0.06736*	0.03394	0.047	-0.1339	-0.0008
	较低收入	低 收入	-0.02366	0.02075	0.254	-0.0643	0.0170
		中低收入	-0.05300*	0.02080	0.011	-0.0938	-0.0122
		中高收入	-0.02411	0.02179	0.268	-0.0668	0.0186
		较高收入	-0.05507*	0.02414	0.023	-0.1024	-0.0078
		高 收入	-0.09102*	0.03394	0.007	-0.1576	-0.0245
	中低收入	低 收入	0.02934	0.02081	0.159	-0.0114	0.0701
		较低收入	0.05300*	0.02080	0.011	0.0122	0.0938
		中高收入	0.02889	0.02185	0.186	-0.0139	0.0717
		较高收入	-0.00207	0.02419	0.932	-0.0495	0.0453
		高 收入	-0.03802	0.03398	0.263	-0.1046	0.0286
	中高收入	低 收入	0.00045	0.02180	0.983	-0.0423	0.0432
		较低收入	0.02411	0.02179	0.268	-0.0186	0.0668
		中低收入	-0.02889	0.02185	0.186	-0.0717	0.0139
		较高收入	-0.03096	0.02504	0.216	-0.0801	0.0181
		高 收入	-0.06691	0.03459	0.053	-0.1347	0.0009
	较高收入	低 收入	0.03141	0.02414	0.193	-0.0159	0.0787
		较低收入	0.05507*	0.02414	0.023	0.0078	0.1024
		中低收入	0.00207	0.02419	0.932	-0.0453	0.0495
		中高收入	0.03096	0.02504	0.216	-0.0181	0.0801
		高 收入	-0.03595	0.03612	0.320	-0.1067	0.0349
	高收入	低 收入	0.06736*	0.03394	0.047	0.0008	0.1339
		较低收入	0.09102*	0.03394	0.007	0.0245	0.1576
		中低收入	0.03802	0.03398	0.263	-0.0286	0.1046
		中高收入	0.06691	0.03459	0.053	-0.0009	0.1347
		较高收入	0.03595	0.03612	0.320	-0.0349	0.1067

*. 均值差的显著性水平为 0.05。

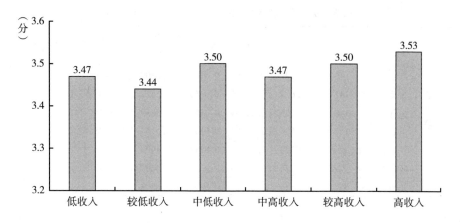

图4 不同收入被试的文化认同得分比较

（五）不同收入被试的政策认同比较

调查结果显示，在政策认同方面，低收入被试的得分在 1.33～5.00 分之间，均值为 3.61，标准差为 0.62；较低收入被试的得分在 1.33～5.00 分之间，均值为 3.56，标准差为 0.61；中低收入被试的得分在 1.00～5.00 分之间，均值为 3.56，标准差为 0.62；中高收入被试的得分在 1.33～5.00 分之间，均值为 3.55，标准差为 0.68；较高收入被试的得分在 1.33～5.00 分之间，均值为 3.53，标准差为 0.63；高收入被试的得分在 1.67～5.00 分之间，均值为 3.53，标准差为 0.63。

对不同收入被试政策认同得分的差异性进行方差分析（见表 5-1、表 5-2、表 5-3 和图 5），显示不同收入被试的政策认同得分之间差异显著，$F = 2.348$，$p < 0.05$，低收入被试（$M = 3.61$，$SD = 0.62$）的得分显著高于较低收入被试（$M = 3.56$，$SD = 0.61$）、中低收入被试（$M = 3.56$，$SD = 0.62$）、中高收入被试（$M = 3.55$，$SD = 0.68$）、较高收入被试（$M = 3.53$，$SD = 0.63$）和高收入被试（$M = 3.53$，$SD = 0.63$），较低收入、中低收入、中高收入、较高收入、高收入五种被试两两之间的得分差异均不显著。

表 5-1　不同收入被试政策认同得分的差异比较

项目		N	均值	标准差	标准误	95%置信区间		极小值	极大值
						下限	上限		
政策认同	低收入	1420	3.6122	0.61854	0.01641	3.5800	3.6444	1.33	5.00
	较低收入	1421	3.5627	0.60636	0.01609	3.5312	3.5943	1.33	5.00
	中低收入	1404	3.5586	0.62494	0.01668	3.5259	3.5914	1.00	5.00
	中高收入	1174	3.5539	0.67785	0.01978	3.5151	3.5928	1.33	5.00
	较高收入	832	3.5329	0.62889	0.02180	3.4901	3.5756	1.33	5.00
	高收入	326	3.5286	0.62896	0.03483	3.4601	3.5972	1.67	5.00
	总数	6577	3.5655	0.63046	0.00777	3.5503	3.5807	1.00	5.00

表 5-2　不同收入被试政策认同得分的方差分析结果

项目		平方和	df	均方	F	显著性
政策认同	组间	4.661	5	0.932	2.348	0.039
	组内	2609.144	6571	0.397		
	总数	2613.806	6576			

表 5-3　不同收入被试政策认同得分的多重比较

因变量	(I)收入	(J)收入	均值差 (I-J)	标准误	显著性	95%置信区间	
						下限	上限
政策认同	低收入	较低收入	0.04946*	0.02364	0.037	0.0031	0.0958
		中低收入	0.05356*	0.02372	0.024	0.0071	0.1001
		中高收入	0.05826*	0.02486	0.019	0.0095	0.1070
		较高收入	0.07935*	0.02751	0.004	0.0254	0.1333
		高 收 入	0.08358*	0.03870	0.031	0.0077	0.1594
	较低收入	低 收 入	-0.04946*	0.02364	0.037	-0.0958	-0.0031
		中低收入	0.00411	0.02371	0.862	-0.0424	0.0506
		中高收入	0.00880	0.02485	0.723	-0.0399	0.0575
		较高收入	0.02990	0.02751	0.277	-0.0240	0.0838
		高 收 入	0.03412	0.03870	0.378	-0.0417	0.1100
	中低收入	低 收 入	-0.05356*	0.02372	0.024	-0.1001	-0.0071
		较低收入	-0.00411	0.02371	0.862	-0.0506	0.0424
		中高收入	0.00470	0.02492	0.851	-0.0442	0.0535
		较高收入	0.02579	0.02757	0.350	-0.0283	0.0798
		高 收 入	0.03001	0.03874	0.439	-0.0459	0.1060

续表

因变量	(I)收入	(J)收入	均值差(I－J)	标准误	显著性	95%置信区间	
						下限	上限
政策认同	中高收入	低 收 入	－0.05826*	0.02486	0.019	－0.1070	－0.0095
		较低收入	－0.00880	0.02485	0.723	－0.0575	0.0399
		中低收入	－0.00470	0.02492	0.851	－0.0535	0.0442
		较高收入	0.02109	0.02856	0.460	－0.0349	0.0771
		高 收 入	0.02532	0.03945	0.521	－0.0520	0.1026
	较高收入	低 收 入	－0.07935*	0.02751	0.004	－0.1333	－0.0254
		较低收入	－0.02990	0.02751	0.277	－0.0838	0.0240
		中低收入	－0.02579	0.02757	0.350	－0.0798	0.0283
		中高收入	－0.02109	0.02856	0.460	－0.0771	0.0349
		高 收 入	0.00422	0.04117	0.918	－0.0765	0.0849
	高收入	低 收 入	－0.08358*	0.03870	0.031	－0.1594	－0.0077
		较低收入	－0.03412	0.03870	0.378	－0.1100	0.0417
		中低收入	－0.03001	0.03874	0.439	－0.1060	0.0459
		中高收入	－0.02532	0.03945	0.521	－0.1026	0.0520
		较高收入	－0.00422	0.04117	0.918	－0.0849	0.0765

*. 均值差的显著性水平为0.05。

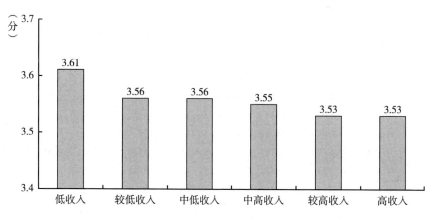

图5 不同收入被试的政策认同得分比较

（六）不同收入被试的发展认同比较

调查结果显示，在发展认同方面，低收入被试的得分在1.50~5.00分之间，均值为3.65，标准差为0.64；较低收入被试的得分在1.50~5.00分之间，均值为 3.64，标准差为 0.63；中低收入被试的得分在 1.25～5.00 分之间，均值为 3.58，标准差为 0.66；中高收入被试的得分在 1.75～5.00 分之间，均值为 3.62，标准差为 0.64；较高收入被试的得分在 1.75～5.00 分之间，均值为 3.60，标准差为 0.66；高收入被试的得分在 2.00～5.00 分之间，均值为 3.68，标准差为 0.64。

对不同收入被试发展认同得分的差异性进行方差分析（见表 6 - 1、表 6 - 2、表 6 - 3 和图 6），显示不同收入被试的发展认同得分之间差异显著，$F = 2.693$，$p < 0.05$，中低收入被试（$M = 3.58$，$SD = 0.66$）的得分显著低于低收入被试（$M = 3.65$，$SD = 0.64$）、较低收入被试（$M = 3.64$，$SD = 0.63$）和高收入被试（$M = 3.68$，$SD = 0.64$），与中高收入被试（$M = 3.62$，$SD = 0.64$）和较高收入被试（$M = 3.60$，$SD = 0.66$）之间的得分差异不显著；较高收入被试的得分显著低于高收入被试，与低收入、较低收入、中高收入被试之间的得分差异不显著；低收入、较低收入、中高收入、高收入四种被试两两之间的得分差异均不显著。

表 6 - 1 不同收入被试发展认同得分的差异比较

项目		N	均值	标准差	标准误	95% 置信区间		极小值	极大值
						下限	上限		
发展认同	低收入	1419	3.6482	0.64479	0.01712	3.6146	3.6817	1.50	5.00
	较低收入	1419	3.6448	0.62877	0.01669	3.6121	3.6776	1.50	5.00
	中低收入	1405	3.5822	0.66016	0.01761	3.5477	3.6168	1.25	5.00
	中高收入	1174	3.6248	0.64391	0.01879	3.5879	3.6617	1.75	5.00
	较高收入	831	3.5981	0.65813	0.02283	3.5533	3.6429	1.75	5.00
	高收入	325	3.6838	0.63998	0.03550	3.6140	3.7537	2.00	5.00
	总数	6573	3.6246	0.64642	0.00797	3.6090	3.6402	1.25	5.00

表 6 - 2 不同收入被试发展认同得分的方差分析结果

项目		平方和	df	均方	F	显著性
发展认同	组间	5.619	5	1.124	2.693	0.019
	组内	2740.583	6567	0.417		
	总数	2746.202	6572			

表 6 - 3　不同收入被试发展认同得分的多重比较

因变量	(I)收入	(J)收入	均值差 (I-J)	标准误	显著性	95%置信区间	
						下限	上限
发展认同	低收入	较低收入	0.00335	0.02425	0.890	-0.0442	0.0509
		中低收入	0.06596*	0.02431	0.007	0.0183	0.1136
		中高收入	0.02338	0.02549	0.359	-0.0266	0.0733
		较高收入	0.05009	0.02822	0.076	-0.0052	0.1054
		高 收 入	-0.03568	0.03973	0.369	-0.1136	0.0422
	较低收入	低 收 入	-0.00335	0.02425	0.890	-0.0509	0.0442
		中低收入	0.06261*	0.02431	0.010	0.0150	0.1103
		中高收入	0.02003	0.02549	0.432	-0.0299	0.0700
		较高收入	0.04675	0.02822	0.098	-0.0086	0.1021
		高 收 入	-0.03903	0.03973	0.326	-0.1169	0.0389
	中低收入	低 收 入	-0.06596*	0.02431	0.007	-0.1136	-0.0183
		较低收入	-0.06261*	0.02431	0.010	-0.1103	-0.0150
		中高收入	-0.04258	0.02554	0.096	-0.0927	0.0075
		较高收入	-0.01587	0.02827	0.575	-0.0713	0.0396
		高 收 入	-0.10164*	0.03976	0.011	-0.1796	-0.0237
	中高收入	低 收 入	-0.02338	0.02549	0.359	-0.0733	0.0266
		较低收入	-0.02003	0.02549	0.432	-0.0700	0.0299
		中低收入	0.04258	0.02554	0.096	-0.0075	0.0927
		较高收入	0.02671	0.02929	0.362	-0.0307	0.0841
		高 收 入	-0.05906	0.04049	0.145	-0.1384	0.0203
	较高收入	低 收 入	-0.05009	0.02822	0.076	-0.1054	0.0052
		较低收入	-0.04675	0.02822	0.098	-0.1021	0.0086
		中低收入	0.01587	0.02827	0.575	-0.0396	0.0713
		中高收入	-0.02671	0.02929	0.362	-0.0841	0.0307
		高 收 入	-0.08577*	0.04226	0.042	-0.1686	-0.0029
	高收入	低 收 入	0.03568	0.03973	0.369	-0.0422	0.1136
		较低收入	0.03903	0.03973	0.326	-0.0389	0.1169
		中低收入	0.10164*	0.03976	0.011	0.0237	0.1796
		中高收入	0.05906	0.04049	0.145	-0.0203	0.1384
		较高收入	0.08577*	0.04226	0.042	0.0029	0.1686

*. 均值差的显著性水平为 0.05。

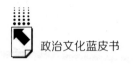
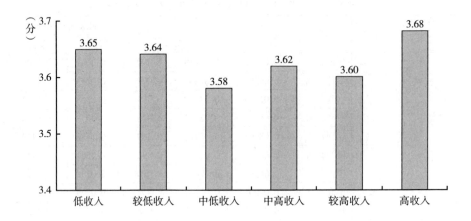

图6　不同收入被试的发展认同得分比较

（七）不同收入被试政治认同总分比较

调查结果显示，在政治认同总分方面，低收入被试的得分在 2.28 ~ 4.72 分之间，均值为 3.66，标准差为 0.37；较低收入被试的得分在 1.83 ~ 4.90 分之间，均值为 3.63，标准差为 0.36；中低收入被试的得分在 2.42 ~ 4.83 分之间，均值为 3.62，标准差为 0.39；中高收入被试的得分在 2.32 ~ 4.89 分之间，均值为 3.62，标准差为 0.42；较高收入被试的得分在 2.31 ~ 4.74 分之间，均值为 3.62，标准差为 0.40；高收入被试的得分在 2.17 ~ 4.78 分之间，均值为 3.63，标准差为 0.41。

对不同收入被试政治认同总分的差异性进行方差分析（见表 7-1、表 7-2、表 7-3 和图 7），显示不同收入被试的政治认同总分之间的差异未达到显著水平，但是低收入被试（$M = 3.66$，$SD = 0.37$）的得分显著高于较低收入被试（$M = 3.63$，$SD = 0.36$）、中低收入被试（$M = 3.62$，$SD = 0.39$）、中高收入被试（$M = 3.62$，$SD = 0.42$）、较高收入被试（$M = 3.62$，$SD = 0.40$），与高收入被试（$M = 3.63$，$SD = 0.41$）之间的得分差异不显著。

表7-1　不同收入被试政治认同总分的差异比较

项目		N	均值	标准差	标准误	95%置信区间		极小值	极大值
						下限	上限		
政治认同总分	低收入	1412	3.6566	0.36991	0.00984	3.6373	3.6759	2.28	4.72
	较低收入	1417	3.6258	0.36114	0.00959	3.6070	3.6447	1.83	4.90
	中低收入	1396	3.6198	0.38970	0.01043	3.5993	3.6402	2.42	4.83
	中高收入	1167	3.6247	0.42289	0.01238	3.6004	3.6490	2.32	4.89
	较高收入	829	3.6178	0.39931	0.01387	3.5906	3.6450	2.31	4.74
	高收入	323	3.6299	0.40971	0.02280	3.5850	3.6747	2.17	4.78
	总数	6544	3.6302	0.38810	0.00480	3.6208	3.6396	1.83	4.90

表7-2　不同收入被试政治认同总分的方差分析结果

项目		平方和	df	均方	F	显著性
政治认同总分	组间	1.323	5	0.265	1.757	0.118
	组内	984.192	6538	0.151		
	总数	985.515	6543			

表7-3　不同收入被试政治认同总分的多重比较

因变量	(I)收入	(J)收入	均值差(I-J)	标准误	显著性	95%置信区间	
						下限	上限
政治认同总分	低收入	较低收入	0.03073*	0.01459	0.035	0.0021	0.0593
		中低收入	0.03679*	0.01464	0.012	0.0081	0.0655
		中高收入	0.03184*	0.01535	0.038	0.0017	0.0619
		较高收入	0.03877*	0.01698	0.022	0.0055	0.0720
		高收入	0.02671	0.02393	0.264	-0.0202	0.0736
	较低收入	低收入	-0.03073*	0.01459	0.035	-0.0593	-0.0021
		中低收入	0.00606	0.01463	0.679	-0.0226	0.0347
		中高收入	0.00111	0.01534	0.942	-0.0290	0.0312
		较高收入	0.00804	0.01697	0.636	-0.0252	0.0413
		高收入	-0.00403	0.02392	0.866	-0.0509	0.0429
	中低收入	低收入	-0.03679*	0.01464	0.012	-0.0655	-0.0081
		较低收入	-0.00606	0.01463	0.679	-0.0347	0.0226
		中高收入	-0.00495	0.01539	0.748	-0.0351	0.0252
		较高收入	0.00198	0.01701	0.907	-0.0314	0.0353
		高收入	-0.01008	0.02396	0.674	-0.0570	0.0369

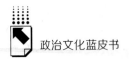
续表

因变量	（I）收入	（J）收入	均值差 （I－J）	标准误	显著性	95％置信区间	
						下限	上限
政治认同 总分	中高收入	低收入	－0.03184*	0.01535	0.038	－0.0619	－0.0017
		较低收入	－0.00111	0.01534	0.942	－0.0312	0.0290
		中低收入	0.00495	0.01539	0.748	－0.0252	0.0351
		较高收入	0.00693	0.01762	0.694	－0.0276	0.0415
		高收入	－0.00513	0.02439	0.833	－0.0530	0.0427
	较高收入	低收入	－0.03877*	0.01698	0.022	－0.0720	－0.0055
		较低收入	－0.00804	0.01697	0.636	－0.0413	0.0252
		中低收入	－0.00198	0.01701	0.907	－0.0353	0.0314
		中高收入	－0.00693	0.01762	0.694	－0.0415	0.0276
		高收入	－0.01206	0.02545	0.636	－0.0620	0.0378
	高收入	低收入	－0.02671	0.02393	0.264	－0.0736	0.0202
		较低收入	0.00403	0.02392	0.866	－0.0429	0.0509
		中低收入	0.01008	0.02396	0.674	－0.0369	0.0570
		中高收入	0.00513	0.02439	0.833	－0.0427	0.0530
		较高收入	0.01206	0.02545	0.636	－0.0378	0.0620

*．均值差的显著性水平为 0.05。

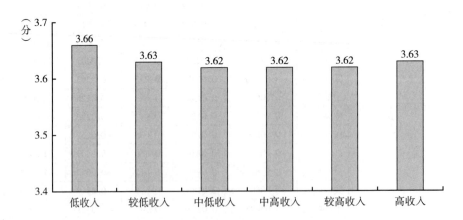

图7　不同收入被试的政治认同总分比较

二 不同收入公民的危机压力比较

不同收入被试的六种危机压力得分和危机压力总情况，也可根据问卷调查的结果，分述于下。

（一）不同收入被试的政治危机压力比较

调查结果显示，在政治危机压力方面，低收入被试的得分在 1.00 ~ 4.67 分之间，均值为 2.73，标准差为 0.66；较低收入被试的得分在 1.00 ~ 4.67 分之间，均值为 2.70，标准差为 0.68；中低收入被试的得分在 1.00 ~ 4.67 分之间，均值为 2.71，标准差为 0.72；中高收入被试的得分在 1.00 ~ 5.00 分之间，均值为 2.65，标准差为 0.74；较高收入被试的得分在 1.00 ~ 4.67 分之间，均值为 2.71，标准差为 0.73；高收入被试的得分在 1.00 ~ 4.33 分之间，均值为 2.64，标准差为 0.70。

对不同收入被试政治危机压力得分的差异性进行方差分析（见表 8-1、表 8-2、表 8-3 和图 8），显示不同收入被试的政治危机压力得分之间的差异未达到显著水平，但是低收入被试（$M = 2.73$，$SD = 0.66$）的得分显著高于中高收入被试（$M = 2.65$，$SD = 0.74$）和高收入被试（$M = 2.64$，$SD = 0.70$），中低收入被试（$M = 2.71$，$SD = 0.72$）的得分显著高于中高收入被试。

表 8-1   不同收入被试政治危机压力得分的差异比较

项目		N	均值	标准差	标准误	95% 置信区间		极小值	极大值
						下限	上限		
政治危机压力	低收入	1420	2.7305	0.65851	0.01747	2.6962	2.7648	1.00	4.67
	较低收入	1420	2.7012	0.67668	0.01796	2.6659	2.7364	1.00	4.67
	中低收入	1405	2.7117	0.71790	0.01915	2.6742	2.7493	1.00	4.67
	中高收入	1176	2.6533	0.74078	0.02160	2.6110	2.6957	1.00	5.00
	较高收入	832	2.7103	0.72588	0.02517	2.6609	2.7597	1.00	4.67
	高收入	325	2.6421	0.69740	0.03868	2.5659	2.7182	1.00	4.33
	总数	6578	2.6995	0.70124	0.00865	2.6825	2.7164	1.00	5.00

表8-2　不同收入被试政治危机压力得分的方差分析结果

项目		平方和	df	均方	F	显著性
政治危机压力	组间	5.256	5	1.051	2.140	0.058
	组内	3228.895	6572	0.491		
	总数	3234.151	6577			

表8-3　不同收入被试政治危机压力得分的多重比较

因变量	(I)收入	(J)收入	均值差(I-J)	标准误	显著性	95%置信区间	
						下限	上限
政治危机压力	低收入	较低收入	0.02934	0.02631	0.265	-0.0222	0.0809
		中低收入	0.01877	0.02638	0.477	-0.0329	0.0705
		中高收入	0.07717*	0.02764	0.005	0.0230	0.1313
		较高收入	0.02018	0.03060	0.510	-0.0398	0.0802
		高收入	0.08847*	0.04310	0.040	0.0040	0.1730
	较低收入	低收入	-0.02934	0.02631	0.265	-0.0809	0.0222
		中低收入	-0.01057	0.02638	0.689	-0.0623	0.0411
		中高收入	0.04783	0.02764	0.084	-0.0063	0.1020
		较高收入	-0.00916	0.03060	0.765	-0.0692	0.0508
		高收入	0.05912	0.04310	0.170	-0.0254	0.1436
	中低收入	低收入	-0.01877	0.02638	0.477	-0.0705	0.0329
		较低收入	0.01057	0.02638	0.689	-0.0411	0.0623
		中高收入	0.05840*	0.02770	0.035	0.0041	0.1127
		较高收入	0.00141	0.03066	0.963	-0.0587	0.0615
		高收入	0.06969	0.04314	0.106	-0.0149	0.1543
	中高收入	低收入	-0.07717*	0.02764	0.005	-0.1313	-0.0230
		较低收入	-0.04783	0.02764	0.084	-0.1020	0.0063
		中低收入	-0.05840*	0.02770	0.035	-0.1127	-0.0041
		较高收入	-0.05699	0.03175	0.073	-0.1192	0.0053
		高收入	0.01129	0.04393	0.797	-0.0748	0.0974

因变量	（I）收入	（J）收入	均值差（I－J）	标准误	显著性	95%置信区间	
						下限	上限
政治危机压力	较高收入	低 收 入	－0.02018	0.03060	0.510	－0.0802	0.0398
		较低收入	0.00916	0.03060	0.765	－0.0508	0.0692
		中低收入	－0.00141	0.03066	0.963	－0.0615	0.0587
		中高收入	0.05699	0.03175	0.073	－0.0053	0.1192
		高 收 入	0.06829	0.04585	0.136	－0.0216	0.1582
	高收入	低 收 入	－0.08847*	0.04310	0.040	－0.1730	－0.0040
		较低收入	－0.05912	0.04310	0.170	－0.1436	0.0254
		中低收入	－0.06969	0.04314	0.106	－0.1543	0.0149
		中高收入	－0.01129	0.04393	0.797	－0.0974	0.0748
		较高收入	－0.06829	0.04585	0.136	－0.1582	0.0216

*. 均值差的显著性水平为 0.05。

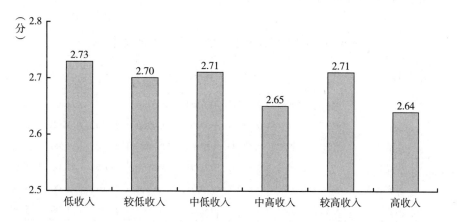

图8　不同收入被试的政治危机压力得分比较

（二）不同收入被试的经济危机压力比较

调查结果显示，在经济危机压力方面，低收入被试的得分在 1.00 ～ 4.67 分之间，均值为 2.40，标准差为 0.59；较低收入被试的得分在 1.00 ～ 5.00 分之间，均值为 2.46，标准差为 0.61；中低收入被试的得分在 1.00 ～

5.00 分之间，均值为 2.45，标准差为 0.62；中高收入被试的得分在 1.00 ~ 4.67 分之间，均值为 2.39，标准差为 0.66；较高收入被试的得分在 1.00 ~ 5.00 分之间，均值为 2.42，标准差为 0.64；高收入被试的得分在 1.00 ~ 5.00 分之间，均值为 2.46，标准差为 0.64。

对不同收入被试经济危机压力得分的差异性进行方差分析（见表 9 - 1、表 9 - 2、表 9 - 3 和图 9），显示不同收入被试的经济危机压力得分之间差异显著，$F = 2.378$，$p < 0.05$，较低收入被试（$M = 2.46$，$SD = 0.61$）的得分显著高于低收入被试（$M = 2.40$，$SD = 0.59$）和中高收入被试（$M = 2.39$，$SD = 0.66$），与中低收入被试（$M = 2.45$，$SD = 0.62$）、较高收入被试（$M = 2.42$，$SD = 0.64$）、高收入被试（$M = 2.46$，$SD = 0.64$）之间的得分差异不显著；中低收入被试的得分显著高于中高收入被试，与低收入、较高收入、高收入被试之间的得分差异不显著；低收入、中高收入、较高收入、高收入四种被试两两之间的得分差异均不显著。

表 9 - 1 不同收入被试经济危机压力得分的差异比较

项目		N	均值	标准差	标准误	95% 置信区间		极小值	极大值
						下限	上限		
经济危机压力	低收入	1414	2.4041	0.58717	0.01561	2.3734	2.4347	1.00	4.67
	较低收入	1419	2.4616	0.60711	0.01612	2.4300	2.4932	1.00	5.00
	中低收入	1403	2.4462	0.62343	0.01664	2.4135	2.4788	1.00	5.00
	中高收入	1172	2.3942	0.66231	0.01935	2.3562	2.4322	1.00	4.67
	较高收入	827	2.4180	0.63786	0.02218	2.3744	2.4615	1.00	5.00
	高收入	325	2.4585	0.63511	0.03523	2.3892	2.5278	1.00	5.00
	总数	6560	2.4282	0.62227	0.00768	2.4131	2.4433	1.00	5.00

表 9 - 2 不同收入被试经济危机压力得分的方差分析结果

项目		平方和	df	均方	F	显著性
经济危机压力	组间	4.600	5	0.920	2.378	0.036
	组内	2535.139	6554	0.387		
	总数	2539.738	6559			

表 9 – 3　不同收入被试经济危机压力得分的多重比较

因变量	（I）收入	（J）收入	均值差（I－J）	标准误	显著性	95% 置信区间 下限	95% 置信区间 上限
经济危机压力	低收入	较低收入	－ 0.05754 *	0.02337	0.014	－ 0.1034	－ 0.0117
		中低收入	－ 0.04213	0.02344	0.072	－ 0.0881	0.0038
		中高收入	0.00986	0.02457	0.688	－ 0.0383	0.0580
		较高收入	－ 0.01392	0.02723	0.609	－ 0.0673	0.0395
		高 收 入	－ 0.05441	0.03826	0.155	－ 0.1294	0.0206
	较低收入	低 收 入	0.05754 *	0.02337	0.014	0.0117	0.1034
		中低收入	0.01541	0.02342	0.511	－ 0.0305	0.0613
		中高收入	0.06739 *	0.02455	0.006	0.0193	0.1155
		较高收入	0.04362	0.02721	0.109	－ 0.0097	0.0970
		高 收 入	0.00313	0.03825	0.935	－ 0.0718	0.0781
	中低收入	低 收 入	0.04213	0.02344	0.072	－ 0.0038	0.0881
		较低收入	－ 0.01541	0.02342	0.511	－ 0.0613	0.0305
		中高收入	0.05199 *	0.02461	0.035	0.0037	0.1002
		较高收入	0.02821	0.02727	0.301	－ 0.0252	0.0817
		高 收 入	－ 0.01227	0.03829	0.749	－ 0.0873	0.0628
	中高收入	低 收 入	－ 0.00986	0.02457	0.688	－ 0.0580	0.0383
		较低收入	－ 0.06739 *	0.02455	0.006	－ 0.1155	－ 0.0193
		中低收入	－ 0.05199 *	0.02461	0.035	－ 0.1002	－ 0.0037
		较高收入	－ 0.02378	0.02824	0.400	－ 0.0791	0.0316
		高 收 入	－ 0.06426	0.03899	0.099	－ 0.1407	0.0122
	较高收入	低 收 入	0.01392	0.02723	0.609	－ 0.0395	0.0673
		较低收入	－ 0.04362	0.02721	0.109	－ 0.0970	0.0097
		中低收入	－ 0.02821	0.02727	0.301	－ 0.0817	0.0252
		中高收入	0.02378	0.02824	0.400	－ 0.0316	0.0791
		高 收 入	－ 0.04048	0.04072	0.320	－ 0.1203	0.0393
	高收入	低 收 入	0.05441	0.03826	0.155	－ 0.0206	0.1294
		较低收入	－ 0.00313	0.03825	0.935	－ 0.0781	0.0718
		中低收入	0.01227	0.03829	0.749	－ 0.0628	0.0873
		中高收入	0.06426	0.03899	0.099	－ 0.0122	0.1407
		较高收入	0.04048	0.04072	0.320	－ 0.0393	0.1203

＊．均值差的显著性水平为 0.05。

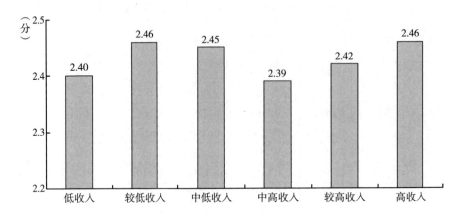

图9　不同收入被试的经济危机压力得分比较

（三）不同收入被试的社会危机压力比较

调查结果显示，在社会危机压力方面，低收入被试的得分在1.00～5.00分之间，均值为2.84，标准差为0.68；较低收入被试的得分在1.00～5.00分之间，均值为2.83，标准差为0.68；中低收入被试的得分在1.00～5.00分之间，均值为2.83，标准差为0.70；中高收入被试的得分在1.00～5.00分之间，均值为2.76，标准差为0.75；较高收入被试的得分在1.00～5.00分之间，均值为2.85，标准差为0.72；高收入被试的得分在1.00～5.00分之间，均值为2.82，标准差为0.75。

对不同收入被试社会危机压力得分的差异性进行方差分析（见表10-1、表10-2、表10-3和图10），显示不同收入被试的社会危机压力得分之间差异显著，$F=2.253$，$p<0.05$，中高收入被试（$M=2.76$，$SD=0.75$）的得分显著低于低收入被试（$M=2.84$，$SD=0.68$）、较低收入被试（$M=2.83$，$SD=0.68$）、中低收入被试（$M=2.83$，$SD=0.70$）和较高收入被试（$M=2.85$，$SD=0.72$），与高收入被试（$M=2.82$，$SD=0.75$）之间的得分差异不显著；低收入、较低收入、中低收入、较高收入、高收入五种被试两两之间的得分差异均不显著。

表 10 - 1　不同收入被试社会危机压力得分的差异比较

项目		N	均值	标准差	标准误	95% 置信区间		极小值	极大值
						下限	上限		
社会危机压力	低收入	1419	2.8436	0.68266	0.01812	2.8080	2.8791	1.00	5.00
	较低收入	1417	2.8325	0.67592	0.01796	2.7973	2.8677	1.00	5.00
	中低收入	1401	2.8325	0.69524	0.01857	2.7961	2.8689	1.00	5.00
	中高收入	1174	2.7632	0.74780	0.02182	2.7204	2.8060	1.00	5.00
	较高收入	831	2.8484	0.72441	0.02513	2.7991	2.8977	1.00	5.00
	高收入	326	2.8170	0.75032	0.04156	2.7352	2.8987	1.00	5.00
	总数	6568	2.8237	0.70506	0.00870	2.8067	2.8408	1.00	5.00

表 10 - 2　不同收入被试社会危机压力得分的方差分析结果

项目		平方和	df	均方	F	显著性
社会危机压力	组间	5.595	5	1.119	2.253	0.046
	组内	3258.912	6562	0.497		
	总数	3264.507	6567			

表 10 - 3　不同收入被试社会危机压力得分的多重比较

因变量	(I)收入	(J)收入	均值差 (I-J)	标准误	显著性	95% 置信区间	
						下限	上限
社会危机压力	低收入	较低收入	0.01104	0.02647	0.677	-0.0408	0.0629
		中低收入	0.01105	0.02654	0.677	-0.0410	0.0631
		中高收入	0.08035 *	0.02780	0.004	0.0258	0.1349
		较高收入	-0.00482	0.03078	0.875	-0.0652	0.0555
		高收入	0.02658	0.04328	0.539	-0.0583	0.1114
	较低收入	低收入	-0.01104	0.02647	0.677	-0.0629	0.0408
		中低收入	0.00001	0.02655	1.000	-0.0520	0.0521
		中高收入	0.06931 *	0.02781	0.013	0.0148	0.1238
		较高收入	-0.01587	0.03079	0.606	-0.0762	0.0445
		高收入	0.01554	0.04329	0.720	-0.0693	0.1004
	中低收入	低收入	-0.01105	0.02654	0.677	-0.0631	0.0410
		较低收入	-0.00001	0.02655	1.000	-0.0521	0.0520
		中高收入	0.06930 *	0.02788	0.013	0.0146	0.1240
		较高收入	-0.01587	0.03086	0.607	-0.0764	0.0446
		高收入	0.01553	0.04333	0.720	-0.0694	0.1005

续表

因变量	（I）收入	（J）收入	均值差 （I - J）	标准误	显著性	95% 置信区间	
						下限	上限
社会危机压力	中高收入	低 收 入	- 0. 08035 *	0. 02780	0. 004	- 0. 1349	- 0. 0258
		较低收入	- 0. 06931 *	0. 02781	0. 013	- 0. 1238	- 0. 0148
		中低收入	- 0. 06930 *	0. 02788	0. 013	- 0. 1240	- 0. 0146
		较高收入	- 0. 08517 *	0. 03195	0. 008	- 0. 1478	- 0. 0225
		高 收 入	- 0. 05377	0. 04412	0. 223	- 0. 1403	0. 0327
	较高收入	低 收 入	0. 00482	0. 03078	0. 875	- 0. 0555	0. 0652
		较低收入	0. 01587	0. 03079	0. 606	- 0. 0445	0. 0762
		中低收入	0. 01587	0. 03086	0. 607	- 0. 0446	0. 0764
		中高收入	0. 08517 *	0. 03195	0. 008	0. 0225	0. 1478
		高 收 入	0. 03140	0. 04605	0. 495	- 0. 0589	0. 1217
	高收入	低 收 入	- 0. 02658	0. 04328	0. 539	- 0. 1114	0. 0583
		较低收入	- 0. 01554	0. 04329	0. 720	- 0. 1004	0. 0693
		中低收入	- 0. 01553	0. 04333	0. 720	- 0. 1005	0. 0694
		中高收入	0. 05377	0. 04412	0. 223	- 0. 0327	0. 1403
		较高收入	- 0. 03140	0. 04605	0. 495	- 0. 1217	0. 0589

* . 均值差的显著性水平为 0. 05。

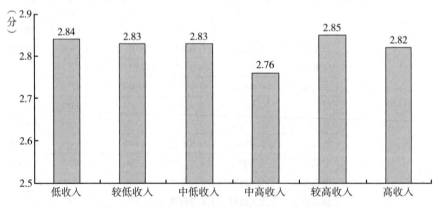

图 10　不同收入被试的社会危机压力得分比较

（四）不同收入被试的文化危机压力比较

调查结果显示，在文化危机压力方面，低收入被试的得分在 1. 00 ~ 4. 50 分之间，均值为 2. 84，标准差为 0. 62；较低收入被试的得分在 1. 00 ~

4.50 分之间，均值为 2.87，标准差为 0.60；中低收入被试的得分在 1.00 ~ 5.00 分之间，均值为 2.85，标准差为 0.63；中高收入被试的得分在 1.00 ~ 4.50 分之间，均值为 2.80，标准差为 0.68；较高收入被试的得分在 1.00 ~ 4.75 分之间，均值为 2.92，标准差为 0.67；高收入被试的得分在 1.00 ~ 4.25 分之间，均值为 2.87，标准差为 0.65。

对不同收入被试文化危机压力得分的差异性进行方差分析（见表 11 – 1、表 11 – 2、表 11 – 3 和图 11），显示不同收入被试的文化危机压力得分之间差异显著，$F = 3.808$，$p < 0.01$，较高收入被试（$M = 2.92$，$SD = 0.67$）的得分显著高于低收入被试（$M = 2.84$，$SD = 0.62$）、较低收入被试（$M = 2.87$，$SD = 0.60$）、中低收入被试（$M = 2.85$，$SD = 0.63$）、中高收入被试（$M = 2.80$，$SD = 0.68$），与高收入被试（$M = 2.87$，$SD = 0.65$）之间的得分差异不显著；较低收入被试的得分显著高于中高收入被试，与低收入、中低收入、高收入被试之间的得分差异不显著；低收入、中低收入、中高收入、高收入四种被试两两之间的得分差异均不显著。

表 11 – 1　不同收入被试文化危机压力得分的差异比较

项目		N	均值	标准差	标准误	95% 置信区间		极小值	极大值
						下限	上限		
文化危机压力	低收入	1420	2.8435	0.62146	0.01649	2.8111	2.8758	1.00	4.50
	较低收入	1420	2.8653	0.59821	0.01587	2.8342	2.8965	1.00	4.50
	中低收入	1404	2.8488	0.62950	0.01680	2.8159	2.8818	1.00	5.00
	中高收入	1175	2.8013	0.68039	0.01985	2.7623	2.8402	1.00	4.50
	较高收入	830	2.9238	0.66784	0.02318	2.8783	2.9693	1.00	4.75
	高收入	325	2.8654	0.65333	0.03624	2.7941	2.9367	1.00	4.25
	总数	6574	2.8530	0.63747	0.00786	2.8376	2.8684	1.00	5.00

表 11 – 2　不同收入被试文化危机压力得分的方差分析结果

项目		平方和	df	均方	F	显著性
文化危机压力	组间	7.722	5	1.544	3.808	0.002
	组内	2663.321	6568	0.405		
	总数	2671.043	6573			

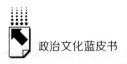

表 11－3　不同收入被试文化危机压力得分的多重比较

因变量	（I）收入	（J）收入	均值差（I－J）	标准误	显著性	95% 置信区间 下限	95% 置信区间 上限
文化危机压力	低收入	较低收入	− 0.02183	0.02390	0.361	− 0.0687	0.0250
		中低收入	− 0.00534	0.02397	0.824	− 0.0523	0.0416
		中高收入	0.04221	0.02511	0.093	− 0.0070	0.0914
		较高收入	− 0.08031 *	0.02782	0.004	− 0.1349	− 0.0258
		高 收 入	− 0.02190	0.03916	0.576	− 0.0987	0.0549
	较低收入	低 收 入	0.02183	0.02390	0.361	− 0.0250	0.0687
		中低收入	0.01649	0.02397	0.491	− 0.0305	0.0635
		中高收入	0.06404 *	0.02511	0.011	0.0148	0.1133
		较高收入	− 0.05848 *	0.02782	0.036	− 0.1130	− 0.0039
		高 收 入	− 0.00007	0.03916	0.999	− 0.0768	0.0767
	中低收入	低 收 入	0.00534	0.02397	0.824	− 0.0416	0.0523
		较低收入	− 0.01649	0.02397	0.491	− 0.0635	0.0305
		中高收入	0.04755	0.02518	0.059	− 0.0018	0.0969
		较高收入	− 0.07497 *	0.02788	0.007	− 0.1296	− 0.0203
		高 收 入	− 0.01656	0.03920	0.673	− 0.0934	0.0603
	中高收入	低 收 入	− 0.04221	0.02511	0.093	− 0.0914	0.0070
		较低收入	− 0.06404 *	0.02511	0.011	− 0.1133	− 0.0148
		中低收入	− 0.04755	0.02518	0.059	− 0.0969	0.0018
		较高收入	− 0.12252 *	0.02887	0.000	− 0.1791	− 0.0659
		高 收 入	− 0.06411	0.03991	0.108	− 0.1423	0.0141
	较高收入	低 收 入	0.08031 *	0.02782	0.004	0.0258	0.1349
		较低收入	0.05848 *	0.02782	0.036	0.0039	0.1130
		中低收入	0.07497 *	0.02788	0.007	0.0203	0.1296
		中高收入	0.12252 *	0.02887	0.000	0.0659	0.1791
		高 收 入	0.05841	0.04167	0.161	− 0.0233	0.1401
	高收入	低 收 入	0.02190	0.03916	0.576	− 0.0549	0.0987
		较低收入	0.00007	0.03916	0.999	− 0.0767	0.0768
		中低收入	0.01656	0.03920	0.673	− 0.0603	0.0934
		中高收入	0.06411	0.03991	0.108	− 0.0141	0.1423
		较高收入	− 0.05841	0.04167	0.161	− 0.1401	0.0233

＊. 均值差的显著性水平为 0.05。

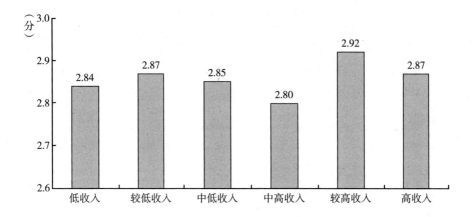

图 11　不同收入被试的文化危机压力得分比较

（五）不同收入被试的生态危机压力比较

调查结果显示，在生态危机压力方面，低收入被试的得分在 1.00 ~ 5.00 分之间，均值为 3.22，标准差为 0.75；较低收入被试的得分在 1.00 ~ 5.00 分之间，均值为 3.27，标准差为 0.76；中低收入被试的得分在 1.00 ~ 5.00 分之间，均值为 3.22，标准差为 0.73；中高收入被试的得分在 1.00 ~ 5.00 分之间，均值为 3.18，标准差为 0.73；较高收入被试的得分在 1.00 ~ 5.00 分之间，均值为 3.25，标准差为 0.70；高收入被试的得分在 1.00 ~ 5.00 分之间，均值为 3.30，标准差为 0.75。

对不同收入被试生态危机压力得分的差异性进行方差分析（见表 12 - 1、表 12 - 2、表 12 - 3 和图 12），显示不同收入被试的生态危机压力得分之间差异显著，$F = 2.575$，$p < 0.05$，中高收入被试（$M = 3.18$，$SD = 0.73$）的得分显著低于较低收入被试（$M = 3.27$，$SD = 0.76$）、较高收入被试（$M = 3.25$，$SD = 0.70$）和高收入被试（$M = 3.30$，$SD = 0.75$），与低收入被试（$M = 3.22$，$SD = 0.75$）、中低收入被试（$M = 3.22$，$SD = 0.73$）之间的得分差异不显著；低收入、较低收入、中低收入、较高收入、高收入五种被试两两之间的得分差异均不显著。

表 12 - 1　不同收入被试生态危机压力得分的差异比较

项目		N	均值	标准差	标准误	95% 置信区间		极小值	极大值
						下限	上限		
生态危机压力	低收入	1418	3.2212	0.75026	0.01992	3.1821	3.2603	1.00	5.00
	较低收入	1419	3.2694	0.75869	0.02014	3.2299	3.3089	1.00	5.00
	中低收入	1404	3.2179	0.73221	0.01954	3.1796	3.2563	1.00	5.00
	中高收入	1175	3.1838	0.73130	0.02133	3.1420	3.2257	1.00	5.00
	较高收入	832	3.2544	0.69556	0.02411	3.2071	3.3017	1.00	5.00
	高收入	326	3.2986	0.75480	0.04180	3.2163	3.3808	1.00	5.00
	总数	6574	3.2323	0.73884	0.00911	3.2144	3.2501	1.00	5.00

表 12 - 2　不同收入被试生态危机压力得分的方差分析结果

项目		平方和	df	均方	F	显著性
生态危机压力	组间	7.020	5	1.404	2.575	0.025
	组内	3581.069	6568	0.545		
	总数	3588.088	6573			

表 12 - 3　不同收入被试生态危机压力得分的多重比较

因变量	(I) 收入	(J) 收入	均值差 (I - J)	标准误	显著性	95% 置信区间	
						下限	上限
生态危机压力	低收入	较低收入	- 0.04823	0.02773	0.082	- 0.1026	0.0061
		中低收入	0.00325	0.02780	0.907	- 0.0512	0.0578
		中高收入	0.03737	0.02913	0.200	- 0.0197	0.0945
		较高收入	- 0.03320	0.03225	0.303	- 0.0964	0.0300
		高收入	- 0.07736	0.04535	0.088	- 0.1663	0.0115
	较低收入	低收入	0.04823	0.02773	0.082	- 0.0061	0.1026
		中低收入	0.05149	0.02780	0.064	- 0.0030	0.1060
		中高收入	0.08561 *	0.02912	0.003	0.0285	0.1427
		较高收入	0.01503	0.03224	0.641	- 0.0482	0.0782
		高收入	- 0.02913	0.04535	0.521	- 0.1180	0.0598
	中低收入	低收入	- 0.00325	0.02780	0.907	- 0.0578	0.0512
		较低收入	- 0.05149	0.02780	0.064	- 0.1060	0.0030
		中高收入	0.03412	0.02920	0.243	- 0.0231	0.0914
		较高收入	- 0.03646	0.03231	0.259	- 0.0998	0.0269
		高收入	- 0.08062	0.04540	0.076	- 0.1696	0.0084

因变量	(I)收入	(J)收入	均值差 (I-J)	标准误	显著性	95%置信区间	
						下限	上限
生态危机压力	中高收入	低 收 入	-0.03737	0.02913	0.200	-0.0945	0.0197
		较低收入	-0.08561*	0.02912	0.003	-0.1427	-0.0285
		中低收入	-0.03412	0.02920	0.243	-0.0914	0.0231
		较高收入	-0.07058*	0.03346	0.035	-0.1362	-0.0050
		高 收 入	-0.11474*	0.04622	0.013	-0.2053	-0.0241
	较高收入	低 收 入	0.03320	0.03225	0.303	-0.0300	0.0964
		较低收入	-0.01503	0.03224	0.641	-0.0782	0.0482
		中低收入	0.03646	0.03231	0.259	-0.0269	0.0998
		中高收入	0.07058*	0.03346	0.035	0.0050	0.1362
		高 收 入	-0.04416	0.04825	0.360	-0.1387	0.0504
	高收入	低 收 入	0.07736	0.04535	0.088	-0.0115	0.1663
		较低收入	0.02913	0.04535	0.521	-0.0598	0.1180
		中低收入	0.08062	0.04540	0.076	-0.0084	0.1696
		中高收入	0.11474*	0.04622	0.013	0.0241	0.2053
		较高收入	0.04416	0.04825	0.360	-0.0504	0.1387

*. 均值差的显著性水平为 0.05。

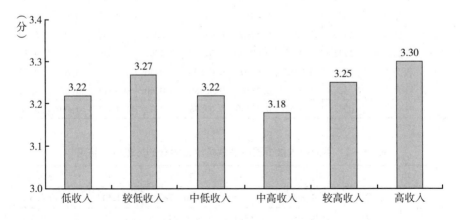

图12 不同收入被试的生态危机压力得分比较

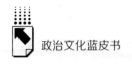

（六）不同收入被试的国际性危机压力比较

调查结果显示，在国际性危机压力方面，低收入被试的得分在 1.33 ~ 4.67 分之间，均值为 3.04，标准差为 0.48；较低收入被试的得分在 1.00 ~ 4.67 分之间，均值为 3.03，标准差为 0.48；中低收入被试的得分在 1.00 ~ 5.00 分之间，均值为 3.03，标准差为 0.51；中高收入被试的得分在 1.00 ~ 4.33 分之间，均值为 3.02，标准差为 0.50；较高收入被试的得分在 1.67 ~ 4.33 分之间，均值为 3.06，标准差为 0.43；高收入被试的得分在 1.67 ~ 4.33 分之间，均值为 3.08，标准差为 0.48。

对不同收入被试国际性危机压力得分的差异性进行方差分析（见表 13 - 1、表 13 - 2、表 13 - 3 和图 13），显示不同收入被试的国际性危机压力得分之间的差异未达到显著水平，只是中高收入被试（$M = 3.02$，$SD = 0.50$）的得分显著低于较高收入被试（$M = 3.06$，$SD = 0.43$）和高收入被试（$M = 3.08$，$SD = 0.48$）。

表 13 - 1　不同收入被试国际性危机压力得分的差异比较

项目		N	均值	标准差	标准误	95% 置信区间		极小值	极大值
						下限	上限		
国际性危机压力	低收入	1416	3.0388	0.47767	0.01269	3.0139	3.0637	1.33	4.67
	较低收入	1420	3.0338	0.48171	0.01278	3.0087	3.0589	1.00	4.67
	中低收入	1401	3.0269	0.50865	0.01359	3.0002	3.0535	1.00	5.00
	中高收入	1173	3.0153	0.49967	0.01459	2.9867	3.0440	1.00	4.33
	较高收入	831	3.0642	0.43403	0.01506	3.0346	3.0937	1.67	4.33
	高收入	326	3.0787	0.48386	0.02680	3.0260	3.1315	1.67	4.33
	总数	6567	3.0362	0.48450	0.00598	3.0245	3.0479	1.00	5.00

表 13 - 2　不同收入被试国际性危机压力得分的方差分析结果

项目		平方和	df	均方	F	显著性
国际性危机压力	组间	1.890	5	0.378	1.611	0.153
	组内	1539.397	6561	0.235		
	总数	1541.287	6566			

表 13 - 3　不同收入被试国际性危机压力得分的多重比较

因变量	(I)收入	(J)收入	均值差 (I－J)	标准误	显著性	95% 置信区间 下限	上限
国际性 危机压力	低收入	较低收入	0.00504	0.01819	0.782	－0.0306	0.0407
		中低收入	0.01196	0.01825	0.512	－0.0238	0.0477
		中高收入	0.02350	0.01912	0.219	－0.0140	0.0610
		较高收入	－0.02534	0.02117	0.231	－0.0668	0.0162
		高 收 入	－0.03989	0.02976	0.180	－0.0982	0.0184
	较低收入	低 收 入	－0.00504	0.01819	0.782	－0.0407	0.0306
		中低收入	0.00692	0.01824	0.705	－0.0288	0.0427
		中高收入	0.01846	0.01911	0.334	－0.0190	0.0559
		较高收入	－0.03038	0.02116	0.151	－0.0718	0.0111
		高 收 入	－0.04493	0.02975	0.131	－0.1032	0.0134
	中低收入	低 收 入	－0.01196	0.01825	0.512	－0.0477	0.0238
		较低收入	－0.00692	0.01824	0.705	－0.0427	0.0288
		中高收入	0.01154	0.01917	0.547	－0.0260	0.0491
		较高收入	－0.03729	0.02121	0.079	－0.0789	0.0043
		高 收 入	－0.05185	0.02979	0.082	－0.1102	0.0065
	中高收入	低 收 入	－0.02350	0.01912	0.219	－0.0610	0.0140
		较低收入	－0.01846	0.01911	0.334	－0.0559	0.0190
		中低收入	－0.01154	0.01917	0.547	－0.0491	0.0260
		较高收入	－0.04883 *	0.02196	0.026	－0.0919	－0.0058
		高 收 入	－0.06339 *	0.03033	0.037	－0.1228	－0.0039
	较高收入	低 收 入	0.02534	0.02117	0.231	－0.0162	0.0668
		较低收入	0.03038	0.02116	0.151	－0.0111	0.0718
		中低收入	0.03729	0.02121	0.079	－0.0043	0.0789
		中高收入	0.04883 *	0.02196	0.026	0.0058	0.0919
		高 收 入	－0.01455	0.03166	0.646	－0.0766	0.0475
	高收入	低 收 入	0.03989	0.02976	0.180	－0.0184	0.0982
		较低收入	0.04493	0.02975	0.131	－0.0134	0.1032
		中低收入	0.05185	0.02979	0.082	－0.0065	0.1102
		中高收入	0.06339 *	0.03033	0.037	0.0039	0.1228
		较高收入	0.01455	0.03166	0.646	－0.0475	0.0766

＊．均值差的显著性水平为 0.05。

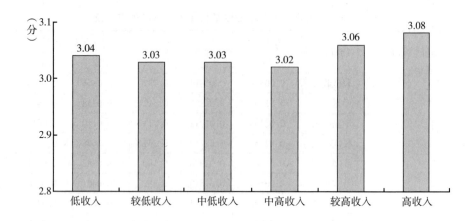

图13　不同收入被试国际性危机压力得分比较

（七）不同收入被试危机压力总分比较

调查结果显示，在危机压力总分方面，低收入被试的得分在1.28～4.14分之间，均值为2.84，标准差为0.39；较低收入被试的得分在1.44～3.97分之间，均值为2.86，标准差为0.38；中低收入被试的得分在1.33～3.86分之间，均值为2.84，标准差为0.42；中高收入被试的得分在1.28～3.82分之间，均值为2.80，标准差为0.46；较高收入被试的得分在1.22～4.19分之间，均值为2.87，标准差为0.43；高收入被试的得分在1.39～4.06分之间，均值为2.86，标准差为0.45。

对不同收入被试危机压力总分的差异性进行方差分析（见表14－1、表14－2、表14－3和图14），显示不同收入被试的危机压力总分之间差异显著，$F=3.618$，$p<0.01$，中高收入被试（$M=2.80$，$SD=0.46$）的得分显著低于低收入被试（$M=2.84$，$SD=0.39$）、较低收入被试（$M=2.86$，$SD=0.38$）、中低收入被试（$M=2.84$，$SD=0.42$）、较高收入被试（$M=2.87$，$SD=0.43$）和高收入被试（$M=2.86$，$SD=0.45$）；低收入、较低收入、中低收入、较高收入、高收入五种被试两两之间的得分差异均不显著。

表 14-1　不同收入被试危机压力总分的差异比较

项目		N	均值	标准差	标准误	95% 置信区间		极小值	极大值
						下限	上限		
危机压力总分	低收入	1407	2.8443	0.38679	0.01031	2.8241	2.8645	1.28	4.14
	较低收入	1410	2.8613	0.38181	0.01017	2.8413	2.8812	1.44	3.97
	中低收入	1389	2.8441	0.41756	0.01120	2.8221	2.8661	1.33	3.86
	中高收入	1166	2.8012	0.45809	0.01342	2.7749	2.8275	1.28	3.82
	较高收入	823	2.8681	0.42888	0.01495	2.8387	2.8974	1.22	4.19
	高收入	323	2.8584	0.44555	0.02479	2.8096	2.9072	1.39	4.06
	总数	6518	2.8439	0.41464	0.00514	2.8338	2.8540	1.22	4.19

表 14-2　不同收入被试危机压力总分的方差分析结果

项目		平方和	df	均方	F	显著性
危机压力总分	组间	3.104	5	0.621	3.618	0.003
	组内	1117.350	6512	0.172		
	总数	1120.453	6517			

表 14-3　不同收入被试危机压力总分的多重比较

因变量	(I)收入	(J)收入	均值差 (I-J)	标准误	显著性	95% 置信区间	
						下限	上限
危机压力总分	低收入	较低收入	-0.01699	0.01561	0.276	-0.0476	0.0136
		中低收入	0.00021	0.01567	0.989	-0.0305	0.0309
		中高收入	0.04313*	0.01640	0.009	0.0110	0.0753
		较高收入	-0.02376	0.01818	0.191	-0.0594	0.0119
		高收入	-0.01410	0.02556	0.581	-0.0642	0.0360
	较低收入	低收入	0.01699	0.01561	0.276	-0.0136	0.0476
		中低收入	0.01720	0.01566	0.272	-0.0135	0.0479
		中高收入	0.06012*	0.01640	0.000	0.0280	0.0923
		较高收入	-0.00678	0.01817	0.709	-0.0424	0.0288
		高收入	0.00289	0.02555	0.910	-0.0472	0.0530
	中低收入	低收入	-0.00021	0.01567	0.989	-0.0309	0.0305
		较低收入	-0.01720	0.01566	0.272	-0.0479	0.0135
		中高收入	0.04292*	0.01645	0.009	0.0107	0.0752
		较高收入	-0.02397	0.01822	0.188	-0.0597	0.0117
		高收入	-0.01431	0.02559	0.576	-0.0645	0.0359

续表

因变量	(I)收入	(J)收入	均值差 (I－J)	标准误	显著性	95%置信区间	
						下限	上限
危机压力 总分	中高收入	低 收 入	－0.04313*	0.01640	0.009	－0.0753	－0.0110
		较低收入	－0.06012*	0.01640	0.000	－0.0923	－0.0280
		中低收入	－0.04292*	0.01645	0.009	－0.0752	－0.0107
		较高收入	－0.06689*	0.01886	0.000	－0.1039	－0.0299
		高 收 入	－0.05723*	0.02605	0.028	－0.1083	－0.0062
	较高收入	低 收 入	0.02376	0.01818	0.191	－0.0119	0.0594
		较低收入	0.00678	0.01817	0.709	－0.0288	0.0424
		中低收入	0.02397	0.01822	0.188	－0.0117	0.0597
		中高收入	0.06689*	0.01886	0.000	0.0299	0.1039
		高 收 入	0.00966	0.02720	0.722	－0.0437	0.0630
	高收入	低 收 入	0.01410	0.02556	0.581	－0.0360	0.0642
		较低收入	－0.00289	0.02555	0.910	－0.0530	0.0472
		中低收入	0.01431	0.02559	0.576	－0.0359	0.0645
		中高收入	0.05723*	0.02605	0.028	0.0062	0.1083
		较高收入	－0.00966	0.02720	0.722	－0.0630	0.0437

*．均值差的显著性水平为 0.05。

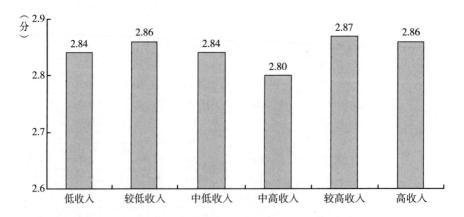

图14 不同收入被试的危机压力总分比较

三　不同收入公民政治指数的比较

2016年问卷调查显示的政治认同总分，即政治认同指数，指数最高的是低收入被试（3.66），其次是高收入被试（3.63）、较低收入被试（3.63），再次是中高收入被试（3.62）、中低收入被试（3.62）、较高收入被试（3.62）。需要特别注意的是低收入被试的政治指数显著高于较低收入、中低收入、中高收入、较高收入四种被试（见表7－1、表7－2、表7－3）。

2016年问卷调查显示的危机压力指数（危机压力总分的反向计分），低收入被试的得分在1.86～4.72分之间，均值为3.16，标准差为0.39；较低收入被试的得分在2.03～4.56分之间，均值为3.14，标准差为0.38；中低收入被试的得分在2.14～4.67分之间，均值为3.16，标准差为0.42；中高收入被试的得分在2.18～4.72分之间，均值为3.20，标准差为0.46；较高收入被试的得分在1.81～4.78分之间，均值为3.13，标准差为0.43；高收入被试的得分在1.94～4.61分之间，均值为3.14，标准差为0.45。

对不同收入被试危机压力指数的差异性进行方差分析（见表15－1、表15－2、表15－3和图15），显示不同收入被试危机压力指数得分之间的差异显著，$F = 3.618$，$p < 0.01$，中高收入被试（$M = 3.20$，$SD = 0.46$）的得分显著高于低收入被试（$M = 3.16$，$SD = 0.39$）、较低收入被试（$M = 3.14$，$SD = 0.38$）、中低收入被试（$M = 3.16$，$SD = 0.42$）、较高收入被试（$M = 3.13$，$SD = 0.43$）、高收入被试（$M = 3.14$，$SD = 0.45$），低收入、较低收入、中低收入、较高收入、高收入五种被试两两之间的得分差异均不显著。

表15－1　不同收入被试危机压力指数的差异比较

项目		N	均值	标准差	标准误	95% 置信区间		极小值	极大值
						下限	上限		
危机压力指数	低收入	1407	3.1557	0.38679	0.01031	3.1355	3.1759	1.86	4.72
	较低收入	1410	3.1387	0.38181	0.01017	3.1188	3.1587	2.03	4.56
	中低收入	1389	3.1559	0.41756	0.01120	3.1339	3.1779	2.14	4.67

续表

项目		N	均值	标准差	标准误	95%置信区间		极小值	极大值
						下限	上限		
危机压力指数	中高收入	1166	3.1988	0.45809	0.01342	3.1725	3.2251	2.18	4.72
	较高收入	823	3.1319	0.42888	0.01495	3.1026	3.1613	1.81	4.78
	高收入	323	3.1416	0.44555	0.02479	3.0928	3.1904	1.94	4.61
	总数	6518	3.1561	0.41464	0.00514	3.1460	3.1662	1.81	4.78

表15-2 不同收入被试危机压力指数的方差分析结果

项目		平方和	df	均方	F	显著性
危机压力指数	组间	3.104	5	0.621	3.618	0.003
	组内	1117.350	6512	0.172		
	总数	1120.453	6517			

表15-3 不同收入被试危机压力指数的多重比较

因变量	(I)收入	(J)收入	均值差(I-J)	标准误	显著性	95%置信区间	
						下限	上限
危机压力指数	低收入	较低收入	0.01699	0.01561	0.276	-0.0136	0.0476
		中低收入	-0.00021	0.01567	0.989	-0.0309	0.0305
		中高收入	-0.04313*	0.01640	0.009	-0.0753	-0.0110
		较高收入	0.02376	0.01818	0.191	-0.0119	0.0594
		高收入	0.01410	0.02556	0.581	-0.0360	0.0642
	较低收入	低收入	-0.01699	0.01561	0.276	-0.0476	0.0136
		中低收入	-0.01720	0.01566	0.272	-0.0479	0.0135
		中高收入	-0.06012*	0.01640	0.000	-0.0923	-0.0280
		较高收入	0.00678	0.01817	0.709	-0.0288	0.0424
		高收入	-0.00289	0.02555	0.910	-0.0530	0.0472
	中低收入	低收入	0.00021	0.01567	0.989	-0.0305	0.0309
		较低收入	0.01720	0.01566	0.272	-0.0135	0.0479
		中高收入	-0.04292*	0.01645	0.009	-0.0752	-0.0107
		较高收入	0.02397	0.01822	0.188	-0.0117	0.0597
		高收入	0.01431	0.02559	0.576	-0.0359	0.0645
	中高收入	低收入	0.04313*	0.01640	0.009	0.0110	0.0753
		较低收入	0.06012*	0.01640	0.000	0.0280	0.0923
		中低收入	0.04292*	0.01645	0.009	0.0107	0.0752
		较高收入	0.06689*	0.01886	0.000	0.0299	0.1039
		高收入	0.05723*	0.02605	0.028	0.0062	0.1083

因变量	（I)收入	（J)收入	均值差（I－J）	标准误	显著性	95%置信区间	
						下限	上限
危机压力指数	较高收入	低 收 入	－0.02376	0.01818	0.191	－0.0594	0.0119
		较低收入	－0.00678	0.01817	0.709	－0.0424	0.0288
		中低收入	－0.02397	0.01822	0.188	－0.0597	0.0117
		中高收入	－0.06689*	0.01886	0.000	－0.1039	－0.0299
		高 收 入	－0.00966	0.02720	0.722	－0.0630	0.0437
	高收入	低 收 入	－0.01410	0.02556	0.581	－0.0642	0.0360
		较低收入	0.00289	0.02555	0.910	－0.0472	0.0530
		中低收入	－0.01431	0.02559	0.576	－0.0645	0.0359
		中高收入	－0.05723*	0.02605	0.028	－0.1083	－0.0062
		较高收入	0.00966	0.02720	0.722	－0.0437	0.0630

＊．均值差的显著性水平为0.05。

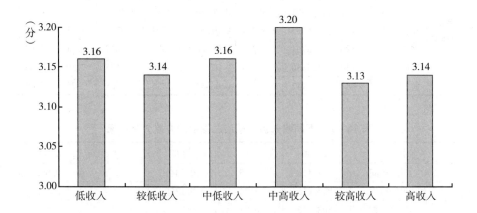

图15　不同收入被试的危机压力指数比较

2016年问卷调查显示的政治总指数，低收入被试的得分在2.65～4.59分之间，均值为3.41，标准差为0.32；较低收入被试的得分在2.22～4.59分之间，均值为3.38，标准差为0.32；中低收入被试的得分在2.51～4.67分之间，均值为3.39，标准差为0.35；中高收入被试的得分在2.28～4.67分之间，均值为3.41，标准差为0.40；较高收入被试的得分在2.31～4.65分之间，均值为3.38，标准差为0.37；高收入被试的得分在2.59～4.69分

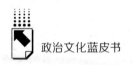

之间，均值为 3.39，标准差为 0.38。

对不同收入被试政治总指数的差异性进行方差分析（见表 16 - 1、表 16 - 2、表 16 - 3 和图 16），显示不同收入被试的政治总指数得分之间的差异未达到显著水平，只是中高收入被试（$M = 3.41$，$SD = 0.40$）的得分显著高于较低收入被试（$M = 3.38$，$SD = 0.32$）和较高收入被试（$M = 3.38$，$SD = 0.37$），低收入被试的得分（$M = 3.41$，$SD = 0.32$）显著高于较高收入被试。

表 16 - 1　不同收入被试政治总指数的差异比较

项目		N	均值	标准差	标准误	95%置信区间		极小值	极大值
						下限	上限		
政治总指数	低收入	1399	3.4070	0.32305	0.00864	3.3900	3.4239	2.65	4.59
	较低收入	1407	3.3819	0.32218	0.00859	3.3650	3.3987	2.22	4.59
	中低收入	1379	3.3901	0.35484	0.00956	3.3714	3.4089	2.51	4.67
	中高收入	1157	3.4133	0.39777	0.01169	3.3904	3.4363	2.28	4.67
	较高收入	820	3.3761	0.37216	0.01300	3.3506	3.4017	2.31	4.65
	高收入	320	3.3880	0.37675	0.02106	3.3466	3.4295	2.59	4.69
	总数	6482	3.3942	0.35312	0.00439	3.3856	3.4028	2.22	4.69

表 16 - 2　不同收入被试政治总指数的方差分析结果

项目		平方和	df	均方	F	显著性
政治总指数	组间	1.168	5	0.234	1.875	0.095
	组内	806.955	6476	0.125		
	总数	808.123	6481			

表 16 - 3　不同收入被试政治总指数的多重比较

因变量	(I)收入	(J)收入	均值差(I - J)	标准误	显著性	95%置信区间	
						下限	上限
政治总指数	低收入	较低收入	0.02511	0.01333	0.060	- 0.0010	0.0512
		中低收入	0.01685	0.01340	0.208	- 0.0094	0.0431
		中高收入	- 0.00636	0.01403	0.650	- 0.0339	0.0211
		较高收入	0.03082 *	0.01553	0.047	0.0004	0.0613
		高　收　入	0.01895	0.02187	0.386	- 0.0239	0.0618

因变量	（I）收入	（J）收入	均值差（I－J）	标准误	显著性	95%置信区间	
						下限	上限
政治总指数	较低收入	低收入	－0.02511	0.01333	0.060	－0.0512	0.0010
		中低收入	－0.00826	0.01338	0.537	－0.0345	0.0180
		中高收入	－0.03146*	0.01401	0.025	－0.0589	－0.0040
		较高收入	0.00572	0.01551	0.712	－0.0247	0.0361
		高收入	－0.00616	0.02186	0.778	－0.0490	0.0367
	中低收入	低收入	－0.01685	0.01340	0.208	－0.0431	0.0094
		较低收入	0.00826	0.01338	0.537	－0.0180	0.0345
		中高收入	－0.02321	0.01407	0.099	－0.0508	0.0044
		较高收入	0.01397	0.01557	0.369	－0.0165	0.0445
		高收入	0.00210	0.02190	0.924	－0.0408	0.0450
	中高收入	低收入	0.00636	0.01403	0.650	－0.0211	0.0339
		较低收入	0.03146*	0.01401	0.025	0.0040	0.0589
		中低收入	0.02321	0.01407	0.099	－0.0044	0.0508
		较高收入	0.03718*	0.01611	0.021	0.0056	0.0688
		高收入	0.02530	0.02230	0.256	－0.0184	0.0690
	较高收入	低收入	－0.03082*	0.01553	0.047	－0.0613	－0.0004
		较低收入	－0.00572	0.01551	0.712	－0.0361	0.0247
		中低收入	－0.01397	0.01557	0.369	－0.0445	0.0165
		中高收入	－0.03718*	0.01611	0.021	－0.0688	－0.0056
		高收入	－0.01188	0.02327	0.610	－0.0575	0.0337
	高收入	低收入	－0.01895	0.02187	0.386	－0.0618	0.0239
		较低收入	0.00616	0.02186	0.778	－0.0367	0.0490
		中低收入	－0.00210	0.02190	0.924	－0.0450	0.0408
		中高收入	－0.02530	0.02230	0.256	－0.0690	0.0184
		较高收入	0.01188	0.02327	0.610	－0.0337	0.0575

＊．均值差的显著性水平为0.05。

通过本报告的数据分析，可以对不同收入被试在政治认同、危机压力及政治指数方面所反映出来的差异，做一个简单的小结。

在本次问卷调查涉及的六种认同中，低收入被试在体制认同、政党认同、身份认同、政策认同上得分最高（政策认同得分显著高于另外五种被试，在政策认同上还显示出了收入越低认同越高的特征），并且在政治认同

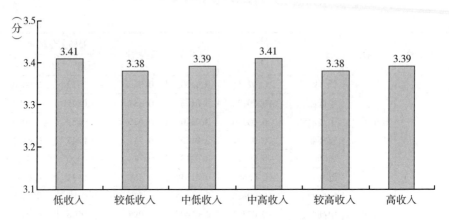

图16　不同收入被试的政治总指数比较

总分上得分最高（得分显著高于较低收入、中低收入、中高收入、较高收入四种被试，与高收入被试的得分差异不显著）；高收入被试在文化认同、发展认同上得分最高，在体制认同、政策认同上得分最低（得分都未达到显著高于或低于另外五种被试的水平）；较低收入被试在文化认同上得分最低，中低收入被试在身份认同、发展认同上得分最低，中高收入被试在政党认同上得分最低，较高收入被试则在政治认同总分上得分最低，但都未达到得分显著低于另外五种被试的水平（见表17，表中括号内的数字代表不同收入被试得分高低的排序，下同）。也就是说，不同收入被试在政治认同方面的差异，主要表现为低收入被试的总体认同水平较高。

表17　不同收入被试政治认同得分排序比较

项目	低收入	较低收入	中低收入	中高收入	较高收入	高收入
体制认同	3.4676(1)	3.4265(4)	3.4334(3)	3.4501(2)	3.4054(5)	3.3589(6)
政党认同	3.6107(1)	3.5904(4)	3.5885(5)	3.5468(6)	3.5954(3)	3.5990(2)
身份认同	4.1367(1)	4.0852(3)	4.0579(6)	4.0872(2)	4.0653(5)	4.0792(4)
文化认同	3.4664(5)	3.4427(6)	3.4957(3)	3.4668(4)	3.4978(2)	3.5337(1)
政策认同	3.6122(1)	3.5627(2)	3.5586(3)	3.5539(4)	3.5329(5)	3.5286(6)
发展认同	3.6482(2)	3.6448(3)	3.5822(6)	3.6248(4)	3.5981(5)	3.6838(1)
认同总分	3.6566(1)	3.6258(3)	3.6198(5)	3.6247(4)	3.6178(6)	3.6299(2)

在危机压力方面，中高收入被试在经济危机压力、社会危机压力、文化危机压力、生态危机压力、国际性危机压力五种压力上得分最低，并且危机压力总分显著低于另外五种被试；高收入被试在生态危机压力和国际性危机压力上得分最高，较高收入被试在社会危机压力、文化危机压力以及危机压力总分上得分最高，较低收入被试在经济危机压力上得分最高，低收入被试在政治危机压力上得分最高，但都未达到得分显著高于另外五种被试的水平（见表18）。由此可以看出，不同收入被试在危机压力方面的主要表现，是中高收入被试的压力感知水平总体上低于其他收入被试。

表18 不同收入被试危机压力得分排序比较

项目	低收入	较低收入	中低收入	中高收入	较高收入	高收入
政治危机压力	2.7305(1)	2.7012(4)	2.7117(2)	2.6533(5)	2.7103(3)	2.6421(6)
经济危机压力	2.4041(5)	2.4616(1)	2.4462(3)	2.3942(6)	2.4180(4)	2.4585(2)
社会危机压力	2.8436(2)	2.8325(3)	2.8325(3)	2.7632(6)	2.8484(1)	2.8170(5)
文化危机压力	2.8435(5)	2.8653(3)	2.8488(4)	2.8013(6)	2.9238(1)	2.8654(2)
生态危机压力	3.2212(4)	3.2694(2)	3.2179(5)	3.1838(6)	3.2544(3)	3.2986(1)
国际性危机压力	3.0388(3)	3.0338(4)	3.0269(5)	3.0153(6)	3.0642(2)	3.0787(1)
危机压力总分	2.8443(4)	2.8613(2)	2.8441(5)	2.8012(6)	2.8681(1)	2.8584(3)

对政治指数进行比较（见表19），显示的是在政治认同指数上低收入被试最高，中低收入、中高收入、较高收入被试得分偏低；在危机压力指数上中高收入被试最高，较高收入被试最低；在政治总指数上中高收入、低收入被试略高，较低收入、较高收入被试略低，高收入、中低收入被试居中。就总体而言，公民的收入水平对政治总指数的影响并不是很大，但是政治认同和危机压力所显示出的差异性，还是应给予一定的重视。

表19 不同收入被试政治指数排序比较

项目	低收入	较低收入	中低收入	中高收入	较高收入	高收入
政治认同指数	3.66(1)	3.63(2)	3.62(4)	3.62(4)	3.62(4)	3.63(2)
危机压力指数	3.16(2)	3.14(4)	3.16(2)	3.20(1)	3.13(6)	3.14(4)
政治总指数	3.41(1)	3.38(5)	3.39(3)	3.41(1)	3.38(5)	3.39(3)

B.12
不同区域公民的政治认同与危机压力比较

田华　于涛

摘　要：　2016 年的"中国公民政治文化"问卷调查显示，不同区域被试在政治认同方面的差异，主要表现为都会区被试的认同水平明显高于其他区域被试，西部地区被试的认同水平也较高，东北地区被试的认同水平则明显偏低。

2016 年的"中国公民政治文化"问卷调查还显示，不同区域被试在危机压力方面的差异，主要表现为东北地区被试的压力感知较强，都会区被试的压力感知较弱。

关键词：　政治认同　危机压力　区域因素　差异性

南开大学当代中国问题研究院 2016 年进行的"中国公民政治文化"问卷调查，将全国分为五大区域："都会区"包括北京、天津、上海、重庆 4 个直辖市；"东部地区"包括河北、山东、江苏、浙江、福建、广东、海南 7 个省份；"西部地区"包括内蒙古、广西、西藏、宁夏、新疆 5 个自治区和云南、贵州、四川、陕西、甘肃、青海 6 个省份；"中部地区"包括山西、河南、湖北、湖南、江西、安徽 6 个省份；"东北地区"包括辽宁、吉林、黑龙江 3 个省份。调查涉及的 16 个省、自治区、直辖市的 6581 名被试，按五大区域划分，都会区（北京市、天津市）821 人，有效百分比为 12.48%；东北地区（辽宁省、吉林省）846 人，有效百分比为 12.85%；东部地区（广东省、河北省、山东省、福建省）1707 人，有效百分比为 25.94%；西部地区（内蒙古自治区、宁夏回族自治区、甘肃省、云南省、青海省）1961 人，有效百分比为 29.80%；中部地区（湖北省、河南省、山西省）1246 人，有效百分比为 18.93%。根据问卷调查的数据，可以比较不同区域被试所显示的政治认同与危机压力情况。

一　不同区域公民的政治认同比较

不同区域被试的六种认同得分和政治认同总分情况，可根据问卷调查的结果，分述于下。

（一）不同区域被试的体制认同比较

调查结果显示，在体制认同方面，都会区被试得分在 1.33～5.00 分之间，均值为 3.50，标准差为 0.57；东部地区被试得分在 1.00～5.00 分之间，均值为 3.43，标准差为 0.47；西部地区被试得分在 1.00～5.00 分之间，均值为 3.47，标准差为 0.49；中部地区被试得分在 1.33～5.00 分之间，均值为 3.36，标准差为 0.49；东北地区被试得分在 1.33～5.00 分之间，均值为 3.43，标准差为 0.48。

对不同区域被试体制认同得分的差异性进行方差分析（见表 1-1、表 1-2、表 1-3 和图 1），显示不同区域被试的体制认同得分之间差异显著，$F=11.896$，$p<0.001$，中部地区被试（$M=3.36$，$SD=0.49$）的得分显著低于都会区被试（$M=3.50$，$SD=0.57$）、东部地区被试（$M=3.43$，$SD=0.47$）、西部地区被试（$M=3.47$，$SD=0.49$）和东北地区被试（$M=3.43$，$SD=0.48$）；都会区被试的得分显著高于东部地区、东北地区被试，与西部地区被试之间的得分差异不显著；西部地区被试的得分显著高于东部地区被试，与东北地区被试之间的得分差异不显著；东部地区被试与东北地区被试之间的得分差异不显著。

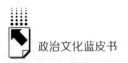

表1-1　不同区域被试体制认同得分的差异比较

项目		N	均值	标准差	标准误	95%置信区间		极小值	极大值
						下限	上限		
体制认同	都会区	821	3.4957	0.57277	0.01999	3.4565	3.5350	1.33	5.00
	东部地区	1707	3.4261	0.46702	0.01130	3.4039	3.4483	1.00	5.00
	西部地区	1961	3.4652	0.48800	0.01102	3.4436	3.4869	1.00	5.00
	中部地区	1246	3.3625	0.48516	0.01374	3.3355	3.3895	1.33	5.00
	东北地区	846	3.4310	0.47575	0.01636	3.3989	3.4632	1.33	5.00
	总数	6581	3.4350	0.49368	0.00609	3.4231	3.4470	1.00	5.00

表1-2　不同区域被试体制认同得分的方差分析结果

项目		平方和	df	均方	F	显著性
体制认同	组间	11.521	4	2.880	11.896	0.000
	组内	1592.181	6576	0.242		
	总数	1603.702	6580			

表1-3　不同区域被试体制认同得分的多重比较

因变量	(I)区域	(J)区域	均值差 (I-J)	标准误	显著性	95%置信区间	
						下限	上限
体制认同	都会区	东部地区	0.06965*	0.02090	0.001	0.0287	0.1106
		西部地区	0.03050	0.02045	0.136	-0.0096	0.0706
		中部地区	0.13324*	0.02212	0.000	0.0899	0.1766
		东北地区	0.06469*	0.02411	0.007	0.0174	0.1119
	东部地区	都会区	-0.06965*	0.02090	0.001	-0.1106	-0.0287
		西部地区	-0.03915*	0.01629	0.016	-0.0711	-0.0072
		中部地区	0.06360*	0.01833	0.001	0.0277	0.0995
		东北地区	-0.00496	0.02069	0.811	-0.0455	0.0356
	西部地区	都会区	-0.03050	0.02045	0.136	-0.0706	0.0096
		东部地区	0.03915*	0.01629	0.016	0.0072	0.0711
		中部地区	0.10275*	0.01783	0.000	0.0678	0.1377
		东北地区	0.03419	0.02024	0.091	-0.0055	0.0739
	中部地区	都会区	-0.13324*	0.02212	0.000	-0.1766	-0.0899
		东部地区	-0.06360*	0.01833	0.001	-0.0995	-0.0277
		西部地区	-0.10275*	0.01783	0.000	-0.1377	-0.0678
		东北地区	-0.06855*	0.02192	0.002	-0.1115	-0.0256

因变量	（I）区域	（J）区域	均值差（I－J）	标准误	显著性	95%置信区间 下限	95%置信区间 上限
体制认同	东北地区	都 会 区	－0.06469*	0.02411	0.007	－0.1119	－0.0174
		东部地区	0.00496	0.02069	0.811	－0.0356	0.0455
		西部地区	－0.03419	0.02024	0.091	－0.0739	0.0055
		中部地区	0.06855*	0.02192	0.002	0.0256	0.1115

＊. 均值差的显著性水平为 0.05。

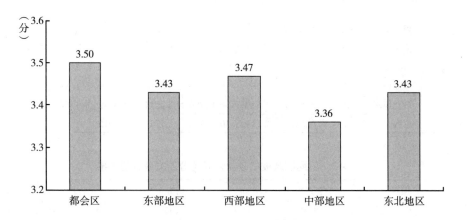

图1　不同区域被试的体制认同得分比较

（二）不同区域被试的政党认同比较

调查结果显示，在政党认同方面，都会区被试得分在 1.33 ~ 5.00 分之间，均值为 3.68，标准差为 0.55；东部地区被试得分在 1.33 ~ 5.00 分之间，均值为 3.54，标准差为 0.56；西部地区被试得分在 1.33 ~ 5.00 分之间，均值为 3.64，标准差为 0.60；中部地区被试得分在 1.33 ~ 5.00 分之间，均值为 3.55，标准差为 0.59；东北地区被试得分在 1.67 ~ 5.00 分之间，均值为 3.53，标准差为 0.52。

对不同区域被试政党认同得分的差异性进行方差分析（见表 2 - 1、表 2 - 2、表 2 - 3 和图 2），显示不同区域被试的政党认同得分之间差异显著，

$F = 15.338$，$p < 0.001$，都会区被试（$M = 3.68$，$SD = 0.55$）的得分显著高于东部地区被试（$M = 3.54$，$SD = 0.56$）、西部地区被试（$M = 3.64$，$SD = 0.60$）、中部地区被试（$M = 3.55$，$SD = 0.59$）和东北地区被试（$M = 3.53$，$SD = 0.52$），西部地区被试的得分显著高于东部地区、中部地区、东北地区被试，东部地区、中部地区、东北地区三种被试相互间的得分差异不显著。

表 2 - 1　不同区域被试政党认同得分的差异比较

项目		N	均值	标准差	标准误	95% 置信区间		极小值	极大值
						下限	上限		
政党认同	都会区	821	3.6833	0.54536	0.01903	3.6460	3.7207	1.33	5.00
	东部地区	1705	3.5400	0.56443	0.01367	3.5132	3.5668	1.33	5.00
	西部地区	1955	3.6353	0.59961	0.01356	3.6087	3.6619	1.33	5.00
	中部地区	1244	3.5544	0.58511	0.01659	3.5218	3.5869	1.33	5.00
	东北地区	844	3.5296	0.52187	0.01796	3.4944	3.5649	1.67	5.00
	总数	6569	3.5877	0.57406	0.00708	3.5738	3.6015	1.33	5.00

表 2 - 2　不同区域被试政党认同得分的方差分析结果

项目		平方和	df	均方	F	显著性
政党认同	组间	20.043	4	5.011	15.338	0.000
	组内	2144.396	6564	0.327		
	总数	2164.440	6568			

表 2 - 3　不同区域被试政党认同得分的多重比较

因变量	(I)区域	(J)区域	均值差 (I - J)	标准误	显著性	95% 置信区间	
						下限	上限
政党认同	都会区	东部地区	0.14333 *	0.02428	0.000	0.0957	0.1909
		西部地区	0.04802 *	0.02377	0.043	0.0014	0.0946
		中部地区	0.12892 *	0.02570	0.000	0.0785	0.1793
		东北地区	0.15369 *	0.02802	0.000	0.0988	0.2086
	东部地区	都会区	- 0.14333 *	0.02428	0.000	- 0.1909	- 0.0957
		西部地区	- 0.09531 *	0.01894	0.000	- 0.1324	- 0.0582
		中部地区	- 0.01441	0.02131	0.499	- 0.0562	0.0274
		东北地区	0.01036	0.02406	0.667	- 0.0368	0.0575

因变量	（I）区域	（J）区域	均值差（I－J）	标准误	显著性	95% 置信区间	
						下限	上限
政党认同	西部地区	都 会 区	－0.04802*	0.02377	0.043	－0.0946	－0.0014
		东部地区	0.09531*	0.01894	0.000	0.0582	0.1324
		中部地区	0.08090*	0.02073	0.000	0.0403	0.1215
		东北地区	0.10567*	0.02354	0.000	0.0595	0.1518
	中部地区	都 会 区	－0.12892*	0.02570	0.000	－0.1793	－0.0785
		东部地区	0.01441	0.02131	0.499	－0.0274	0.0562
		西部地区	－0.08090*	0.02073	0.000	－0.1215	－0.0403
		东北地区	0.02477	0.02549	0.331	－0.0252	0.0747
	东北地区	都 会 区	－0.15369*	0.02802	0.000	－0.2086	－0.0988
		东部地区	－0.01036	0.02406	0.667	－0.0575	0.0368
		西部地区	－0.10567*	0.02354	0.000	－0.1518	－0.0595
		中部地区	－0.02477	0.02549	0.331	－0.0747	0.0252

＊. 均值差的显著性水平为 0.05。

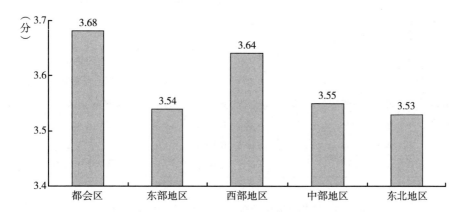

图2　不同区域被试的政党认同得分比较

（三）不同区域被试的身份认同比较

调查结果显示，在身份认同方面，都会区被试得分在 2.00～5.00 分之间，均值为4.33，标准差为0.57；东部地区被试得分在1.00~5.00分之间，均值为4.01，标准差为0.66；西部地区被试得分在1.00~5.00分之间，均值为4.19，标准差为0.63；中部地区被试得分在1.75~5.00分之间，均值为4.02，标准差为0.64；东北地区被试得分在1.25~5.00分之间，均值为3.86，标准差为0.65。

对不同区域被试身份认同得分的差异性进行方差分析（见表3-1、表3-2、表3-3和图3），显示不同区域被试的身份认同得分之间差异显著，$F = 79.843$，$p < 0.001$，都会区被试（$M = 4.33$，$SD = 0.57$）的得分显著高于东部地区被试（$M = 4.01$，$SD = 0.66$）、西部地区被试（$M = 4.19$，$SD = 0.63$）、中部地区被试（$M = 4.02$，$SD = 0.64$）和东北地区被试（$M = 3.86$，$SD = 0.65$），西部地区被试的得分显著高于东部地区、中部地区、东北地区被试，东北地区被试的得分显著低于东部地区、中部地区被试，东部地区被试与中部地区被试之间的得分差异不显著。

表3-1　不同区域被试身份认同得分的差异比较

项目		N	均值	标准差	标准误	95%置信区间		极小值	极大值
						下限	上限		
身份认同	都会区	821	4.3334	0.57399	0.02003	4.2941	4.3728	2.00	5.00
	东部地区	1703	4.0123	0.65893	0.01597	3.9810	4.0436	1.00	5.00
	西部地区	1957	4.1909	0.62929	0.01423	4.1630	4.2188	1.00	5.00
	中部地区	1245	4.0221	0.63652	0.01804	3.9867	4.0575	1.75	5.00
	东北地区	845	3.8609	0.65483	0.02253	3.8167	3.9052	1.25	5.00
	总数	6571	4.0880	0.65032	0.00802	4.0723	4.1037	1.00	5.00

表3-2　不同区域被试身份认同得分的方差分析结果

项目		平方和	df	均方	F	显著性
身份认同	组间	128.880	4	32.220	79.843	0.000
	组内	2649.671	6566	0.404		
	总数	2778.551	6570			

表3-3　不同区域被试身份认同得分的多重比较

因变量	（I）区域	（J）区域	均值差（I－J）	标准误	显著性	95%置信区间 下限	95%置信区间 上限
身份认同	都会区	东部地区	0.32110*	0.02699	0.000	0.2682	0.3740
		西部地区	0.14258*	0.02641	0.000	0.0908	0.1944
		中部地区	0.31135*	0.02856	0.000	0.2554	0.3673
		东北地区	0.47249*	0.03113	0.000	0.4115	0.5335
	东部地区	都会区	-0.32110*	0.02699	0.000	-0.3740	-0.2682
		西部地区	-0.17852*	0.02105	0.000	-0.2198	-0.1373
		中部地区	-0.00976	0.02369	0.680	-0.0562	0.0367
		东北地区	0.15138*	0.02673	0.000	0.0990	0.2038
	西部地区	都会区	-0.14258*	0.02641	0.000	-0.1944	-0.0908
		东部地区	0.17852*	0.02105	0.000	0.1373	0.2198
		中部地区	0.16876*	0.02303	0.000	0.1236	0.2139
		东北地区	0.32991*	0.02615	0.000	0.2786	0.3812
	中部地区	都会区	-0.31135*	0.02856	0.000	-0.3673	-0.2554
		东部地区	0.00976	0.02369	0.680	-0.0367	0.0562
		西部地区	-0.16876*	0.02303	0.000	-0.2139	-0.1236
		东北地区	0.16114*	0.02831	0.000	0.1056	0.2166
	东北地区	都会区	-0.47249*	0.03113	0.000	-0.5335	-0.4115
		东部地区	-0.15138*	0.02673	0.000	-0.2038	-0.0990
		西部地区	-0.32991*	0.02615	0.000	-0.3812	-0.2786
		中部地区	-0.16114*	0.02831	0.000	-0.2166	-0.1056

*．均值差的显著性水平为0.05。

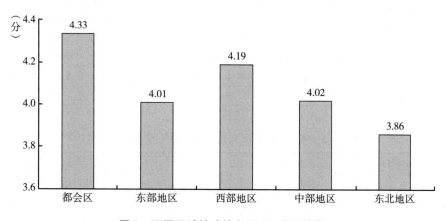

图3　不同区域被试的身份认同得分比较

（四）不同区域被试的文化认同比较

调查结果显示，在文化认同方面，都会区被试得分在 1.33 ~ 5.00 分之间，均值为 3.64，标准差为 0.58；东部地区被试得分在 1.00 ~ 5.00 分之间，均值为 3.46，标准差为 0.55；西部地区被试得分在 1.33 ~ 5.00 分之间，均值为 3.50，标准差为 0.55；中部地区被试得分在 1.67 ~ 5.00 分之间，均值为 3.43，标准差为 0.53；东北地区被试得分在 1.33 ~ 5.00 分之间，均值为 3.34，标准差为 0.55。

对不同区域被试文化认同得分的差异性进行方差分析（见表 4 - 1、表 4 - 2、表 4 - 3 和图 4），显示不同区域被试的文化认同得分之间差异显著，$F = 34.137$，$p < 0.001$，都会区被试（$M = 3.64$，$SD = 0.58$）的得分显著高于东部地区被试（$M = 3.46$，$SD = 0.55$）、西部地区被试（$M = 3.50$，$SD = 0.55$）、中部地区被试（$M = 3.43$，$SD = 0.53$）和东北地区被试（$M = 3.34$，$SD = 0.55$），西部地区被试的得分显著高于东部地区、中部地区、东北地区被试，东北地区被试的得分显著低于东部地区、中部地区被试，东部地区被试与中部地区被试之间的得分差异不显著。

表 4 - 1　不同区域被试文化认同得分的差异比较

项目		N	均值	标准差	标准误	95% 置信区间		极小值	极大值
						下限	上限		
文化认同	都会区	821	3.6415	0.57515	0.02007	3.6021	3.6809	1.33	5.00
	东部地区	1704	3.4630	0.54825	0.01328	3.4370	3.4891	1.00	5.00
	西部地区	1960	3.4986	0.54724	0.01236	3.4744	3.5229	1.33	5.00
	中部地区	1245	3.4335	0.52634	0.01492	3.4042	3.4627	1.67	5.00
	东北地区	845	3.3432	0.54934	0.01890	3.3061	3.3803	1.33	5.00
	总数	6575	3.4749	0.55296	0.00682	3.4616	3.4883	1.00	5.00

表 4 - 2　不同区域被试文化认同得分的方差分析结果

项目		平方和	df	均方	F	显著性
文化认同	组间	40.925	4	10.231	34.137	0.000
	组内	1969.137	6570	0.300		
	总数	2010.062	6574			

表4－3　不同区域被试文化认同得分的多重比较

因变量	（I）区域	（J）区域	均值差（I－J）	标准误	显著性	95% 置信区间 下限	上限
文化认同	都会区	东部地区	0.17847 *	0.02326	0.000	0.1329	0.2241
		西部地区	0.14285 *	0.02276	0.000	0.0982	0.1875
		中部地区	0.20803 *	0.02461	0.000	0.1598	0.2563
		东北地区	0.29830 *	0.02683	0.000	0.2457	0.3509
	东部地区	都 会 区	－ 0.17847 *	0.02326	0.000	－ 0.2241	－ 0.1329
		西部地区	－ 0.03561 *	0.01813	0.050	－ 0.0712	－ 0.0001
		中部地区	0.02956	0.02041	0.148	－ 0.0105	0.0696
		东北地区	0.11983 *	0.02303	0.000	0.0747	0.1650
	西部地区	都 会 区	－ 0.14285 *	0.02276	0.000	－ 0.1875	－ 0.0982
		东部地区	0.03561 *	0.01813	0.050	0.0001	0.0712
		中部地区	0.06517 *	0.01984	0.001	0.0263	0.1041
		东北地区	0.15544 *	0.02253	0.000	0.1113	0.1996
	中部地区	都 会 区	－ 0.20803 *	0.02461	0.000	－ 0.2563	－ 0.1598
		东部地区	－ 0.02956	0.02041	0.148	－ 0.0696	0.0105
		西部地区	－ 0.06517 *	0.01984	0.001	－ 0.1041	－ 0.0263
		东北地区	0.09027 *	0.02440	0.000	0.0424	0.1381
	东北地区	都 会 区	－ 0.29830 *	0.02683	0.000	－ 0.3509	－ 0.2457
		东部地区	－ 0.11983 *	0.02303	0.000	－ 0.1650	－ 0.0747
		西部地区	－ 0.15544 *	0.02253	0.000	－ 0.1996	－ 0.1113
		中部地区	－ 0.09027 *	0.02440	0.000	－ 0.1381	－ 0.0424

＊．均值差的显著性水平为 0.05。

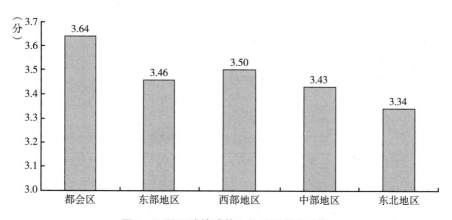

图4　不同区域被试的文化认同得分比较

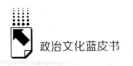

（五）不同区域被试的政策认同比较

调查结果显示，在政策认同方面，都会区被试得分在1.33～5.00分之间，均值为3.83，标准差为0.76；东部地区被试得分在1.00～5.00分之间，均值为3.57，标准差为0.59；西部地区被试得分在1.33～5.00分之间，均值为3.56，标准差为0.61；中部地区被试得分在1.33～5.00分之间，均值为3.43，标准差为0.61；东北地区被试得分在1.33～5.00分之间，均值为3.49，标准差为0.58。

对不同区域被试政策认同得分的差异性进行方差分析（见表5-1、表5-2、表5-3和图5），显示不同区域被试的政策认同得分之间差异显著，$F = 55.454$，$p < 0.001$，都会区被试（$M = 3.83$，$SD = 0.76$）的得分显著高于东部地区被试（$M = 3.57$，$SD = 0.59$）、西部地区被试（$M = 3.56$，$SD = 0.61$）、中部地区被试（$M = 3.43$，$SD = 0.61$）和东北地区被试（$M = 3.49$，$SD = 0.58$），中部地区被试的得分显著低于东部地区、西部地区、东北地区被试，东北地区被试的得分显著低于东部地区、西部地区被试，东部地区被试与西部地区被试之间的得分差异不显著。

表5-1　不同区域被试政策认同得分的差异比较

项目		N	均值	标准差	标准误	95%置信区间		极小值	极大值
						下限	上限		
政策认同	都会区	821	3.8339	0.75630	0.02639	3.7821	3.8858	1.33	5.00
	东部地区	1707	3.5722	0.58779	0.01423	3.5443	3.6001	1.00	5.00
	西部地区	1960	3.5624	0.60705	0.01371	3.5355	3.5893	1.33	5.00
	中部地区	1243	3.4339	0.61180	0.01735	3.3999	3.4679	1.33	5.00
	东北地区	846	3.4921	0.57895	0.01990	3.4531	3.5312	1.33	5.00
	总数	6577	3.5655	0.63046	0.00777	3.5503	3.5807	1.00	5.00

表5-2　不同区域被试政策认同得分的方差分析结果

项目		平方和	df	均方	F	显著性
政策认同	组间	85.340	4	21.335	55.454	0.000
	组内	2528.465	6572	0.385		
	总数	2613.806	6576			

表5-3　不同区域被试政策认同得分的多重比较

因变量	(I)区域	(J)区域	均值差 (I-J)	标准误	显著性	95%置信区间	
						下限	上限
政策认同	都会区	东部地区	0.26179*	0.02634	0.000	0.2101	0.3134
		西部地区	0.27153*	0.02579	0.000	0.2210	0.3221
		中部地区	0.40005*	0.02790	0.000	0.3454	0.4547
		东北地区	0.34182*	0.03039	0.000	0.2823	0.4014
	东部地区	都会区	-0.26179*	0.02634	0.000	-0.3134	-0.2101
		西部地区	0.00974	0.02053	0.635	-0.0305	0.0500
		中部地区	0.13826*	0.02313	0.000	0.0929	0.1836
		东北地区	0.08003*	0.02608	0.002	0.0289	0.1312
	西部地区	都会区	-0.27153*	0.02579	0.000	-0.3221	-0.2210
		东部地区	-0.00974	0.02053	0.635	-0.0500	0.0305
		中部地区	0.12852*	0.02249	0.000	0.0844	0.1726
		东北地区	0.07030*	0.02552	0.006	0.0203	0.1203
	中部地区	都会区	-0.40005*	0.02790	0.000	-0.4547	-0.3454
		东部地区	-0.13826*	0.02313	0.000	-0.1836	-0.0929
		西部地区	-0.12852*	0.02249	0.000	-0.1726	-0.0844
		东北地区	-0.05822*	0.02765	0.035	-0.1124	-0.0040
	东北地区	都会区	-0.34182*	0.03039	0.000	-0.4014	-0.2823
		东部地区	-0.08003*	0.02608	0.002	-0.1312	-0.0289
		西部地区	-0.07030*	0.02552	0.006	-0.1203	-0.0203
		中部地区	0.05822*	0.02765	0.035	0.0040	0.1124

*. 均值差的显著性水平为0.05。

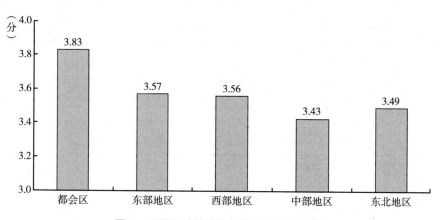

图5　不同区域被试的政策认同得分比较

（六）不同区域被试的发展认同比较

调查结果显示，在发展认同方面，都会区被试得分在 2.00～5.00 分之间，均值为 3.76，标准差为 0.59；东部地区被试得分在 1.25～5.00 分之间，均值为 3.60，标准差为 0.64；西部地区被试得分在 1.50～5.00 分之间，均值为 3.70，标准差为 0.65；中部地区被试得分在 1.50～5.00 分之间，均值为 3.54，标准差为 0.63；东北地区被试得分在 1.50～5.00 分之间，均值为 3.50，标准差为 0.68。

对不同区域被试发展认同得分的差异性进行方差分析（见表 6－1、表 6－2、表 6－3 和图 6），显示不同区域被试的发展认同得分之间差异显著，$F = 30.666$，$p < 0.001$，都会区被试（$M = 3.76$，$SD = 0.59$）的得分显著高于东部地区被试（$M = 3.60$，$SD = 0.64$）、西部地区被试（$M = 3.70$，$SD = 0.65$）、中部地区被试（$M = 3.54$，$SD = 0.63$）和东北地区被试（$M = 3.50$，$SD = 0.68$），西部地区被试的得分显著高于东部地区、中部地区、东北地区被试，东部地区被试的得分显著高于中部地区、东北地区被试，中部地区被试与东北地区被试之间的得分差异不显著。

表 6－1 不同区域被试发展认同得分的差异比较

项目		N	均值	标准差	标准误	95% 置信区间		极小值	极大值
						下限	上限		
发展认同	都会区	821	3.7576	0.59252	0.02068	3.7170	3.7982	2.00	5.00
	东部地区	1702	3.5974	0.63911	0.01549	3.5670	3.6278	1.25	5.00
	西部地区	1959	3.7018	0.64603	0.01460	3.6731	3.7304	1.50	5.00
	中部地区	1245	3.5402	0.63477	0.01799	3.5049	3.5755	1.50	5.00
	东北地区	846	3.4959	0.68348	0.02350	3.4497	3.5420	1.50	5.00
	总数	6573	3.6246	0.64642	0.00797	3.6090	3.6402	1.25	5.00

表 6－2 不同区域被试发展认同得分的方差分析结果

项目		平方和	df	均方	F	显著性
发展认同	组间	50.347	4	12.587	30.666	0.000
	组内	2695.855	6568	0.410		
	总数	2746.202	6572			

表6－3 不同区域被试发展认同得分的多重比较

因变量	(I)区域	(J)区域	均值差 (I－J)	标准误	显著性	95%置信区间	
						下限	上限
发展认同	都会区	东部地区	0.16023*	0.02722	0.000	0.1069	0.2136
		西部地区	0.05585*	0.02664	0.036	0.0036	0.1081
		中部地区	0.21745*	0.02880	0.000	0.1610	0.2739
		东北地区	0.26175*	0.03139	0.000	0.2002	0.3233
	东部地区	都 会 区	－0.16023*	0.02722	0.000	－0.2136	－0.1069
		西部地区	－0.10438*	0.02123	0.000	－0.1460	－0.0628
		中部地区	0.05722*	0.02389	0.017	0.0104	0.1041
		东北地区	0.10152*	0.02695	0.000	0.0487	0.1544
	西部地区	都 会 区	－0.05585*	0.02664	0.036	－0.1081	－0.0036
		东部地区	0.10438*	0.02123	0.000	0.0628	0.1460
		中部地区	0.16160*	0.02322	0.000	0.1161	0.2071
		东北地区	0.20590*	0.02636	0.000	0.1542	0.2576
	中部地区	都 会 区	－0.21745*	0.02880	0.000	－0.2739	－0.1610
		东部地区	－0.05722*	0.02389	0.017	－0.1041	－0.0104
		西部地区	－0.16160*	0.02322	0.000	－0.2071	－0.1161
		东北地区	0.04430	0.02855	0.121	－0.0117	0.1003
	东北地区	都 会 区	－0.26175*	0.03139	0.000	－0.3233	－0.2002
		东部地区	－0.10152*	0.02695	0.000	－0.1544	－0.0487
		西部地区	－0.20590*	0.02636	0.000	－0.2576	－0.1542
		中部地区	－0.04430	0.02855	0.121	－0.1003	0.0117

＊. 均值差的显著性水平为0.05。

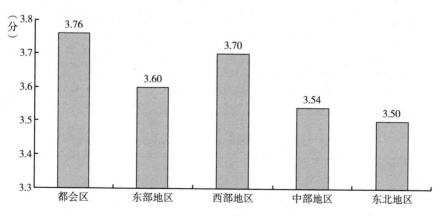

图6 不同区域被试的发展认同得分比较

（七）不同区域被试的政治认同总分比较

调查结果显示，在政治认同总分方面，都会区被试得分在 2.39~4.89 分之间，均值为 3.79，标准差为 0.41；东部地区被试得分在 1.83~4.75 分之间，均值为 3.60，标准差为 0.39；西部地区被试得分在 2.17~4.90 分之间，均值为 3.68，标准差为 0.37；中部地区被试得分在 2.32~4.79 分之间，均值为 3.56，标准差为 0.37；东北地区被试得分在 2.53~4.60 分之间，均值为 3.53，标准差为 0.36。

对不同区域被试政治认同总分的差异性进行方差分析（见表 7-1、表 7-2、表 7-3 和图 7），显示不同区域被试的政治认同总分之间差异显著，$F=72.986$，$p<0.001$，都会区被试（$M=3.79$，$SD=0.41$）的得分显著高于东部地区被试（$M=3.60$，$SD=0.39$）、西部地区被试（$M=3.68$，$SD=0.37$）、中部地区被试（$M=3.56$，$SD=0.37$）和东北地区被试（$M=3.53$，$SD=0.36$），西部地区被试的得分显著高于东部地区、中部地区、东北地区被试，东部地区被试的得分显著高于中部地区、东北地区被试，中部地区被试与东北地区被试之间的得分差异不显著。

表 7-1　不同区域被试政治认同总分的差异比较

项目		N	均值	标准差	标准误	95% 置信区间		极小值	极大值
						下限	上限		
政治认同总分	都会区	821	3.7909	0.40719	0.01421	3.7630	3.8188	2.39	4.89
	东部地区	1693	3.6026	0.38962	0.00947	3.5840	3.6211	1.83	4.75
	西部地区	1949	3.6766	0.37183	0.00842	3.6601	3.6931	2.17	4.90
	中部地区	1238	3.5590	0.37112	0.01055	3.5383	3.5797	2.32	4.79
	东北地区	843	3.5260	0.36290	0.01250	3.5015	3.5506	2.53	4.60
	总数	6544	3.6302	0.38810	0.00480	3.6208	3.6396	1.83	4.90

表 7-2　不同区域被试政治认同总分的方差分析结果

项目		平方和	df	均方	F	显著性
政治认同总分	组间	42.119	4	10.530	72.986	0.000
	组内	943.395	6539	0.144		
	总数	985.515	6543			

表 7 - 3   不同区域被试政治认同总分的多重比较

因变量	(I)区域	(J)区域	均值差 (I - J)	标准误	显著性	95%置信区间	
						下限	上限
政治认同 总分	都会区	东部地区	0.18837 *	0.01615	0.000	0.1567	0.2200
		西部地区	0.11430 *	0.01580	0.000	0.0833	0.1453
		中部地区	0.23189 *	0.01710	0.000	0.1984	0.2654
		东北地区	0.26489 *	0.01862	0.000	0.2284	0.3014
	东部地区	都 会 区	- 0.18837 *	0.01615	0.000	- 0.2200	- 0.1567
		西部地区	- 0.07407 *	0.01262	0.000	- 0.0988	- 0.0493
		中部地区	0.04352 *	0.01420	0.002	0.0157	0.0714
		东北地区	0.07652 *	0.01601	0.000	0.0451	0.1079
	西部地区	都 会 区	- 0.11430 *	0.01580	0.000	- 0.1453	- 0.0833
		东部地区	0.07407 *	0.01262	0.000	0.0493	0.0988
		中部地区	0.11759 *	0.01380	0.000	0.0905	0.1446
		东北地区	0.15059 *	0.01566	0.000	0.1199	0.1813
	中部地区	都 会 区	- 0.23189 *	0.01710	0.000	- 0.2654	- 0.1984
		东部地区	- 0.04352 *	0.01420	0.002	- 0.0714	- 0.0157
		西部地区	- 0.11759 *	0.01380	0.000	- 0.1446	- 0.0905
		东北地区	0.03300	0.01696	0.052	- 0.0002	0.0663
	东北地区	都 会 区	- 0.26489 *	0.01862	0.000	- 0.3014	- 0.2284
		东部地区	- 0.07652 *	0.01601	0.000	- 0.1079	- 0.0451
		西部地区	- 0.15059 *	0.01566	0.000	- 0.1813	- 0.1199
		中部地区	- 0.03300	0.01696	0.052	- 0.0663	0.0002

*. 均值差的显著性水平为 0.05。

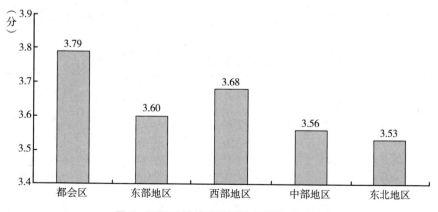

图 7   不同区域被试的政治认同总分比较

二 不同区域公民的危机压力比较

不同区域被试的六种危机压力得分和危机压力总分情况，也可根据问卷调查的结果，分述于下。

（一）不同区域被试的政治危机压力比较

调查结果显示，在政治危机压力方面，都会区被试得分在 1.00 ~ 4.00 分之间，均值为 2.40，标准差为 0.80；东部地区被试得分在 1.00 ~ 4.67 分之间，均值为 2.71，标准差为 0.68；西部地区被试得分在 1.00 ~ 5.00 分之间，均值为 2.72，标准差为 0.67；中部地区被试得分在 1.00 ~ 5.00 分之间，均值为 2.71，标准差为 0.69；东北地区被试得分在 1.00 ~ 4.67 分之间，均值为 2.90，标准差为 0.64。

对不同区域被试政治危机压力得分的差异性进行方差分析（见表 8-1、表 8-2、表 8-3 和图 8），显示不同区域被试的政治危机压力得分之间差异显著，$F = 57.881$，$p < 0.001$，都会区被试（$M = 2.40$，$SD = 0.80$）的得分显著低于东部地区被试（$M = 2.71$，$SD = 0.68$）、西部地区被试（$M = 2.72$，$SD = 0.67$）、中部地区被试（$M = 2.71$，$SD = 0.69$）和东北地区被试（$M = 2.90$，$SD = 0.64$），东北地区被试的得分显著高于东部地区、西部地区、中部地区被试，东部地区、西部地区、中部地区三种被试相互间的得分差异不显著。

表 8-1 不同区域被试政治危机压力得分的差异比较

项目		N	均值	标准差	标准误	95% 置信区间 下限	95% 置信区间 上限	极小值	极大值
政治危机压力	都会区	821	2.3971	0.79557	0.02777	2.3426	2.4516	1.00	4.00
	东部地区	1707	2.7128	0.67941	0.01644	2.6805	2.7450	1.00	4.67
	西部地区	1960	2.7224	0.66841	0.01510	2.6928	2.7521	1.00	5.00
	中部地区	1245	2.7092	0.69376	0.01966	2.6707	2.7478	1.00	5.00
	东北地区	845	2.8986	0.63810	0.02195	2.8555	2.9417	1.00	4.67
	总数	6578	2.6995	0.70124	0.00865	2.6825	2.7164	1.00	5.00

表 8 - 2　不同区域被试政治危机压力得分的方差分析结果

项目		平方和	df	均方	F	显著性
政治危机压力	组间	110.042	4	27.510	57.881	0.000
	组内	3124.110	6573	0.475		
	总数	3234.151	6577			

表 8 - 3　不同区域被试政治危机压力得分的多重比较

因变量	(I)区域	(J)区域	均值差 (I - J)	标准误	显著性	95%置信区间	
						下限	上限
政治危机压力	都会区	东部地区	- 0.31567 *	0.02928	0.000	- 0.3731	- 0.2583
		西部地区	- 0.32537 *	0.02866	0.000	- 0.3816	- 0.2692
		中部地区	- 0.31216 *	0.03099	0.000	- 0.3729	- 0.2514
		东北地区	- 0.50154 *	0.03378	0.000	- 0.5678	- 0.4353
	东部地区	都 会 区	0.31567 *	0.02928	0.000	0.2583	0.3731
		西部地区	- 0.00970	0.02282	0.671	- 0.0544	0.0350
		中部地区	0.00351	0.02569	0.891	- 0.0469	0.0539
		东北地区	- 0.18587 *	0.02900	0.000	- 0.2427	- 0.1290
	西部地区	都 会 区	0.32537 *	0.02866	0.000	0.2692	0.3816
		东部地区	0.00970	0.02282	0.671	- 0.0350	0.0544
		中部地区	0.01321	0.02499	0.597	- 0.0358	0.0622
		东北地区	- 0.17617 *	0.02837	0.000	- 0.2318	- 0.1206
	中部地区	都 会 区	0.31216 *	0.03099	0.000	0.2514	0.3729
		东部地区	- 0.00351	0.02569	0.891	- 0.0539	0.0469
		西部地区	- 0.01321	0.02499	0.597	- 0.0622	0.0358
		东北地区	- 0.18938 *	0.03073	0.000	- 0.2496	- 0.1291
	东北地区	都 会 区	0.50154 *	0.03378	0.000	0.4353	0.5678
		东部地区	0.18587 *	0.02900	0.000	0.1290	0.2427
		西部地区	0.17617 *	0.02837	0.000	0.1206	0.2318
		中部地区	0.18938 *	0.03073	0.000	0.1291	0.2496

*. 均值差的显著性水平为 0.05。

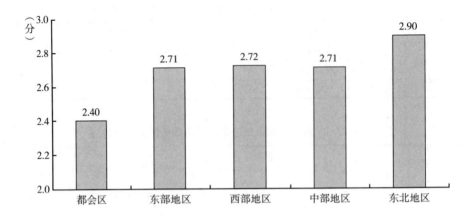

图8 不同区域被试的政治危机压力得分比较

（二）不同区域被试的经济危机压力比较

调查结果显示，在经济危机压力方面，都会区被试得分在 1.00 ~ 4.33 分之间，均值为 2.21，标准差为 0.71；东部地区被试得分在 1.00 ~ 5.00 分之间，均值为 2.44，标准差为 0.61；西部地区被试得分在 1.00 ~ 5.00 分之间，均值为 2.39，标准差为 0.61；中部地区被试得分在 1.00 ~ 4.67 分之间，均值为 2.51，标准差为 0.61；东北地区被试得分在 1.00 ~ 4.67 分之间，均值为 2.59，标准差为 0.52。

对不同区域被试经济危机压力得分的差异性进行方差分析（见表 9 - 1、表 9 - 2、表 9 - 3 和图 9），显示不同区域被试的经济危机压力得分之间差异显著，$F = 49.692$，$p < 0.001$，都会区被试（$M = 2.21$，$SD = 0.71$）的得分显著低于东部地区被试（$M = 2.44$，$SD = 0.61$）、西部地区被试（$M = 2.39$，$SD = 0.61$）、中部地区被试（$M = 2.51$，$SD = 0.61$）和东北地区被试（$M = 2.59$，$SD = 0.52$），东北地区被试的得分显著高于东部地区、西部地区、中部地区被试，中部地区被试的得分显著高于东部地区、西部地区被试，东部地区被试的得分显著高于西部地区被试。

表 9-1　不同区域被试经济危机压力得分的差异比较

项目		N	均值	标准差	标准误	95% 置信区间		极小值	极大值
						下限	上限		
经济危机压力	都会区	820	2.2065	0.70958	0.02478	2.1579	2.2551	1.00	4.33
	东部地区	1699	2.4418	0.60863	0.01477	2.4129	2.4708	1.00	5.00
	西部地区	1952	2.3870	0.61381	0.01389	2.3597	2.4142	1.00	5.00
	中部地区	1246	2.5094	0.61008	0.01728	2.4755	2.5433	1.00	4.67
	东北地区	843	2.5919	0.51714	0.01781	2.5570	2.6269	1.00	4.67
	总数	6560	2.4282	0.62227	0.00768	2.4131	2.4433	1.00	5.00

表 9-2　不同区域被试经济危机压力得分的方差分析结果

项目		平方和	df	均方	F	显著性
经济危机压力	组间	74.746	4	18.687	49.692	0.000
	组内	2464.992	6555	0.376		
	总数	2539.738	6559			

表 9-3　不同区域被试经济危机压力得分的多重比较

因变量	(I)区域	(J)区域	均值差 (I-J)	标准误	显著性	95% 置信区间	
						下限	上限
经济危机压力	都会区	东部地区	-0.23532 *	0.02608	0.000	-0.2864	-0.1842
		西部地区	-0.18045 *	0.02552	0.000	-0.2305	-0.1304
		中部地区	-0.30286 *	0.02758	0.000	-0.3569	-0.2488
		东北地区	-0.38543 *	0.03008	0.000	-0.4444	-0.3265
	东部地区	都 会 区	0.23532 *	0.02608	0.000	0.1842	0.2864
		西部地区	0.05487 *	0.02035	0.007	0.0150	0.0948
		中部地区	-0.06753 *	0.02287	0.003	-0.1124	-0.0227
		东北地区	-0.15011 *	0.02583	0.000	-0.2007	-0.0995
	西部地区	都 会 区	0.18045 *	0.02552	0.000	0.1304	0.2305
		东部地区	-0.05487 *	0.02035	0.007	-0.0948	-0.0150
		中部地区	-0.12241 *	0.02224	0.000	-0.1660	-0.0788
		东北地区	-0.20498 *	0.02527	0.000	-0.2545	-0.1554
	中部地区	都 会 区	0.30286 *	0.02758	0.000	0.2488	0.3569
		东部地区	0.06753 *	0.02287	0.003	0.0227	0.1124
		西部地区	0.12241 *	0.02224	0.000	0.0788	0.1660
		东北地区	-0.08257 *	0.02735	0.003	-0.1362	-0.0290

357

续表

因变量	(I)区域	(J)区域	均值差 (I-J)	标准误	显著性	95% 置信区间	
						下限	上限
经济危机 压力	东北地区	都会区	0.38543 *	0.03008	0.000	0.3265	0.4444
		东部地区	0.15011 *	0.02583	0.000	0.0995	0.2007
		西部地区	0.20498 *	0.02527	0.000	0.1554	0.2545
		中部地区	0.08257 *	0.02735	0.003	0.0290	0.1362

*. 均值差的显著性水平为 0.05。

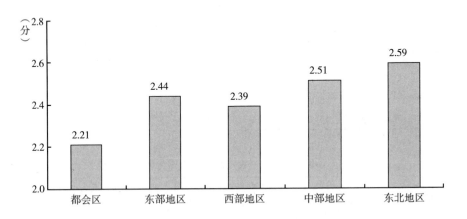

图9　不同区域被试的经济危机压力得分比较

（三）不同区域被试的社会危机压力比较

调查结果显示，在社会压力方面，都会区被试得分在 1.00 ~ 5.00 分之间，均值为 2.64，标准差为 0.86；东部地区被试得分在 1.00 ~ 5.00 分之间，均值为 2.85，标准差为 0.66；西部地区被试得分在 1.00 ~ 5.00 分之间，均值为 2.82，标准差为 0.68；中部地区被试得分在 1.00 ~ 5.00 分之间，均值为 2.87，标准差为 0.70；东北地区被试得分在 1.00 ~ 5.00 分之间，均值为 2.89，标准差为 0.66。

对不同区域被试社会危机压力得分的差异性进行方差分析（见表 10 - 1、表 10 - 2、表 10 - 3 和图 10），显示不同区域被试的社会危机压力得分之间差异显著，$F = 18.992$，$p < 0.001$，都会区被试（$M = 2.64$，$SD = 0.86$）的得分显著低于东部地区被试（$M = 2.85$，$SD = 0.66$）、西部地区被试（$M = 2.82$，$SD = 0.68$）、中部地区被试（$M = 2.87$，$SD = 0.70$）和东北地区被试（$M = 2.89$，$SD = 0.66$）；西部地区被试的得分显著低于中部地区、东北地区被试，与东部地区被试之间的得分差异不显著；东部地区、中部地区、东北地区三种被试相互间的得分差异不显著。

表 10 - 1　不同区域被试社会危机压力得分的差异比较

项目		N	均值	标准差	标准误	95% 置信区间		极小值	极大值
						下限	上限		
社会危机压力	都会区	821	2.6366	0.85598	0.02987	2.5780	2.6953	1.00	5.00
	东部地区	1701	2.8522	0.65568	0.01590	2.8211	2.8834	1.00	5.00
	西部地区	1959	2.8162	0.68442	0.01546	2.7859	2.8466	1.00	5.00
	中部地区	1244	2.8725	0.70371	0.01995	2.8333	2.9116	1.00	5.00
	东北地区	843	2.8940	0.65637	0.02261	2.8497	2.9384	1.00	5.00
	总数	6568	2.8237	0.70506	0.00870	2.8067	2.8408	1.00	5.00

表 10 - 2　不同区域被试社会危机压力得分的方差分析结果

项目		平方和	df	均方	F	显著性
社会危机压力	组间	37.355	4	9.339	18.992	0.000
	组内	3227.152	6563	0.492		
	总数	3264.507	6567			

表 10 - 3　不同区域被试社会危机压力得分的多重比较

因变量	(I)区域	(J)区域	均值差 (I－J)	标准误	显著性	95% 置信区间	
						下限	上限
社会危机压力	都会区	东部地区	- 0.21562 *	0.02980	0.000	- 0.2740	- 0.1572
		西部地区	- 0.17961 *	0.02915	0.000	- 0.2368	- 0.1225
		中部地区	- 0.23583 *	0.03153	0.000	- 0.2976	- 0.1740
		东北地区	- 0.25741 *	0.03438	0.000	- 0.3248	- 0.1900
	东部地区	都 会 区	0.21562 *	0.02980	0.000	0.1572	0.2740
		西部地区	0.03601	0.02324	0.121	- 0.0095	0.0816
		中部地区	- 0.02021	0.02616	0.440	- 0.0715	0.0311
		东北地区	- 0.04179	0.02954	0.157	- 0.0997	0.0161

续表

因变量	(I)区域	(J)区域	均值差 (I－J)	标准误	显著性	95%置信区间	
						下限	上限
社会危机 压力	西部地区	都 会 区	0.17961*	0.02915	0.000	0.1225	0.2368
		东部地区	－0.03601	0.02324	0.121	－0.0816	0.0095
		中部地区	－0.05622*	0.02542	0.027	－0.1061	－0.0064
		东北地区	－0.07780*	0.02888	0.007	－0.1344	－0.0212
	中部地区	都 会 区	0.23583*	0.03153	0.000	0.1740	0.2976
		东部地区	0.02021	0.02616	0.440	－0.0311	0.0715
		西部地区	0.05622*	0.02542	0.027	0.0064	0.1061
		东北地区	－0.02157	0.03128	0.490	－0.0829	0.0397
	东北地区	都 会 区	0.25741*	0.03438	0.000	0.1900	0.3248
		东部地区	0.04179	0.02954	0.157	－0.0161	0.0997
		西部地区	0.07780*	0.02888	0.007	0.0212	0.1344
		中部地区	0.02157	0.03128	0.490	－0.0397	0.0829

＊．均值差的显著性水平为0.05。

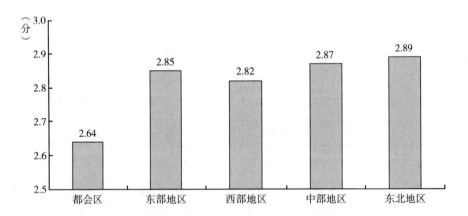

图10 不同区域被试的社会危机压力得分比较

（四）不同区域被试的文化危机压力比较

调查结果显示，在文化危机压力方面，都会区被试得分在1.00～5.00

分之间，均值为 2. 63，标准差为 0. 80；东部地区被试得分在 1. 00 ~ 4. 75 分之间，均值为 2. 85，标准差为 0. 63；西部地区被试得分在 1. 00 ~ 4. 50 分之间，均值为 2. 81，标准差为 0. 60；中部地区被试得分在 1. 00 ~ 4. 50 分之间，均值为 2. 93，标准差为 0. 58；东北地区被试得分在 1. 25 ~ 4. 25 分之间，均值为 3. 07，标准差为 0. 55。

对不同区域被试文化危机压力得分的差异性进行方差分析（见表 11 - 1、表 11 - 2、表 11 - 3 和图 11），显示不同区域被试的文化危机压力得分之间差异显著，$F = 59.905$，$p < 0.001$，都会区被试（$M = 2.63$，$SD = 0.80$）的得分显著低于东部地区被试（$M = 2.85$，$SD = 0.63$）、西部地区被试（$M = 2.81$，$SD = 0.60$）、中部地区被试（$M = 2.93$，$SD = 0.58$）和东北地区被试（$M = 3.07$，$SD = 0.55$），东北地区被试的得分显著高于东部地区、西部地区、中部地区被试，中部地区被试的得分显著高于东部地区、西部地区被试，东部地区被试的得分显著高于西部地区被试。

表 11 - 1   不同区域被试文化危机压力得分的差异比较

项目		N	均值	标准差	标准误	95% 置信区间		极小值	极大值
						下限	上限		
文化危机压力	都会区	821	2. 6285	0. 80049	0. 02794	2. 5737	2. 6833	1. 00	5. 00
	东部地区	1706	2. 8511	0. 62666	0. 01517	2. 8214	2. 8809	1. 00	4. 75
	西部地区	1959	2. 8062	0. 60305	0. 01363	2. 7794	2. 8329	1. 00	4. 50
	中部地区	1243	2. 9272	0. 58024	0. 01646	2. 8949	2. 9595	1. 00	4. 50
	东北地区	845	3. 0746	0. 54621	0. 01879	3. 0377	3. 1114	1. 25	4. 25
	总数	6574	2. 8530	0. 63747	0. 00786	2. 8376	2. 8684	1. 00	5. 00

表 11 - 2   不同区域被试文化危机压力得分的方差分析结果

项目		平方和	df	均方	F	显著性
文化危机压力	组间	94. 004	4	23. 501	59. 905	0. 000
	组内	2577. 038	6569	0. 392		
	总数	2671. 043	6573			

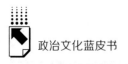

表 11 – 3　不同区域被试文化危机压力得分的多重比较

因变量	(I)区域	(J)区域	均值差 (I – J)	标准误	显著性	95% 置信区间	
						下限	上限
文化危机 压力	都会区	东部地区	– 0.22261 *	0.02660	0.000	– 0.2748	– 0.1705
		西部地区	– 0.17765 *	0.02604	0.000	– 0.2287	– 0.1266
		中部地区	– 0.29869 *	0.02817	0.000	– 0.3539	– 0.2435
		东北地区	– 0.44605 *	0.03069	0.000	– 0.5062	– 0.3859
	东部地区	都 会 区	0.22261 *	0.02660	0.000	0.1705	0.2748
		西部地区	0.04496 *	0.02074	0.030	0.0043	0.0856
		中部地区	– 0.07608 *	0.02336	0.001	– 0.1219	– 0.0303
		东北地区	– 0.22344 *	0.02635	0.000	– 0.2751	– 0.1718
	西部地区	都 会 区	0.17765 *	0.02604	0.000	0.1266	0.2287
		东部地区	– 0.04496 *	0.02074	0.030	– 0.0856	– 0.0043
		中部地区	– 0.12104 *	0.02271	0.000	– 0.1656	– 0.0765
		东北地区	– 0.26841 *	0.02578	0.000	– 0.3189	– 0.2179
	中部地区	都 会 区	0.29869 *	0.02817	0.000	0.2435	0.3539
		东部地区	0.07608 *	0.02336	0.001	0.0303	0.1219
		西部地区	0.12104 *	0.02271	0.000	0.0765	0.1656
		东北地区	– 0.14736 *	0.02793	0.000	– 0.2021	– 0.0926
	东北地区	都 会 区	0.44605 *	0.03069	0.000	0.3859	0.5062
		东部地区	0.22344 *	0.02635	0.000	0.1718	0.2751
		西部地区	0.26841 *	0.02578	0.000	0.2179	0.3189
		中部地区	0.14736 *	0.02793	0.000	0.0926	0.2021

*．均值差的显著性水平为 0.05。

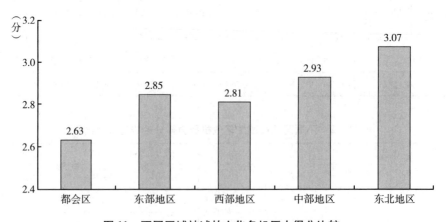

图 11　不同区域被试的文化危机压力得分比较

（五）不同区域被试的生态危机压力比较

调查结果显示，在生态危机压力方面，都会区被试得分在1.00～5.00分之间，均值为3.08，标准差为0.78；东部地区被试得分在1.00～5.00分之间，均值为3.25，标准差为0.69；西部地区被试得分在1.00～5.00分之间，均值为3.25，标准差为0.76；中部地区被试得分在1.00～5.00分之间，均值为3.27，标准差为0.77；东北地区被试得分在1.00～5.00分之间，均值为3.25，标准差为0.67。

对不同区域被试生态危机压力得分的差异性进行方差分析（见表12-1、表12-2、表12-3和图12），显示不同区域被试的生态危机压力得分之间差异显著，$F = 10.045$，$p < 0.001$，都会区被试（$M = 3.08$，$SD = 0.78$）的得分显著低于东部地区被试（$M = 3.25$，$SD = 0.69$）、西部地区被试（$M = 3.25$，$SD = 0.76$）、中部地区被试（$M = 3.27$，$SD = 0.77$）和东北地区被试（$M = 3.25$，$SD = 0.67$），东部地区、西部地区、中部地区、东北地区四种被试两两之间的得分差异均不显著。

表12-1　不同区域被试生态危机压力得分的差异比较

项目		N	均值	标准差	标准误	95%置信区间		极小值	极大值
						下限	上限		
生态危机压力	都会区	821	3.0820	0.77933	0.02720	3.0286	3.1354	1.00	5.00
	东部地区	1704	3.2508	0.69256	0.01678	3.2179	3.2837	1.00	5.00
	西部地区	1959	3.2466	0.76234	0.01722	3.2128	3.2803	1.00	5.00
	中部地区	1245	3.2734	0.77102	0.02185	3.2305	3.3162	1.00	5.00
	东北地区	845	3.2473	0.66565	0.02290	3.2024	3.2923	1.00	5.00
	总数	6574	3.2323	0.73884	0.00911	3.2144	3.2501	1.00	5.00

表12-2　不同区域被试生态危机压力得分的方差分析结果

项目		平方和	df	均方	F	显著性
生态危机压力	组间	21.813	4	5.453	10.045	0.000
	组内	3566.275	6569	0.543		
	总数	3588.088	6573			

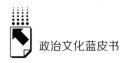
表 12 - 3　不同区域被试生态危机压力得分的多重比较

因变量	（I）区域	（J）区域	均值差（I - J）	标准误	显著性	95% 置信区间	
						下限	上限
生态危机压力	都会区	东部地区	- 0. 16877 *	0. 03130	0. 000	- 0. 2301	- 0. 1074
		西部地区	- 0. 16454 *	0. 03063	0. 000	- 0. 2246	- 0. 1045
		中部地区	- 0. 19135 *	0. 03313	0. 000	- 0. 2563	- 0. 1264
		东北地区	- 0. 16532 *	0. 03611	0. 000	- 0. 2361	- 0. 0945
	东部地区	都 会 区	0. 16877 *	0. 03130	0. 000	0. 1074	0. 2301
		西部地区	0. 00423	0. 02441	0. 862	- 0. 0436	0. 0521
		中部地区	- 0. 02258	0. 02747	0. 411	- 0. 0764	0. 0313
		东北地区	0. 00345	0. 03100	0. 912	- 0. 0573	0. 0642
	西部地区	都 会 区	0. 16454 *	0. 03063	0. 000	0. 1045	0. 2246
		东部地区	- 0. 00423	0. 02441	0. 862	- 0. 0521	0. 0436
		中部地区	- 0. 02681	0. 02671	0. 316	- 0. 0792	0. 0255
		东北地区	- 0. 00078	0. 03033	0. 979	- 0. 0602	0. 0587
	中部地区	都 会 区	0. 19135 *	0. 03313	0. 000	0. 1264	0. 2563
		东部地区	0. 02258	0. 02747	0. 411	- 0. 0313	0. 0764
		西部地区	0. 02681	0. 02671	0. 316	- 0. 0255	0. 0792
		东北地区	0. 02602	0. 03284	0. 428	- 0. 0384	0. 0904
	东北地区	都 会 区	0. 16532 *	0. 03611	0. 000	0. 0945	0. 2361
		东部地区	- 0. 00345	0. 03100	0. 912	- 0. 0642	0. 0573
		西部地区	0. 00078	0. 03033	0. 979	- 0. 0587	0. 0602
		中部地区	- 0. 02602	0. 03284	0. 428	- 0. 0904	0. 0384

＊. 均值差的显著性水平为 0. 05。

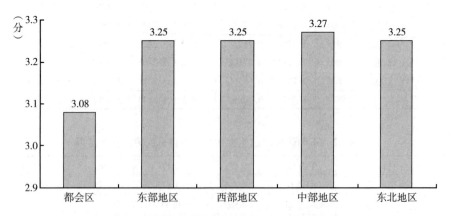

图 12　不同区域被试的生态危机压力得分比较

（六）不同区域被试的国际性危机压力比较

调查结果显示，在国际性危机压力方面，都会区被试得分在 1.00 ~ 4.67 分之间，均值为 2.89，标准差为 0.54；东部地区被试得分在 1.33 ~ 4.67 分之间，均值为 3.07，标准差为 0.46；西部地区被试得分在 1.33 ~ 5.00 分之间，均值为 3.03，标准差为 0.46；中部地区被试得分在 1.33 ~ 4.67 分之间，均值为 3.05，标准差为 0.47；东北地区被试得分在 1.33 ~ 4.67 分之间，均值为 3.09，标准差为 0.53。

对不同区域被试国际性危机压力得分的差异性进行方差分析（见表 13-1、表 13-2、表 13-3 和图 13），显示不同区域被试的国际性危机压力得分之间差异显著，$F = 24.422$，$p < 0.001$，都会区被试（$M = 2.89$，$SD = 0.54$）的得分显著低于东部地区被试（$M = 3.07$，$SD = 0.46$）、西部地区被试（$M = 3.03$，$SD = 0.46$）、中部地区被试（$M = 3.05$，$SD = 0.47$）和东北地区被试（$M = 3.09$，$SD = 0.53$）；西部地区被试的得分显著低于东部地区、东北地区被试，与中部地区被试之间的得分差异不显著；东部地区、中部地区、东北地区三种被试相互间的得分差异不显著。

表 13-1 不同区域被试国际性危机压力得分的差异比较

项目		N	均值	标准差	标准误	95% 置信区间		极小值	极大值
						下限	上限		
国际性危机压力	都会区	820	2.8890	0.53757	0.01877	2.8522	2.9259	1.00	4.67
	东部地区	1700	3.0735	0.45533	0.01104	3.0519	3.0952	1.33	4.67
	西部地区	1956	3.0327	0.46406	0.01049	3.0121	3.0533	1.33	5.00
	中部地区	1245	3.0541	0.46619	0.01321	3.0282	3.0800	1.33	4.67
	东北地区	846	3.0855	0.53113	0.01826	3.0497	3.1213	1.33	4.67
	总数	6567	3.0362	0.48450	0.00598	3.0245	3.0479	1.00	5.00

表 13-2 不同区域被试国际性危机压力得分的方差分析结果

项目		平方和	df	均方	F	显著性
国际性危机压力	组间	22.609	4	5.652	24.422	0.000
	组内	1518.679	6562	0.231		
	总数	1541.287	6566			

表 13 - 3　不同区域被试国际性危机压力得分的多重比较

因变量	(I)区域	(J)区域	均值差 (I-J)	标准误	显著性	95%置信区间	
						下限	上限
国际性 危机压力	都会区	东部地区	-0.18451 *	0.02045	0.000	-0.2246	-0.1444
		西部地区	-0.14370 *	0.02001	0.000	-0.1829	-0.1045
		中部地区	-0.16506 *	0.02164	0.000	-0.2075	-0.1226
		东北地区	-0.19648 *	0.02358	0.000	-0.2427	-0.1503
	东部地区	都 会 区	0.18451 *	0.02045	0.000	0.1444	0.2246
		西部地区	0.04081 *	0.01595	0.011	0.0095	0.0721
		中部地区	0.01945	0.01795	0.279	-0.0157	0.0546
		东北地区	-0.01197	0.02024	0.554	-0.0517	0.0277
	西部地区	都 会 区	0.14370 *	0.02001	0.000	0.1045	0.1829
		东部地区	-0.04081 *	0.01595	0.011	-0.0721	-0.0095
		中部地区	-0.02136	0.01744	0.221	-0.0556	0.0128
		东北地区	-0.05278 *	0.01980	0.008	-0.0916	-0.0140
	中部地区	都 会 区	0.16506 *	0.02164	0.000	0.1226	0.2075
		东部地区	-0.01945	0.01795	0.279	-0.0546	0.0157
		西部地区	0.02136	0.01744	0.221	-0.0128	0.0556
		东北地区	-0.03142	0.02143	0.143	-0.0734	0.0106
	东北地区	都 会 区	0.19648 *	0.02358	0.000	0.1503	0.2427
		东部地区	0.01197	0.02024	0.554	-0.0277	0.0517
		西部地区	0.05278 *	0.01980	0.008	0.0140	0.0916
		中部地区	0.03142	0.02143	0.143	-0.0106	0.0734

*. 均值差的显著性水平为 0.05。

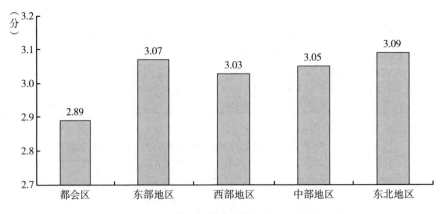

图 13　不同区域被试的国际性危机压力得分比较

（七）不同区域被试的危机压力总分比较

调查结果显示，在危机压力总分方面，都会区被试得分在 1.22 ~ 3.86 分之间，均值为 2.64，标准差为 0.55；东部地区被试得分在 1.47 ~ 4.19 分之间，均值为 2.86，标准差为 0.39；西部地区被试得分在 1.44 ~ 4.06 分之间，均值为 2.83，标准差为 0.38；中部地区被试得分在 1.44 ~ 4.14 分之间，均值为 2.89，标准差为 0.40；东北地区被试得分在 1.57 ~ 3.97 分之间，均值为 2.96，标准差为 0.34。

对不同区域被试危机压力总分的差异性进行方差分析（见表 14 - 1、表 14 - 2、表 14 - 3 和图 14），显示不同区域被试的危机压力总分之间差异显著，$F = 74.915$，$p < 0.001$，都会区被试（$M = 2.64$，$SD = 0.55$）的得分显著低于东部地区被试（$M = 2.86$，$SD = 0.39$）、西部地区被试（$M = 2.83$，$SD = 0.38$）、中部地区被试（$M = 2.89$，$SD = 0.40$）和东北地区被试（$M = 2.96$，$SD = 0.34$），东北地区被试的得分显著高于东部地区、西部地区、中部地区被试，西部地区被试的得分显著低于东部地区、中部地区被试，东部地区被试与中部地区被试之间的得分差异不显著。

表 14 - 1　不同区域被试危机压力总分的差异比较

项目		N	均值	标准差	标准误	95% 置信区间		极小值	极大值
						下限	上限		
危机压力总分	都会区	819	2.6404	0.54706	0.01912	2.6029	2.6779	1.22	3.86
	东部地区	1684	2.8613	0.38707	0.00943	2.8428	2.8798	1.47	4.19
	西部地区	1940	2.8336	0.38144	0.00866	2.8166	2.8506	1.44	4.06
	中部地区	1238	2.8900	0.39556	0.01124	2.8679	2.9121	1.44	4.14
	东北地区	837	2.9637	0.34333	0.01187	2.9404	2.9870	1.57	3.97
	总数	6518	2.8439	0.41464	0.00514	2.8338	2.8540	1.22	4.19

表 14 - 2　不同区域被试危机压力总分的方差分析结果

项目		平方和	df	均方	F	显著性
危机压力总分	组间	49.284	4	12.321	74.915	0.000
	组内	1071.169	6513	0.164		
	总数	1120.453	6517			

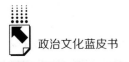
表 14 - 3　不同区域被试危机压力总分的多重比较

因变量	（I）区域	（J）区域	均值差（I－J）	标准误	显著性	95% 置信区间 下限	上限
危机压力总分	都会区	东部地区	-0.22094*	0.01728	0.000	-0.2548	-0.1871
		西部地区	-0.19325*	0.01690	0.000	-0.2264	-0.1601
		中部地区	-0.24962*	0.01827	0.000	-0.2854	-0.2138
		东北地区	-0.32333*	0.01993	0.000	-0.3624	-0.2843
	东部地区	都 会 区	0.22094*	0.01728	0.000	0.1871	0.2548
		西部地区	0.02769*	0.01351	0.040	0.0012	0.0542
		中部地区	-0.02867	0.01518	0.059	-0.0584	0.0011
		东北地区	-0.10238*	0.01715	0.000	-0.1360	-0.0688
	西部地区	都 会 区	0.19325*	0.01690	0.000	0.1601	0.2264
		东部地区	-0.02769*	0.01351	0.040	-0.0542	-0.0012
		中部地区	-0.05637*	0.01475	0.000	-0.0853	-0.0274
		东北地区	-0.13008*	0.01677	0.000	-0.1630	-0.0972
	中部地区	都 会 区	0.24962*	0.01827	0.000	0.2138	0.2854
		东部地区	0.02867	0.01518	0.059	-0.0011	0.0584
		西部地区	0.05637*	0.01475	0.000	0.0274	0.0853
		东北地区	-0.07371*	0.01815	0.000	-0.1093	-0.0381
	东北地区	都 会 区	0.32333*	0.01993	0.000	0.2843	0.3624
		东部地区	0.10238*	0.01715	0.000	0.0688	0.1360
		西部地区	0.13008*	0.01677	0.000	0.0972	0.1630
		中部地区	0.07371*	0.01815	0.000	0.0381	0.1093

*. 均值差的显著性水平为 0.05。

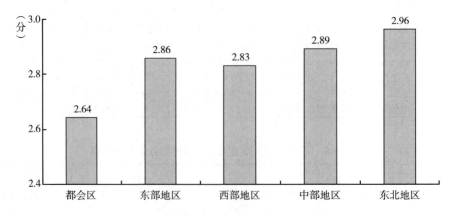

图 14　不同区域被试的危机压力总分比较

三 不同区域公民政治指数的比较

2016 年问卷调查显示的政治认同总分，即政治认同指数，指数最高的是都会区被试（3.79），第二是西部地区被试（3.68），第三是东部地区被试（3.60），第四是中部地区被试（3.56），第五是东北地区被试（3.53）。需要特别注意的是都会区被试的政治指数显著高于另四种被试，西部地区被试的政治指数则显著高于东部地区、中部地区和东北地区被试（见表 7-1、表 7-2、表 7-3）。

2016 年问卷调查显示的危机压力指数（危机压力总分的反向计分），都会区被试得分在 2.14~4.78 分之间，均值为 3.36，标准差为 0.55；东部地区被试得分在 1.81~4.53 分之间，均值为 3.14，标准差为 0.39；西部地区被试得分在 1.94~4.56 分之间，均值为 3.17，标准差为 0.38；中部地区被试得分在 1.86~4.56 分之间，均值为 3.11，标准差为 0.40；东北地区被试得分在 2.03~4.43 分之间，均值为 3.04，标准差为 0.34。

对不同区域被试危机压力指数的差异性进行方差分析（见表 15-1、表 15-2、表 15-3 和图 15），显示不同区域被试的危机压力指数得分之间的差异显著，$F = 74.915$，$p < 0.001$，都会区被试（$M = 3.36$，$SD = 0.55$）的得分显著高于东部地区被试（$M = 3.14$，$SD = 0.39$）、西部地区被试（$M = 3.17$，$SD = 0.38$）、中部地区被试（$M = 3.11$，$SD = 0.40$）和东北地区被试（$M = 3.04$，$SD = 0.34$），东北地区被试的得分显著低于东部地区、西部地区、中部地区被试，西部地区被试的得分显著高于东部地区、中部地区被试，东部地区被试与中部地区被试之间的得分差异不显著。

表 15-1 不同区域被试危机压力指数的差异比较

项目		N	均值	标准差	标准误	95% 置信区间		极小值	极大值
						下限	上限		
危机压力指数	都会区	819	3.3596	0.54706	0.01912	3.3221	3.3971	2.14	4.78
	东部地区	1684	3.1387	0.38707	0.00943	3.1202	3.1572	1.81	4.53

续表

项目		N	均值	标准差	标准误	95%置信区间		极小值	极大值
						下限	上限		
危机压力指数	西部地区	1940	3.1664	0.38144	0.00866	3.1494	3.1834	1.94	4.56
	中部地区	1238	3.1100	0.39556	0.01124	3.0879	3.1321	1.86	4.56
	东北地区	837	3.0363	0.34333	0.01187	3.0130	3.0596	2.03	4.43
	总数	6518	3.1561	0.41464	0.00514	3.1460	3.1662	1.81	4.78

表 15 - 2   不同区域被试危机压力指数的方差分析结果

项目		平方和	df	均方	F	显著性
危机压力指数	组间	49.284	4	12.321	74.915	0.000
	组内	1071.169	6513	0.164		
	总数	1120.453	6517			

表 15 - 3   不同区域被试危机压力指数的多重比较

因变量	（I）区域	（J）区域	均值差（I - J）	标准误	显著性	95%置信区间	
						下限	上限
危机压力指数	都会区	东部地区	0.22094 *	0.01728	0.000	0.1871	0.2548
		西部地区	0.19325 *	0.01690	0.000	0.1601	0.2264
		中部地区	0.24962 *	0.01827	0.000	0.2138	0.2854
		东北地区	0.32333 *	0.01993	0.000	0.2843	0.3624
	东部地区	都 会 区	- 0.22094 *	0.01728	0.000	- 0.2548	- 0.1871
		西部地区	- 0.02769 *	0.01351	0.040	- 0.0542	- 0.0012
		中部地区	0.02867	0.01518	0.059	- 0.0011	0.0584
		东北地区	0.10238 *	0.01715	0.000	0.0688	0.1360
	西部地区	都 会 区	- 0.19325 *	0.01690	0.000	- 0.2264	- 0.1601
		东部地区	0.02769 *	0.01351	0.040	0.0012	0.0542
		中部地区	0.05637 *	0.01475	0.000	0.0274	0.0853
		东北地区	0.13008 *	0.01677	0.000	0.0972	0.1630
	中部地区	都 会 区	- 0.24962 *	0.01827	0.000	- 0.2854	- 0.2138
		东部地区	- 0.02867	0.01518	0.059	- 0.0584	0.0011
		西部地区	- 0.05637 *	0.01475	0.000	- 0.0853	- 0.0274
		东北地区	0.07371 *	0.01815	0.000	0.0381	0.1093

因变量	（I）区域	（J）区域	均值差 （I－J）	标准误	显著性	95% 置信区间	
						下限	上限
危机压力 指数	东北地区	都 会 区	－0.32333 *	0.01993	0.000	－0.3624	－0.2843
		东部地区	－0.10238 *	0.01715	0.000	－0.1360	－0.0688
		西部地区	－0.13008 *	0.01677	0.000	－0.1630	－0.0972
		中部地区	－0.07371 *	0.01815	0.000	－0.1093	－0.0381

*. 均值差的显著性水平为 0.05。

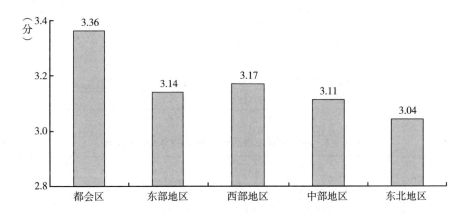

图 15　不同区域被试的危机压力指数比较

2016 年问卷调查显示的政治总指数，都会区被试得分在 2.28～4.69 分之间，均值为 3.58，标准差为 0.44；东部地区被试得分在 2.22～4.52 分之间，均值为 3.37，标准差为 0.33；西部地区被试得分在 2.31～4.59 分之间，均值为 3.42，标准差为 0.32；中部地区被试得分在 2.56～4.57 分之间，均值为 3.34，标准差为 0.33；东北地区被试得分在 2.28～4.47 分之间，均值为 3.28，标准差为 0.31。

对不同区域被试政治总指数的差异性进行方差分析（见表 16 - 1、表 16 - 2、表 16 - 3 和图 16），显示不同区域被试的政治总指数得分之间的差异显著，$F = 93.227$，$p < 0.001$，都会区被试（$M = 3.58$，$SD = 0.44$）的得分显著高于东部地区被试（$M = 3.37$，$SD = 0.33$）、西部地区被试（$M =$

3.42，$SD = 0.32$）、中部地区被试（$M = 3.34$，$SD = 0.33$）和东北地区被试（$M = 3.28$，$SD = 0.31$），东北地区被试的得分显著低于东部地区、西部地区、中部地区被试，西部地区被试的得分显著高于东部地区、中部地区被试，东部地区被试的得分显著高于中部地区被试。

表 16 - 1　不同区域被试政治总指数的差异比较

项目		N	均值	标准差	标准误	95% 置信区间		极小值	极大值
						下限	上限		
政治总指数	都会区	819	3.5752	0.44172	0.01543	3.5449	3.6055	2.28	4.69
	东部地区	1670	3.3716	0.33390	0.00817	3.3556	3.3877	2.22	4.52
	西部地区	1928	3.4229	0.32378	0.00737	3.4085	3.4374	2.31	4.59
	中部地区	1230	3.3355	0.33267	0.00949	3.3169	3.3541	2.56	4.57
	东北地区	835	3.2822	0.31055	0.01075	3.2611	3.3033	2.28	4.47
	总数	6482	3.3942	0.35312	0.00439	3.3856	3.4028	2.22	4.69

表 16 - 2　不同区域被试政治总指数的方差分析结果

项目		平方和	df	均方	F	显著性
政治总指数	组间	43.994	4	10.998	93.227	0.000
	组内	764.129	6477	0.118		
	总数	808.123	6481			

表 16 - 3　不同区域被试政治总指数的多重比较

因变量	(I)区域	(J)区域	均值差 (I-J)	标准误	显著性	95% 置信区间	
						下限	上限
政治总指数	都会区	东部地区	0.20357 *	0.01465	0.000	0.1748	0.2323
		西部地区	0.15226 *	0.01433	0.000	0.1242	0.1803
		中部地区	0.23971 *	0.01549	0.000	0.2093	0.2701
		东北地区	0.29303 *	0.01689	0.000	0.2599	0.3261
	东部地区	都会区	-0.20357 *	0.01465	0.000	-0.2323	-0.1748
		西部地区	-0.05131 *	0.01148	0.000	-0.0738	-0.0288
		中部地区	0.03614 *	0.01291	0.005	0.0108	0.0614
		东北地区	0.08946 *	0.01456	0.000	0.0609	0.1180

因变量	（I）区域	（J）区域	均值差 （I－J）	标准误	显著性	95%置信区间	
						下限	上限
政治 总指数	西部地区	都会区	－0.15226*	0.01433	0.000	－0.1803	－0.1242
		东部地区	0.05131*	0.01148	0.000	0.0288	0.0738
		中部地区	0.08745*	0.01253	0.000	0.0629	0.1120
		东北地区	0.14077*	0.01423	0.000	0.1129	0.1687
	中部地区	都会区	－0.23971*	0.01549	0.000	－0.2701	－0.2093
		东部地区	－0.03614*	0.01291	0.005	－0.0614	－0.0108
		西部地区	－0.08745*	0.01253	0.000	－0.1120	－0.0629
		东北地区	0.05333*	0.01540	0.001	0.0231	0.0835
	东北地区	都会区	－0.29303*	0.01689	0.000	－0.3261	－0.2599
		东部地区	－0.08946*	0.01456	0.000	－0.1180	－0.0609
		西部地区	－0.14077*	0.01423	0.000	－0.1687	－0.1129
		中部地区	－0.05333*	0.01540	0.001	－0.0835	－0.0231

＊. 均值差的显著性水平为 0.05。

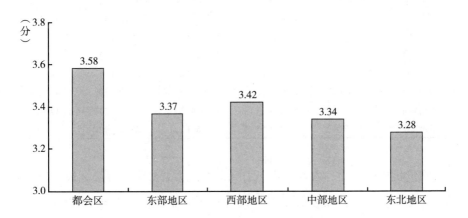

图16 不同区域被试的政治总指数比较

通过本报告的数据分析，可以对不同区域被试在政治认同、危机压力及政治指数方面所反映出来的差异，做一个简单的小结。

从本次问卷调查的情况可以看出，在六种认同和政治认同总分上都是都会区被试得分最高（见表17，表中括号内的数字，代表不同区域被试得分高低的排序，下同），并且在政党认同、身份认同、文化认同、政策认同、发展认同五种认同和政治认同总分上显著高于另外四种被试；东北地区被试在政党认同、身份认同、文化认同、发展认同四种认同和政治认同总分上得分最低，并且在身份认同、文化认同上显著低于另外四种被试；中部地区被试在体制认同、政策认同上得分最低，并且在这两种认同上都显著低于另外四种被试。还需要注意的是，西部地区被试在五种认同和政治认同总分上都是得分次高，并且在政党认同、身份认同、文化认同、发展认同和政治认同总分上都显著高于东部地区、中部地区和东北地区被试。也就是说，不同区域被试在政治认同方面的差异，主要表现为都会区被试的认同水平明显高于其他区域被试，西部地区被试的认同水平也较高，东北地区被试的认同水平则总体低于其他区域被试。

表 17   不同区域被试政治认同得分排序比较

项目	都会区	东部地区	西部地区	中部地区	东北地区
体制认同	3.4957(1)	3.4261(4)	3.4652(2)	3.3625(5)	3.4310(3)
政党认同	3.6833(1)	3.5400(4)	3.6353(2)	3.5544(3)	3.5296(5)
身份认同	4.3334(1)	4.0123(4)	4.1909(2)	4.0221(3)	3.8609(5)
文化认同	3.6415(1)	3.4630(3)	3.4986(2)	3.4335(4)	3.3432(5)
政策认同	3.8339(1)	3.5722(2)	3.5624(3)	3.4339(5)	3.4921(4)
发展认同	3.7576(1)	3.5974(3)	3.7018(2)	3.5402(4)	3.4959(5)
认同总分	3.7909(1)	3.6026(3)	3.6766(2)	3.5590(4)	3.5260(5)

在危机压力方面，六种危机压力和危机压力总分都是都会区被试得分最低（见表18），并且显著低于另外四种被试。东北地区被试在政治危机压力、经济危机压力、社会危机压力、文化危机压力、国际性危机压力五种压力和危机压力总分上得分最高，并且在政治危机压力、经济危机压力、文化危机压力和危机压力总分上显著高于另外四种被试。中部地区被试在生态危机压力上得分最高，但没有达到显著高于另外四种被试的水平。也就是说，不同区域被试在危机压力方面的差异，主要表现为东北地区被试的压力感知较强，都会区被试的压力感知较弱。

表 18　不同区域被试危机压力得分排序比较

项目	都会区	东部地区	西部地区	中部地区	东北地区
政治危机压力	2.3971(5)	2.7128(3)	2.7224(2)	2.7092(4)	2.8986(1)
经济危机压力	2.2065(5)	2.4418(3)	2.3870(4)	2.5094(2)	2.5919(1)
社会危机压力	2.6366(5)	2.8522(3)	2.8162(4)	2.8725(2)	2.8940(1)
文化危机压力	2.6285(5)	2.8511(3)	2.8062(4)	2.9272(2)	3.0746(1)
生态危机压力	3.0820(5)	3.2508(2)	3.2466(4)	3.2734(1)	3.2473(3)
国际危机压力	2.8890(5)	3.0735(2)	3.0217(4)	3.0541(3)	3.0855(1)
危机压力总分	2.6404(5)	2.8613(3)	2.8336(4)	2.8900(2)	2.9637(1)

对政治指数进行比较（见表 19），显示的是在政治认同指数、危机压力指数和政治总指数上都是都会区被试最高，西部地区被试次之，东部地区被试第三，中部地区被试第四，东北地区被试最低。不同区域公民反映出来的这样的差异性，显然应该给予高度的重视。

表 19　不同区域被试政治指数得分排序比较

项目	都会区	东部地区	西部地区	中部地区	东北地区
政治认同指数	3.79(1)	3.60(3)	3.68(2)	3.56(4)	3.53(5)
危机压力指数	3.36(1)	3.14(3)	3.17(2)	3.11(4)	3.04(5)
政治总指数	3.58(1)	3.37(3)	3.42(2)	3.34(4)	3.28(5)

❖ 皮书起源 ❖

"皮书"起源于十七、十八世纪的英国，主要指官方或社会组织正式发表的重要文件或报告，多以"白皮书"命名。在中国，"皮书"这一概念被社会广泛接受，并被成功运作、发展成为一种全新的出版形态，则源于中国社会科学院社会科学文献出版社。

❖ 皮书定义 ❖

皮书是对中国与世界发展状况和热点问题进行年度监测，以专业的角度、专家的视野和实证研究方法，针对某一领域或区域现状与发展态势展开分析和预测，具备原创性、实证性、专业性、连续性、前沿性、时效性等特点的公开出版物，由一系列权威研究报告组成。

❖ 皮书作者 ❖

皮书系列的作者以中国社会科学院、著名高校、地方社会科学院的研究人员为主，多为国内一流研究机构的权威专家学者，他们的看法和观点代表了学界对中国与世界的现实和未来最高水平的解读与分析。

❖ 皮书荣誉 ❖

皮书系列已成为社会科学文献出版社的著名图书品牌和中国社会科学院的知名学术品牌。2016年，皮书系列正式列入"十三五"国家重点出版规划项目；2012~2016年，重点皮书列入中国社会科学院承担的国家哲学社会科学创新工程项目；2017年，55种院外皮书使用"中国社会科学院创新工程学术出版项目"标识。

中国皮书网

发布皮书研创资讯，传播皮书精彩内容
引领皮书出版潮流，打造皮书服务平台

栏目设置

关于皮书：何谓皮书、皮书分类、皮书大事记、皮书荣誉、
　　　　　皮书出版第一人、皮书编辑部
最新资讯：通知公告、新闻动态、媒体聚焦、网站专题、视频直播、下载专区
皮书研创：皮书规范、皮书选题、皮书出版、皮书研究、研创团队
皮书评奖评价：指标体系、皮书评价、皮书评奖
互动专区：皮书说、皮书智库、皮书微博、数据库微博

所获荣誉

2008 年、2011 年，中国皮书网均在全
国新闻出版业网站荣誉评选中获得"最具商
业价值网站"称号；

2012 年，获得"出版业网站百强"称号。

网库合一

2014 年，中国皮书网与皮书数据库端
口合一，实现资源共享。更多详情请登录
www.pishu.cn。

S 子库介绍
ub-Database Introduction

中国经济发展数据库

涵盖宏观经济、农业经济、工业经济、产业经济、财政金融、交通旅游、商业贸易、劳动经济、企业经济、房地产经济、城市经济、区域经济等领域，为用户实时了解经济运行态势、把握经济发展规律、洞察经济形势、做出经济决策提供参考和依据。

中国社会发展数据库

全面整合国内外有关中国社会发展的统计数据、深度分析报告、专家解读和热点资讯构建而成的专业学术数据库。涉及宗教、社会、人口、政治、外交、法律、文化、教育、体育、文学艺术、医药卫生、资源环境等多个领域。

中国行业发展数据库

以中国国民经济行业分类为依据，跟踪分析国民经济各行业市场运行状况和政策导向，提供行业发展最前沿的资讯，为用户投资、从业及各种经济决策提供理论基础和实践指导。内容涵盖农业，能源与矿产业，交通运输业，制造业，金融业，房地产业，租赁和商务服务业，科学研究，环境和公共设施管理，居民服务业，教育，卫生和社会保障，文化、体育和娱乐业等100余个行业。

中国区域发展数据库

对特定区域内的经济、社会、文化、法治、资源环境等领域的现状与发展情况进行分析和预测。涵盖中部、西部、东北、西北等地区，长三角、珠三角、黄三角、京津冀、环渤海、合肥经济圈、长株潭城市群、关中一天水经济区、海峡经济区等区域经济体和城市圈，北京、上海、浙江、河南、陕西等34个省份及中国台湾地区。

中国文化传媒数据库

包括文化事业、文化产业、宗教、群众文化、图书馆事业、博物馆事业、档案事业、语言文字、文学、历史地理、新闻传播、广播电视、出版事业、艺术、电影、娱乐等多个子库。

世界经济与国际关系数据库

以皮书系列中涉及世界经济与国际关系的研究成果为基础，全面整合国内外有关世界经济与国际关系的统计数据、深度分析报告、专家解读和热点资讯构建而成的专业学术数据库。包括世界经济、国际政治、世界文化与科技、全球性问题、国际组织与国际法、区域研究等多个子库。

法 律 声 明

“皮书系列”（含蓝皮书、绿皮书、黄皮书）之品牌由社会科学文献出版社最早使用并持续至今，现已被中国图书市场所熟知。“皮书系列”的LOGO（▨）与“经济蓝皮书”“社会蓝皮书”均已在中华人民共和国国家工商行政管理总局商标局登记注册。“皮书系列”图书的注册商标专用权及封面设计、版式设计的著作权均为社会科学文献出版社所有。未经社会科学文献出版社书面授权许可，任何使用与“皮书系列”图书注册商标、封面设计、版式设计相同或者近似的文字、图形或其组合的行为均系侵权行为。

经作者授权，本书的专有出版权及信息网络传播权为社会科学文献出版社享有。未经社会科学文献出版社书面授权许可，任何就本书内容的复制、发行或以数字形式进行网络传播的行为均系侵权行为。

社会科学文献出版社将通过法律途径追究上述侵权行为的法律责任，维护自身合法权益。

欢迎社会各界人士对侵犯社会科学文献出版社上述权利的侵权行为进行举报。电话：010-59367121，电子邮箱：fawubu@ ssap. cn。

社会科学文献出版社